名家治史

方法与示范

罗志田——主编

巴蜀书社

图书在版编目（CIP）数据

名家治史：方法与示范 / 罗志田主编. —成都：巴蜀书社，2022.1

ISBN 978-7-5531-1413-2

Ⅰ.①名… Ⅱ.①罗… Ⅲ.①史学－文集 Ⅳ.①K0-53

中国版本图书馆 CIP 数据核字（2020）第 234571 号

MINGJIA ZHISHI FANGFA YU SHIFAN

名家治史：方法与示范

罗志田 主编

责任编辑	吴焕姣
封面设计	陆红强
出　　版	巴蜀书社 成都市槐树街 2 号　邮编：610031 总编室电话：（028）86259397
网　　址	www. bsbook. com. cn
发　　行	巴蜀书社 发行科电话（028）86259422　　86259423
经　　销	新华书店
印　　刷	成都东江印务有限公司（电话：028－82601551）
版　　次	2022 年 1 月第 1 版
印　　次	2022 年 1 月第 1 次印刷
成品尺寸	145mm×210mm
印　　张	19. 50
字　　数	450 千
书　　号	ISBN 978-7-5531-1413-2
定　　价	80. 00 元

有所法而后能，有所变而后大

序 言

罗志田

中国向来的教育主旨，是把学习的主动性放在求学者一方。或因此，抽象出来的“方法”向不为人所重；自信足者可说“文成法立”，谦逊一点的也以为“文无定法”。即使有意发凡起例，也往往比较隐晦，要读者自己去摸索[1]。重视治学的“方法”问题，或是近代西潮冲击下的一种“中国反应”——在 20 世纪初年清末尝试新学制时，深受日本的影响课程设置中，几乎每一学科都有“研究法”一门课，可以说是名副其实的“方法热”[2]。尽管如葛兆光老师所说，这西潮多半来自东瀛[3]，但日本新学制的背后，显然有着西方的影子。

这样注重“方法”的倾向也有些本土的远因——从清朝乾嘉时候开始，“考据”逐渐成为一种带有独立认同的“学问”。有的人自称治考据，有的被他人称为工考据。类似说法相当常见，意味着一种带有广泛适应性的方法已从各种具体专门的学问中独立出来，自成一“学”，且极受重视[4]。后来西方一些社会科学的学科，方法也专门化到几乎可以独立成为一个子学科[5]。不过在人文学科，这样的情形比较少见。

我要特别说明，视考据为“方法”更多是我们的后见之明，以前的当事人自己并不认为考据是“方法”。实际上，在中国的治学传统下，“方法”向不具有杜亚泉所谓“假定的人格”在，很难成为一种独立的学术“单位”[6]。故“考据”可以言“学”，方法却未必能成“学”。简言之，从考据成学到晚清的方法热，在中国学术传统中都有些特别的意味，并非“自古以来”就是如此。

然而在近代新语境下，治学“方法”渐成人们的关注所在。今日在大学教书的人，方法是常被学生问及的问题。在史学领域，我知道不少学生都想获得某种可以概括抽象出来的“方法”，以为学会了即可治史。尽管我在一定程度上赞同“史无定法”的主张，但我非常理解学生们的愿望，尤其他们身处这样一个急功近利之风劲吹的时代。

要说史学方法，不论教与学，真要到好的程度，其实都不简单，却也并非妙不可言。我想和年轻人分享蒙思明先生的一句话：史学方法“并不是一种神奇的东西、秘密的宝藏，而实际只是一些合乎逻辑、合乎常识，可以使人信赖的批判原则和工作程序”[7]。换言之，史学方法的基础就是逻辑和常识，具体则是一些批判原则和工作程序。我们不仅可以学到手，更当积极主动去寻求。孟子说过：

夫道，若大路然，岂难知哉？人病不求耳。子归而求之，有余师。（《孟子·告子下》）

故道不难知。方法和能力，都是可以通过学习和训练获得的。一是要先有求的态度，二也要注重求的方法，而且主要靠学的人自己去摸索体会。不仅所谓“知识”如此，求知识的方法亦然，就看是否找到合适的途径。梁启超曾说，“真正做学问，乃是找着方法去自求，不是仅看人家研究所得的结果”。若自己学到“做学问的方法，乃能事半功倍”[8]。我可以补充说，只要有心，看人家如何得到那样的研究结果，也能找到做学问的方法（详后）。

若据孟子的指引，发挥学生一方的学习主动性，则最简单的学习窍门，就是先看好的老师如何做，然后学着做，再徐图超越。这也就是一般所说的临摹。学习治史方法，临摹既是正道，也是捷径，或许还是最简单易行的。桐城文派所谓“有所法而后能，有所变而后大”[9]，便是这一学习方法的最好总结。

有所法而后能

由于以前“方法”不被看重，好的启蒙之书也非常少见。陈澧曾说，“学问之事，莫难于入门。既入其门，则稍有智慧者必知其有味，而不肯遽舍”。因此，“精深浩博之书，反不如启蒙之书之为功较大”。但过去“多宏通之篇，寡易简之作；可资语上，难喻中人。故童蒙之子、次困之材，虽有学山之情，半为望洋之叹”。而好的“启蒙之书，又非老师宿儒不能为。盖必其途至正，其说至明，约而不漏，详而不支”，才能导引入门。他自己就想写一本“事繁文省，旨晦词明”的书，使人“视而可识，说而皆解”[10]。然而这只是一个理想的目标，他最后也没写出来。

当然，通人不肯写入门书，是古今中外的普遍现象。或受晚清方法热影响，近代中国情形稍变，从梁启超开始，写史学方法的大家不少。外国现在也稍不同，时见大人物说史学方法。如三位享大名的美国女史家合写的《历史的真相》[11]，就是一例。按我们现在的标准，三位都是行内名副其实的大人物，其中两位还曾任美国历史学会主席。她们能发心做这种金针度人的事，是很不容易的。惟读者受益多少，却也还不好说[12]。

在过去少见专门教方法的语境下，学问和技艺能够传承，主要就靠临摹。从补锅、做家具到练武、学写字，以至于作文、作诗、作画，大致都是从临摹入手。不过一般的手艺人以谋生为念，少有武侠小说中人欲“光大门派”之想；而作文、作诗、作画的，则总思在学得像样的基础上有所突破，以创出自己的“特色”。多数人虽然很难越过“有所法而后能”的阶段，“有所变而后大”的境界却总是有志者的努力方向。

明清之际的张自烈论作文说，从事古文者，“才虽过人，未有无所祖述而径造者。今人而欲为古人，初恐其不似古，久之又恐其似古”（那样就成了依样画葫芦，所得不过古人糟粕）。故“必酝酿古文之巧之法以归于已，使见者莫能名其为某家，……庶几法变巧生，而文日进”[13]。这可能是对临摹法最好的总结，先要学得像，即“有所法而后能”；在将前人“巧之法”归于已后，又要不像，庶几“法变巧生”，于是可以“变而后大”。

这里有一个与“法”并列的关键字，即“巧”。主张道不难知的孟子也曾说过，“梓匠轮舆，能与人规矩，不能使人巧”（《孟子·尽心下》）。“规矩”大体即“法”，与“巧”形成一种对应的关联。两千多年来，很多人都在琢磨孟子这句言简意赅的话。张自烈所言背后，多半也有此意在。与他大约同时而稍年轻的王夫之以为[14]：

巧者，圣功也。博求之事物，以会通其得失；以有形象无形，而尽其条理；巧之道也。格物穷理而不期旦暮之效者遇之。

那意思，大匠不能使人巧，但学者可以通过自己的摸索努力，领会巧之道，从而能巧。昔朱子注《论语》，曾提出“学之为言效也”。胡适发挥说，“学画的，学琴的，都要跟别人学起；学的纯熟了，个性才会出来，天才才会出来”[15]。大家可能都听过“熟能生巧”一词，胡适所言，是对此语的精妙阐释。巧的前提是熟，而熟的前提是能（会做）。我们更要记住，“天才”也是在学习进程中展现的，必要自己的“个性出来了”，才算是“法变巧生”，也才能变而后大。

吕思勉进而提醒我们[16]：

研究学问有一点和做工不同。做工的工具，是独立有形之物。在未曾做工以前，可先练习使用。研究学问的手段则不然，他是无形之物，不能由教者具体的授与。对学者虽亦可以略为指点，但只是初步的初步；其余总是学者一面学，一面自己体会领悟而得的。

这大概是延续王夫之关于“法”和“巧”的辨析，特别强调做学问的人与一般匠人不同，更要靠自己的体会和领悟，而且要一面学，一面体会。孔夫子说过，“我欲载之空言，不如见之于行事之深切著明也”（《史记·太史公自序》）。他老人家说的是表述，其实观听亦然。尤其学问讲究自得[17]，有所悟然后有所得。没有身体力行，不容易有所悟。故吕先生以为，“研究的方法，必须试行之后，方能真知。抽象的理论，言者虽属谆谆，听者终属隔膜”[18]。

在课堂上直接教方法，多少带有灌输意味，学生未必欣赏，也不易领会。毕竟所谓方法都相对抽象，全无操作经验的新人，不那么容易领悟。我自己就常听学生说：老师，现在我知道您当初说的是对的了。但何以说的时候就不能领会呢？一个因素当然是老师讲得不易使人领会（这方面我要深自检讨），大概也与学生没有实践经验相关。

这样看来，临摹可以说是一个发展中的进程，近于俗话所说的“干中学，学中干”。而其基本点，就是选定尊崇、摹仿的榜样，学而习之，然后变而后大。中国过去不觉得需要写什么门径书、方法论，或即因很多人以为临摹不失为一种不错的求学之路。而从既往的经验看，先临摹而后突破，已几乎成为“颠扑不破”的真理了。所以我要再说一遍，临摹不仅是学习的正道，也是学习的捷径。

进一步的问题，就是什么样的作品更适合我们临摹。

临摹什么好

我们要临摹，当然应选择优秀的对象。不过，前人作品成千上万，究竟看什么，对初学者是个很困难的选择。要说选择的标准，可一言以蔽之，即取法乎上而已。

初入道者一个最大的困难，就是尚难判断好坏优劣。学生初入一个领域，常常觉得那些已出版发表的论著，似乎每一篇、每一本都好（也有认为全都不好的）；到了能够区分出论著的好坏优劣时，就可以说是入门了。要达到这一步，有个过程，长短因人而异。以今日课程安排的饱满程度，本科学生看“课外”读物的时间已不多，恐怕到毕业时还不一定找到性之所近的临摹对象；而研究生又苦于学习期限不长，要在课余广读当世论著而择定摹仿目标，似亦非短期可成。

在自己难以分辨时，一是可以寻求老师的指引，另一窍门就是观摩那些几十年后还有人看的名家之作。所谓名家，最好是与读者所处时代接近的。故选择临摹对象的第二标准，就是不要好高骛远，而要随时随地（此取本意）。影视作品中常见时空“穿越”者对环境的不适应，很能提示随顺时地的重要。我在课堂上对学生的建议是，在近日史家中选一位性之所近（而不必是最著名）的高手，先熟读其论著，自己研究时试着先思其所思、言其所言，觉得像了，便已有一定火候，以后再想突破、特色一类高远的问题不迟。

常听人说现在的人“眼高手低”（如上面提到那些认为既存论著全都不好的人便是），这当然不够好；但我的看法，眼不高则手也高不到哪里去，若能由眼高进而手高，就比较理想了[19]。实际上，有时学生的眼高手低，也是老师无意中培养出来的。吕思勉就曾指出：“近人教人读史时，每使之先读《史通》《文史通义》。此两书诚为名著，然其内容，均系评论前人作史的得失；于旧史全未寓目，读之知其作何语？讲亦何从讲起？”[20]这话是吕先生在20世纪50年代说的，可叹的是，今日此风仍盛。有些学校的“中外史学名著导读”一类课程，要求读的书籍，中国的从《左传》到《资治通鉴》，外国的则要求读吉本（Edward Gibbon，1737－1794）写的英文书。

似此选择，目的虽好，手段实不敢恭维。盖若真能领会《资治通鉴》及此前中国史著中的精义，对治史当然极有裨益；吉本及更早的西方史著亦然。但这样的名著通常要经过非常高段位的“导读”，才能对学生研究历史有实际的帮助。尤其现在计日程功的要求变本加厉，甚至在研究生阶段就不得不发表论文。吉本的文采虽好，那也是相当于我们乾嘉时代的英文。学生要从他们的史著中学到多少适应当代学术刊物（以及出版社）要求的史学表述方式，写出符合现在要求的史学论文，恐怕是极大的挑战，不眼高手低也难。

窃以为老师编选本，一定要设身处地尽量为学生着想。章太炎早就说过，“不法后王而盛道久远之事”，实不利于“致用”[21]。朱光潜在抗战后期也强调，大学《国文选目》应采“法后王”取向，最好选章士钊、梁启超、胡适等人的文字；若选文言文也以多选唐宋以后的为好，因为秦汉文章“大半绝对不可模仿，比较易模仿的还是唐宋以后的文章”，更能起到实际的示范作用[22]。

这类读本与“名著导读”课程相类，目的正在于“致用”。故在“取法乎上”之余，也要特别注意“法后王”这一原则。首先是适应学生程度，庶几能因材施教；同时也要适应学生所在时代的需要，或可名曰因时施教。而朱先生所说的“示范”作用，应该是“选读”最应考虑的功能。具体到史学，还是多选用白话或当代外语写作的学术论文和专著为范本，更能对学生起到实际的启发。因为他们即将面对的，正是今日而非往昔的学术研究和表述方式。

据说戴震少时学作文，在《史记》中选出《项羽本纪》和《信陵君列传》等十篇，作为临摹对象，“皆密密细字，评其结构、用意、用笔之妙”[23]。他所“评”者，也就是想要仿效的——结构、用意和用笔之法。范文澜认为这个方法值得效法，曾建议北大历史系同学从古今名篇里选二三十篇来读，“从名篇里面学习作文法；揣摩揣摩，练习练习，实行学而时习之的办法”，以加强表达的能力，可以“一辈子受用”[24]。

现在和戴震所处的时代已大不同，也远比范文澜那时更急功近利，连在校学生也不得不“快出成果”。在这样的时代，要他们学习相对超越的“作文法”，已近于奢侈。恐怕只能退而求其次，循急用先学之法，把更具体的学术表述作为目标。老师在课堂上讲论方法之余，若遵循前贤的提示，选择一些优秀的名家作品，编成一书，或比直接讲方法更使人感觉亲切，不失为一个帮助学生的好方式。

我想再次强调，让年轻人学习怎样做研究的典范，不必是所谓永恒的经典，而应是他们可以临摹的范文。如果一编在手，既能感受学问大家的气度格局，也能学到怎样提出问题、运用史料，以及如何论证其所欲言，或许更适合学生的需要，受到他们的欢迎。这是促使我们编辑这本《名家治史》的主要动因。

从示范中学方法

本书的立意，即副标题所标出的“方法与示范”。其中有四篇是直接讨论史学方法的，分别是李思纯的《史学原论·译者弁言》、蒙文通的《治学杂语》，以及蒙思明的《考据在史学上的地位》和《史学方法的任务》。其他的则是作为示范的研究论文，早的发表于1930年，晚的则到“改革开放”之后了。

朗格诺瓦（Ch. V. Langlois）和瑟诺博司（Ch. Seignobos）的《史学原论》一书写于19世纪末，在全世界影响甚大（其法文原版和英译本近年都还再版）。李思纯先生在“五四”之后翻译《史学原论》，不啻空谷足音。中国后来各种史学方法著作，不论是否言明，皆多所借鉴。他所写的前言不长，概述了中西史学方法的异同，最可提示我们什么叫作“简而且周，疏而不漏”（刘知幾语）。

蒙文通先生的《治学杂语》可谓体大思精，不仅学生当读，老师亦然（我自己便每读皆有所获，真正是受益匪浅）。这原是蒙默老师据各种散见材料编成的，经蒙老师俞允，删略了一些针对具体研究的专门论述，并适当调整了次序，把意思相近的内容整合在一起。文通夫子循循然善诱人，他的耳提面命，最宜置于手边，学而时习之，多读必多受益。

蒙思明先生《考据在史学上的地位》一文是他在华西协合大学讲“史学方法”课的绪言，原题为《史学方法在史学上的地位》，应钱穆之邀到齐鲁大学（时在成都）国学研究所讲演，乃改今题发表[25]。我们或可从原题思路去阅读，感觉又会不同。《史学方法的任务》大概也是同一课程讲稿的改写本，进一步专论史学方法究竟要做什么以及可以做什么。两文均是真正学贯中西之心得，非许多教材式“历史研究法”可比。

其他的研究论文都是20世纪新史学背景下围绕具体问题（issues）的探讨。它们不是指示性的空论，而是指引性的示范。有的文章提出了新问题，有的提示了新思路，有的使用了新材料，还有一些则看似“普通”，细读乃新见迭出，仿佛行走在山阴道上，“山川自相映发，使人应接不暇”。这样的作品，特别适合初学者细心揣摩。

我想，大学首先是培养人的场所，其次才是求知识的地方。即使求知识，学到绣鸳鸯的方法，也比得到别人绣出的鸳鸯更重要。而从绣出的成品中，正可学到绣鸳鸯的方法。如蒙思明先生所说，中外历代“史家的成套著述和单篇论文内，到处都可发见一些史学方法”；甚至“自古以来有思想有聪明的人，不管他是否从事历史研究，也不管他对史学造诣的深浅如何，总或多或少的能利用一些史学方法，可以做我们的示范的”。青年学子贵在“从各种绣出的鸳鸯上，寻出一套刺绣的法度；有系统、有条理的归纳出一些原理原则、工作程序”，这是“学习的捷径”〔26〕。

治学的方法有时也可从课堂听讲中领会。蒙文通先生说：“大学以上的学生，主要是学方法。在听课时，应跟着先生的逻辑思维的发展而发展，体会先生是怎样思考问题的。”〔27〕这是一个非常好的提示，如果我们听课时有这方面的思想准备，能注意抓住老师讲述的逻辑思路，循其发展而跟进，就可以得到远超过学“知识”的收获。同理也适用于读书。例如上面提到的三位美国史家的研究论著，我们若像两位蒙先生提示的那样去读，注意其“刺绣的法度”，有意识地体会其思考和表述的逻辑思路，所得说不定还超过读她们的方法论。其他人的作品亦然。只要有求方法的态度，注意求的方法，多少总有所得。关键在于，不要仅把课程和论著看作知识的来源，更要当成学问的示范。

对选定的示范作品，需要时常亲近。戴震曾说，他写《句股割圜记》的“上二篇成，下一篇难做，即取太史公《信陵君列传》玩味一番，遂成下篇”[28]。在一般人看来，《句股割圜记》和《信陵君列传》的文字类型颇异，而戴震仍能得到启发，最能凸显典范的作用。后来列维·施特劳斯也说，他每次写书之前，会先读几十页马克思的《路易·波拿巴的雾月十八日》，从经典写作中寻找表述的感觉[29]。

两位都是中外大家，仍坚持从自己敬重、欣赏的前辈作品那里找感觉，这本身也是一种示范。我们读《名家治史》时，或可多注意这些老师如何把握一个问题的全景，构筑一个整体的间架（往往是自然形成，未必是“构思”出来的），并将各式各样“碎片”式的材料嵌入其中。有些材料别人或以为“无关”，但融合在一起之后，就展示出了不同寻常的意义。我们甚至不妨想想，如果是自己来写老先生当年所写的题目，我会提出什么样的问题？我会选择什么样的论证方式？甚至我会怎样开头、怎样铺陈、怎样结尾呢？[30]

通过这类有针对性的比拟，也许你会从中感觉到自己与史学大家的差距，那就找到了提高的方向；如果你和他们所见略同，那你就是特别适合这一行的人。不论是看到差距还是产生彼此“心同”的感觉，都会鼓励你在史学道路上继续前行，进而光大我们的史学。

有所变而后大

前面说“法变巧生”时，已略及“变而后大”。我一向主张学生当存“人皆可以为尧舜”之念，树立“豪杰之士虽无文王犹兴”的气概。然若有前贤导引入门，可以少走弯路，自然事半功倍。盖学问如流水，不曾预流者，不论欢喜赞叹还是怨恨咨嗟，多半是“为赋新诗强说愁”，不过望水兴叹而已。要走学问之路，必须进入学术之流。也只有得其法入了门，方有预流的可能。

真入门之后，感觉是大不同的。董仲舒论读《春秋》说，“弗能察，寂若无；能察之，无物不在”（《春秋繁露·精华》）。未预流前，在学术世界里感觉一片茫然；预流之后，即左右逢源，好像处处都有熟人。我们的年轻同学，可曾有类似的感觉？

预流之后，当然就是向前推进。编这本书的立意，是希望读书的学生能从“法而后能”到“变而后大”，也就是我们耳熟能详的温故知新。不过我们永远要记住，“法变巧生”的基础，是先要温故，然后知新。

现在上下提倡创新，有些人动辄喜欢引用冯友兰的话，不想“照着讲”，而要“接着讲”，其实未必看明白了冯先生的原意。冯友兰在《新理学》中曾说，之所以自号为“新理学”，是因为“我们是‘接着’宋明以来底理学讲底，而不是‘照着’宋明以来底理学讲底”[31]。他在晚年将此提炼为“照着讲”和“接着讲”，强调哲学上的创作是要说明自己对于某一问题的想法，而“自己怎么想，总要以前人怎么说为思想资料，但也总要有所不同”[32]。可知冯先生的意思，必预流而后可言突破，“照着讲”是“接着讲”的前提。

今日很多自诩“接着讲”的，其实未必能“照着讲”。若“照着讲”尚且不能，又如何“接着讲”？中国经学史上有所谓“传道”和“传经”之分。孔夫子指示我们，“人能弘道，非道弘人”（《论语·卫灵公》），则“传道”应在“传经”之上。但“弘道”非人人所能为，历史上很多时代，遍天下难见足以“弘道”之人[33]，不得不姑“传经”以守先待后，期日后能有“弘道”之人出。简言之，始终有人能“照着讲”，才是不时可以“接着讲”的基础。

学问是天下的公器、古今的长流，正要前呼后拥（此用字面义），方可继往开来。在章学诚特别强调的“言公”之中，读者起着关键的作用。不同的前言后语，可以“并存于天壤。而是非失得，自听智者之别择”[34]。不论是言出于己，还是转述于他人，“是非失得”最终是由读者决定的。或可以说，学术研究是一个发展中的进程，具体撰述总会停笔，但它又在阅读中延伸。阅读不止，意味着参与的持续，研究也就永远处于发展之中。故言之“公”不仅是空间的，也是时间的；存于天壤，也存于历史；有人参与即“公”，反之则“私”。从这个意义言，名家作品的阅读本身，就是学问的延续。

不过阅读只是参与的第一步，如梁启超所说，他人的研究所得，“未必都对”；学生得到“点石成金的指头”之后，就“可以自由探讨，并可以辩正师傅的是否”[35]。陈寅恪先生有句名言：“一定要养成独立精神、自由思想、批评态度。”[36]“自由探讨”是学术独立的前提，而批评态度主要是针对学生而言。梁启超名之曰“思想解放”，亦即“无论什么人向我说什么道理，我总要穷原竟委想过一番，求出个真知灼见。当运用思想时，绝不许有丝毫先入为主的意见束缚自己，空洞洞如明镜照物”[37]。

窃以为学生与师傅相互辩正，是特别重要的。在章太炎看来，后人与前贤商榷，并非轻慢，而是尊敬。盖“欲弘道，固不以言殉人；尊之至，故以争为匡救”[38]。师傅引领学生入门，只是学问的第一步；只有学生本独立精神，通过自由探讨以“辩正师傅的是否”，学问才能发展和进步。这是我们编这本书希望达到的长远目标。

注释：

〔1〕当然也有例外，如梁启超曾注意到，《史记·货殖列传》的写法特别，有先述基本理论的意味。参见梁启超：《中国历史研究法》，《饮冰室合集·专集之七十三》，中华书局，1989 年，第 105 页。而崔述的《考信录》，更以两卷的《考信录提要》，先讨论各考通用的方法和体例，相当别具一格。参见《崔东壁遗书》，上海古籍出版社，1983 年，第 1－23 页。

〔2〕后来胡适一生以言“方法”著称于世，梁启超晚年专门写了《中国历史研究法》（含补编）一书，恐怕多少受此早年“方法热”语境的影响。

〔3〕葛兆光：《西潮却自东瀛来——日本东本愿寺与中国近代佛学的因缘》，《二十一世纪》1996 年第 1 期。

〔4〕参见罗志田：《方法成了学名：清代考据何以成学》，《文艺研究》2010 年第 2 期。

〔5〕我念书的时代，美国的社会学系多有一个专门的方法组（group），近于我们的教研室，成员从几人到十几人。

〔6〕说详罗志田：《学问的单位：傅斯年和钱穆对中西学术分类异同的思考》，《文史哲》2020年第6期。

〔7〕蒙思明：《史学方法的任务》，《华文月刊》第2卷1期（1943年1月），第17页。

〔8〕梁启超：《东南大学课毕告别辞》（1923年），《饮冰室合集·文集之四十》，第8页。

〔9〕姚鼐引程晋芳、周永年语，见姚鼐：《刘海峰先生八十寿序》，《惜抱轩诗文集》，刘季高标校，上海古籍出版社，1992年，第114页。

〔10〕陈澧：《东塾集外文·与徐子远书之五、答杨黼香书》，《陈澧集》，黄国声主编，上海古籍出版社，2008年，第1册，第458－459、443页。

〔11〕阿普尔比（Joyce Appleby）、亨特（Lynn Hunt）和雅各布（Margaret Jacob）：《历史的真相》，刘北成、薛绚译，上海人民出版社，2011年。

〔12〕以我们尊西之风颇盛的大学情形言，此书的中译本也出了差不多十年了，各级在校生与史学方法的隔膜似未见明显改善。

〔13〕张自烈：《与阎百诗书》，《芑山文集》卷九，《丛书集成续编》，台北新文丰出版公司，1988年，文学类第188册，第114页。

〔14〕王夫之：《思问录·内篇》，《船山全书》，岳麓书社，1988年，第12册，第409页。

〔15〕胡适：《请大家来照照镜子》（1928年），《胡适全集》，安徽教育出版社，2003年，第3册，第32－33页。

〔16〕吕思勉：《怎样读中国历史》（1935年），《吕思勉论学丛稿》，上海古籍出版社，2006年，第525－526页。

〔17〕《孟子·离娄下》："君子深造之以道，欲其自得之也。自得之，则居之安；居之安，则资之深；资之深，则取之左右逢其原。"

〔18〕吕思勉：《怎样读中国历史》（1935年），《吕思勉论学丛稿》，第

531 页。

〔19〕近得高人指点，养生要眼高心低。我想学写作亦然，眼不往上看，则手也难高；同时心若能低，便能看到并容纳他人可学之处，手也会逐渐高起来。

〔20〕吕思勉：《中国史籍读法》，《吕著史学与史籍》，华东师范大学出版社，2002 年，第 101 页。

〔21〕章太炎：《救学弊论》，《华国月刊》第 1 卷第 12 期（1924 年 8 月 15 日），第 11 页（文页）。

〔22〕朱光潜：《就部颁〈大学国文选目〉论大学国文教材》（1942 年），《朱光潜全集》，安徽教育出版社，1993 年，第 9 卷，第 124 - 127 页。

〔23〕段玉裁：《东原年谱》，收入《戴震全书》，黄山书社，1995 年，第 6 册，第 716 页。

〔24〕范文澜：《历史研究中的几个问题》（1957 年），《范文澜全集》，河北教育出版社，2002 年，第 10 卷，第 395 - 396 页。

〔25〕蒙先生以“考据”置换“史学方法”，特别能体现二者的相通，最可见前述从清代以来方法逐渐凸显的倾向。

〔26〕蒙思明：《史学方法的任务》，《华文月刊》第 2 卷第 1 期，第 17 页。

〔27〕蒙文通：《治学杂语》，收入蒙默编：《蒙文通学记（增补本）》，三联书店，2006 年，第 7 页。

〔28〕段玉裁：《东原年谱》，收入《戴震全书》，第 6 册，第 716 页。

〔29〕列维 - 斯特劳斯：《忧郁的热带》，王志明译，中国人民大学出版社，2009 年，第 58 页。

〔30〕在更具体的技术层面，近日看到网上有对耶鲁大学写作课老师 Emily Ulrich 的采访，她说，想学习前辈是如何去论证的，可以分三步：首先要找到作品主要的论点（一篇论文里某个可以概述其他内容的论点，就是论文的中心论点），其次找出每次作者重申此论点的部分，然后找出作者使用的不同种类的论

据，观察其中的模式。通过这样的分解，去了解作者如何表达自己的论点。参见吴妍娇：《中国学生写作习惯恰恰美国大学最忌讳》，微信公号“外滩教育（TBEducation）”，转见 http://www.sohu.com/a/106491703_101025。

〔31〕冯友兰：《新理学》（1939 年），《三松堂全集》，河南人民出版社，2001 年，第 4 卷，第 4 页。

〔32〕冯友兰：《三松堂自序》，《三松堂全集》，第 1 卷，第 209－210 页。

〔33〕不排除其时确有闻道之人，然无人“来学”，也不愿以“往教”的方式与人分享。于是形成当世无人的认知。

〔34〕章学诚著、叶瑛校注：《文史通义校注·言公》，中华书局，1985 年，上册，第 186 页。

〔35〕梁启超：《东南大学课毕告别辞》，《饮冰室合集·文集之四十》，第 8－9 页。

〔36〕卞僧慧：《陈寅恪先生年谱长编（初稿）》，中华书局，2010 年，第 146 页。

〔37〕梁启超：《欧游心影录节录》，《饮冰室合集·专集之二十三》，第 25 页。

〔38〕章太炎：《程师》（1910 年），《章太炎全集·太炎文录初编》，上海人民出版社，2014 年，第 139 页。

目　录

CONTENTS

方　法

示　范

方法

名家治史

李思纯，字哲生（1893－1960），四川成都人，祖籍云南昆明。自幼熟读诸子百家，民元后始就新学，并从前清光绪朝二甲进士、翰林院编修赵熙习诗词书法，有千余古诗词留世。1919 年入少年中国学会，是年秋与李劼人、何鲁之、曾琦等赴法国勤工俭学，先后求学于里昂、蒙彼里埃和巴黎等地学府，业余在张君劢共学社编译书籍。在巴黎大学期间，精研法国史学家朗格诺瓦（Ch. V. Langlois）和瑟诺博司（Ch. Seignobos）的史学理论名著《史学原论》（*Introduction aux Études Historiques*），并着力译介到国内，是为该书最早的中文译本（或"为西方史学名著汉译开创者"）。1922 年，李转读德国柏林大学，结织陈寅恪，从此过从密切。1923 年初归国，在上海为《学衡》撰稿，得晤早已以文相识之吴宓，成为挚友，并与左舜生、田汉及《学衡》众家交游甚密。不久任东南大学法语和法国文学教授。1924 年，李思纯返川，随即北上任教于北京师范大学和北京大学预科，其间结识梁启超、王国维、陈垣等。1926年归里，先后任教于成都大学、成都师范大学、四川大学，1941年始任四川大学师范学院史地系主任。1946年短期执教浙江大学。李思纯一生游学和执教中外名校，广交当世名流，识见高远，学富功深，涉猎广博，术有专精。主治地方史、民族史和史学理论，著有《元史学》《江村十论》《成都史迹考》《大慈寺考》《中国民兵史》。遗存之《康行日记》和《金陵日记》史料价值极高。在语言学、宗教学、中外文学和诗学领域亦颇有造诣，刊文数百篇，译著数十篇。此文集所收之《史学原论·译者弁言》为其治史思想倾向表征之作。

史学原论·译者弁言

○李思纯

《史学原论》一卷（*Introduction aux Études Historiques*），著者朗格诺瓦（Ch. V. Langlois）、瑟诺博司（Ch. Seignobos）二氏。朗氏法兰西国家藏书楼主任，瑟氏巴黎大学历史教授也。是书以 1897 年 8 月出版于巴黎，书虽稍旧，然远西后出谈历史方法之书尚未有逾此者。

吾读此书在 1920 年之秋，于时瑟诺博司先生在巴黎大学文科讲授近代史及历史方法。吾自是年秋迄于 1921 年冬，凡阅时一年，朝夕挟书册亲受先生讲课。1922 年 3 月，游柏林，居康德街一小楼，日长多暇，乃以是书法文原本及英国 G. G. Berry 氏译本参酌译之，日成数章，2 月而毕业。弃置箧底复年余，今夏归国居南京，乃取旧稿删订润色之，间于篇中征引事实有不能明者，为附注于章后焉。

论历史方法之专书，世不多见。英美所著者，有 Robinson 氏之 *New History*，有 Vincent 氏之 *Historical Research*，有 McMurry 氏之 *Special Method in History*，有 Woodbridge 氏之 *The Purpose of History*，有 Nordain 氏之 *Interpretation of History*，有 Seligman 氏之 *Economic*

Interpretation of History，有 Gooch 氏之 *History and Historians of 19th Century*，有 Barn 氏之 *The Past and Future of History* 等书，然以较此书体大思精，咸有逊色。法国史家 Fustel de Coulange 氏成书曰 *Recherche des Quelque Problemes d'Histoire*（《历史搜讨之数问题》），虽其书甚美，然所论多具体事实而少抽象方法。本书著作者瑟诺博司先生于后此数年更成一书曰 *Methode Historique Appliquer Sux Science Social*（《应用于社会科学上之历史方法》），其书亦佳，然特本书之撮要节本而已。故讨论抽象史法而体大思精之作，本书当首屈一指也。

吾国旧史繁赜，史学之发达较他学为美备，关于咨访搜辑校雠考证之事，与夫体例编次文辞名物之理，莫不审晰入微，措施合法。刘知几氏《史通》，章学诚氏《文史通义》《校雠通义》，其最著之作也。二氏所作，其间探讨之道，辨晰之事，东西名哲，合轨符辙，无有异致。本书所陈，或符前哲旧言，或出远西新谛，请举一二，用示读者。

其在史料之搜集，刘氏曰："书事记言，出自当时之简，勒成撰定，归于后来之笔。当时之草创者，资乎博闻实录，后来经始者，贵乎俊识通才，必论其事实，前后不同，然相须而成，其归一揆。"（《史通·外篇·史官建置》）本书亦云："历史由史料构成，无史料则无历史。"（上篇《搜索史料》章）又云："凡人于此应选择，或全弃此事不为，或决意投身为此预备工夫之鉴定工作，决未尝更思以余时造史，故彼之工作，皆为后来者及他人也。"（中篇《校雠考证》章）其符合一。章氏曰："风俗篇中，必须征引谣谚。"（《修志十议》）又曰："余修《永清县志》，亲询乡妇委曲。"本书亦云："凡欲征求有关近世之事，必用咨访故旧之法。”（上篇《搜索史料》章）其符合二。章氏曰：“今之志乘所载，百不及一；盖搜罗采辑，一时之耳目难周，掌故备载，平日之专司无主。欲令志无遗漏，平日当立志科，目录真迹，汇册存库，异日开局纂修，取材甚富。”（《文史通义·与甄秀才论志书》）本书亦云：“凡史料有关于人类所占据之远古者，皆聚集之，分类集列，藏于为此事而设之建筑中。凡将巨额史料集中收藏，乃自然进化之良美结果。”（上篇《搜索史料》章）其符合三。章氏曰：“古物苟存于今，虽户版之籍，市井泉货之簿，未始不可备考证也。”（《亳州志掌故义例中》）本书亦云：“别一部为实物史料之鉴定，若建筑雕刻图画之作品，及其他军器衣服用具钱币奖章甲胄之类是。”（上篇《辅助之科学》章）其符合四。

其在校雠考证，章氏曰：“部次不精，学术所以日散也。古今著录，不徒为甲乙部次计，盖欲人因类求书，因书究学。”（《校雠通义三》）本书亦云：“无论研究历史某点，必先事将其史料加以类分整理，以合理而便利之方式，措置为一定程序。此在历史家职务中，盖为表面若甚卑近，而实际极为重要之一部分工作。”（中篇《史料之分类整理》章）其符合一。章氏曰：“校书宜广储副本，夫博求诸书，乃得雠正一书，则副本固宜广储以待质也。”（《校雠条理》）本书亦云：“史文之逐渐变讹，乃遵一定之律令，于此须以十分劳苦，发现及整理其原本与钞本间之彼此殊异。凡人若能具有原本已亡失之各种钞本，以视仅有一孤本者，其情形自较便利。”（中篇《原本文字鉴定》）其符合二。章氏曰：“考证之体，一字片言，必标所出。所出之书不一，则标最初者。最初之书既亡，则标所引者。”（《文史通义·说林》）本书亦云："鉴定之事，必须问彼报告之人是否为准确无误。若彼仍系得自他人者，则寻迹追捕，弃此居间人而更转于他人，直至获得彼曾亲创此第一次之记载者，然后问彼是否曾为精确之观察。"（中篇《忠实与精确之反面鉴定》章）其符合三。章氏曰："著录之道，系于考证，存其部目，可以旁证远搜。书之易混者，非重复互注之法，无以免后学之牴牾。书之相资者，非重复互注之法，无以究古人之源委，故有裁篇别出之法。"（《校雠通义》）本书亦云："一切校雠家历史家之对于史料，常需要一种之例证为一切目录所未能供给之者，例如此一史料之著名与否，及其既经批评注释使用与否是也，是必藉助力于书目总论。此种书目总论，乃系就已刊行之各书籍，由多方面着眼以汇集编纂而成。"（上篇《搜索史料》章）其符合四。

其在记载之真实，刘氏曰："汉魏以降，史官取人，有声无实，生则厚诬当时，死则致惑来代。"（《史通·内篇·史官建置》）章氏曰："古今路阻，视听壤隔，而谈者或以前为后，或以有为无，泾渭一乱，莫之能辨。"（《文史通义·采撰》）本书亦云："凡一著作家之所论述，或非其所自信，盖彼本可作讹言也。凡彼所自信者，亦常非彼所真正遭遇，盖彼本可有时错误也。"（中篇《忠实与精确之反面鉴定》章）其符合一。刘氏曰："敌国相仇，交兵结怨，载诸移檄，则可致诬，列诸缃素，难为妄说。"又曰："郡国之记，谱牒之书，务欲矜其乡里，夸其世族，读之者安可不练其得失，明其泾渭乎？"（《内篇·采撰》）本书亦云："著作家有时为其自身及其同群之虚荣夸耀所惑而为讹言者。"又云："彼或对于一社群朋党，或一主义学说训条有所同情与不同情，乃至于改变事实。其情形为对于所友好者优厚之，对于所仇视者不优厚之。”（中篇《忠实与精确之反面鉴定》章）其符合二。刘氏曰：“史氏所书以正为主，若喻过其实，辞没其义，繁华而失实，流宕而忘返，不其谬乎。”（《内篇·载文》）本书亦云：“著作家欲以文章辞采之美妙，取悦于群众，故彼依据其审美之意念，使之润色增美，而致于改变事实。”（中篇《忠实与精确之反面鉴定》章）其符合三。章氏曰：“齐史之书崔弑，马迁之述汉非，韦昭仗正于吴朝，崔浩犯讳于魏国，或身膏斧钺，或书填坑窖。世事如此而责史臣申其强项之风，盖亦难矣。”（《文史通义·编次》）本书亦云：“著作家欲取悦于群众，或至少亦求群众之不惊怪而开罪，故彼所表出之情感意念，力求与其同群所信奉趋向者相融合调和，以致改变真实。”（中篇《忠实与精确之反面鉴定》章）其符合四。

至若其论历史鹄的，则章氏曰：“文章之道，或以述事，或以明理，事溯已往，理阐方来。”（《内篇·原道》）又“管子曰：疑今者，察之古，不知来者，视之往。”本书亦云：“历史之于吾人，悉列载各种社会，而使吾人了解其风俗习尚之变迁，使吾人狎熟于一切社会形式之变动，而将吾人畏惧变更之传染病，疗治痊愈。”（本书《结论》）其符合一。其论文章体式，则刘氏曰：“私徇笔端，苟炫文采，嘉辞美句，寄诸简册。岂知史书之大体、载削之指归哉？”（《史通·论赞》），章氏曰：“期明事实，非尚文辞。苟于事实有关，则胥吏文移，亦所采录。苟于事实无关，虽扬班述作，亦所不取。”（《修志十议》）本书亦云：“历史家对于修饰辞华及过去之金刚石与纸上之笔花，可轻视而不注重。非谓将一切纯洁强固简雅含蓄之文体，亦一并屏除也。史文造作之事，须能善为着笔写出，使凝练适合，而又决不以珠玉华饰自掩其真。”（下篇《史文造作》章）其符合又一。

难者曰，凡兹所论，诚为符合，然斯既先哲旧言，且为吾所固有，何取迻译外籍，更加复述乎？曰，是盖有说：

刘知几、章学诚之书，诚哉其条理详备矣！然其与本书相符合而未尽符合也。本书上篇第二章所论历史家辅助科学，与其解识古文鉴别器物之法。中篇第二章所论鉴别同型副本，有二个钞本相同，或多数钞本相同者，当如何鉴别是非；又多数钞本彼此传钞者，当如何排列其宗支谱牒，以察其所由转变之迹。第三章所论侦察两种史料同事抄袭之弊。第四章所论整理史料时，所用单页零简之活动纸片法。第五章所论校雠考证家之专业情形。第六章所论古今史料文字因时地而意义变迁之状况。第八章所论考察相符合之史料是否确相符合，与历史中之鬼物妖异问题，及历史学当服从一切自然科学规律之理由。下篇第二章所论社会事实联带之因果。第三章论理想推度之道。是皆刘章二氏之所未发也，是皆《史通》与《文史通义》《校雠通义》中之所未及也。

夫方法论为肤浅之物，非学术之本身，曾何足取。吾非盲聋，宁敢厚诬中国史学之无方法。惟以吾国史籍浩瀚，史料芜杂，旧日法术，或有未备，新有创作，尤贵新资，则撷取远西治史之方以供商兑，或亦今日之亟务。此则译者所由从事之志耳。

译述定名，本非易事。érudition一字，义若吾国汉学工夫，不外从事一切史籍之搜索、校雠、考证、刊布诸役。英译于此，但用通名曰scholar，曰scholarship，名义失之恒常，无以显示斯事专职。译者

于法书原名 érudit 一字，译作校雠考证家；于 érudition 一字，译作校雠考证学。虽命名不根，辞意繁冗，然读者庶以了然斯事所职而弗致误解。（著者瑟诺博司先生，少年曾留学德国，研习史学，故篇中屡举德语名辞，兹译仍其旧焉。）

附篇二章，于本书主旨无关，然其论法兰西历史教育情形，并可供国中学校参考。

斯译参酌英法两本，比较为之，或有出入，其有与英译辞语不尽符合者，则法文原本可复按也。

一九二三年八月，李思纯记于南京东南大学。

蒙文通，名尔达（1894－1968），字文通，四川盐亭人。清末入四川存古学堂，受业于廖平。后入南京支那内学院，问学于欧阳竟无，也曾向章太炎请益。先后执教于成都大学、成都师范大学、成都国学院、中央大学、河南大学、北京大学、河北女子师范学院、华西协合大学，20世纪40年代曾任四川省图书馆馆长，后长期教书于四川大学。贯通经、史、诸子、宋明理学，旁及佛、道二藏及历史地理。著有《经学抉原》《古史甄微》《周秦民族史》《儒学五论》《中国史学史》等，主要著作已辑入《蒙文通全集》（六册）。

治学杂语（选编）

○ 蒙文通

选编者按：蒙文通先生的《治学杂语》收入蒙默编《蒙文通学记（增补本）》（三联书店，2006 年，第 1－55 页）。原文较长，请示蒙默老师，略去了一些言及专门的部分，选留的是相对广而通的部分，并根据选留内容进行了适当的重新编排，把内容相近相通的集中在一起，以空一行的方式略示区分。少数一两千字不分段的话，适当分段，以利读者。若分段有误，责任由选编者承担。

一个心术不正的人，做学问不可能有什么大成就。

象山言：我这里纵不识一个字，亦须还我堂堂地做个人。又说：人当先理会所以为人，若不知人之所以为人，而与之讲学，是遗其大而言其细，便是放饮流歠而问无齿决。不管做哪门学问，都应体会象山这层意思。

大学以上的学生，主要是学方法。在听课时，应跟着先生的逻辑思维的发展而发展，体会先生是怎样思考问题的，不应要求先生跟着学生的逻辑思维走。假如那样，学生还学什么？

要学习老师的方法，这对初学很重要。但学到老师的方法后，还要能进一步摸索出自己的方法，这样才有可能在老师的基础上有所前进。

学生总得超过先生。如不能超过先生，纵学得和先生一样，还要你这学生作何用？

欧阳先生气度恢宏，很能容人。熊十力原跟先生学，后来不同意先生的一些看法，先生虽不同意，但觉也还说得有些道理，就让他说去，也让他继续住在内学院。当时熊体虚多病，经常要炖乌龟来吃，而内学院的规矩则是吃素食，老先生虽知道他吃乌龟有违院规，却也只当不知。熊后来很有成就。没有这样的老师，教不出这样的学生。

读基础书要慢点读，仔细读。不仅是读过，而且要熟。更不在多，多是余事。只熟也还无用，而是要思。但思并不是乱出异解，不是穿凿附会，只是能看出问题。

读史，史书上讲的尽是故事，切不可当作小说读，要从中读出问题来，读出个道理来，读出一个当时的社会来。否则，便不如读小说。

读书贵能钻进去，并不在于读罕见的书，要能在常见书中读出别人读不出来的问题。宋刻元椠并不足贵，章太炎就常说他是读洋板书的人。

读书不仅要从文字记载中看出问题，还要能从不记载处看出问题。不记载也从另一个方面反映了问题。

书叠起来随时想问题，往往有启发就是这时。打开书时人为书用，叠起书是人用书时。

做学问犹如江河行舟，会当行其经流，乘风破浪，自当一泻千里。若苟沿边逡巡，不特稽迟难进，甚或可能误入洄水沱而难于自拔。故做学问要敢抓、能抓大问题、中心问题，不要去搞那些枝枝节节无关大体的东西，谨防误入洄水沱。

孟子说："观水有术，必观其澜。"观史亦然，须从波澜壮阔处着眼。浩浩长江，波涛万里，须能把握住它的几个大转折处，就能把长江说个大概；读史也须能把握历史的变化处，才能把历史发展说个大概。

初看书不必过细，要注意大处。做学问既要深入细致，又要目光四射。读书粗疏不行，但被小材料所羁绊也不行。

教书，即使是教中学，也对做学问大有好处，我就教过八年中学。平时读书中遇到细小问题，常常不予注意，疏忽过去，而教书就不行了，教中学就更不行了。细小问题也必须要注意，要搞清楚。自己搞不清楚，如何能把学生教清楚？这样就养成读书要细致的习惯，莫嫌其细小，常常也会给我们提出一些重要问题。

读书不难，但必定要下功夫。哲学书读不懂也无法，我读宋人书掉过许多眼泪。

读书做文章都重要，愈作方法愈熟，愈懂得如何读书。

写文章要注意材料的摆法：第一，是不是说明论点；第二，要有层次，要一个证据之上再论证一个证据；第三，总结性材料是不是用在总结地方。用过功的地方虽未写入文章也不辜负，别人看文章会感到后面还有些意思没写出来。

写一篇文章，总要经得起时间考验。一篇稿子写好后，最好放个二三年；能经得住二三年的考验，再发表也不晚。在这段时间也可作些补充修改，使更完善些。

学问贵成体系。但学力不足、才力不够是达不到的。体系有如几何学上点、线、面、体的“体”。清世学者四分之三以上都是饾饤之学，只能是点。其在某些分支上前后贯通自成系统者，如段玉裁之于文字学，可以算是线，还不能成面。如欧阳竟无先生之于佛学、廖季平先生之于经学，自成系统，纲目了然，但也只限于一面。能在整个学术各个方面都卓然有所建树而构成一个整体者，则数百年来盖未之见。做真学问者必须有此气魄。

编通史、教通史都应该注意“全面”和“系统”的问题，但具体着手又是分块的、断代的，在断代中如何贯（通）全面系统确实并不容易。如民族部分，把各时代地图摊开来看，空白点总不能太多，应尽量考虑填补。当然每个时代有个重点，但其余地区也不能空着。魏晋南北朝时，十六国各族当然是重点，西域和西南也不应忽略。宋代，辽、金、夏是重点，但对吐蕃统治崩溃后的西藏地区也不能不提。宋王朝直接统治未能达到的滇、黔及川南地区，但也不能不管。在经济、文化、制度各个方面，应分别若干项目，每个项目都应理清它存在的整个历史时期（在几百年、千多年或两千年）中的发展变化。没有变化的时期可不必特别写，而在发生显著变化的时期，就要特别写。重要的项目都写了，就可说是全面了；在它发生变化的时期都交代清楚了，就可说是系统了。

有些著作，看似零散、无系统，其实是自有系统的。如顾炎武之《日知录》，赵瓯北之《廿二史劄记》，就可说是自成体系的通史，只不过没有把人所共知的史实填充进去而已。然清人札记之能与二书相比者盖鲜。

欧阳先生尝言：读俱舍三年，犹未能通。于沪上见沈乙庵，沈谓：君当究俱舍宗，毋究俱舍学。归金陵，觅俱舍前诸书读之，又觅俱舍后诸书读之，又觅与俱舍同时他家诸书读之，读三月而俱舍之义灿然明白。盖自前后左右之书比较研读，则异同自见，大义顿显。章太炎先生尝言：近人读书尚多未至“不懂”处。旨哉斯言。能如欧阳大师之三年犹知其未能通者鲜矣。大师读俱舍之法，用于他书，何独不然。

做学问必选一典籍为基础而精熟之，然后再及其他。有此一精熟之典籍做基础，与无此一精熟之典籍做基础大不一样。无此精熟之典籍做基础，读书有如做工者之以劳力赚钱，其所得者究有限。有此精熟之典籍做基础，则如为商者之有资本，乃以钱赚钱，其所得将无限也。

每一学问必有其基础典籍：清代汉学，不离《说文》；今古文学，则不离《五经异义》《白虎通义》；宋学则一《近思录》；文学则《昭明文选》《文心雕龙》。此学者之所能知。治史则当以《文献通考》为基础，则世之学者鲜能首肯者也。

读一部书要把它打碎、消化，方能书为己用，要了解这部书是如何“成书”的。

《周官》一书貌似规模宏大，职官分明，故后世有“周公致太平”、刘歆伪造之说。然细究其实，亦殊混乱，如选举不尽属大宗伯，军事不尽属大司马，冢宰所主则多为王朝内府之事。若再细审之，则各官职分之重复者亦复不少。可见其实非系统完整之理想制度。至其所反映之社会制度亦与战国以后之实况不合而颇与西周相符（别有专文），皆可证其为就旧日之档案整理而成者。

章太炎颇推重孙诒让《周礼正义》、黄以周《礼书通故》二书，然二书路数则不同。孙为汉学路子，纯宗郑玄，然信之太过。黄以周则不纯为汉学，也讲宋学，以宋学方法讲汉学则时有臆说。然其书又多用林昌彝《三礼通释》，而其下结论则较林为精，林书则为《五礼通考》路子。

顾栋高《春秋大事表》是一部好书，我写《周秦少数民族研究》，基础就是这部书，很多现象它都看出来了，材料也提出来了，就是没能把问题点透，缺乏系统。我只在这基础上前进了些，增添了些后起之说。

古人学问深广，所著书虽有其中心的一面，其他方面也未忽视。如许慎《说文解字》，主要是文字学，而书中的礼制也是自成体系，其水道也可与《水经注》比美。

《颜氏家训》切不可以“家训格言”视之，实为一南北文化交互融合之作。书中所载南北文化风格之异虽多，然其意在合南北文化于一炉，此实为唐代统一南北文化之先声。

李一清《南北史合注》是一部好书，值得重印。仅其用《通鉴》《册府元龟》来注南北史，就对读史者有无限方便。如以其喜删节史文为病，在重印时不妨将删节处补上。其实，不补也无妨。如有人能将《通鉴》《册府元龟》中为正史所无之资料抄出，也就颇方便读史者。

《通鉴》中保存了很多正史中没有的材料。很多史事在正史中未纪年，而《通鉴》则不仅记年，而且记月。《晋书》诸载记多未记年月者，皆可于《通鉴》考之。惜清人辑崔鸿书亦未知考之《通鉴》，《通鉴考异》亦多引崔鸿书及肖方等《三十国春秋》，多有年月。

讲唐史以《通典》最善，讲宋史以《通考》最善。因为它们都是通史，从知汉、晋，以知唐、宋。正史局限于一代，不知古，亦不能知今。两书都是有所为而作的私史，不比虚应故事的官书。吕伯恭最为知古，但他言古必及今。陈君举最为知今，但他言今必自古。必须通观，才能看得清历史脉络，故必须搞通史。但又必须在一段上有深入功夫。只有先将一段深入了，再通观才能有所比较。要深入一段，最好选在唐以后，因其史料较为丰富。

《册府元龟》纂于北宋，其中溢出正史之材料至多，特以六朝、隋、唐、五代多世所不见者，可补史缺。但其书系分类编辑，类别虽细，亦不尽合今日所需，故不可仅根据类目查检，而应普遍查。《通鉴》自六朝以下，亦多溢出正史，《册府》当与相若。伯希和、沙畹等立论多取材《册府》。

宋有历朝实录、国史，李焘《长编》所引至多。元初修宋、辽、金三史，为时不过二三年，实非修史，乃抄史耳。故《宋史》应基本上保存了宋国史的原貌。可用《长编》互校，《长编》称“本传”者即国史之列传，称“本纪”者即国史之“本纪”，可用以考校究竟保存多少国史的原貌。

清人最卑视《宋史》，实则《宋史》于廿四史中自有其特殊之价值。唐宋都是“实录”之外另有国史，实录为编年，国史为纪传，北宋之国史经李焘、洪迈修订。元人于二三年间完成宋、辽、金三史七百余卷，如此迫促，何能重修？显然于宋之国史略有点定而已。清人重李焘所修《续资治通鉴长编》，而轻视以焘书（国史）为史底之《宋史》，岂为知类！今《长编》每注《本纪》《列传》云云，与今本《宋史》或同或不同，其不同者显为依李书有所改订，其部分李引去《宋史》相同而与《长编》不同者，则知《长编》为后著之书于国史有所改订，而李在修国史时尚未发现此等错误而已。知廿四史中唯《宋史》保存旧文最多，此最足贵。况是李焘等史学名家所撰修者乎！至《道学》《儒林》之分传，《释道志》之删除，或宋季修改国史之事，或元人所订，皆未可确定。因此此书可认为是治宋史最原料的史料。

《宋会要》之北宋部亦经李焘之手，清人于《永乐大典》中辑出，既多残缺，亦多重复，编次亦较紊乱，尚待校订，始便使用。刘富有校本，蜀中未见。倘刘书不存，中华书局印影本（据北京图书馆所藏稿本）亦可据以校正。此书所存原始资料最多，量亦大。

朱熹《八朝名臣言行录》，《四部丛刊》本最善，乃原书初刻本（分为《五朝名臣言行录》《三朝名臣言行录》两部）。后来三本皆经删窜，前人议论纷纷，正以未见初刻本而致误。此书为剪裁传、状后附议论而成，于拾遗补缺所益实多。引书至二百多种，皆当时文献，以言原始资料，此宜为最。所行之书存于今者不及四十种，一时名著要籍之佚文颇存于其间，其小注亦甚重要。

李焘《续资治通鉴长编》，搜罗既富，考证亦精，为宋代记注之良书。明抄节本尚多见之。清代于《永乐大典》中辑出，较为完整，然亦有缺佚，别有《续资治通鉴长编纪事本末》，可稍补之。近金静庵氏（毓黻）为作校本，其法最善。《四库》本脱误甚多，又以忌讳违碍、妄为改窜。金氏所校外，余意《宋史》既为国史之旧。为《长编》所取材，更以原本《宋史》校之，宜有补益。焘又作《长编举要》六十八卷，日本所有传本，旧为皕宋楼书，宜访求之。

李心传撰《建炎以来系年要录》，一仍李焘《长编》之法，专记高宗一朝之事。另有《孝宗系年录》，宋世蜀乱已不传。清世于内库发现《系年》五巨册，不全，著见《四库提要》。今通行本出自《永乐大典》，亦以忌讳违碍妄为窜改，惜无他本可校。可仿金静庵校《长编》之法，更《宋史》校之，庶几可复旧观。心传另有《建炎以来朝野杂记》详于典制，可资考论。

徐梦莘《三朝北盟会编》专记北宋末及南宋三朝宋、金和战事，虽编零乱，但征引文献多达二百余种，又系抄录原文，所保存原始资料最多。许刻唐百川校本较善，因其依明抄本，凡清人所改窜字句皆依抄本改正。唯明抄本仍多脱误，国内旧抄本尚多，张金吾藏本颇有名，更加校勘，可成善本。

《神宗实录》系吕公著、吕大防于元祐时修成，以党争激烈，绍圣时由蔡卞、曾布重修。旧录为墨书，添入者为朱书，删去者用黄抹，故称《朱墨史》。宋代变法，二派相争，其所述史实自然不同。清人每以《朱墨史》不存，无以备见两派史迹，不知《朱墨史》之面目备存于《长编》注中。在南渡后，绍兴初范冲又重修《神宗实录》，谓之《新史》，新、旧史异同亦见于李氏书中。详为辑出，则变法史实俱在，可一目了然，省去许多争议空言。

马端临《文献通考》，以《资治通鉴》详于人治而略于法治，故此书殆以补《通鉴》之不足，而于宋史言之尤详。但此书非徒采掇史料，其于史料尚多疏漏，而专在附存历代议论得失之文字，所取亦以南渡诸儒为详。宋季原有《附诸儒议论通典》，与此书相似而取舍复不相同。《通考》所采尤广，议论更为精到，虽兼及三代汉唐，而实详于宋代，为治宋史之要籍。

《文献通考》一书有许多史料，用材料应查找原书。查《通典》《通考》，要以正史、有关史籍来核对、补充。

宋等史籍之存于今者尚多。王偁《东都事略》，清世邵晋涵颇称其书，欲作《南都事略》以继之；然其书徒有删繁之功，不为佳作。宋世李心传已有所讥短。杜大珪《名臣碑传琬琰集》，亦保存部分史料，卷轴亦多，但其他见于他书者实多，燕京大学曾抽出其不见于他书者印为三册，惜校勘不精。明钱士升删《宋史》作《南宋书》，意在续王偁之书，亦仅稍简明而已；以言史料、史识，都无可取。明人改修《宋史》诸家，亦皆无足论者。明清续宋元编年之书亦多，薛应旂《宋元资治通鉴》，比之毕沅《续资治通鉴》稍佳。毕书既冗而无法，宋人作长编皆有丛目，清人不知丛目之事，故长编不能善，于去取之间漫无准的。清人《宋金元三史国语解》妄改旧史译名，其误近人多能言之，毕氏一依《三史国语解》，实增读者之烦乱；且又有讹误。近世多行毕书，似不如印薛书以祛其弊。

宋代杂史、野史颇多，余不专治宋史，未能多读。笔记、文集之类，实繁且多，亦颇可取。陆心源《宋史翼》，即从此类书中抄撮而成。如依此求之，何啻倍蓰。但陆氏书尚多挂漏，未为善本。李攸《宋朝事实》，详于典制，足资考论。彭百川《太平治迹统类》，徒抄《长编》，分类纪事，无多用处，远不如《邵氏闻见录》《四朝闻见录》之类，尚足以裨益正史。此类书正多，不能详说，治宋史者宜将此类书材料分类仔细摘出，诚为要务。

嘉庆《四川通志》据正史列蜀人名氏，不见于正史者则多佚而不载。刘鉴泉据宋人文集录出多人。然刘所见宋人文集有限，《四库珍本丛书》即所未见，故可于刘所见集外更补集之。他如《舆地纪胜》《寰宇通志》均记有蜀人事，亦可用以补之。

读一部书，要能用它，如不能用，讲不出如何用，必然困倒书下。像《水经注》是部古地理书，就贵能在解释古地上起作用。在读经史常常查阅《水经注》，它提供不少有用的东西，但同时也发现一些与经史所言扞格者，进一步探寻，才看出出现这些问题的原因。这样，才能把《水经注》的用处讲得更落实些，那些东西应该怎么用，就更清楚些。清代一大批搞《水经注》的学者，把《水经注》当作一门专门学问来搞，跳不出郦道元的圈子，常常死于注下，就很难如实讲出《水经注》的用处来。杨、熊注疏也难免于此，等而下者就更无论了。

读中国哲学，切不可执着于名相，因各人所用名词术语常有名同而实异者，故必细心体会各家所用名词术语的含义，才能进行分析比较。如果内涵不清，仅就名相上进行分析，皮毛而已，是不着实际的。

《吕览》《淮南》《管子》三书都是黄老派，而又有其差别，这也还是北方、南方、东方三个地区三派黄老，当然《管子》高些。《管子》已详于制度，下开今文学。《庄子》也是部丛书，但终是以南方派为中心，与黄老无关。所谓黄老派，不是先有黄老学，田、慎、尹、宋去治黄老之学，而是稷下互相影响，才形成这一派，汉代才称他们为黄老学。不是道家而杂取各家，是各学派的人合流而形成黄老学派。以前只看出黄老派与杨朱之关系，现在看出与墨家也有关系。

《管子·心术》上言：道在天地之间也，其大无外，其小无内，故曰不远而难极也。《楚辞·远游》亦言：道可授兮不可传，其小无内兮其大无垠，无滑而魂兮彼将自然，壹气孔神兮于中夜存，虚以待之兮无为之先。凡此皆形容道体之辞，后来儒者恒用之，而实则此语为源于名家。《天下篇》：惠施曰：至大无外谓之大一，至小无内谓之小一，无厚不可积也，其大千里，大同而与小同异，此之谓小同异，万物毕同毕异，此之谓大同异。名家、道家旨各不同，倘言道者借用之耳。名家言之为一种概念，道家言之则为一种实体，以概念为实体，此其所以每恍惚而不可究诘者也。

战国诸子百家都各有其精深独到的理论，但百家争鸣的结果，到汉代是儒家取得独尊的地位，儒家能战胜百家而取得独尊地位，当然绝不偶然，这应当到当时儒家——主要是今文学家的思想内容中去找原因。近世学者或不此之求，而仅只看到今文学与阴阳五行合在一起，似乎汉代的新儒家就是以阴阳五行、谶纬神学与儒家思想相结合为特点，硬把今文家与欧洲中世纪的宗教神学相比傅。其实，这并不符合事实。前在《经学抉原》中，专门有《内学》一节，就曾指出今文、古文两派都有信谶纬的，都有反对谶纬的，谶纬和儒学各有其传授师承，本不相混。翼奉、京房、夏侯始昌诸人《汉书》别为立传，正是此意。董仲舒、何休是公羊家，讲阴阳灾异，但《公羊传》《穀梁传》并不讲阴阳灾异；张苍、贾谊、刘歆传《左传》，讲五运，但《左传》并不讲五运。显然是应该区别对待的。清末康有为等借今文学以言变法，今文学成了君主立宪的工具。孙中山、章太炎主张民主革命，反对君主立宪。章太炎、刘师培对立宪派的根本理论进行批判，指责今文学家讲阴阳五行，这是可以的，是有进步意义的，是政治斗争的需要。其实，康有为的学说中又有多少阴阳五行呢？清代今文学家如庄存与、刘逢禄、宋翔凤、张惠言、惠栋、龚自珍、魏源、陈寿祺、陈立等等都不谈阴阳，但他们无不被后人认为是今文学家。即以今文学讲的阴阳五行而论，也不应只看皮相，而要透过阴阳五行看到它骨子里究竟是些什么，有没有什么意义？犹之中医，不能只看到它讲阴阳五行，便说它不科学而把它否定掉。不正视今文学家的政治、哲学思想，而只抓住阴阳五行等表面现象，是抓不住今文学的实质的。今文学别有个精神，就是“革命”。

昔自沪归金陵，过苏州谒章太炎先生，时陈柱尊等侍先生，无锡国专唐蔚之邀先生游无锡，先生嘱同往。时人多言先生言谈难会其意，盖先生学问渊博，谈常牵涉过广，而听者往往不能蹑其思路而从之，故有难懂之感。行间，先生每喜与余谈论，常命近坐，虽饮食亦时命坐旁。昕夕论对，将十余日，每至废寝忘食，几于无所不言，亦言无不罄。徐以启先生曰：六经之道同源，何以末流复有今、古之悬别？井研初说今为孔氏改制，古为从周，此一义也；一变而谓今为孔学，古始刘歆，此又一义也；再变说一为大统，一为小统，则又一义也。仪征虽不似井研明张六变之旨，而义亦屡迁。见于《明堂考》《西汉周官师说考》，或以今古之辨为丰鄗、雒邑之异制，或又以为西周、东周之殊科。诸持说虽不同，而于今、古学之内容乃未始有异。要皆究此二学之胡由共树而分条已耳。凡斯立义，孰为谛解？章氏默然久之，乃曰：今、古皆汉代之学，吾辈所应究者，则先秦之学也。章氏之说虽如此，然古今文家，孰不本之先秦以为义，则又何邪？余于此用心既久，在解梁时，比辑秦制，凡数万言，始恍然于秦之为秦，然后知法家之说为空言，而秦制其行事也；孔孟之说为空言，而周制其行事也；周、秦之政殊，而儒、法之论异。既见乎秦制之所以异于周，遂于今学之所以异于古者，亦了然也。乃见周也、秦也、春秋一王大法也，截然而为三。于是有《儒家政治思想之发展》之作，以见秦、汉之际之儒生为与孔孟有别之新儒家，实为战国以来诸子学术发展之总结。然此篇虽于汉师礼说与西周旧典之异同论之綦详，而于此新儒家出入百家之故则犹未暇论及。后集《儒学五论》及撰《孔子与今文学》时，始略论“儒分为八”即儒家之出入百家者，八儒之书，多存传记，汉师言法夏、法殷、制备四代即新儒家之有取于诸子（本欲详论之而未果），故西汉师儒本有歧义，称制临决，乃趋一致。至于刘歆，乃创古学，而称已先立学官者为今学，而今、古学之纷争乃起。于是知廖、刘二师推今、古之歧义至于周、孔皆非情实；章氏言今、古止为汉代之学固是，然其离汉师于先秦又未必是也。余沉思今、古事，历久不得通，走于四方，博问故老，亦未足祛其积惑，旁稽子史，间有会心，乃渐以得解，然前后已逾四十余年，甚矣为学之难也。

老子、孔子之学（实指黄老和西汉今文学）何以在汉代战胜百家之学，这是一个大问题，从这里看孔、老，似乎比专就孔、老哲学思想看，更有着落。衡论学术，应该着眼于那一时代为什么某种学术得势，原因在哪里？起了什么作用？这才是重要的。只从现代的观点来衡量、批判，脱离了历史，便成了空论。论宗教也须如此，多从作用论，论作用也不能只谈为统治阶级服务，哪有不为统治阶级服务的学术和宗教？只看到这点是不够的。儒家（今文家）之战胜百家，就在于它汲取了百家之长；道家（指黄老）也是这样，正是杂家胜利了。司马谈所言正是说明汉初所谓黄老是什么，这也说明了《吕览》的主旨所在。到《淮南》就和《吕览》精神不同。虽然《吕》之精不如《淮南》，但合于一世之用则高于《淮南》。

一般都说道家是没落阶级的思想。汉王朝是新兴阶级的政权，而黄老之学却在汉初受到统治阶级的重视而大盛，这是殊为值得注意之事。道家中原有部分是齐人，有部分是楚人，齐人田骈之流（捷子、慎到等），“贵因”是其中心思想。司马谈说，道家以虚无为本，以因循为用，因时为业，因物与合，都是专注意客观条件。北方道家杨朱之流不肯拔我一毛而利天下，所谓“我”即指主观。才加主观一毛，即足以害天下。杨朱非不治天下，而是反对以主观为治。《庄子·天下篇》说田骈、慎到“无建己之患，无用智之累”，就是反对主观，反对唯心。处士横议，百家争鸣，从道家看来都是“建己”“用智”，不符合客观实际，故“泠汰于物，以为道理”。司马谈说：“实不中其声（名）者谓之窾，窾言不听，奸乃不生”，就是要名实相符，实事求是。这是黄老之学，不是庄子之学。

对老子和孔子可以从反神权论来评论。《道德经》中的“天”，是自然之天，这很清楚，毋庸多说。《论语》所载孔子在谈到“天”的时候，有时候明显是有意志的“天”，“获罪于天，无所祷也”，“予所否者，天厌之，天厌之”。但他确实又讲过，“天何言哉，四时行焉，万物生焉，天何言哉”。这又显然表示天是没有意志的。这就看此种思想在孔子全部学说中所占的地位。孔子学说的中心是伦理道德，但他并没有把伦理道德建立在有意志的“天”的基础上，倒是相反，把伦理道德建立在自然法则的基础上。孟子曾说：“《诗》云‘天生烝民、有物有则，民之秉懿，好是懿德’。孔子曰：‘为此诗者，其知道乎，夫有物必有则，民之秉懿也，故好是懿德。’”

近几十年或百年来，几乎无学者不讲孔子，但不论是反对孔子的还是推崇孔子的，似多不知孔子中心思想所在。《论语》载：“子曰：‘予欲无言。’子贡曰：‘子如不言，则小子何述焉？’子曰：‘天何言哉，四时行焉，万物生焉，天何言哉？’”又载子曰：“吾五十而知天命。”韩愈认为，孔子之道传之孟轲，“轲之死，不得其传焉”！韩愈所说传与不传所指为何？从《原道》看，韩愈着重强调的是：夏葛而冬裘，渴饮而饥食，这就是指事物的自然法则。宋儒讲孔子，就是抓住这一点。朱熹认为孔子所谓“四时行焉，万物生焉，天何言哉”

是说“四时行，万物生，莫非天理发现流行之实，不待言而可见”。又认为“五十而知天命”的“天命”是指“天道之流行而赋于物者，乃事物所以当然之故也”。

在对孟子发挥孔子这一思想的解说时，宋儒的看法就更为明确具体。《孟子》载，“《诗》云：‘天生蒸民，有物有则，民之秉彝，好是懿德。’孔子曰：‘为此诗者，其知道乎？’故有物必有则，民之秉彝也，故好是懿德。”朱熹注：“物，事也，则，法也。”陆象山弟子杨慈湖最重视《礼记·孔子闲居》中孔子说“天有四时，春秋冬夏，风雨霜露，无非教也。地载神气，神气风霆，风霆流行，庶物露生，无非教也”一段，这与孔子物则之说相同。陆象山说得更明白：“人为学甚难，天覆地载，春生夏长，秋敛冬肃，俱此理。”

他们所说都是孔子对于自然界的看法。孔子认为天地事物有其自然规律，人应当遵循这些规律。两千多年前，孔子就能够认识到这一点，把天视为自然，与当时一般人把天视为万物主宰的看法迥然不同。这是动摇天地鬼神有灵的看法，不能不说是孔子思想中的进步方面。“有物必有则，民之秉彝也，故好是懿德”，是孟子对孔子看法的具体化。朱熹注：“有物必有法，如有耳目则有聪明之德，有父子则有慈孝之心，是民所秉执之常性也。”自然界有其规律，人也有其规律，人之有好、恶，就是自然规律。

孟子说：“形色，天性也，唯圣人然后可以践形。”段玉裁在释“仁”字时曾以医书之说来理解，如桃仁、杏仁的“仁”，是可以播种再生的。关于“性”，未尝不可仿段氏释“仁”的方法，照医书的理解，每种药物均有其性，它决定了该一药物之药性，而人也是有人的性的。孟子说“形色”就是人的“天性”，但要圣人才能尽其性。形色之性，就是自然规律。《大学》讲得很好：“所谓诚其意者，毋自欺也。如恶恶臭，如好好色。”人之“恶恶臭，好好色”是人们的自然天性，用不着思虑就自然表露出来。这岂不是和药物的性一样是不可移易的吗？

孟子说：“鱼，我所欲也，熊掌亦我所欲也，二者不可得兼，舍鱼而取熊掌者也。生，我所欲也，义，亦我所欲也，二者不可得兼。舍生而取义者也。”这都是以“欲”而言，人欲生而恶死，是人之常情，但二者不可得兼时，孟子则认为或择大欲或择小欲，或从大体或从小体，都是人性，但或尽其性或不尽其性。既诚其意，就不能自欺；不应当做的事，骗别人或许是骗得过的，但却骗不了自己。这就是《管子·心术》说：“心中又有心。”这个心中之心，就是人的本性。它是指导人们言行的最后指针。

孟子对人性的看法是源于孔子的。董仲舒对孔子的看法有些怀疑，他把人性比作禾、比作卵，把善比作米、比作雏。他说禾可以为米，卵可以出雏，但禾不是米，卵不是雏。他认为人的天性是可以为善的，但须有圣人之教。韩婴的看法比董仲舒深刻，韩婴认为禾虽不是米，卵虽不是雏，但禾必然成为米，卵必然孵出雏。韩婴是理解到了人性的规律的。宋儒在讲人性时，是认识到孔、孟学说的意思的，但却有先天论的倾向，而韩婴则有发展论的看法。孟子言养气是重视发展，孔子言性近习远，也是说有待于发展。

自宋儒以后，明末清初的陈乾初还讲得好些，他讲性善时发挥了发展论的理论，比宋、明儒者所讲人性的理论要深刻得多。陈乾初说:“庶民皆天之所生，然教养成就以全其性者，圣人之功也。……非教养成就能有加于生民之性，而非教养成就则生民之性不全。”陈氏又说：“孩提少长之时，性非不良也，而必于仁至义尽见生人之性之全。”陈每以见性言，正以工夫非于性有加，性虽善而工夫有敬肆而所见有浅深，性即善而见不彻耳。然“经霜性始全”诚同于孟子，何如以远近见山不同为喻，为无有加于性分之疑乎！要之，性者心之性，尽心正所以知性，知益彻而性益显，即曰谷之性受霜而全，亦未有碍。

研究古代哲学要先研究宋明，再看汉、唐、周、秦。宋明的理论性要深些，容易把周、秦、汉、唐剖析清楚。

读宋、明理学书，不能当作是学知识，而要当作是学道理，读时应顺着书中所说去体会其道理，要在能懂，不可求快。初读时宜读选本，周汝登《圣学宗传》、孙奇逢《理学宗传》都可（《明儒学案》每家分量稍重，《宋元学案》更重，不宜初学)，能读懂哪家，能理会其道理者，不妨多读几遍，然后再读全集。通一家后，再如前法选读他家。总之，选自己有兴趣的、能读懂的来读，而不要勉强硬读。只有这样读，才能真有所得，才能叫做“心知其意”，深刻理解。不入虎穴，焉得虎子。不能深刻懂得古人何所道，是谈不到分析批判的。

任何思想总是时代的产物，是根据各时代的问题而提出的。时代一过，形势变了，这种思想便失去其意义，便消逝了。

孔子、孟子都是维护贵族世卿政治的，文王治岐，“仕者世禄”，贵戚之卿，“君有过则谏，反复之而不听则易位”。尊君权是法家的特点。公羊家才有讥世卿之义，荀子也反对世卿，都是受法家影响。但荀子反对世卿而不反对世禄，也还有旧影响。荀悦说《春秋》讥世卿不改世侯，汉世又才有抑世侯的主张。

墨子主张选天子而不选诸侯，其意向是要废除诸侯；荀子主张选诸侯，是要保存诸侯。荀子批评墨子“大俭约而缦差等，不足以容辨易悬君臣”，也正说明荀子是保存封建诸侯等级制，而墨子则反对封建诸侯等级制。今文家既主选天子，又主选诸侯，本为奇想，既有诸侯就说上等贵贱、均贫富了。

给周秦诸子作注是不容易的。汉和晋、唐，诸子书存在尚多，注诸子也较易找到根据，但实又大有高下之分。魏晋间哲学盛些，郭象注《庄子》，“谿髁无任”是“不肯当其任而任众人，众人各自能，则无为横复尚贤也”，这是贯通了诸子各家学说，才能下语如此精当。《齐策》“齐人见田骈曰：闻先生高议，设为不宦”，正是不肯当其任而任众人之意。汉人不留心于名理之论。高诱注《吕览》“陈骈贵齐”，以“齐生死，等古今”来解说，就不免差之毫厘，失之千里。中唐人虽究心哲理，但又不及晋人，如杨倞之注《荀子》，却又比高诱好一些。一个人的学问总是和那个时代分不开的。

廖先生谓大小戴为大小统，应从气度上看，大戴广而博，气魄大；小戴深而纯，但规模小。

西汉学术，应当明确由儒家转变到经生的过程，伏生《尚书大传》，韩太傅《诗外传》，董生《春秋繁露》，还是儒家，而刘向、匡衡之辈，则为经生。儒家则犹意气风发，经生则章句之徒而已。

汉初儒生议论风发，是一代新儒的表现。到这一议论逐步定型，也就无所用其改制理想，于是经学舍传记而入于训诂、考据，于是古学渐兴，而以经学为历史，理想之途抑而不行。他们的理想也还只是今文家所定型。

自汉以来，已知日月之食是有周期性的自然规律，但仍然以日月食为灾异，其目的是在限制君权，是另有其意义的，仅以迷信视之是不够的。

汉代《易》学至京房为一变，京房不为《易》学正宗。承田何《易》者，当为王弼。马融《易解》颇生异说，郑玄、陆绩之主象数，皆非《易》义正宗。此皆自其《易》学精神言之，未可取证于文字也。

司马相如少时，文翁尚未于蜀置学。就相如文章案之，其所用词语多本《六经》，是知蜀于文翁置学之前，六经之学已传于蜀矣。

近人多推崇王充，以其为唯物论者则是，惟充之于经学，渊源于今文，史有明文，书有明据。《程材》以春秋为“孔子制作，垂遗于汉”即公羊家说。《谈天》言周时九州，东西五千里，南北亦五千里，亦欧阳《尚书》说。然充不为经学，必谓其反对今文，则未必也。

东汉末年，刘表、宋衷在荆州已开始谈玄，实为王弼、何晏祖尚玄言的渊源。

周秦性道之辩不议空、有，自印度思想入诸夏而六代论空、有者纷纷。释氏之徒以空自高而斥儒为有，儒之愿者亦以有自诩，而斥释氏之空、老氏之无。于是儒堕负而不可救也。惟孙盛作《老聃非大贤论》，以为“中贤第三等之人，去圣有间”。其曰：“崇无既失之矣，崇有亦未为得。”超有、无以立论，自能深契周秦儒家之旨，其度越时流远矣。盛又作《老子疑问反讯》曰：“《道德经》云：常无欲以观其妙，常有欲以观其徼，此两者同出而异名，同谓之玄。因谓宜有欲俱出妙门，同谓之玄，若然以往，复何独贵于无欲乎？”据《老》以折无，洵千载之神解也。自顷欧洲思想入中国，以唯心、唯物之论张，以唯物自夸者，恒斥中国说为唯心。兹二者诚无独有偶、相映成趣。乃今之学人亦颇有以唯心自诩而斥唯物者，使安国（孙盛）处于今日，知必超心、物以立论而会其同，所应反讯者希止十数端哉！吾知今后必有孙盛其人，拭目俟之也。

曩偕余杭章先生游无锡，小住三数日，几于无所不论。一日谈次，先生论及孔、佛优劣，谓“孔子不过八地菩萨耳，未易与释伽齐量。”余请其所以，先生曰：“孔子不解阿赖耶识。”余举慈湖之言以问：慈湖谓“目之出色，耳之出声，鼻之出香，舌之出味，心之出物”，因问慈湖解前六识否？先生曰然。但宋时佛家书未尽亡佚，杨氏殆犹及见。余复举阳明事以问：弟子有问天地万物一体义者，阳明指道旁冢曰：“此人既死，此人之天地万物安在”，阳明解第八识否？先生曰然。余复举象山言，“宇宙即是吾心，吾心即是宇宙”，此是第八识否？先生曰然。余曰：孟子言“万物皆备于我”，宜亦第八识也。先生慨然曰：“孔子固解阿赖耶识也。”余请益于先辈者多矣，毋固毋我，未有如余杭先生之可感者也。

六朝玄学以天地万物皆以无为本来讲天道，史学家如干宝等则（借）律历、灾候来讲天道，以立异于玄学。

魏晋南朝的史学极为发达，著述极富，但在唐后零落几尽。清世辑佚之风虽盛，但所辑多为经部诸书，史部所辑者甚少。苟能将魏晋南北朝史部诸书辑出，以考见当时史学之盛及其与当世政治、清谈、民族的关系，必大有可观。

魏晋的佛学，完全是印度佛教与中国思想相结合的产物，故与印度之佛教异。唐人觉其非印度之教义，玄奘亲往印度求法，所取回者为真印度佛教，但与中国条件不适应，再传之后遂绝，而所流行者则仍为中国化之佛教——天台、华严等宗，及至禅宗出现后，与中国思想之结合愈紧密，而竟完全取代前此佛教各宗。

元魏、北周、唐代的三武之厄，都曾灭佛，灭佛则汉文化得以复兴。

文化的变化，不是孤立的，常常不局限于某一领域，因此必须从经、史、文学各个方面来考察，而且常常还同经济基础的变化相联系的。唐前唐后是一个大界限，文学上的变化最明显。唐前文学盛行汉赋，《三都》《两京》，排比对仗，而唐后的赋则是《秋声》《赤壁》之类，实为散文。经学上更明显表现为汉学、宋学，哲学上则产生了理学。其他政治、经济也有较大变化。

唐之骈文形成四六，唐之诗形成格律，佛学则有科判。看来总有一个架子。

唐中叶文学、哲学、经学皆一反初唐。赵蕤《长短经》亦有此反映，反对旧传统。当时唐尚处统一之时竟提出恢复五等分封，此亦一奇特思想，岂中唐时确有此种思潮，遂下启晚唐之割据乎？

论学术，不能根据王朝来谈。宋的学术是从唐中叶开始的，经五代到宋初，在宋仁宗时形成。唐有唐的学术，《新唐书·儒学传》提出大历时的“异儒”，就是反对唐初以来传统学术那一批人。唐初“正义”的学问，完全是发挥汉晋注家的解释，守前人之言。异儒出来，一齐推翻，有自己的理解，汉晋都不要，即不要“注”，自然对“正义”“疏”也不要了。新的一派讲义理之说，经过五代到宋初，异儒大多在民间，有许多隐士。直到仁宗庆历时新学全盛。唐的这个异儒之学开了宋学的先河。可见文化的更迭不是与王朝断然截分的。

但中唐中叶以后不只是义理之学的新经学一方面的兴起，如古文学为当时的新文学（骈改散）。史学方面要学《春秋》的褒贬书法，明辨是非，这是新史学。哲学方面，在中唐以后许多人讲周秦诸子，即要求要有思想，而旧的考据、训诂则没有什么思想。因此中唐以后讲、注诸子的渐多，提出了孟子、荀卿、扬雄、王通，把儒家思想提出来讲。到了北宋，去扬雄，认为他没有什么思想；后来，也看不起王通；再往后，连荀卿也看不起。于是，就只剩孟子（《孟子》）；又渐次表彰《中庸》（唐时已开始）和《大学》，宋人的哲学出来了。

在中国哲学史上，重视周秦诸子的时候并不多，但在讲周秦诸子的时候，就是学术要起变化、要发生新学术了。魏晋的时候，打倒两汉传统，建立魏晋（学）术，诸子之学兴起了；但始终处于怀疑的过程中；以立异善变自矜，没有肯定地得到什么；而迂固者流又惕然忧之，岸然拒之。唐人作“疏”用汉人的“注”，其疏底是用六朝人的，特别是梁朝的；所不同者，六朝之书专守某家，所谓“宁道孔圣误，不言郑（玄）服（虔）非”，这是墨守，以与怀疑者对抗。六朝的佛学没有纯粹的印度佛学，唐不同，玄奘就是一句一名地宗印度人讲。但是，中唐以后，不管何种传统，一齐推翻，又是讲周秦诸子的时候，不仅给诸子作注，许多人自己还作“子书”。

经过（元）到明初，仍是宋的学术。直到正德、嘉靖才转变，首先就要推翻宋人学术。正德、嘉靖时，前七子、后七子，“文必西汉，诗必盛唐”，宋人的诗文都不要。虽不敢公开讲反理学，但倡言“不读唐以后书”，其意就在反对宋学。清人学风即沿此而来，反过头来讲章句、训诂、名物、考据。清代后期开始有人摸诸子，民国初讲周秦诸子之风很盛。因此，讲宋学的始末，应自大历到正德止。

北宋学术，庆历以后为新学术，有三大派：一是洛学，二程；二是新学，王安石；三是蜀学，三苏。南宋时，洛学行南（由杨龟山带去），蜀学行北。浙东史学的渊源从王荆公来。北宋时，学理学的人少，也曾受到王朝的反对。不是二程一出来就为社会所信奉，当时把洛学、蜀学都称伪学，最盛是新学。

唐人学术气度宏大，偶失之粗疏，而宋人学术深细。宋人读唐书，见其粗疏多失，起而纠之，自然趋于深细，如《元和郡县志》即多失，宋地理书则多所是正。

孙明复讲《春秋》大一统，盖针对唐宋五代之藩镇割据而发，故其说得以不胫而走。胡安国《春秋传》大攘夷，则就南宋形势言之，故其书终宋之时代三传行世。

近人刘咸炘（鉴泉）研究宋史很有成绩，四川人，死得太早，著有《推十书》，其中论宋史的著作不少，值得认真一读。

二十余年前（约在 1934 年前后），曾访陈寅恪氏于清华园，谈论间，陈盛赞“汉人之经学，宋人之史学”，余深佩其言，惜当时未能详论。异日，再往访之，欲知其具体论旨。晤谈中，陈详论欧阳永叔、司马君实，亦略及郑渔仲。而余意则不与同，以汉人经学当以西汉为尤高，宋人史学则以南宋为尤精，所谓经今文学、浙东史学是也。当时虽尚未有撰述，实早已成熟于胸臆中矣。

浙东史学盖集北宋史学之成，袁清容称为“婺之史学”，以吕东莱、叶水心、唐说斋、陈止斋、陈龙川、王道甫为巨擘。此六家者又各有偏重：吕、叶之义理，唐、陈以经制，陈、王言事功。其实兼北宋新、洛、蜀三派之长。宋濂言：“东莱以中原文献之传、倡明道学于婺、丽泽之益，迩沾远被。龙川既居同乡，又东莱之从表弟，反磨切之，其议论或至夜分，要不为不至也。止斋留心于古人经制，至于宋之文献相承、所以垂世而立国者，亦东莱亹亹为言之，而学备大备。”是二陈之学皆得益于东莱；水心于东莱之学，尤为气味相投。是东莱于浙东史学所系尤重。盖自荆公言变法而礼制之说以兴，方悫、陈祥道、陆佃、马希孟谓王门说礼四家。龚原少从王荆公游，其下而邹浩、陈瓘，而吕本中，而林之奇，而吕祖谦，是东莱实又渊源于荆公，非常明确，而制度遂成为浙东史学之中心。

此辈与洛学亦有关系，如《宋元学案》所表见者，但毕竟与朱晦庵纯为理学者不同，故不能据《学案》以言浙东史学。同时如郑伯熊而下有水心、二陈，可称极盛，崇论宏议，著述亦丰。由此而后，蔡幼学、黄溍、吴莱、柳贯、宋濂、王祎、叶仪、胡翰、戴良，所谓金华文献之传，直至明初，接受不绝。《宋元学案》把这一系统分散入于《北山四先生学案》等篇，以致统纪不明。明清以下，此派几成绝学，惟黄黎洲、全谢山颇推挹之。竟以清世考据学盛，史学终成坠绪。近数十年来，治史之学稍起，但究不脱乾嘉以来训诂考据之窠臼，若言继承文化遗产，尚有待于将来。

若以史言，史料不过如药物，而使用药物者医学也，而驾驭史料者史学也。数十年来，国内史学界皆重史料，而绝少涉及文化遗产之史学。浙东史学究为文化遗产之一大宗，而世人知之者竟不多，殊可悯叹！余早年与刘鉴泉氏（咸炘）常相从讨论，刘深于史学，尤重视宋人著作，所撰《史学述林》《学史散篇》《先河录》《右书》各编于浙东史学略具梗概。此与近世出版论浙东学术之徒抄《宋元学案》者不可同日而语。余以尝闻其绪论，稍知涯涘，依以治学，撰《中国史学史》于《中唐两宋》章中论言其事，终恨不能深造宋人堂奥，愿与来学共研治之。

陈傅良（止斋）撰《建隆编》，李微之（心传）曾言："近岁吕伯恭（祖谦）最为知古，陈君举（傅良）最为知今，伯恭作《大事记》，君举作《建隆编》，世号精审。"此书又名《开基事要》，撮太祖、太宗开国数十年间规模统纪，题为之论，因及汉唐以来损益废兴之故，以迄南宋之得失相沿之迹，备见于一编之中。书虽以论宋事为主，而于古今之变亦历历分明言之。惜原书已亡，《文献通考》等所引颇多，不难收讨轶文以复其旧。陈氏另著《历代兵制》，上论周代乡遂之制，中经汉唐以至于宋，于宋代利害所在论列尤详，殆为南渡后冗兵骄兵而发。

吕祖谦《历代制度详说》，彭飞序此书言："东莱于古今沿革之治、世道变通之宜，贯穿折中，首尾备见，切于民生实用。"此书提纲挈要，篇为之论，虽备述三代汉唐之事，而要以见宋代得失之源。

清世于《永乐大典》中辑出，后八千卷楼发现明代抄本，两本可互相校补，惟仍有缺佚待补。吕氏另有《大事记》，此书为编年体，朱晦庵称其精密；别有解题，有通释，中附古人议论，颇皆精要。如于秦灭六国附《汉书·地理志》，于诸子取《庄子·天下篇》、司马谈《论六家要旨》，于六国亡引《六国论》，于秦始皇令男子书年引《中论·民数篇》，它如贾谊文、司马迁《自序》、刘向《战国策叙录》等，意在以读子之法读史，寄兴至深。王祎所作《续大事记》，惟见《四库全书》，则终于五代，尚待访求完本。东莱尚选编有《宋文鉴》，朱晦庵晚年称“此书篇篇有义，所载奏议亦一时政治大节，祖宗二百年规模与后来中变之意，皆在于此”。故此书非《唐文粹》《元文类》之比，唯《金文最》（六十八卷本）庶几相近，其意皆在补史。

叶适所撰《水心别集》，为当时进卷、于宋代得失及历朝政治学术皆所论列。《文献通考》所引水心文字皆在此书。明黎谅编《水心集》已非完书，《四部丛刊》即为此本；清衣言始得完本，以之刻于《永嘉丛书》。水心所撰《习学记言》，于经子群书皆有论列，不止于史。其论历代兵制，轻《史记》而重班范，亦就史体言之，而异于一般文人就文论班马得失者。其谓欲观周代之详莫如《诗》三百篇，皆具独到之识。于宋代尤重《宋文鉴》，逐卷指点，尤有裨于重宋史者。

吕、叶、二陈文集，多有关宋代史学文字，亦有关于宋史资料，但不多，若为了解各家思想全貌，此皆有用。二陈、水心文集，《四部丛刊》本极善。东莱集通行本皆不全，只《四库全书》本完整，然空白处颇多。尝见明慎独斋刻本为全本，只偶一见，能觅得印行亦好。唐说斋集，《续金华丛书》本亦不全，全谢山集中言于《永乐大典》中得其文若干首。《宋二百家名贤文粹》，世尚有其书，皆有待搜求。至《帝王经世图谱》，诚可见说斋宗旨，然于今之治宋史者未为重要（如论《周官》而通其义于《周易》）。今所见者亦只《永乐大典》辑出，闻涵芬楼有宋刻本，不知尚存否。他如陈傅良《永嘉八面锋》之类，非浙学之佳作，不读亦可。

疑经是宋人的普遍学风，如孙明复、刘原父、欧阳永叔、王荆公、郑渔仲、叶水心，以及大程子、朱晦庵、洪迈、吴棫、王柏等等等等，不可以屈指数，盖自中唐思想解放而下，自然要发展到这一步。

明代学者所见古文献远较清人为多，他们常常把这些佚文辑为一帙，刊刻流通。但由于他们在方法上不谨严，常有杂凑窜改之事，故清人常以伪作视之，而不屑一顾。实际上这些东西常常都是有根据的，若能有分析地加以使用，是可以化腐朽为神奇的，如明代所传沈约注《竹书纪年》就是一例。

讲论学术思想，既要看到其时代精神，也要看到其学脉渊源，孤立地提出几个人来讲，就看不出学术的来源，就显得突然。可先论述当时的变化和风气，突出某些人物。如明代中叶正德、嘉靖以来，学术界就已逐步发生变化，产生了一个反对宋人传统的新风气，提出文必西汉，诗必盛唐，不读唐以后书的口号，从文学首先发动，漫延到经学、理学等各个学术领域。王阳明正是在这一风气下起而反对朱学的，李贽也是从这一风气接下来。这样看，纵把李贽写得突出些，也不会显得突然。讲清初，从一般风气如胡石门、谢秋水、张蒿庵、陆桴亭等讲起，再突出论述黄梨洲、王船山。又如晚清今文学，应从张惠言、孔广森、庄存与、刘逢禄、宋翔凤以至陈乔枞父子讲起，否则，龚、魏的出现将为无源之水。至乾嘉学术亦应并叙凌廷堪、焦理堂、洪颐煊，以见一时风气，再突出戴东原，比较好些。

乾嘉学者咸宗郑玄，然又喜斥范宁《穀梁集解》，良以范氏注《谷梁》而又非《穀梁》，不合汉学家法，然宗郑而斥范则又未妥。郑玄遍注群经，而《春秋》则付阙如。《六艺论》言，“《左氏》善于礼，《公羊》善于谶，《穀梁》善于经”，是《穀梁》正为郑氏说《春秋》所宗，唯未为之作注耳。范氏注《穀梁》当正以宗郑，注中并非（用）三传，亦郑玄注经并用今古之法，是范氏实为郑学，故清儒之宗郑而斥范之未为是也。

言汉学，必先明其家法，然后乃能明其学说，又必跳出家法，然后乃能批判其学说。如惠栋是懂家法的，张惠言之于《易》，庄存与之于《公羊》，都可说是明于汉学家法的。戴东原却不懂家法，近世之崇戴者，也多不懂家法，故虽大讲汉学，而实多梦呓。

清初一段学术无多大毛病，乾嘉时一大堆人都搞考据，把大的东西丢掉了。近来反对烦琐考据，这是应该的。但考据并不是毫无用处，同印度论边界就要考据，“不入虎穴，焉得虎子”。

乾嘉诸儒，有仅事考据者，有事考据而不囿于考据者，如惠氏之于《易》；有考据而烦琐者，有考据而不烦琐者，如段氏之注《说文》。

清人菲薄欧阳《新唐书》《新五代史》，完全是汉学家门户之见，是不公允的。

一个学派总是有自己的理论，清代汉学的理论何在？而汉代学术，无论是今文家或古文家，都是有自己的理论的。戴震、焦循虽有理论著作，而又和他的整个学术脱节。所以，清代汉学到晚期非变不可，不变便没有出路。

我很赞同搞古代史，但不能放弃现代。从来没有只搞古代不搞现代或只搞现代不搞古代而成功的史学家。现在古史部分仍是待发掘的荒地，问题多，尤其是社会经济问题。两汉材料不多，你可专力六朝和唐代。我从前搞先秦，后来感觉大家治先秦多是猜谜，自汉以下具体一些，才有可讲。后来看宋代。历史是愈后材料愈详备，探讨社会情况较有把握。但材料多也受到一定的拘束，不能信口乱说。先搞唐、宋，由后推前，然后两汉、晚周才会明白。所以我建议你可从六朝、隋、唐着手。

我从前本搞经学，后来教史学，十年后才稍知道什么是史学，应如何治史。治经、治史，方法、目的都不同。但也有部分人始终不免以清人治经之法治史，就是以考据治史，所以不免于支离破碎，全无贯通之识，这远不如以治诸子之法治史。其实，经学也不是单凭考据可了。考据是工具学问，经、史都用得着，但它却不是经学或史学。也有不谙考据而治史的，却也是缺点。

治史应专治一二时段，但通史终不可忽。每一代有些问题还是要从通史中才能求得解决，以免滞固不通。总的说来，学问是循环反复的事。哲学和文学都不可忽，这对理解历史是大有帮助的。乃至书画艺术之事应该都要留心，不过有轻重缓急之分而已。社会经济是治史的首要工作。我在 1953 年草写农产量一文也是这个看法，后写熙、丰变法也是从社会经济着眼。

搞断代史不搞通史常常不易准确把握一代的特点。近世之论明代资本主义萌芽者，所举例证常常是明以前早已存在者，不仅有见于唐、宋者，而且有见于汉代者。

周代国、野、乡、遂异制，但六遂的基层编制仍以五家为数，与六乡同，不与甸、稍同，这应有所说明。

东汉经师释六遂在六乡之外，以《王莽传》论之，六乡在西都，六遂（队）在东都（成周），“成周里人”也能说明六遂在东都。金文也有“成周八师”“殷八师”之文，说明殷人居于成周。殷人从军是后来之事。

西周甸、稍、都、鄙，可同都家之制合并研究，似可从沟洫之制着手。因王朝贵族不断增多，有采地的人也不断增多，六乡之人也不断增多，这就是都家的来源。这些人口向都鄙移殖，应当仍是以五起数的编制，而不是以八起数的编制。

1934 年，我讲魏晋南北朝史，讲到高欢语鲜卑曰：“汉民是汝奴，夫为汝耕，妇为汝织，输汝粟帛。”语华人曰：“鲜卑是汝作客，为汝击贼，令汝安宁。”猛然悟到这种区分正与周代国人、野人之分相吻合。下课返家立即进行研究，看出《孟子》《周官》所讲确实是如此，国、野不仅田制、兵不同，学制、选士也不同。并且进一步看出廖先生说古文是史学、今文是经学（或哲学），的确是颠扑不破的判断。同时也看出经学家们把经今古文问题推到孔孟时期显然也是不对的，孔孟所言周事还基本是历史事实而不是理想虚构。

战国局势的发展，初年是“晋国天下莫强焉”，是魏国独强。魏要并吞韩、赵，桂陵、马陵两战败于齐；徐州之役，齐又败于楚，七国之中没有独强之国，于是纵横之事起。“五国相王”是这一时代的开始。到齐、秦称帝是二国最强；到乐毅合六国之兵破齐，于是秦人独强。纵横之说也就不行了。而白起、王翦专用武力。纵横为一时期，其前为一时期，其后为又一时期，可分为三段。

汉代州牧郡守的掾属与天子还没有君臣关系。只皇帝一人是君的观念起于刘宋。

汉景、武任酷吏抑豪族，所以吏治善而国盛强；六代放任豪族，所以衰乱；魏武、宋武暂得小治，亦因能抑豪强（土断）。自汉至隋，王朝对豪族的政策关系盛衰治乱甚巨。

《货殖列传》：卓氏、程郑、刁间之流，所用都是僮奴；杨可告缗所没收者也是田、僮（土地和奴隶），正说明西汉是有用奴隶进行生产的。则《货殖列传》所谓千树枣、千树栗、千树橘、千亩漆、千亩桑、千亩竹、千足羊、千足彘等等之类用集体劳动来经营的生产，也应当是使用奴隶进行的。

自井田崩溃到唐行均田，在土地制度上应有承袭因革之处。汉有均田，晋有占田、课田，北魏、隋都行均田。汉、晋行均田都是抑制豪强兼并，但晋课田无限，已不如汉。元魏均田奴婢无限，应是承晋而来。齐、隋时对奴婢有限是一变化，才发展到唐的均田。但汉行均田无明文，可能因王莽的“王田”制度与之相似，且也行得不彻底，故不见记载。晋虽也行得不彻底，但因唐行均田，故修《晋书》时特载其事。汉虽无明文，但也不无蛛丝马迹，不能因史无明文遂以实无其事。如这样，历史就被割断了。

历史上因水旱之灾或战争破坏，都会出现大量的流民，但因各历史时期社会情况不同，而流民的性质有所不同。汉代流民转徙他方，一般多为人雇佣，故有“流佣”之称，俟有条件即返回故里。如安抚不善，则易爆发为农民起义。在晋代情况有所变化，这些流民中多有豪族从中控制，从而形成一股力量。如六郡流民之就食汉川，其中就有六郡之豪和氐叟侯王。三蜀流民之入荆襄十余万户，以杜弢为首，据弢与应詹书，不难知其为豪族士人。这两个流民集团，都因与官府矛盾激化而爆发为武装斗争，但其性质则非农民起义，是很清楚的。《晋书·地理志》载桓温灭蜀以后，以巴汉流人立晋昌郡，领十县，刘宋时析为魏兴、新兴等郡。《地理志》亦言其本“蜀郡流民”，都在杜弢之后，也不关北方民族南入中原事。此侨置郡、县而李、杜流民集团不侨置郡、县，当以李、杜后皆反抗王朝之故，此之侨置者以其支持王朝之故。此等流民当是豪族控制下之流民集团。几次实行“土断”也都与流民有关，可知侨郡、县之置，是为了豪族，为了王朝，而不是为了流民。由此也可推知晋、宋所侨置的州、郡、县都是这个情况。但到宋朝，情况又有不同。在金人南下以后，中原人民之流亡而南迁者数量也很大，但已不再见到晋、宋时期的流民集团，也不再见侨置州、郡了，也没搞过“土断”之类的事，正因宋时已没有能在流民中起控制作用的豪族世家了，也就是地主阶级对农民的控制削弱了。仅从晋、宋间流民的情况也可以看出前后社会的变化。

曹操在搞水利之后，才能搞“与官中分”的屯田，这是采用地主对佃农的剥削方式。从曹操的事来看，只有良田和水利可靠的地方才能行屯田，可以反推两汉时能行租佃剥削的地方不多，到曹操行屯田，租佃剥削才大量施行，也就是封建制的形式，看来六朝才进入封建社会的说法是有道理的。

屯田是政府用地主租佃方式剥削农民，这一方法从曹魏到北朝、隋、唐是行之有效的，开元时最盛行（九百九十余处）。但从建中以后到宋代，屯田无利可图。这是农业普遍发展，而国家屯田不能竞争，与农民相比了。

唐代户口平均十户六十口，《通考》以为是父母在不许兄弟异居，实不然。唐实际最多每户不超过五口，可推知唐代六分之一的人口可能是部曲客女等。

封建社会主要是地租和高利贷两种剥削，唐王朝把二者都作为国家重要收入。公廨田、职田数量也大，可由公廨钱、俸钱等数目推知。公廨钱到六百余万贯。初由国家经商，后来完全是高利贷。隋朝最富，《通考》说不知所以致富之由。从唐来看，唐的一切都从隋来，只是隋的记载不详。唐的剥削最繁重，多为后人所忽略，它超过租庸调应在两倍以上。唐、宋不能与汉比，唐剥削重，故政府积累多，而民间实困，因此唐始终不安定。武则天时，人民已开始流亡。开元初年宇文融括逃户约八十余万。逃户这样多，就可见不是家给人足了。《通典》说：开元、天宝之间，诛求“名目万端，府藏虽丰，闾阎困矣”。可见唐剥削之繁重。马总《通历》说隋文帝亦侈靡王君，与《隋书》不同。宇文融括逃户，陆宣公盛称之，《唐书》则以为聚敛。《通鉴》称道府兵，而不见于《唐书》。大凡历史不可拘于正史，当时人的议论，从多方面考虑，还更有理据些。正史多据实录，常不足信。《通考》《通典》从通史眼光看问题，比断代史高明些。唐本不如后世估计那样富，是统治者“聚敛万端”而“闾阎大困”的富，宋也不如后世所估计那样贫，而是统治者浪费太多以致国库空虚而贫。

宋初君主，鉴于唐之藩镇，遂用文人掌兵，以收兵权，而宋遂无可用之兵。

近来历史著作常把政治、经济、民族、文化分开来讲，从纵的关系看，可能还能讲出点道理，但各部分之间的横向关系如互不照应，就会失去历史的总体感。

专门史最易反映事物发展的阶段性，可从此进而探讨社会发展的规律性。如土地制度史、商业史、文学史等等，从一个部门研究，比较容易掌握，从一个阶段全面考虑就要困难得多。

看历史，应从先后不同的现象看其变化。有些人讲资本主义萌芽，所举明代现象常是明以前早已存在的现象，这不能说明历史的发展变化，只能说明历史没有发展。如明嘉靖时官营手工业中停止征调工人而用雇佣，这就是个变化。且还形诸诏令，规定民间雇佣月值，更说明雇佣已是社会较广泛的现象。（凡史料中如疏奏诏令之类是重要的，数字也是重要的）中国历史上的社会经济问题，只宜拉通来讲，才易看出变化，分在每段来讲，就不易比较了。

上层建筑发生变化，就是经济基础已经起了变化，这是一个苗头，如探矿发现矿苗：制度、文化两条线要搞清楚。

春秋时言私家财富以车马数表示，而战国则以粟、田表示，这反映了社会的变化。

春秋时，每以维护工商业"通商惠工"为善政，战国时法家以打击工商业为政策，为什么会这样？有人说工商业家是奴隶主。此话有道理。《史记·货殖列传》和《汉书·货殖传》所载卓氏、程郑正是使用奴隶的工商业家。

周以下的关市之赋是过往行人都收税，不纯是商品税。隋制入市人一钱，宋坊场河渡连称，就是行路也有税，其意义和关市之税一样。宋代虽有过税，但不见过税的重要性。到清代的关卡，就纯是商税过税了。

周官有"贾田"，唐行均田，商人也授田，只狭乡不授，这说明相当长时期的商人多数是不脱离农业生产的（当然也有少数脱离），所以唐的两税包括商税在内。

汉代手工业如盐、铁盗铸这种大规模协作的手工业，其中的劳动力也不少是不脱离农业的，所以在春耕期间诏禁"聚庸山泽"。杨可告缗钱，犯者"没入田、僮"，得民财物以亿计，奴婢以千万数，田"小县百余顷，大县数百顷"。这些拥有"田、僮"的工商之家，显然也是没有脱离农业。

历史上国营手工业作坊，是政府与人民争利，是攘夺。封建前期的劳动力是征调；到唐，部分是和雇，宋是和雇和厢军并行。这是前后的变化。到元、明的匠户，是蒙古落后制度而明沿袭之，不是历史发展的正常情况，而是有它特殊的原因。均输是政府攘夺商业的利益，汉、唐都行之有效，到宋就无法推行，应是由于商业有了新发展，内容复杂起来，政府也就无法经营了。

关于宋代商税主要有两个问题。一是商场问题：宋代坊场钱（即村墟中的集市）与“商税”数相等，商税务也多数是在县镇，看不出城市的市场税和过境税。自明宣德以后，始立钞关，重在关市的过境税了，而县镇村落的“商税”逐步不占重要地位。到清雍正，落地税就只征县以上者，县以下全免除，“商税”地位就更下降了。后来的百货厘金（统捐）才是大量商品流转的反映，和宋以上者全不相同。唐初，商人也授田，行两税时，商税即在两税之中，后来才独立。这些算什么商人，又是什么商品？从明宣德到雍正的变化是雇佣在这时也开始盛行，法律上已确定雇佣的地位，显然是资本主义萌芽。二是商品内容：从《通考》《续通考》和《宋史·食货志》看，明以前征税的对象非常琐屑，凡鸡、鹅、柴、炭、瓜果、菜蔬，以及日用之物，年节礼物，嫁娶妆奁，莫不收税，所以重在坊场县镇。明以后渐次免除这些琐细物类的税，真正的商品逐渐才在广大地区流转，真正的商业城市才逐渐形成，这才看出资本主义萌芽是明显的了。

（《宋代商税问题》补论）：市与关的区分是重要的问题，前期是市税（住税）占主要比重，而关税（过税）些微；后期（雍正后）市税全停，而占主要的是关税。市税、关税，我在文中没点醒，须适当补几句。我在文中把市税都抹杀了，这是须改正的（就是把杭州、成都市税估计低了）。小区域内的市场交换，在名词上，古人也把它叫做“商”。但这种商业行为只是生产者与消费者的直接交换，而交换的商品也多不是商品生产的产品。封建社会中像盐、茶这类东西无疑是商品生产，而贩运者也是专门从事商品流通的商人。但茶、盐的税收却不在商税之内，而另为一项。明成祖时“商税事例”（永乐六年）的商品仍很简单。宋代的坊场钱之多可与商税数字相比。商税数字中市场交换税占的多，商品流通税占的少，是可以肯定的。成都十万户应有五十万口，它的消费大，商税当然应高一些。小区域内的市场交换是自然经济下的交换，商品流转才能是商业经济。少量的商品生产和少数的商品流转在自然经济下当然也存在，但绝不占主要地位。

金时高汝砺《榷油》一疏最有启发。疏中提到，如果榷油，“河南州县当立务九百余所，设官千八百余员，……油之贵贱不齐，转贩相易，所以其价常平。今既设官，各有分地，辄相侵犯，有罪；是使贵处常贵，贱处常贱。”宋代酒税务也是有分地的，禁他处之酒不得私运至开封，其罚颇重。自高氏之说，推知商税务亦各有分地，这正反映出一种关闭性、狭隘性的交换。盐、茶各项引岸也含有这种意味。这对说明历史上自给自足经济下的交换是非常分明的。

宋朝的社会生产远较汉、唐发达，但王朝却经常处在贫穷状态，主要是冗兵，冗官，岁币赏赐，开支太大。

宋与西夏的关系最为重要，商税猛增即以西夏之故。过去学者都只重宋与辽、金的关系，而对西夏多所忽视。

从地理看古今之变，在水而不在山。水之变迁多在北而不在南。《水经注》正是解决这一问题之重要典籍。《水经注》于南方水道之误，前人多已指出，且为对历史关系较多的地区。郦道元本北人，许多地方皆曾亲自探访，且记载详细，脉络分明，不易看出有误。苟一水有误，则将涉及三、四水道是否亦误，较为繁难。故虽明知《水经注》与他古书不合，亦皆多疑他书而不疑《水经注》。清代考据家无人不读《水经注》，说经之家于经中地理无不考之《水经注》。经中地名除《禹贡》《尔雅》外，皆因事偶见，既不全面，也不系统。《禹贡》《尔雅》《职方》虽全面、系统，却又太略，注者不易提出相矛盾的问题。但如王先谦注《汉书·地理志》，就不能不提出，但他却认为都是班固错了。专治《水经注》的人都是从唐、宋地理类书取材，从正史《地理志》之类取材，就都不容易发现《水经注》的错误。我三十岁以后才稍治地理之学，四十以后因专在史学系教课，才放开了经学，五十以后始确知《水经注》与《汉书》的矛盾是大量的。

人或有谈到我对《水经注》的研究，这项工作我估计至少也要五年专力为之，未敢懵然展开，若有助手当徐图之。汉、晋人经注中有很多古地理解释，《史》《汉》注中亦多，皆比道元为优。而清人解经乃至《说文》和《段注》之解说，亦每每比《郦注》《杨疏》为长。清人过信道元之注，至以《郦注》易《班志》，而不察此乃六朝晚期之说，于古事多不合。东汉、魏、晋人说，颇自相同，安得以道元为是而悉废郑玄、服虔、许慎、应劭、文颖、孟康、杜预、京相璠、郭璞、高诱、王隐、司马彪以来之说。道元于南方水地之误，清人敢言之；道元于北方水地之误则未敢言。清人治经自乾、嘉汉学者皆能以汉师之说正六朝之误，独于地理之学信六朝而背汉、晋，事亦大奇。杨氏之疏可谓集清儒地学之大成，亦颇有突过清人处，惜其谬误矛盾亦复不少。近人迷信杨疏亦太过，况其墨守道元弃清人经解于不顾者乎？非敢谓我可窃比杨氏，徒以有两经解耳，非我敢轻议道元，徒以有汉、晋诸家经、史注说具存耳。这一搜讨工作岂衰年如我者能之耶！倘有一二得力青年商量着手，此或不失为巨业、为奇作。尝作《古地甄微》，略启其端而已。

《汉书·地理志》每存异说，如沮、汉原为一水，班固则并存二说。

《唐书·地理志》体例有取《元和郡县志》，它把河渠包括在内来写，也详于交通，这是其他《地理志》所不具的。

《禹贡》说蔡、蒙，《山海经》重视崌山、崃山，这说明临邛在古代的重要性。秦时只城成都、郫县、临邛，秦移民也止成都、临邛。临邛早就产布、盐、铁，汉时有盐官、铁官，说明其经济较发达，地位较高。后来雒县重要起来（说广汉是一州之中，而不说成都是一州之中），再后绵竹（指德阳）重要起来，最后涪也重要起来，说它是“水陆四通”。公孙述起临邛，刘焉初居绵竹，都与其地的经济条件有关系。唐初东川节度使驻涪，后移梓州。梓州与成都并重，一直到北宋。到南宋及元时，重庆才渐重要起来，所以明昇、玉珍父子才都重庆。从前我只能从纵的方面看出四川历史的三盛三衰，现在才看出，还须自横的方面看，每个时期各地的发展还有不同。

地理书没有不校勘的，清人的校勘往往有错。在校法上，以不同版本互校只是一个办法，更要从经注、史注、历史事实上进行考核。沿革地理的错误，只要一画图就明白了。

在写《巴蜀史的问题》时，已疑成都早有灌溉，因劳动人民是历史的创造者。在成都平原，知稼穑必知灌溉，知灌溉就应早有二江（意指成都平原上的河道），不必待李冰守蜀。“深淘滩，低作堰”是总结了长期治水经验的结论，不是李冰短期所能提出的。所以汉人认二江就是《禹贡》的江、沱，是正确的。自成都平原地理条件考察，有此广大平原以来，不会没有水流。李冰守蜀前，司马错已以六百万石米浮江伐楚，说明农业早已发达。如认为李冰始凿二江，就忽视了自然规律。但我们也不能反对人工河，人对自然的利用总是要加工的。李冰之为汉人所称道，也如江淮通流见于《禹贡》《墨子》《孟子》诸书，而吴通邗沟也是事实。李冰之功在于秦灭蜀后对水利更合理地调整，进行大规模的治理。章樵说李冰穿二江只是用二江引渠为灌溉，是很合理的，用作全文写作骨干。

近作《成都二江考》，二江就是郫江、流江，就是《禹贡》之江、沱。自汉至唐、宋无异说。至清《一统志》始悍然以湔为沱，以郫为江，这一观念遂成为牢不可破之说。于是研究古地理的人（清代考据家）都不免从这一错误观点去研究《禹贡》《汉书》诸问题，不能出《一统志》之看法而认为已得古人之真，结果都是错误。这一错误是由于清人素不喜宋、明人书，以为都是错的，不屑研索。我从前也是如此，于宋人书只作参考，合则用，不合则弃而不顾；于其错误之由，从不理会。这次考二江问题才知道宋人于此全不错而错在清人（胡渭、顾祖禹诸人），由清人之误以读古书，自然以宋、明人之不错为错。好在这一缺点也还容易纠正，就是把宋、明人几部书仔细一读，也就可解决很多问题。清人于古地山水不甚明白者总喜以大山大川来解释，这是根本错误，他们不信郫江、流江即是江、沱，就是因为是小水，而不知古人居处耕耘之区才为记载所重。成都平原郫、流二江关系灌溉至为重要，《禹贡》不能不记。其他高山大川无资于民用者如峨眉之类，何须记录。胡氏必以峨眉为蔡山，是不根，而且是荒谬的。

古地之学不能凭空去讲。我是在经史中遇着很多问题不能不从地理探讨。积累久了，地理也熟了，问题也多了，好像专门讲古地。其实我与清人治《水经注》的学问全不相同：他们是专搞地理，尽读地理书；我是从经注、史注中去，而不专从地理书去，所以与他们的结果不同。这可说是学有本末。

地理是史学一工具，如其专研地理，方法就不外杨惺吾，结论也应相同。即以这次作《二江考》，始见杨、熊《水经注疏》谬误不少，也很可笑，我本不喜校勘版本之学，但论巴蜀问题和二江考就无法不追究版本和校勘了。因五经四史之类不校勘也可以读，若《华阳国志》或《齐民要术》及古地理书之类，在前代不必人人皆读，又很容易因传写而误，不校就无法用。而校勘一事也不是凿空而来，如清人那样专治校勘学者，是不会成功的。必于此学积累稍多，涉猎稍广，自然提出要校的问题，也才能校。必治此学者才可校此书。若专从版本或类书下手，是用处少而害处多。所以清末有反对校书的说法，是有道理的。这也是学有本末之意。

讲古地不能离开人事（历史）。常《志》：二江上有七桥、大城小城等，都只能从人事上来理解：蜀何以独有大城少城？秦灭蜀后，有蜀侯、有蜀守，又移秦民万家实之。秦民、蜀民，蜀守、蜀侯，自当分别居住。少城何以分南北，南是市场，隔江是锦官、车官二城，是工商业区、经济区；州学在城南，郡学在江南，是文化区；而北是政治区，故张仪楼诸古建筑皆在北城。汉、晋间郡守住少城，刺史住大城，赵廞谋据大城以叛，罗尚退保大城，都说明大城是军事区。二江上有七桥，上应七星：在南出石牛门曰市桥（郫江上）、笮桥（流江上），出南门曰江桥（郫江上）、万里桥（流江上），此南之四桥。过笮桥道西为锦官城，道东为郡学，此道即出石牛门而走广都（双流）之大道，故吴汉、桓温攻蜀自外水（岷江）上至广都，即进而战于市桥，战于笮桥。西有三桥，应是城有三门，西门曰定明门，其北曰阳城门（所谓“阳城之阿阁，飞观榭于云中”，见《蜀都赋》），其南曰章城门。南四桥二门，则北亦应二门，曰咸门，曰朔门。西三门以少城繁盛故三门，东则二门，共有九门。《华阳国志》说：汉武帝立成都十八郭，顾校依《文选·蜀都赋》注作十八门，实则张仪城成都周回十二里，断无十八门之理。《续汉郡国志》引《蜀都赋》刘渊林注作立成都郭十八门。《后汉书·公孙述传》引亦同，知今宋本《文选》仍有脱误，应是城有九门，郭亦九门，共十八门。知《周地图经》、宋《成都志》都说大城九门，少城九门是臆想之说，毫不足据。郭亦有门，于臧宫攻公孙述，入小雒郭门，是其证。

总之，地理是人生的环境，总要适于人用。从民生日用着想去解决亦不患无证。杨守敬、熊会贞，上至顾祖禹、胡渭说二江都是错。明人省志、府志，清二部《一统志》、府志、县志无一不错，杨图二江桥更荒唐。熊稍有进，亦大错。明人也错得可笑。熊所谓七桥铁案，根本是错。他以《蜀中名胜记》引李膺《益州记》为据，而不知《古文苑·注》之引《益州记》但有七星之名才是李义。曹引今名云云，是南宋祝穆的解释，何为铁案？《华阳国志》说七桥正确，但有误字，《水经注》取志文甚明而去永平桥加昇（升）仙桥，是重视司马相如之故，误说始此。升仙不在二江上，又在城北，不可能像七星。此文最小巧，深可笑。但方法最精巧，结论亦奇而确。

朱逷先论《蜀王本纪》有八云云，我意常氏《序志》说八家“各集传记，以作本纪”，此必不然。八家当皆各自有书，安有八家之书皆称“本纪”之理。隋、唐志只著录扬雄《蜀王本纪》一种，知余七家之书皆亡，仅存此耳。今所见扬书，皆从唐、宋人书辑出，知其同出一书。至于文字异同，书名省略，唐、宋引书皆如此。即引《华阳国志》亦多异文，显然不能认为有不同的《华阳国志》。至于同一事而所记不同，如子规之说，朱氏只据《文选注》引与《御览》引文异，遂认为两书，其实《寰宇记·益州》下引文与《路史余论》引文（此二段严、洪皆未辑入）后皆著不同之说，一称“或云”，一称“一云”，知《本纪》原文即著此不同之说。又如“武都人有善知蜀王者……王心爱其女，留之”，与“武都丈夫化为女子”，诸家辑本皆别为两事，惟《御览》八八八卷于后一事之首有“或曰”二字，知《本纪》原有附著异说之例，而实一事之异说耳。唯此《蜀王本纪》不必为扬雄之作，但必为两汉之作，以常志十九皆依《本纪》之文，而终于“宣帝时穿临邛盐井二十所”。今各本《蜀纪》佚文亦终于此事，知《蜀纪》一卷而大体皆存，虽认为完书可也。此本细事不足言，以有关研究方法，故谈之。

在讨论彝族史稿时，突然想到庄蹻王滇一事可疑，经检书证明无有此事。初写二千余言，此文虽短，但颇自爱惜，自觉写《汉潺亭考》以来，心思益精。柳翼谋常说我考据超过清人，往时不深信此语，近渐觉确有过前代经师处，大题如论诸子、儒、道，小题如论巴蜀二江，都有此趣，下笔庶乎不苟。

近几年所写《庄跻王滇辨》《山海经产生的时间和地域》《巴蜀史的问题》各篇，和《论宋代的工商税》等，都不是我六十岁以前所能写的，六十岁以后心思更深细曲折。一些二三十年前所知道而不敢用的材料，现在能理解能使用了。即如指导胡昭曦写《论羌族史》一文，对《华阳国志》所说“汶山郡，户二十五万”一句，三十年怀疑不敢用，又不敢说是文字有误。现细勘史文，“西接凉州酒泉”，“其西又有三河、槃于虏，北有黄石、卢水胡”，乃悟其西北并无明确疆界，伸延很广。二十五万户不足为多。又如《宋代商税》一文，原对《史记·货殖列传》所提的八个“都会”不能理解，不敢用。后读《汉书·地理志》大段多据《货殖列传》，也提了八个“都会”，多一江陵，而无陶睢阳，乃悟此言“都会”都是六国和吴越都城。多一江陵者，盖江陵为楚故都，至两汉而其势未衰。“陶睢阳”亦为一都会之说最奇。陶、睢阳为二地，相距几二百里，何以称为“一都会也”？盖汉初彭越为梁相居定陶，梁孝王先都大梁，后居睢阳，“陶、睢阳”盖指梁都而言。都陶时，睢阳当未为都，睢阳为都时，定陶已不为都，实仅一地，其中还应包括“大梁”，为行文时省略。番禺为一都会，显然是以赵佗的越都为言。这说明《史》《汉》所说“都会”都是以政治为主而经济为从，这些地方的商业显为满足贵族官僚的奢侈生活服务，而与广大人民日常生活无甚关系。我国封建社会中的“都市”大都如此。

研究民族史，应当是与地方史有联系的，但二者又是截然不同的，是两种范畴，决不能用地方史来代替民族史。地方史是地域为中心，是静止的；民族史则以民族为中心，而民族则常常是有移动的，不能局限在某一个地区。如某地的古代出土文物，无疑是该地方史的重要资料，但却不必然是当地民族史的资料。两者是不能相混的。

《尚书大传》：“东方之极自碣石至日出榑桑之野。西方之极自流沙西至三危之野。中央之极自昆仑，中至太室之野。”知此之昆仑必在三危之东，此为汉人旧义。刘逵注《吴都赋》云：禹所受地理书曰：昆仑东南方五千里，名曰神州，帝王居之。《礼记正义》引《地统书括地象》曰：“地中央曰昆仑，其东南方五千里曰神州。”《尚书正义》引郑玄云：禹所受地理书曰：“昆仑山东南地方五千里曰神州，西王母在流沙之滨，乐民、拏闾在昆仑弱水之洲，三危在乐民西。”《淮南·地形》：“弱水出自穷石，至于合黎，余波入于流沙，绝流沙，南至南海。”《汉书·地理志》敦煌郡广至县有昆仑障。张掖郡删丹县：“桑钦以为道弱水自此，西至酒泉合黎。”居延县“居延泽在东北，古文以为流沙”。金城郡临羌县：“西北至塞外，有西王母石室、仙海，……西有弱水、昆仑山祠。”流沙为今居延泽，弱水为今居延水，皆在甘肃。有昆仑障之广至县在今甘肃安西境，其西有昆仑山祠。临羌县治今青海西宁市，与昆仑有关之地皆在今青海东部及甘肃西部，而非今昆仑山地。《后汉书·西羌传》：“西羌之本出自三苗，舜流四凶，徙之三危，河关之西南羌地是也。滨于赐支，至乎河首，绵地千里。”李贤注：“谓羌地是也。以上，并《续汉书》文。”《水经·河水注》引司马彪曰：“西羌者，自折支以西，滨于河首左右居也。河水曲而东北流，径析支之地，是为河曲矣。”应劭曰：“《禹贡》折支属雍州。在河关之西，东去河关千余里，羌人所居，谓之河曲羌也。”河关为后之青海贵德县，三危所在应于贵德西千余里求之，即河曲也。知三危在大积石以东。汉、晋所说三苗徙处，其时亦惟知河出积石，此与张揖、王隐说三危在鸟鼠之西南与汶山相连，是最早之昆仑，只能于岷山求之。

高齐时尊世族，如卢、李之流，而又专任鲜卑，汉人不得为兵，民族矛盾较大。而宇文泰入关则未形成世族，且多用汉人为兵，民族矛盾较小，故能自弱以渐强，进而灭齐、又进而弱梁、陈，至隋而成一统。

魏晋南北朝至隋唐时期，不仅有北方民族的南下，同时也还有南方民族的北上。两湖地区的廪君蛮、槃瓠蛮、板楯蛮都有北上的史迹，分散到陕西、甘肃、河南、安徽；四川西部氐人北上，两湖蛮人自峡口入蜀，等等，都对历史有着不小影响。而牂柯僚人入蜀一事，尤为影响重大。僚人入蜀，在《北史》中不过数十字的记载，《蜀鉴》及《太平寰宇记》引李膺《蜀记（益州记）》比较详悉。至于《元和郡县志》《太平寰宇记》《舆地纪胜》与《舆地广记》所载，僚人在蜀分布广，甚可骇异。此时蜀境长江南北两岸都是僚人，嘉陵江川东整个巴山山脉直到汉中也是僚人。岷江东西两岸直到今之崇庆县，沱江两岸直到今之简阳县，涪江两岸直到今之三台县，也显然是僚人居住。由井研东至资中一带也是僚人居住。由李蜀之末僚始入蜀，直到唐时僚人来蜀不绝。如唐之荣州（即后荣县、井研各地），唐志载旧户一万二千二百六十二，口五万六千一十四，到开元仅有户五千六百三十九，口万八千一十四。开元户口是唐的全盛时代，但荣州反减少了一半以上，岂非异事！求之史迹，就因铁山为生僚所据。也就知道生僚是在开元稍前迁来。史言桓温入蜀，岁岁伐僚，但其大军数万人曾在泸州全部覆灭。梁、周、隋、唐和僚人冲突之事至多。唐时中央强盛而蜀独衰，正因僚人骚扰之故，以至对南诏、吐蕃侵扰都须调东兵入援，因蜀无力抗御。也因援兵来蜀，而唐以衰，到唐末僚人与汉人渐融合，到宋时蜀之生产发展，经济文化不断提高。宋为中央最弱之时，而蜀独强盛。金、元相继南下，如入无人之境，金百年中始终不能入蜀，蒙古入蜀后，连战四十余年不能得逞。宋人说有蜀则有宋，无蜀则无宋，这反映蜀对宋王朝盛衰关系之巨。宋人只知蜀在南宋关系之大，而斥东晋不知用蜀，实不知僚人入蜀后蜀已荒残，故《南齐书》比蜀于蛮陬之邦，盖蜀已不足用。及至僚人与汉融合之后，而蜀之经济文化都大为发展，僚人与四川历史关系之重是很清楚的。

中外进行比较，是研究历史的一个重要方法。写《古史甄微》时，就靠读书时学过些西洋史，知道点罗马、希腊、印度的古代文明，知道他们在地理、民族、文化上都不相同。从这里受到启发，结合我国古史传说，爬梳中国古代民族可以江汉、河洛、海岱分为三系的看法，从而打破了关于传说时代的正统看法。学者或不以为谬，后又得到考古学上的印证。后来喜读汉译社会、经济各家名著，也常从正面、反面受到启发。所写一些文章虽未明确写上这点，但在考虑问题时常常是从这里出发的。

班兹的《新史学与社会科学》一书写得不错，比之只知以考据为史学者高明多了。初学者读此有益。

中国地广人众，而能长期统一，就因为有一个共同的传统文化。欧洲较中国小、人口较中国少，反而长期是个分裂局面，就因没有一个共同的传统文化。中国这个传统文化，说到底就是儒家思想。要把中国的历史和现实讲清楚，离开了儒家思想是不行的。

中国历史上中央王朝对少数民族的政策，与西方帝国主义的殖民政策大不同：殖民主义一是移殖，二是掠夺；而中国，中央王朝常常是禁止汉人进入民族地区垦殖，禁止从民族地区带出金银。

古史辨派兴起后，学者们常常爱说这是伪书、那也是伪书，先秦旧籍《诗经》而外几乎无非伪书。但是，说是伪书，总得找出它作伪的原因。若找不出，是不足服人的。先秦文献不能也不必确指为谁所作，这些作品在流传中又常常都有窜改、增补，但其主体仍不失为先秦旧物。如《尚书》的《尧典》《禹贡》，若谓其为虞、夏时作品，当然不对，但必谓其创于战国晚期则又未必。其经过辗转传绎的痕迹还是较为清楚，“若稽古帝尧”，就表明是后人的口吻，但文章的基本内容应当还是远古相传的。

几十年来，疑古辨伪的工作是有很大成绩，但总觉过火点。从前的人不考虑材料的真伪，不分别哪些是后人所增益，把唐、虞三代认为是中国历史的黄金时代，显然是愚蠢的，这是传统派的错误。后来的疑古辨伪又一概抹杀，把历史缩得太短，把文化压得太低，任何一部书都可以挑点问题指为伪书，而确实证据究又难寻。有些疑古派学者一方面既疑某书之伪，却有时又还引用；既不信历史之真，却时又在讲述。就表明疑古者也自信不过。故信古、疑古皆为一偏，对历史应当客观考察。要从社会发展的法则、历史继承的脉络来理解，否则信古、疑古都是玄学，不是科学。我从前也犯这个病，不喜欢读《周官》这类书（但也还相信其中的部分）。但现在从社会法则、历史法则来考察，觉得内容十分丰富，提供很多有用的材料，值得深入研究。

为学要能传世，历史上有过很多学者，不少人是被称为“闻名当世”的，但多数都不为后世所知，其著作也不传。而有一些在当时并不为时所重，而死后其名显著，如杜甫、章学诚。

以虚带实，也是做学问的方法。史料是实，思维是虚。有实无虚，便是死蛇。

几十年来，无论是讲课、写文章，都把历史当作哲学在讲，都试图通过讲述历史说明一些理论性问题。唐君毅说：“你每篇文章背后总觉另外还有一个道理。”丁山说：“你每篇考据文章都在讲哲学。”这虽显有推崇之意，却也符合实际。

懂哲学讲历史要好些，即以读子之法读史，这样才能抓得住历史的生命，不然就是一堆故事。

历史是客观的，研究历史也必须是客观的，但又总得通过自己的主观作用，有自己的认识，这就与自己原有的认识水平、政治观点有关。

很多人的学问，大概在三十岁上下就把规模大致定下来，这以后只是在深和细上面有所发展。我在五十岁以后才开始研究道教，也还能开拓一个方面，颇有所获，主要是由于从前在理学上下的功夫比较深，一接触便能提出问题；方法上其实也就只还是搞经学的那些，不外求家法、考遗说、辑佚、校勘而已。

《孔子与今文学》，也可说是我的经学研究告一段落，比之《经学抉原》是有改变。昔在峨眉读两汉各家书，并及先秦诸子，读到《韩诗外传》时，恍然感到：先秦时儒家何以变而为两汉经师之业，其间问题显然有个脉络过程，惜于已读之书未能将有关材料录出。现在要写这篇稿子至少需半年时间重读一遍周、秦、两汉著作，但始终无此时间，私心以为甚可惜。

蒙思明，原名尔麟，更名弘毅，后改名思明（1908－1974），四川盐亭人。少读私塾，后就读于重庆治平中学和上海立达学园，1926年加入中国共产主义青年团；后就读于之江大学社会系、华西协合大学社会及历史系、燕京大学和哈佛大学，获哈佛大学哲学博士。先后任教于华西协合大学和四川大学，学贯古今中西，注重史学方法，曾在华西协合大学开设史学方法课，著有《元代社会阶级制度》，*The Tsungli Yamen: Its Organization and Functions*，《魏晋南北朝的社会》等。

考据在史学上的地位

○ 蒙思明

一、历史究竟是什么

历史这一种广泛名词究竟包含些什么？从表面看来，尤其从研究历史的人看来，简直是一个不值得、不应该讨论的问题。然而意见的分歧、错误的根源，却都集中在这一不值得、不应该讨论的问题上。我们试略一翻阅各家对于历史一词所下的定义，就不难看见这种混乱复杂人各一说的情形了。

一种学问的范围、方法与重心，是随时代的演进而日新月异的；所以对于一种学问一定要为他下一个定义，本来就是一件最愚笨的事。如果要泛引各家的定义，强为牵合，截长补短，并存折中，然后创为新说，那更是愚不可及。作者没有这种企图，只是择举若干异说，以表明历史一词含义的模糊、范围的广泛，因进以阐明其内涵的各方面而已。

历史的定义虽是言人人殊，然类而观之，亦不外下列三派：

佛礼门（E. A. Freeman）说："历史是过去的政治，政治是现在的历史。"（J. M. Vincent, *Historical Research*）约翰生（H. Johnson）说："就广义地说起来，历史是曾经遇到过的无论什么东西；历史就是过去的本身，不管过去是什么。"（H. Johnson, *Teaching of History*）李守常说："历史就是人类的生活，并为其产物的文化。……亦可以说历史就是社会的变革。"（李著《史学要论》）这是第一派的说法。

杜威（J. Dewey）说："历史系记载社会的群体之活动中所有重要事实。"（J. Dewey, *Democracy and Education*）陈衡哲说："历史是人类全体的传记。"（陈著《西洋史》）萧一山说："历史者宇宙现象之叙述录也。"（萧著《清代通史》）这是第二派的说法。

本汉（E. Bernheim）说："历史是一种科学，研究处于人群中人的发展。"（E. Bernheim, *Lehrbuch der Historischen Methode*）蓝浦勒希（K. Lamprecht）说："历史是一种社会心理的学问。"（K. Lamprecht, *What is History*）鲁滨孙（J. H. Robinson）说："历史是一种研究人类过去事业的广泛的学问。"（J. H. Robinson, *New History*）这是第三派的说法。

严格说来，只有第一派的解释，才算得到了历史二字的真义，他们注目之点，都是历史的本身，虽然范围的广狭各有不同：或则扩大到宇宙万有，追溯到地球起源；或只限于人类活动的全部，以求了解其整体；或则更缩小而仅注意人类政治的活动。这范围究应以何者为适当，在本文内暂时存而不论。我们所注意的是：这派历史定义的共通点，都是指的历史的本身，都了解我们研究历史所应当研究的对象。这不能不算是这派识见的高明之处。

第二派的解释，可以说全是错误的。虽然他们所指的范围也有广狭的不同：或包罗宇宙现象，或单述人类全体，或局限于所谓的“重要事实”；而他们的共同错误，都是认历史为“传记”、为“叙述”、为“记载”，而非所传记所叙述所记载的本身。他们所下的定义，只能算是历史的文字记载的定义，而不是历史的定义。历史的文字记载，只是研究历史的若干材料中之一种，是研究历史时不可缺少的中介，而不是研究的对象。片段史实的记述之类不用讲了。就拿史著来说，如依章学诚的意见，分为记注、撰述两种；这“事具本末，文成规矩”的记注，只是若干史料的整理与编排，在后人看来，当然只有史料的价值：即就撰述来说，其中除大部份史实的记载外，还或隐或显的有作者一贯的理解与识见；但理解与识见，是因人而异、因时而异的，前人的理解与识见，多无当于我们今日的要求，故其理解与识见部分，也只能作为我们研究该时代该作者的“史学”的资料而已。他们既认历史的文字记载为历史，遂抛弃历史本身而以文字记载为研究的对象。于是名著的吟咏与讽诵、文字的比对与校勘、两书的详略与雅俗，甚至一二字句的增损与歧异，都可以著书立论，自命史学，驰骋笔墨，夸耀凡庸。其研究愈繁密，其距离历史研究的真对象愈遥远。以致许多名词和常用语句，都跟着错误。譬如大家常说的“史前史”（Prehistoric History）这一名词，他本身是多层的矛盾：既然在史前，就不应是史；既然是史，就不应称作史前；这全是因为误认了文字记载作史，遂把无文字记载时代称作史前了。又如考据的史家常说："无史料斯无历史"（'No Documents, No History', Ch. V. Langlois & Ch. Seignobos, *Introduction to the Study of History*），这虽把历史范围扩大到所有史料，而不限于文字记载；然其根本错误，则依然如一。历史的演变，一气相承，川流不息；有无史料之保存，只影响得到我们历史的知识，初无关于历史的本身。难道某事件的史料消亡，就是某事件的并无其事？或某事件之对于我们当前的生活与思想就无影响了吗？所以这一误解，真不知送了若干有志史学的人走上歧途！

第三派的解释，是把历史解为研究历史的学问。无论他认这一学问为科学，为社会心理学，或为包罗各种社会科学的综合学问；总之他们的着重点，是在"研究""学问"两词上面。所以他们不是在为历史下定义，而是在为史学下定义；不是注重在研究的对象上面，而是注重在研究的意向、方法与范畴上面。这一派我们也不能不算他是错误。不过他并不曾产生太坏的影响，我们只要明白他所谓的历史，并不是历史的本身而是史学就行了。

虽然历史的正确定义，只有第一派人的定义——历史是过去事实的本身——才够得上，而第二和第三两派所谓的历史——文字记载和史学——却也为我们有志研究历史的人所不能或少的部分。一般人对历史一词所构成的模糊观念中，实际上就包含了这三部分；而我们在研究历史的过程中，这三部分也都全要涉及到。我们研究的对象是过去事实的本身。但过去已成过去，我们假借何种中介以知道过去的本身，则惟有史料；而现存史料中文字记载就占据了主要部分。我们要用什么方法才能从错误百出的史料当中寻出过去事实的真相；我们要用什么观点，才能把东鳞西爪的过去事实得出联系，予以理解；我们要用什么规模，才能把这些事实与理解正确明畅地形成著述，而公之于当年及后代；这又是史学的职责了。倘使我们不事计较于定义之是否正确，仅借此分别指出历史这一广泛名词中，实际包含了历史本身、文字记载及史学三部，也是对于历史一词的了解大有补益的。

二、史学包含些什么

不了解上述三部分别的人，不能和他谈史学；即是了解上述三部分别的人，他们所认为的史学，也不一定就正确，而往往只看见史学的一面。有人以为鉴别真伪、厘定异同的工作，就算史学；有人以为必须树立理论、自成体系的，才算史学；又有人以为必须标明体例、制定式范的，乃是史学。实则史学必须上列三部合作，始能相得益彰，任缺其一，都不能担负史学的任务。

所谓鉴别真伪、厘定异同的工作，就是考订的史学，也就是历史的科学，大部相当于欧美人所谓的史学方法，即我们所通称的考据学。他的内容，包括外形鉴定和内容鉴定两部：外形鉴定，大半是从一史料的本身上下功夫；内容鉴定，大半是从史料原作者的身上下功夫。

仔细分析，则第一是文字的鉴定：就是考察一史料的文字，是否有因传抄、翻刻等关系，而有脱落、重衍、讹误、易位等现象，以致失去原作者最初的形式。这是校勘学。第二是意义的鉴定：就是要考察这一史料中所用文句的解释，是否因时代变迁、地域互异、作者之个人习尚及同音同义通用假借等等关系，而使原著者写作时的真意，背乱不明。这是语言学、音韵学和训诂学。第三是著作原始的鉴定：就是对于一个录有著作人名的史料，要考订其人名是否作者之所假托，或后人之所伪加；其内容是否后人有所增补或窜入。其未有著作人名的史料，则从所记的史实、态度、文句、作风以探求作者为何人或何数人；其不能得确定的著作人时，则探求著作之近似的年代。这是史料辨伪学和探源学。第四是忠实的鉴定：就是要考察作者是否因自身或其有关人物及团体之利害与荣辱，而有夸大或隐讳的所在；是否因利诱或威胁，而有增饰或回护的所在。这是史事辨伪学。第五是精确的鉴定：就是要考察作者是否有生理上的缺点，而不能察事态之真；是否有知识上的缺点，而不能见事态之实；是否因兴趣关系，而对一事态之某部，不屑留意；是否因记述之地，距离所记事件的发生地域过远，或记录之时，距离所记事件的发生时日过久，而有传闻增损、记忆错谬的现象。这是知人断事之学。待此类工作都已完备，史料可信程度都已估定；然后利用此种史料，根据合理程序，以重建个别之史实。这一切都是考订的史学的工作。

所谓树立理论、自成体系的工作，就是理解的史学，也就是历史的哲学，或则称为史观。他是要从这千百万件曾经详密鉴定后的史料所重建的史实中，看出一个线索；或则构成一个历史发展的法则，或则指出人类社会演变的倾向。总之他是要自成一套理论、一种看法，使成千累万的个别事件之间发生联系，把历史看成一个整体而不是孤立事件的累积。要如司马迁所说的“通古今之变，而成一家之言”。（司马迁《史记》）即是所谓的独断之学。其体系随人而异、随时而异，不必能成为千古定论；但却能代表当代、此人对过去的看法，对将来的盼望；与死的零星史事以生命、以精神，而自身则负有一种使命。

譬如奥古斯丁（Augustine）著上帝之城（*City of God*）用基督教神学的原理，解释历史，阐发人类命数的定律，说一切都来自上帝。所以历史著述，在他眼里，只是“一部上天下地赏善罚恶的说明书”。（Augustine的历史定义）这是中古基督教义笼盖一切的时代思潮，对历史的反映，他的使命，是要使普天下人，都“尽心、尽性、尽意、尽力爱主——你的上帝”。（《新约·马可福音》）赫格尔（G. F. Hegel）著《历史哲学》（*The Philosophy of History*）说：“历史为精神的发展，或其理想的实现。”所以历史是精神自由的过程。历史演变，由东方而希腊、而罗马、而日耳曼。日耳曼民族才是最优秀、最能实现绝对真理的民族。他相信“世界历史，没有一个世界的统御人，是不行的”。［洪堡（K. W. Von Hombo'dt）的话］日耳曼民族，正当担此重任。这是拿破仑战争后，劫余灰烬的日耳曼民族的民族思想，对历史的反映。他的使命，是要使日耳曼民族，坚定他统一、复兴并统治世界的信念。

马克思（K. Marx）创立唯物史观（Materialistic interpretation of History），说历史发展的原动力，是生产力的改进；而其外形，是阶级斗争。历史发展到了该时段的经济结构、政治组织、意识形态和生产力的发展不能协调，而成为生产力发展的阻碍，直到不能容忍的阶段，必然产生剧烈的或和缓的、以该时代被剥削阶级为主力以反抗剥削阶级的斗争，这斗争照例是代表前进力量的被剥削阶级的胜利。这斗争的发生与结果，都是由物质环境所决定，而不由人意选择，所以

“不是人类的意识，决定人类的生活，乃是社会的生活，决定人类的意识”。(*Zur kritik der Politischen Okonomie*) 据此以分析历史，则古代奴隶社会的生产工具，是拙劣的奴隶手工；他的斗争，是奴隶对奴隶主的斗争。中古封建社会的生产工具是农耕与家庭工艺，他的斗争，是农奴对地主、雇工对店东的斗争。近世工商业社会的生产工具是机械与工厂：他的斗争，是无产者对资本家的斗争。这是历史发展的必经阶段；而这一斗争客观方面已注定了无产者必胜的把握。这是资本主义过度发展，而劳动商品化的现代的社会主义思潮，对历史的反映。他的使命，是要鼓励“全世界的无产阶级，联合起来”(*Commuuist Manifesto*)，以建立一个有计划的生产、无阶级的社会的理想世界。

我们的先哲孟轲，也创立过一个世运升降、周而复始的历史哲学。他说：“天下之生久矣，一治一乱。”(《孟子》) 每一周期，大约需时五百余年；所以他又说：“五百年必有王者兴。”(《孟子》) 据此以观察往事，则“由尧舜至于汤，五百有余岁……由汤至于文王，五百有余岁……由文王至于孔子，五百有余岁。”(《孟子》) 但是孔子仅被后人称为素王，未曾君临天下，他所应完成的救世济民的使命，必另有人起而代之；虽时间距离已超过定数，而救世圣人，必应时兴起。所以他说：“由周而来，七百有余岁矣。以其数则过也，以其时考之则可也。”(《孟子》) 遂归结到“当今之世，舍我其谁也”的论断。这是东周以来王纲解纽、贵族崩溃、争战相寻、淫说横流、政治社会都失却重心的时会，以救世济人为己任的士大夫阶级，对历史的反映。他的使命，是要树立一个士大夫责任主义，并坚定自己救世济人的决心与信仰。

法家的巨子商鞅，也有他的一套历史哲学。他认为人口是与日俱增的。上古人口最少，人知有母而不知有父，故当时治人之道为亲亲。中世人口大增，人民常涉争讼，必须贤者以判断是非，于是亲亲废而尚贤立。迄于近代，人口更增，必须明立法令以惩恶劝善，尤须立官司以行其法令，于是尚贤废而贵贵立。所以他说："上世亲亲而爱私，中世尚贤而悦仁，下世贵贵而尊官。"（《商子》）这是他的三段递承的历史演进论。既生于今之世，则不能返古之道，而必以贵贵尊君为极则。贵贵尊君，则必须严刑峻法。所以他说："治莫康于立君。立君之道，莫广于胜法；胜法之务，莫急于去奸；去奸之本，莫深于严刑。"（《商子》）这是处在贵族崩溃、礼治废坏、诸侯力争、弱肉强食的春秋战国时代，而以制法度、求统一为目的的志士仁人们对于历史的反映。他的使命，是要鼓励当时上下一般的人们，来同心合力建立一个法令严明、集权中央的统一王国。这都是依据史实创为理论，寓时代之思潮，于过去之陈迹。这是理解的史学的工作。

所谓标名体例、制定形式的工作，就是编纂的史学，就是史著的体例学，而在我国通称作史法。此项学问，我国发达最早。距今千二百余年前，即有史法专著出而问世：其包罗丰赡，规划细密，以较时人，亦不少让。那便是刘知几的《史通》。他讨论六家二体的源流利弊，纪传表志的去取得失，直书曲笔的运用，记事载言的与夺，雅俗的决择，繁简的斟酌，皆有独到的见解，乃是一部不满当日馆局编修、发愤而作的书。清章学诚的《文史通义》，也是一部半数论史法的著作。虽然他自认与刘知几不同，说"刘言史法，吾言史意；刘议馆局纂修，吾议一家著述；截然分途，不相入也”。（《章氏遗书》）但他又说：“自信发凡起例，多为后世开山。”（《章氏遗书》）所谓凡例，仍是史法问题。《文史通义》中如史注、传记、文集、篇卷诸篇，诸州县志序例，及与友人论修志诸书，亦皆畅谈史法。不过章氏更有他超过刘氏的卓识特见罢了。因为多数人注意此一方面，所以我国史体最称完备。以时间论，则有通贯古今、综述一代、详列数世、专记一君等之别；如《史记》《汉书》《贞观政要》《建炎以来系年要录》之类。以空间论，则有诸国、一国、各区域、各府县之分；如《十六国春秋》《契丹国志》《关东风俗传》《洛阳伽蓝记》以及一切地方志之类。以性质分，则典章、制度、学术、思想、宗教、艺术，皆有专史；如《唐六典》《文献通考》《明儒学案》《汉学师承记》《释氏稽古录》《历代名画记》之类。以体裁分，则有编年、纪传、纪事本末之别；如《春秋》《通鉴》《晋书》《唐书》《宋史纪事本末》《明史纪事本末》之类。其体例之繁复严明，远非欧美史界所能企及。

这一工作，也是史学中之一要部。倘考订的结果、理解的体系不能公之当世、传之后人，亦不能算为已尽史学的能事。且良史之才，间世一出，使必待其人然后著述，则史之失传者，又不知增加凡几。今体有定例，文有定式，去取编删，皆有定法，则中庸之人，亦能按照成规，整齐故事，使一代之史，不因无才而不传。这是中国史籍虽瑕瑜互见，而史不中断的一要因。这类专论各史体例，以定著作形式，并从事实地著作的学问，都是编纂的史学的工作。

是所谓史学，实包含上述三部——考订、理解与编纂——这三部虽各有使命，但决不能分离独立。未经考订的史料所建立的史实，不能因之以产生正确的理解；亦不能用以写定可信的史著。没有理解的统系，则茫茫史海，以何标准来选定考据的对象？或堆砌成书，以何精神来贯通著述的全部？没有编纂的体例，则考订所得的结果，徒增加零碎的事实；而理解创立的史观，也都是无据的空谈。所以没有历史科学而高谈历史哲学，则其哲学有类梦呓；没有哲学理论而自夸科学方法，则其功作必涉支离；没有哲学而妄自著述，则其著述必乏灵魂；不有著述而空谈哲学，则其理论何由实证？不经科学方法的考订而擅自著作，则其著作必充满谬误；不以撰述为目的而专尚考订，则其考订有何归宿？故史学虽分为三部，而是三部合一的总和。至于我们之从事历史研究，亦有应遵循的步骤，必须首先从事史料的鉴定，以重建真确的往事；继依据真确的往事，以树立系统的理解；终基于系统的理解，以写成有力的史著；然后研究的任务才算完成。

三、近世考据风尚压倒一切的原因

上面已说明了考订的史学——考据——只是史学的一部分；而近数十年来谈史学的人，除考据外，皆斥而不谈。好像考据才是史学的正宗，考据才是史学唯一的内容。这一风气，是由各方面的原因所造成的，不能不约略加以分析。

这风气，一方面是承继了有清一代朴学的绪余。朴学的对象是治经；经学原是一个涵盖极广的学问，中国的思想学术、士风敦薄、世运升降，都应当在当时的经学中去探求。通经致用，原是不可分离的。有为的经学者，绝不是从事几部经书以内名物典制的研讨而已。

因自汉以降，定学术于一尊，故所有讲学的人，都不能不站在经的旗帜下；而他所讲的内容与体系，则是各不相同，都不一定是古经的原义，而是反映着各时代的思潮与理想。只要略一翻阅各代的经解，就可以看出。从王莽、王安石一直到晚清的康有为诸人的变法维新，内容虽千差百异，不都是在复古尊经的名义下进行吗？但是在清代这一部族政权之下，经学是不容人这样讲了。一切学术，在当时都变成束缚人智的工具，哪能容你去谈通经致用？否则尊中国而攘四夷，不会变成致用的第一标的吗？加以文字之狱，网罗无所不至，直欲将有志有节的人们，尽数灭绝；所以乾嘉以来诸大师，对于致用一层，是噤口结舌，只字不敢提了。

此外晚明以来空疏不学的风尚，也是助成清代学风的一要因。盖明代流播最广的学派，是阳明学派。阳明学派的精神，远袭陆象山，近宗王守仁。他们治学的极则，是舍弃外物，反求诸身，使学问自内发，而不假外求。他们提倡的是尊德性而道问学，人皆可以为尧舜，明心见性，致良知，遂认经文注疏，皆为外物。所以说："识得此理，六经皆我注脚。"（陆象山语）这本是对隋唐以来拘守注疏的学风所激起的反动。但是他的末流，遂变成空疏无学，崇尚玄谈。顾炎武说："昔之清谈谈老庄，今之清谈谈孔孟，未得其精，而已遗其粗；未究其本，而先辞其末。不习六艺之文，不考百王之典，不综当代之务……而曰一贯，曰无言，以明心见性之空言，代修己治人之实学。"（顾氏《日知录》）黄黎洲也说：他们"袭语录之糟粕，不以六经为根柢，束书而从事于游谈"。（全谢山《鲒埼亭集》）遂至当时十三经注疏除福建版外，没有第二部。这种治学态度，无怪被称为理学的禅宗。明朝的乱亡，怎不应由他们负一部分之责！所以明末清初的士人，才力反此弊，矫不读书的空谈，为专读书的实谈。

既痛恶玄谈，而专究六经，又迫于政治环境，而不敢谈致用。因此在异族统治下奴颜婢膝三百年，所从事的，只是名物、训诂、音韵、校勘、辨伪、辑逸等等无补于国、无益于家、无关于政事、无救于民生的工作。这就是所谓的汉学，所谓的朴学。这三百年的学术，在考据的路线上，自有它空前的成就，早经公认；然从思想方面着眼，真是中国思想界最堕落的时代啊！他们于治经之暇，又分余力以及史；如《廿二史考异》《十七史商榷》等书，只是校正文字，比对异同，全是以治经的方法来治史。而这种无识的风尚，终延绵继续以迄于今。

这风气的另一方面，又是承继了西洋考据学的绪余。西洋考据学的产生，与独占史学的地盘，也是由两种外围环境造成的。自 1789 年法国爆发革命，遭受了欧洲列强的联合干涉，而革命的法国终于胜利以后，法国民族思想的发展，有如春芽怒放。又因拿破仑的穷兵黩武而此狂热遂散播于全欧。于是欧洲民族主义的历史，崛然兴起，才有民族史料的搜集与编纂。如德国之《日耳曼史料集成》（*Monumenta Germaniae Historica*），法国之《法兰西史料汇编》（*Collection de Documents Inedits sur l'Histoire de France*），英国之《中古时代大不列颠爱尔兰编年史及札记集成》（*The Chronicles and Memorials of Great Britian and Ireland During the Middle Ages*）等，实其规模之较大者。史料集结既富，则鉴别真伪、厘定异同的工作，自然应运兴起。更加以民族主义的历史家，往往蔽于私见，对史实之记述，颠倒错乱，不能平允，徒夸己族之长，不顾史实之伪。有识之士，对此不满，遂极力倡导一专以求真为目标的学风。于是史学方法的辅助科学，如年代学、碑铭学、印章学、古文字学、古文书学等等，都应时而生，且长足进展。自1824年，兰克（L. Von Ranke）刊行其所著之《新史家的考订工夫》（*Zur Kritik Neurer Geschichtschreiber*）以后，史学的科学方法已奠立初基。至1887年而第一部专论史学方法的伟构出而问世，那便是德国本汉教授（E. Bernheim）的《历史方法教科书》（*Lehrbuch der Historischen Methode*）。至今50年来，犹被目为史学方法的圭臬。其刊行时日，恰正法国大革命后一百年耳。这是对民族主义史家，蔑视客观事实的必然反动，也是史学进展的必经过程。但过分偏重的结果，遂使这一初基工作，竟被误认为史学研究的最高鹄的了。

还有一个造成西洋历史考据学风特别发展的原因，就是源于近代若干固有及新兴的社会科学的突飞猛进。在过去，历史几乎包括全部的社会科学在内，如政治、经济、社会、法律、宗教、艺术等等，哪样不包于历史之中？但近数十年来，这些学科都独立发展，自辟门户，而他们都要运用历史事实做根据。讲政治的，把历史中的政治部份抽走了；讲经济的，把历史中的经济部分抽走了；其他法律、社会、艺术、宗教等等，都来沿例；而历史的园地遂日益局促。譬如一位乡绅，子女满堂，热闹一时。待他们都长大成人，自立门户，每人都把父亲的祖业分一部去，这乡绅转而遭受冻馁。尤其是社会学的兴起，简直要取史学的地位而代之，有如那乡绅的老妻，也要和他闹起分产来；这乡绅真弄到手足无措了。要使我们翻开一部历史著作，将里面的政治、经济、社会、法律、宗教、艺术等等史实，全部抽去，这史著除开人名、地名和年月外，还有什么呢？但讲年月，已有年代学来担任；人名地名，则有一部完备的人名辞典、地名辞典，不更便于翻检吗？这样一来，史学一科，真要寿终正寝了。

这些无用的史学家们，既无识量与魄力，来重新奠定史学的基业；为要保此残喘，遂不得不被迫而退到勘察家去。然后奴颜婢膝地向这些儿女们说：你们不都要运用史实吗？不更要运用由正确的史料所建立的史实吗？我自愿担当这一繁重的工作，专来鉴别史料，考订史实，以备你们的采用。更大言不惭地向人宣布说：史学就是考据学，从鉴别史料到考订史实，就是史学家的全部任务。过此以往，都是其他社会科学家的职责。我们的工作，是一切社会科学的基础；等于数学是一切自然科学的基础一样。“予任其劳，而使后人受其益；予居其难，而使后人乐其易；不亦善乎？”（借用王鸣盛《十七史商榷·序》中语）所以我们的贡献，也是伟大的。这一丧失祖业的罪名，且不用谈了。这种毫无中心而零碎考据出来的个别事实，究有好多能受有识的社会科学家们的青眼而被其采纳，也就太成问题。这真是没出息的见解啊！

这种见地与态度，在中国，在西洋，都已为有识者所不满，而要求在考据之上更进一步。在中国则有常州学派的奋然兴起，在庄方耕、刘申受等人的倡导之下，讲的通经致用，讲的公羊家学；要由文字训诂，讲到微言大义，公然揭出经世的旗帜，其识见固远迈正统派的史学而上之。在西洋，则有识的史家，对于其他社会科学的进步。不惟不表示畏缩，而且极端欢迎。在蓝浦勒希（K. Lamprecht）、鲁滨孙（J. H. Robinson）诸人的倡导之下，建立综合史学：冶一切社会科学之成绩于一炉。其识见亦远非考据派史家所能望其项背，是前述偏狭的学风，已早为西方的新兴思潮所厌弃，其势力已不绝如缕。

不料中外学术交通的结果，这一批所谓的学者们，在中国不能承继公羊家的经学，而承继了考据派的经学；在西洋不能吸收综合派的史学，而吸收了考据派的史学；于是双流汇合，弱流竟变做了强流，在科学方法整理国故的金字招牌之下，有如打了一剂强心针，使垂灭的爝火，又将绝而复燃，竟变成了学术界唯一的支配势力。学者们高谈整理国故，专崇技术工作，使人除考据外不敢谈史学。评文章的以考据文章为优，倡学风的以考据风气为贵，斥理解为空谈，尊考校为实学。雕虫小技，竟膺朴素之名；提要钩玄，反入空疏之目。黑白混淆，是非莫辨，竟使史学的正宗，反而变成了外道邪门。这一势力独霸的结果，使史学的研究，支离又支离、破碎又破碎；甚至异论齐发，怪诞不经，怎能怪他人骂今日之史家为书蛀、为无用、为死人研究死事、为学术进步的障碍。在这种风气笼盖之下，今日中国的史学界真是可怜极了。“整理国故、再造文明”的口号，叫了若干年了。而以整理国故中最庞大的史部为职责的史学，则至今还不曾纳入正轨、踏上坦途，从哪里去再造文明呢？学术是时代的前趋、文化的先导；学术上都不曾找到出路，政治社会哪里去找出路呢？我们自以治史的职责的人们，能不惭愧吗？

四、考据不能独当史学重任的理由

考据风气畸形发展的结果，使其他社会科学者，及史学界新进人士，抬头只看见考据，而不见史学；遂以为考据就是史学，除考据外没有史学，这不仅是附庸蔚为大国，简直是婢作夫人，那是多么危险的事！在这里，我不是反对考据，认为它不应当存在，或不应为史家所重视。我是说一种学问自有它固有的地位，有它任务的极限，绝不能鸠居鹊巢，更不能越俎代庖。考据只是史学的初步工作，在它的上面，还有更高明的、更重要的部分。考据要与他项学问、修养与技术配合而行，不能单独负荷史学的重任。否则必致产生折足覆餗的现象。近人不明瞭学术的目的与整体，以为学得一点考据的技术，就可以高谈史学；做了一些琐碎的工作，就可以号称著述。殊不知史乃是赓续活动的整体，琐事零迹，杂然并存，哪里去找史？学乃是个人识见的表现，支离破碎，重轻不辨，哪里配言学？下面当从三方面分析考据不能独当史学重任的理由，同时也就是说明考据时与考据者应具备的各项条件。

（一）没有历史哲学的领导不能做考据

哲学并不是一个神妙莫测、超越人生的东西。历史哲学更是如此，它只是一种思想、一套理论，一个看法，在历史研究上一个抉择去取的标准，在历史著述上一个贯彻始终的联系。简切地说，它是历史著作的灵魂。一部历史的著述，或一篇历史研究的论文，要没有一个贯通一致的哲学做中心，而只是千万零碎史实的堆砌；他就是一个失了灵魂的躯魄、一堆死的材料，是不配称为历史研究的成绩的。即令他真能对一个问题的史料，广搜博采，鸿纤靡遗；及写为著作，又能体例严明、组织完整，充其量也不过是一部小型的类书。倘使组织淆乱，搜罗脱漏，则类书之不如；真不能免顾炎武“买旧钱充铸，钱既粗恶，而又毁古人传世之宝”的责难了。（非原文，注为《日知录》，实为《与人书·十》）

譬如近来若干有志中国社会史研究的人，做了某朝某代奴隶、门生、部曲、宾客等类附庸阶级的考证，用功不算不勤，搜罗不算不博，对于他们的来源、数量、类别、地位等等，都能有详密的分析与考订，但大多数都是把绵延几十年或几百年间的这类附庸阶级，当成一个静态的史实来研究。他们说不出门生地位的升降、部曲内容的演变、宾客的社会意义、奴隶的经济基础等等重要的关键。他们看不出社会发展到该时段，此类附庸阶级必然产生、必然演变、必然没落的历史意义。这全是因为他们考据的后面，没有一个理论，没有一个总的看法，没有明白这一考证的对象，在考证者的历史哲学中应据的地位。这真是劳而无功、费而不当、难能而毫不可贵的工作了。

持这种态度治史的人，你怎能和他谈提要钩元的旨趣、家学独断的鸿业呢？退一步说，人事变化，何止万千，时间愈久，则史实愈繁。我们研究历史的人，势不能一一都要考证，而必须有所选择；在千百万史实当中攫取一二以为研究的对象，则在去取之际，必当有一个标准；这标准就是各人自己的历史哲学。这是各个研究历史的人研究的出发点，他将来在史学界的成绩，早在此定下了高低。倘根本没有哲学，则千百万史中，随处都有问题，随处皆需考证；则考证者的工作势非流为支离破碎不止。所以如果历史科学算是方法，则历史哲学应是方法的方法。因为没有历史哲学，则历史科学将不得其用，即等于无用，对史学能有何贡献呢？

但此种缺乏哲学而支离破碎的作风，在目前万分得势。随手翻阅一篇近代刊物的目录，大半考的是某人的生母、某人的姓氏、某人的种族、某人的生卒年月、某字的古音古训、某书的古名今名这一类“邻猫产子”的史实（非谓此类问题皆不值一考，其因此类问题而影响历史大端者，自在应考之列），与人类历史的进程，毫无关系；而皆不惜长篇大论，一考再考。至于某项制度的沿革、某派思想的兴替、某代风气的趋势、某期经济的实情，这类历史演进的大本大源、文化升降的大端大节倒反置若罔闻。甚至旁征博引，夸炫硕学，写著成册，而所欲探究的这一小问题，亦不曾解决。例如阎若璩的一篇《孟子生卒年月考》，考来考去，考了一大堆，而年月依然无着。这号称一代大师、开创朴学风气的人，尚且如此，其末流则不言可知。这不是玩物丧志、流宕忘返，是什么？这不是与养画眉、种菊花一样是消磨岁月的玩意儿吗？

支离破碎，其罪尤小；这种风气的末流，就变成穿凿附会、怪诞不经。因为岱从代，岱同泰，泰同大，而误本五经中的狄字有作从犬从大的：遂证明代国为北狄。因为墨者黑也，墨子一定肤色黝黑。我国西南边外的印度人，也是肤色黝黑，遂证明墨子是印度人。有人作成吉斯汗的传，追溯这位大英雄的先世，详列谱系，直到黄帝尧舜。这是蒙古附会的传说中也不敢想象的。又有人考证黄帝的疆域，说黄帝都昆仑，昆仑就是巴比伦，赤水就是红海，黑水就是黑海，玄州就是黑海以北的地方。假使黄帝果有其人，他疆土的辽阔，也是他当时做梦所不会梦见的。又何怪烧饼背面的拓片，会考成匈奴单于的印章呢?

考据至此，还谈什么学问！而谬种流传，竟能风靡一世。虽说考据中自有真才，不能一般而论，然风气所播，势必流而至此。我们虽不焚香祷祝，愿天再生秦始皇，重来一次焚书坑儒；但有志之士，应当鲜明旗帜，大刀阔斧地来一次扫荡廓清的工夫，使黑白分明，鸿沟划判。焉能长此以宝贵的岁月，做无益的消磨！

（二）没有博大鸿阔的学识基础不配做考据

近代专门学术的独立发展，日以千里，其对于范围广大的史学，都有关系；所以研究历史的人，不单要懂史学，对于其他学术的结论也应知道。譬如要考订《春秋》是否信史，单靠记载是不够的。《春秋》所记日蚀极详，而现代天文家则对数千年来日蚀的时日与可见地点，详为推算，著成《蚀经》(Th. R. V. Oppolzer, *Kanon der Finsternisse*)。以《蚀经》与《春秋》所记日蚀对比，发现《春秋》所记三十七条中，除七条因错简易位外，余皆吻合。则《春秋》之为信史，不证自明。

又如美国独立前，新英格兰诸州的清教徒，非常有势力。他们戒烟禁酒，痛恶邪淫。然而偷运私货、作奸犯科的，正是这批清教徒的热心分子。这是多么矛盾的事。但从心理学家看来，这正是心理上的中和作用。因为在里子上做了坏事，所以不得不从面子上来要求补偿，以维持心理上的平衡。近日武人政客，恶贯满盈，而偏要念佛诵经，亦由于此。又如日本岛国，地狭人低，真够得上一个“小”字。但是他们对于自己的一切，都要加上一个“大”字，甚至公开称大日本。英国称大不列颠，原是一个地理名词；日本称大日本，则全属夸大，毫无依据。乃因为她太小了，所以必需称大。这种夸大狂，正是心理学上所谓的自卑心理的表现。

又如生理学上讲气压的高低，与人的思想活动成正比；所以气压低到某种程度的时候，人们的思想可以顽强不变。因此在高山绝顶，最难讨论问题，即令你理直词辩，也难望你的对方虚心接受。我从前念《论语》“知者乐水，仁者乐山。知者动，仁者静；知者乐，仁者寿”几句话，最感觉首二句难懂。倘据生理学上的理论，则此二句，可以迎刃而解。盖滨水地低，气压较高，居民都聪明活泼而成知者。山陵地高，气压较低，居民都愚鲁忠厚而成仁者。待习性既成，自必乐居于养成此种习性之环境也。

此类事例，不可枚举。倘究史者无此项知识，则将无法以理解此类事实，考订此类史料了。至于人类学、考古学、政治学、经济学、语言学、地理学等知识，则更不用赘言了。至于对历史本身的一般知识，则尤为重要。

杜威论人类思想的进程，首在指定问题，有问题然后才有假说，有假说然后才能实地求证。历史考据的进程，也是如此。必须先有问题，然后才能“大胆的假设，小心的求证”（胡适之语）。博雅的人，随处都发现问题，随处都可开拓工作的园地；但是初学的人，往往感觉史如渊海，虽有志研究，而不知问题所在，不知下手何处；这就是博与陋的区别。

一个对历史一般知识了解不充分的人，是不易找着有价值的问题的。一个对于明代的南洋与殖民情况毫无所知的人，怎会对李马奔是否真人发生疑问？一个对唐代政治文化，与前此精神，俨然异趣的情况，茫然不觉的人，怎会对李唐是否蕃姓从事讨论？一个对春秋时代的思想大系、文章体例不甚清晰的人，怎会怀疑到老子的成书年代？一个对元初商贾势力，插入政治的事实，不甚觉察的人，怎会臆想到《蒙韃备录》所载的田姓商人就是镇海？此类问题，初视似小，而所关实大。非对一代大势了解极深的人，决不会发现此类问题。假使连问题都找不着，还谈什么考证。就令偶尔找着问题，也往往细微偏狭，无关大体。近人专做小考据，亦正坐他们读书有限，不能从一代政治文化的鸿纲大节处着眼所致。待问题既寻获了，要考据更非广博不行；单靠抄抄类书、查查索引，堆集若干材料，分类加以编排，绝不配做考据。有藏在偏僻所在、意想不到的材料；有明记彼事，而可为此证的材料；这岂是临时收罗所能蒇事！对秦汉以来的四部书籍，不曾大部浏览，对二千年来的学术思潮，不曾明了，怎敢定汉武以来中国的思想倾向是大同、平等与现实？对元代中外宗教的大势不曾研究，对当日交通状况、文字音读不曾了解，怎敢定也里可温就是基督教的一支？不熟习中国古代的地理情况，及秦汉学者对于水道的零星记载，哪里去找材料来指出时人认为瑰宝的《水经注》确有错误？不明了中国古代思想、工艺、地理知识、疆土开拓的发展阶段，哪里去找理由来证明数千年来尊为经典的《禹贡》确系晚出？此类考据之所得，可以使我们的历史知识顿然改观；他索涉的广博，取材的困难，岂是孤陋寡闻的人所能胜任！

孤陋寡闻之极，不单寻不着问题，找不着证据，甚至常识缺乏，闹成笑话。不是有人考证墨子为回教徒的吗？墨子死后八九百年，才有回教的产生，墨子怎会预先做了回教徒呢？又闻有人，因看见他人写作咸丰朝中英外交关系、光绪朝中日外交关系等类的文字，于是异想天开，决心要写一篇康熙朝的中德外交关系。殊知康熙的死，距德意志帝国的建立，还差一百五十年，哪里去找外交关系呢？又有人研究中俄外交史，发现两方文件日期差了十几天，百思不得其解。竟不知1582年教皇格黎哥利（Gregory）的新历，直到1917年俄国革命后才改用，两历之间，原有十天到十三天的差率呢。《尚书·胤征》篇，记有夏仲康时日蚀事，西欧汉学家与天文学家，如G. Schlege, F. Kuhnert, F. Eitel, Th. R. V. Oppolzer等各依历法以推定其时日，共有六种假定，相互争辩，没能是正。殊知《胤征》乃东晋晚出伪书，明经阎若璩、惠栋诸人考订，已成定谳。仲康是否有其人，尚成问题，更何劳此刺刺论难！

这种彰明昭著的错误，与自夸藏有宋版元史的书贾，及出售刻有“六朝梁造像”五字的铜佛的古董商，有何差异？胡适之先生《尝试集》里有两句诗说：“为学要如金字塔，又能广博又能高。”我今略改他数字，作为考据家的格言：“考据如建金字塔，要能广博才能高。”因为考据成就的高低，是由考据者学识的博陋所决定了的；亦犹金字塔顶点的高低，是由他基址的广狭所决定了的一样。

（三）对当前人生没有实用价值的事不必做考据

近世有一句最流行的话，是“为学问而学问”。实则这话乃是对狭小的功利主义派的治学态度，所生的反动，而其本身则是讲不通的。人间世哪里找得出没有实用价值的学问呢？哪里找得出不求适用而治学的人呢？我们研究政治学，为的要改良政治；研究经济学，为的要革新经济。古代的航海民族，因海中须确定方向，才产生天文学。埃及因尼罗河定期泛滥、破坏田亩疆界，才产生几何学。我们悉心研究物理、化学、生理、药物等自然科学，亦为的是要用由此等研究所得出来的公理与定律，来支配自然，防御侵害，改进工艺、培养体魄，以增加人类的享受与福利。

甚至如逻辑这类纯理的规范学问，亦因运用的对象不同，而改变其定律，而产生不同的派系。最近读一篇张东荪先生的文章，论到四种逻辑的事。他说我们常用的逻辑，是源自希腊。他们所讲的正名、命题及矛盾、排中等定律，目的都是在使自己发言有章，不致被他人驳倒。全是适应当时演说辩论的需要而产生的。至于社会主义派的逻辑就不同了。因为他们的对象是社会变革，而不是修词立说。譬如他们常说：凡不革命的，都是反革命。这用普通逻辑来讲，是不通的。因为革命与反革命之间，还可以有既不革命也不反革命的中立派存在。但在社会主义者来看，这话是绝对正确的。因为社会上只有维持现状与反抗现状的两派势力，凡是不反抗现状的，这态度就是维持现状了。这不是充分说明世间没有无实用价值的真理吗？

然则历史研究的实用价值在哪里呢？是不是写文章，骂名流，以求收入稿费，窃取名誉，就是历史研究的实用价值呢？当然不是的。他的实用价值，是要看它是否与人类当前生活发生联系，是否能与人一个前进的目标，造成一种共同的风尚，鼓荡成为时代的潮流，而对人类行为发生指导作用。所以要写一个民族的历史，必要指出那民族传统文化的特点，他历史转变的因素，他当前应循的途径，他必须负担的使命，献给它一幅快乐的将来、一片无限的希望，赋与它以伟大的生命、活力与灵魂。凡一切考据能与上述任务有关的，都是有实用价值的。譬如赫格尔（G. F. Hegel）、费希特（J. G. Fichte）们所讲的日尔曼史，巴拉次基（F. Palacky）所写的捷克人史，都能负担此项使命。德意志的统一与富强，捷克人的复国与建设，大部归功这几位史家的提醒与鼓励。谁说历史研究是没有实用价值的？

如果要为现在的中国人写一部中国史，其有无价值，就看他这书是否能由过去史实的追述中，给现在的人指出一线曙光，使之从失望中得着希望，从颓废中猛然奋发，从颠沛流离的生活中得着慰安；使他读了这书，不仅欣然首肯，还要因了解树立信念，由信念变成力量，转力量为行动，因而卧薪尝胆，不避艰苦，忍辱负重，奋力搏斗，以最后完成此救国家救民族的使命。能如此，才不愧一部实用的中国史，才是中国历史研究者所当共勉的一个目标。但这必须要真确的史实，健全的理解，才能致此；决不是妄诞浮夸，如虚构黄帝疆域的辽阔，妄列成吉思汗的世系等类著作所能胜任的。

赫格尔、费希特、巴拉次基诸人的作品，虽衡以近代的科学方法，尚不免有若干缺陷，而不能称为尽善尽美。然而其发生效力的处所，却正是他的真确部分，而不是他的伪误部分。这是史实超越空论的所在，这是史著优于宣传的原因。这就是历史研究的实用价值。否则，我辈何苦在故纸堆中、断简丛内，消耗精力呢？

因为历史研究是有实用性质的，是要与当前人生发生联系的，所以时代变了，我们所要求的历史知识也就变了，我们所考据的历史问题也就不同了。有前人视若瑰宝而后人弃若敝屣的，有后人珍比珠玉而前人抛掷若遗的；这都是由当前的需要而决定了所当研究的问题。两汉两宋因为并兼风行、贫富悬隔，所以大家所研究的问题，是井田制度的精神和它的规制。南朝南宋因为蛮夷猾夏，偏安江左，所以大家所注目的史事，是谁为正统、谁为僭伪。刘知几身当唐初，深知汉魏以来禅让的虚伪，所以《史通·疑古篇》全疑的是禅代时期的史实；司马光执政北宋，目睹王安石变法的非宜，所以一部《资治通鉴》，全在倡导因循，反对改作。

倘使生于今日，还要重提今文古文，重辨正统伪统，重考尧舜时代究为禅让抑为篡夺，重主国家大计不应变法而应因循；那真是无识极了，那真失掉研究历史的意义了。但翻阅一本现代的出版物，无往而不见这类无关现实的考据文章。难道这不是由于他们不曾考虑到实用价值的缘故吗？既然历史的考据，是要随时代不断的演进而不断的变换对象，则历史的著作，也要随时代不断的演进而不断的改写。意大利有位史家（一时查不出他的姓名）说：历史只是当代人对于过去的一个看法，其意义即在此。历史研究的对象和问题，所以日新月异，而永无止境，其原因亦即在此。

总之，我不反对考据，我是主张在考据之上，更进一步。考据是史学的初基工作，而考据之后，还有更多的工作。我也不轻视考据，我是感觉考据方法的任务有限。考据只是一种技术，这技术的上面还当要一个运用技术的灵魂。一种学术有他在整个学术界中的固定任务；考据在史学上的固定任务，是用他来考据历史上那类需要的考据，值得考据的史实，而不是随便择对象来考据，或考据得了就完事的。在目前中国的史学进展中，我们需要考据，也需要考据学，更需要考据家。但我们需要有目的的考据，更精密的考据学，具特识的考据家。否则整理国故、再造文明的鸿愿，永远是一个鸿愿而已。

本文大意，为作者讲授史学方法时的绪言，原题为《史学方法在史学上的地位》。因应钱宾四先生之命，在齐大国学研究所讲演，即以此塞责。而宾四先生复命其写出，交《责善》发表。因觉史学方法与考据二词，含义有广狭不同，故改作今名。目今考据风尚的畸形发展，早为有识人士之所深病。作者学识浅陋，不敢自夸创见。今仅就所知，公开提出。尤望史界先进，予以指正。

原载《责善半月刊》（成都，私立齐鲁大学国学研究所主办）二卷十八期（一九四一年十二月一日），第 2－15 页。

史学方法的任务

〇 蒙思明

“历史”一词，既显然分为历史的本身、史料和史学三部，这三部却又是相互联系的。历史的本身，是我们研究的对象；史料，是了解历史本身的中介；而史学便是研究时所用的方法。所以史学就是方法，就是探求历史真理的方法。我们在探求历史真理时，其工作程序显分为三步，所以史学也分为三种。第一步，是由错误百出一鳞半爪的历史遗存与记载以重建史实。所谓重建史实，并不是来一个史实的重演；乃是因为过去已成过去，其遗留下来的史料又多伪误，——伪是有意造作的，误是无意铸成的——所以我们的历史知识，也大部不真，即是与往事的实况不符。因此不能不用一种辨别真伪审查谬误的方法，以研究史料的文字及其作者，然后根据经过审核证其并无伪误的史料以重建史实，使真实的往事重现于我们的脑中。换句话说，就是要使我们的历史知识，无论大端细节，都与往事相符。这一步工作就是狭义的史学方法的工作。但是史实既已重建了，我们的历史知识既与往事相符了，难道就此便尽了历史研究的能事？所以第二步工作，便是要根据这些已知的真实往事，以构成一个研究者对于历史认识的理论体系。这便是历史哲学，或则称做史观。他是从千百万件曾经详密鉴定后的史料所重建的史实中，看出一个线索；或则构成一个历史发展的法则，或则指出一件社会演变的倾向。总之，他是要自成一派思想，一套理论，一种方法。使成千累万的个别事件之间发生联系，把历史看成一个变动的整体，而不是若干零碎与孤立事件的堆砌与累积。这就不仅是了解过去，而是借过去以指导当前了。此外还有第三步，便是如何才能将经过批评工作所重建的史事，忠实而精确的写成著作，使“传人适如其人，述事适如其事”呢？如何才能将个人所建立的历史哲学，明确合理，平正通达的融会于史著当中，使公之于当世，传之于后人呢？这一工作如不能有效的完成，则前二部工作也等于白费。而这一工作也是有一套专门的学理的，是须要建立一种最优的体例，最善的形式的，这就是历史编纂学。他的形式与体例，不是一成不变，而是要随史事的性质，作者的意向，和时代的要求，而随时变动、日趋纯美的。上述第一步的方法，是考订的方法；第二步的方法，是理解的方法；第三步的方法，是著述的方法。这三种方法统称为史学方法，这是广义的史学方法。狭义的史学方法，是单指第一步考订的方法而言。这里所要讨论的，就是这狭义的史学方法。

广义的史学方法虽显分三部，所负使命亦各不相同，而他们有一个共通之点，就是所谓方法，都必须是科学的。考订史料，重建史实的方法，必须是科学的；根据史实，构成哲学的方法，也必须是科学的；定立体例，写为史著的方法，也必须是科学的。所以研究历史的方法，彻头彻尾只有一个，就是科学方法。什么哲学方法，什么其他方法，人世间根本就没有那个东西，有也是不能用的。所谓科学方法，并不是什么奥秘，只是一种合乎逻辑、可以证明的研究方法而已。至于亚里士多德（Aristotle）的方法何以异于培根（Francis Bacon），培根的方法何以异于笛卡儿（Rene Descartes），笛卡儿的方法何以异于近代科学家；这只是程度上的差异，而不是性质上的不同。因为科学是与人智并进的，若干过去认为科学的，现在都认为是主观的，或迷信的了。这种主观的或迷信的方法，是决不能被利用来做历史研究的。所以史学方法的第一个任务，就是要跻历史研究于科学之林。有若干人是坚持史学非科学的，他们的论据，大约不外下列五种，这里实有与以分别驳正的必要。

第一种的说法，是以时空关系来分别科学和史学的。例如梁启超说："自然科学的事项，是超时间空间的；历史的事项反是，恒以时间空间关系为主要条件。……质而言之，史迹之为物，必与'当时''此地'之两观念相结合，然后有评价可言。故史学推论的方式，比诸自然科学，益复杂而难理也。"（梁启超《中国历史研究法》）这是从自然现象与历史现象的差异上立说，本不能作为自然科学与史学之一为科学一非科学的理由；何况这一分别的标准，根本就是错误的呢！时间空间的不同，对于历史现象所以发生影响，乃是因为该事件发生的时间空间不同，就是表示该事件的环境不同，造成这一现象的因素不同。除非你用人为的方法将因时间空间而产生的不同因素排去——实则如此已经不能认为是时间空间不同了——自然现象能不受时间空间的影响吗？例如同一种类的动植物，在古代与近代有显然的殊异。不然，则达尔文的进化论这一科学的研究，将根本上成为不可能。这不是自然现象不能超脱时间的明证吗？又例如在平原上使水沸腾，温度必须达到摄氏寒暑表一百度。但在崇山峻岭海拔较高的所在，则温度到八十度时，水即沸腾。这不是自然现象不能超脱空间的明证吗？所以这一说法是根本不能存在的。

第二种的说法是认为历史是不能实验的，所以不能为科学。例如石亨利说："历史家确乎不能定立数字关系，……他又不能有理化生物所倚重的实验。"（石亨利著、黎东方译《历史之科学与哲学》）何炳松也说："自然科学之定律，纯自观察与实验而来，……史家所根据之史料，断不能应用实验工夫。史家才学虽极高博，终无力可以生死人而肉白骨，使之重演已往之大事，则断然也。前言往行，决不重复，史家只能于事实残迹之中，求其全部之真相，与自然科学家之常能目睹事变而再三实验之者，真有天渊之别也。"（何炳松《历史研究法》）这也根据于自然现象与历史现象的差异，因而研究方法亦必不同，这一出发点来定自然科学与史学之一为科学一非科学。这一区分，也是错误的。我们只须引一二前人的说明，就清楚了。魏斯特惠（F. W. Westaway）说："自然界之现象，变幻无穷，未必尽能用实验方法以模仿之。实验之目的，乃欲研究何种情形可以发生何种结果。但欲研究一种情形，或须经极长之时期也。例如所有变质岩石，必在高温高压影响之下，经过不可思议之长时期，始得成功，是以至少地质学之一部，已超乎实验之外矣。对于达尔文之种种学说亦然。实则地质、植物，以及其他自然历史中有千百问题，均不能用实验方法以解决之也"（魏斯特惠著，徐韦曼译《科学方法论》），翁特

(Wundt) 也说:“以单一的现象，为在自然科学上完全缺乏不用的东西，是全然不对的。例如全部地质学，差不多是由单一事实成立起来的。可是谁也不会主张，冰河时代的研究，因其在一切盖然性上只有一回存在了的缘故，就不属于自然科学，而该是历史家的空想的直观。”(翁特著，吴念兹译《社会学批判》) 根据他们的说法，可见自然科学中除物理、化学等外，不必每种都能用实验方法，如地质、天文之类，均不能实验，亦不失为科学。则史学之不能用实验方法，亦不能便视此为史学不能成为科学之因。

第三种的说法，认为自然现象是重演的，历史现象是不重演的，所以史学不能变成科学。如梁启超说:“自然科学的事项，常为反复的，完成的。历史事项反是，常为一度的，不完成的；自然科学，常在必然的法则支配之下，缫演再缫演，同样条件，必产生同样结果。历史不然，天下从无同铸一型的史迹。凡史迹皆庄子所谓‘新发于硎’，未有缫演乎其旧者也。”(梁启超《中国历史研究法》) 这也是从自然科学与史学所研究的对象的性质差异来定史学与自然科学的分别的。这是一种历史唯名论的说法，也是全无依据的。固然历史诚如梁氏所说:“人类只有一个孔子，更无第二个孔子；只有一个基督，更无第二个基督。拿破仑虽极力模仿该撒，然拿破仑自是拿破仑，不是该撒。吾侪不妨以明太祖比汉高祖，然不能谓吾知汉祖即已知明祖。”(《中国历史研究法》) 但这不够做历史不重演的说明。所谓重演，只是几项主要现象的重演，而不是细微未饰的重演。历史上凡到了一般民众饥寒交迫、朝不保夕的时候，他就会铤而走险，群聚为乱的，自陈胜、吴广、赤眉、黄巾，一直到李自成、张献忠，可谓丝毫不爽。又如在专制时代接近皇帝的官府，总是要逐渐操握大权的。自尚书、中书、门下，一直到清代的军机处，也是丝毫不爽。难道这不是历史的重演？若因发难推翻秦主的是戍卒陈胜、吴广，于是在汉末明末发难反正的人，也必须是戍卒，也必须名叫陈胜、吴广，人世间哪能产生这种怪事！就是自然现象的重演，也是只注意主要现象而不注意细节的。民国30年9月21日的日蚀，和以前任何一次的日蚀在时间上，蚀的程度上，地球上能见日蚀的地域分布上，都不相同。然而他有一个同点，就是天体运行中月球走到日球与地球之间，地球上就产生了一部分地方的人看不见太阳的现象，这就算重演了。若必注意一切细节，且不说人事，不说自然现象，即是实验室中完全在人力支配下的同样性质的两次实验，在他的实验用具、实验人选、变迁迅速、材料来源等方面比较，又哪能全部相同？所以这种对比，不能不认为是一个强词夺理不伦不类的对比了。

第四种的说法，以历史的研究，重在个别，与自然科学之求共通性者不同。例如佛领（F. M. Fling）说："重新构造过去的事实所用的那种方法，根本上是和自然科学的方法不同的。自然科学由实验的结果建立他的普遍性，因为自然科学所兴趣的不是个体——就是特异的个体——所以他可以放弃特异的个体，给他能够实验，重复发生。"（佛领著，薛澄清译《历史方法概论》）石亨利说："定律的建立，只是由于共通性。没有共通性，是没有科学的。可是历史所述的都是些个别的事实，又是具体环境而不再现的。"（《历史之科学与哲学》）这是从研究的目的与意向上着眼分别自然科学与史学的不同，认前者在求共通性，而后者在求特异性。这话初看似乎合理，细审即见谬误。而这谬误的基因，就是由于他们误认历史研究的使命只到重建往事——即是史学的第一步——为止。在历史研究里，由史料重建史实这一初步过程中，研究者当然要注意到各事项的每一细节，及每一特点，因为这些细节或特点都可能是该事项发生的主要原因或主要现象。但是在各个个别事项的各方面已经考查清楚了，进一步还是要求他的共通性，要寻出是否在某种同一情况下会产生同一的现象。历史哲学的工作之一部，就是从事这类研究的。而自然科学的进程，也同样有这两个步骤。当观察或实验时，自然要注意所观察所实验的结果的个别性，作一个细大不捐的记录，然后才根据这些记录来研讨这些事象的共通性。不过自然科学研究者的第一步工作比较简单，研究者可以亲眼看见所观察或所实验的各种现象；而历史研究者的第一步工作，则百倍的繁难，因为他们不能亲见往事，而必须间接的靠往事的遗存或目击者的零星记载以重建往事。等于一个化学实验生出的现象，研究者不曾目睹，惟靠若干残余的化合物和实验者实验记录的残本，及实验室工友的口述等，以考订当时所产生的现象。所以历史研究和自然科学的研究只有难易之殊，并无目的之别。而反对史学为科学的人们，不了解科学研究的步骤，也不了解科学研究的最高鹄的，误以历史研究的第一步和科学研究的第二步相较，而谓其根本不同。我们只须指出这是一个不伦的对比，则他们的理由就根本推翻了。

第五种的说法，认为历史演进是没有因果性的，不能由因定果，以建立定律。如何炳松说：“自然科学之定律，纯由观察与实验而来；务使所有自然界之现象，既有一定之原因，在同样状况中，必能产生一定之结果。屡加试验，既得其真；故凡遇有某种原因，即能预断其有某种结果。然学者须知此种预言，绝无史性。科学定律所能预断者，乃实质之相同，而非实质之特异。世之一知半解之徒，强以历史为明白因果之学，其见解之肤浅，及其立论之诬妄，岂待烦言。”（《历史研究法》）他痛责他人之肤浅与诬妄，而他的见解，却大可商量。历史现象，实在只是自然现象中的一种，自有其因果关系之存在。自然科学中因果的发现，是因为用了科学方法研究的结果。当民智未开的古代，凡宇宙现象，如风云雷雨、水旱疾疫，不都认为是鬼神作祟吗？谁知道他的因果关系呢？波易耳（Robert Boyle）以前，谁知道气体容量与压力的因果关系？牛顿（Isaac Newton）以前，谁知道地心吸力与物体下坠的因果关系？巴斯德（Louis Pasteur）以前，谁知道细菌与发酵及疾病的因果关系？因为他们肯下苦工，肯用科学方法，结果这些因果关系，都一一的被发现了。而其未发现的部分，还不知有多少呢！然而历史研究中，研究者既不肯用科学方法，再加以人事现象，较之自然现象数倍复杂，研究者只做了些浮光掠影的观察，似是而非的臆断，终无由发现历史现象的因果。这全是由于我们智慧未周、方法未精的缘故，反归罪于历史本身，说他无因果可寻，乃是天然的缺陷，这才真是肤浅与诬妄呵！历史现象之有因果可寻，原是一件极明显的事。例如这次大战以前，自威尔斯（H. G. Wells）以下有若干人都在预言1936年的第二次世界大战，虽则战事发生，稍晚于所预料，而战争之不能避免，则早成定论。因为第一次欧战后的凡尔赛条约的不平，世界上有了自由的国家和不自由的国家；因为资产与市场的分配不均，世界上有了有的国家和无的国家；因为政治理想的不同，世界上有了极权国家和民主国家；因为社会理想的不同，世界上有了共产主义国家和资本主义国家；因为现代化程度的不同，世界上有了帝国主义的国家和殖民地的国家：这种种矛盾，发展到了某种程度，都会爆发而成为战争。其确定年月与战争形势之不能预定，只是因为这些促成战争的条件中有若干种不为我们所周知，其彼此间的比重不为我们所了解的缘故。总之，这是我们研究历史者的方法问题，而不是历史现象的本身缺陷。我们哪能因研究结果的差异，而认客观的已先定了此为科学彼非科学呢？

像这一类的无识妄论，我们用不着一一驳辩。总之，一种学问之是否科学，决不是由该项学问所研究的对象上分，也不能由研究者的意向上分，更不能由目前研究的结果上分，而应当基于他所用的方法。倘使方法是科学的，这学问就是科学了。任鸿隽说："盖科学之所以为科学，不在他的材料，而在他的研究方法。他的材料，无论是自然界的现象也好，是社会上的情形也好，是生理上的作用也好，是心理上的表现也好，只要能应用科学的方法，做严密的有系统的研究，都可以成立一种新科。所以我们可以说：世间的现象无限，科学的种类也无限。我们也扩充科学的范围，使与世间的一切同大，也没什么不可以的。"（任鸿隽《科学概论》）这是一段最透辟的话。倘依这一标准，则某一学问之是否科学，全看研究者的方法而定了，与研究对象是毫无关系的。炼丹术与化学，同样是研究物质；星相学与天文，同样是研究天象；而有科学与非科学的区别，这不全是①根据研究方法来做区别的标准吗？准此，则史学之是否科学，完全要看研究

① "不全是"原作"全是不"，当为排字之误，从文意改。——编者

者的方法如何了。今之研究历史的人，不知道运用最良善的方法，以奠立史学的科学基础，而抱残守阙，用陈腐不堪的方法，以臆度、推想、轻信、泥古、妄解、欺诈的方法治史；偏坚决地说，史学根本就不是科学。这不是光天化日下的妖孽，学术进步中的障碍吗？所以史学方法的第一任务，是要奠立史学的科学基础，以扫除史学研究中的腐化势力为职责。这项职责，虽是由广义的史学方法的各部——考订方法、理解方法与著述方法——所共负，而狭义的史学方法——考订方法——所负担的，却是当中最主要的一部。

史学方法的第二任务，就是要为史学中的其余部分奠立根基。在史学领域中，除开鉴别真伪，审查谬误，由史料以重建史实的学问——即这里所称的史学方法——外，还有根据史实创立理论，以建设系统的史观的学问——即历史哲学——有标明体例，制定形式以写成传世的史著的学问——即历史编纂学。这三部工作，虽然各为组成史学之一部，领域各别，任务互异；然在步骤上，则显然有先后的不同。因为历史哲学之所根据和历史著述之所使用的材料，都是由史学方法要经过的考订过程的。正确的历史哲学和优良的历史著述，是基于用科学的考订方法所重建的史实。倘使基于未经考订的史料所建立的史事，或基于考订方法不科学而重建的错误的史实，以构成哲学，撰为著述；那哲学还会合理？那著述还会可信吗？易牙无论他如何会调味，他决不能用沙石泥土调成好味的。不管你归纳和分析的方法如何精详、不管你去取和抉择的手段如何高强，倘使你所据的史实根本不是往事之真实，你如何能构成健全的理论，良善的叙述呢？所以由史学方法所产生的成果，是历史哲学和历史编纂学的基石。后者成就的优劣，全是由前者所决定了的。譬如郭沫若说殷代是奴隶社会，东周以来是封建社会以建立他辛亥革命是资产阶级推翻封建政治的民主主义的革命这一理论之所以不能成立，并不是由于他对历史发展必经阶段，这一历史认识之构成历程上有错误，而是由于他所依据的史实之不正确。例如他说殷代是奴隶社会，把当日“众”“庶”“民”等指普通人民的名词，都认为是奴隶的异名，而谓当日耕种征战的人都是奴隶。在奴隶制下的奴隶，可以武装征战，已经有点骇人听闻。且奴隶既是生产的主力，财富的来源，何以当时的人要大批的以奴隶殉葬和献祭？殷代是奴隶社会这一重建的史实既不正确，则据之以成立的历史演进的认识，自无正确可言。又如六朝以来的历史著述，讲中国的上古史，总有盘古一代，认为是中国史中最早的伟人。而实际则盘古的传说，乃是南蛮中槃瓠的传说的误传。根据槃瓠与盘古二字的音读，盘古遗迹如盘古庙、盘古墓等之在南方，以及盘古混入中国史乘之在魏晋时期南蛮北迁两族传说混杂以后，都可证明。则此等史著之无价值，也并不是由于体例形式之不优良，而是由于所述史实之根本错误。所以没有科学的史学方法的奠基工作，则一切理论与著述都是在泥沙上面建立的高楼大厦，随时有倾侧之虞。惟有科学的史学方法，才能奠史学于泰山之安。一切自然科学的建设历程，也是如此。一个研究自然科学的人，根据观察或实验所得来的印象或记录，归纳以成一科学的原理或定律。要他这个原理或定律确能成为支配自然的真理，起码的条件，就是要他所观察或实验得来的印象与记录事实上确能与该现象或变化的真实相符合，而无丝毫谬误。否则根据谬误的印象与记录而创立的原理与定律，是绝无真理或运用的价值的。古代的人，根据所观察的天象而建立天圆地方、日绕地球的理论之所以不成为真理，并不是他建立理论时的逻辑不健全，而是由于他对天象的观察不真确。他脑里所留下的天体运行的印象，是与真实的天体运行的实际不相符合的。真实的天文学，是要建立在精密的天象观测上面。所以天文学之成为科学，必然在望远镜发明之后，就是为此。史学又何能例外。历史哲学是要根据若干历史事例以建立一套历史发展的原理原则，历史编纂学是要根据过去的实事正确逼真的传达于后人；倘使他们所据的史实就非史实之真，他们的哲学与著述，如何会有价值，如何会对人类的行为发生指导作用呢？所以真正的史学，也必须成立于考订史料重建史实的方法已经科学化之后。所以说史学方法是史学其余部分的基础。扩大来说，史学方法，就是一切社会科学的基础，等于数学之是一切自然科学的基础一样。

史学方法的第三任务，就是要给历史研究者一个有效的利器，使他能在历史研究上有真实的贡献。这利器，并不是一种神奇的东西、秘密的宝藏，而实际只是一些合乎逻辑、合乎常识，可以使人信赖的批判原则和工作程序。自古以来有思想有聪明的人，不管他是否从事历史研究，也不管他对史学造诣的深浅如何，总或多或少的能利用一些史学方法，可以做我们的示范的。例如孔子说："于其所不知，盖阙如也。"孟子说："尽信书，则不如无书。"这种审慎态度和怀疑精神，是至今还被认为是史学方法的最高原则的。自此以下的各代史家，尤其是近数十年来曾受西欧史学方法的影响下的史家的成套著述和单篇论文内，到处都可发现一些史学方法。但是他们总是有意无意地表现一种"鸳鸯绣出凭君看，莫把金针度与人"的态度。就令你能从绣出的鸳鸯上仔细探讨出一些他使用金针的法度，但这是何等费力的事！史学方法的任务，就是要从各种绣出的鸳鸯上，寻出一套刺绣的法度，有系统，有条理的归纳出一些原理原则、工作程序，使学刺绣的人，得一个学习的捷径。从前有一个故事，说仙人吕洞宾点石成金，以救济一个贫苦的人，这人却不要他所点成的金，而要求吕洞宾赐予他那一根能点石成金的手指。这虽觉是一个过分的要求，但那手指，确是比那点成的金可贵千百万倍。所以研究历史的人，不能单利用他人已研究出来的成果，而是要学习一种方法，以创造新的成果的。这新的成果是否能造出来，全要看你是否有一种可靠的方法。所以说这种方法，是研究的人所必须有的。同时这种利器，还有第二方面的用途，因为历史研究的阵营内，冒牌的研究者实在太多了。我们要辨别真伪，也不是一件容易的事，史学方法就是我们用以衡量他人研究成绩的标准和尺度。只要他的方法谬误，他的结论，就可不言而喻了。所谓“赤日当空，群妖敛迹”，只要能把握着这一标准，则鱼目就不能混珠，滥竽就不能充数了。所以史学方法这一利器，是一柄可以两面割的刀，一方面可以指导自己的研究，使研究的成绩优良；一方面可以批评他人的成绩，使是非黑白明判。他似一盏高悬的明灯，既可以照路，又可以照妖，所以他是研究历史的人和阅读史著的人都应当具备的知识。

原载《华文月刊》二卷一期，一九四三年一月，第十一至十七页。

示范

名家治史

孔子和今文学

〇蒙文通

孔子在中国封建社会占有最尊崇的地位已经二千多年了。但这二千多年间，中国学术思想的发展，随着时代的变化而逐渐剧烈。不同时代不同阶级不同学派的人，所认识的孔子各不相同：在汉代有今学、古学，而今学之初，有齐学、鲁学的不同，古学末流又有南学、北学的不同。宋代有朱学、陆学，而明代薛、胡为朱派，陈、王为陆派，也很不相同。即以清代考据学来说，也有吴派、皖派的不同，却都各自认为自己所讲的，才得孔子之真。我们如其专从某一派的认识来批判孔子而不从时代变迁、社会发展和学术演变上来看孔子，其结果不过只批判了某一派的学术思想而没有批判孔子。所以我们是否能真正正确估价孔子的困难就在于此。每个批判者实际上、主观上也极不容易完全摆脱一切学派的圈子来对待孔子。寻根溯源，区别出一切学派系统，结合时代深入探讨就很有必要了。

如果从历史的变化上来探讨，我们可以看出在某一时期，什么样的人排斥孔子，又是什么样的人推尊孔子，这倒可以帮助对孔子的理解。有的人认为孔子生当周代社会已到崩溃时期，而孔子却反而要维护旧社会，所以他在当时必然非常落后。但这样的作者又说“汉兴数十年间新社会已成长起来了”，正是在这一时期，罢黜百家，表彰六经，孔子才从此取得独尊的地位，这岂不是孔子的学术有合于汉兴以后新社会的要求，才能得到汉代的推崇吗？孔子在生时“诸侯害之，大夫壅之”[1]，可见在当时反对孔子的正是旧的统治者，难道孔子专门拥护当时的旧势力，而他们反不要孔子拥护吗？到战国末期，从韩非子的话来看，只有儒墨是当时的“显学”，儒墨既都不为六国的君主所重视（他们重的是法家），则这一显学的地位，自然是后代多数人所抬出来的，所以汉兴数十年间，儒家就取得了师表万世的地位，应该说，不是偶然的。

问题就在于此，孔子既为旧社会恶势力所摈斥，又为新社会新力量所推崇。但从学术上来说，他值得推崇的理由，究竟是些什么呢？很显然，汉代所推崇的儒学，是当时最盛的今文学。可以说，孔子是因今文学为时所重，才开始取得汉武帝的尊崇的。今文学的实质内容，就是儒家独尊之所在。我们从这里面来理解孔子，可能差得不大远。

却又有一个问题须得研究，秦始皇、汉武帝两个专制君主的差别，究竟在什么地方呢？秦始皇焚书坑儒，太子扶苏就谏劝他说：“诸生皆诵法孔子。”秦始皇对儒生是深恶痛绝的。然而汉武帝对儒生却又推崇备至，这又当如何解释呢？其实秦皇、汉武，并没有多大的差别。秦是因“人善其所私学，以非上之所建立”，才致焚书之祸。从《说苑》的记载看，鲍白令之[2]提出“禅让”理论，面责秦始皇为桀纣，而主张五帝“官天下”反对“家天下”，然而“禅让”确是今文学一大义。儒生就是坚持这一主张来与秦的统治者做斗争的，所以始皇必至坑儒。但汉武帝又何尝不如此呢？赵绾、王臧请立“明堂”，这也是今文学一大义（详后）。赵、王两人都是武帝的老师，但因此两人同致杀身之祸。即如武帝以后的眭孟、盖宽饶，也是请汉帝禅让而致杀身之祸的。由此可见，凡坚持儒家学说的人，无论六国之君或秦皇、汉武都是不能容忍的。而儒之为汉代社会上多数人所推崇，正在于此等人物和他们所坚持的大义。至于汉武帝时所谓以儒显的，首先是公孙弘这种曲学阿世者。“罢黜百家，立学校之官，皆自仲舒发之。”这是后世所称为大有功于儒学的人。但“汤武革命”，岂非今文学一大义（详后）吗？董仲舒变汤武革命为三代“改制”。“易姓受命”是禅让的学说，但董仲舒何以又要说“继体守文之君”（即世及之君），“不害圣人之受命”，同时又把今文学主张的井田，变为限田呢？实际上儒家最高的理想与专制君主不相容的精微部分，阿世者流一齐都打了折扣，而与君权妥协了，今文学从此也就变质了。董仲舒又何尝不是曲学阿世之流。儒学本为后来所推重，这时经董仲舒、公孙弘之流的修改与曲解之后，这样变了质的儒学，却又是专制帝王汉武帝乐于利用的了。

我们又从战国末期，儒、墨在社会上同为显学，而又不为时君世主所愿接受这一点来探讨，也能看出儒、墨的主张，确在当时是符合于多数人民的利益而与专制君主对抗的。墨家首先提出了“选天子和公卿大夫”，《礼运》认“大人世及”为小康。那末大同所主张的“选贤与能”也就是选天子。《礼运》认“禹、汤、文、武、成王、周公”六君子为小康，自然要尧、舜禅让才是大同。前后思想是一致的。小康是“天下为家”，大同是“天下为公”，两相对照，这是何等明白！“货力为己”，“以立田里”（井田），和“货恶其弃于地不必藏于己，力恶其不出于身不必为己”亦是相对照的。“城郭沟池以为固”和“讲信修睦”是相对照的。“各亲其亲”和“不独亲其亲”是相对照的。“谋用是作而兵由此起”和“谋闭不用乱贼不作”亦是相对照的。可见儒、墨同为显学，正是符合社会多数人的利益，而对专制君主却含有极大的危险性。今文学本是富有斗争性的，而董仲舒放弃了这一点，降低了儒家的理想要求，因而对专制君主没有危害反而有益，所以董仲舒的儒学是妥协的让步的了。这就无怪乎汉武不但能接受反而要加以推崇。所以像赵绾、王臧、眭孟、盖宽饶那些坚决斗争的人，必然以身殉道。在这种高压之下，一部分人变节，放弃了主张，入于利禄之途；一部分人只能隐蔽起来，秘密传授。所谓“以授所贤弟子”。公开讲的是表面的一套，秘密讲的才是真的一套。这就是后来所谓的“内学”。同时又不能不用阴阳五行为外衣当烟幕，这便成为后代纬书的来源（不是谶学）。在博士官的学者，就入到了“分文析字烦言碎辞”的章句之学。今文学从这里就分为二了。传内学的自负为“微言大义”，传外学的（博士）“于辟雍、巡狩、封禅之仪，则幽冥而莫知其原”，所以今文大义也就被他们湮灭了。到石渠、白虎两次会议，专论礼制，由皇帝称制临决以后，就成为御用品了。这种儒学本是不足道的。古文家起来专讲训诂那也是卑卑不足道的，专去考察怎样才是古代史迹，对于今文学的理想，孔子学术的真谛也就沉晦不明了。清末康有为专讲《公羊》，尊崇董仲舒，也不是今文学的全面，所以他结果只能言变法，却不能从礼家研究一王大法的具体制度，就是这个道理。从学术上看，他只能算是董仲舒派的今文学而已。

但真正的今文学是否就从此绝迹继起无人呢？并不是这样，儒学的大义思想逐渐由秘密传授转入躬行实践，走上行动方面去了。从今文学看，如《齐诗》《京易》等派都是大谈“汤武革命”的。他们似乎也知道专制君主是不会轻易放弃自家的地位的，最后一定要诉诸武装斗争，不能用与狐谋皮与羊谋羞的方法来求得解决。但自战国以来的儒家，有一个大缺点，他们总认为“无土不王”。“汤以七十里，文王以百里”这些事实成为他们的迂腐成见，而他们认为必须要有七十里或百里才能革命。后来陈涉揭竿而起，似乎才打破了这种迷信。《史记》说：“陈涉之王也，鲁诸儒持孔氏之礼器往归陈王，于是孔甲为陈涉博士，卒与涉俱死。”可见这一次人民大起义为儒生所拥护而打破了原有的成见，陈涉虽然失败，而刘邦却成了功。这对部分儒生受到绝大的启发。司马迁对陈涉、项羽、刘邦的事就说过：“然王迹之兴，起于闾巷，合从讨伐，轶于三代，安在无土不王？”三代自然是指汤、武。这就证明他知道农民是可以起而革命的，所以他反驳了“无土不王”的陈腐见解。

到成帝时齐人甘忠可造《天官历》《包元太平经》十二卷，以教夏贺良、丁广世、郭昌诸人，于是解光、李寻也竭力宣扬这一套学说，这些人都是今文学家。后来也因此遭到诛杀或灭死一等的处罚。《太平经》的思想，对汉末的农民起义实际上起了极大作用，可说《太平经》是倡导农民起义的巨著。张角号称黄巾，就是太平道。他们明确地提出："苍天已死，黄天当立"，这就是说要推倒刘氏的专制统治。西汉末年，赤眉、铜马、新市、平林，无论哪一支起义队伍，都要拥戴一个姓刘的来号召，这和陈胜、吴广起义的时候，大家都要找六国的后人来号召一样。但到三国黄巾起义时就不然了，农民不要姓刘的了，从此以后中国历史上多次农民起义都有宗教关系，他们要求均贫富，等贵贱，是很鲜明的。这与《太平经》与今文学能说没有关联吗?《太平经》中正蕴蓄着很多今文学的思想，这是可以考见的。当然今天所保存的《太平经》，早已经过无数次的删改和伪增，已经不是西汉时代的原形，但还可推求出一些原始面目。它和魏伯阳、陶弘景、寇谦之以后的道书专言服食、导引、存想、符箓是截然不同的，它希望的是"风调雨顺，国泰民安"，它也要求"圣君贤相"，它是代表农民意愿的书，它和秦皇、汉武求神仙方术的冀图是有天渊之别的。

继承孔子的思想而演变出的今文学思想发展如此。但汉代儒生自认为是孔子之学，喜欢说"孔子没而微言绝，七十子丧而大义乖"。什么才是微言呢?微言是微见其意之言，所谓"当世君臣有威权势力"，是以"隐其书而不宣，所以免时难也"。所谓"所褒讳贬损不可以书见，口授弟子"。正是因为微言的内容是"经世之志"，是"天子之事"，是"一王大法"，是新的一套理论，是继周损益的一套创造性的革新的制度，这和宋儒所谓性命之道才是微言的意思全然不同。这套制度要见于《礼》家如两《戴记》之类（详后），而《春秋》家和《公羊》只空言其义，见不出什么制度的体段，所以大家就认为是非常可怪之论。康有为就是因为只谈《公羊》而不谈礼，因之也就不能知道今文学的全貌和今文学的高峰。而这一高峰在当时也只能微见其义口授弟子而已。所以刘歆骂今文学是“信口说而背传记”，许慎也骂今文学家“是怪旧义而善野言”，这种口说野言，正是和威权势力斗争最尖锐的实质所在。不过今文家这一套恢宏阔大、纲举目张的整套制度，是否真是从孔子的微言口授传下来的？如其不是孔子早定的制度，今文家又为什么要把自己可贵的思想，偏要说为是孔子的思想，难道没有理由吗？我们必须加以探讨。

孔子毕竟是春秋时代的人，不能不有着时代的局限性。从今天来说，显然有他落后的一面，但也有他进步的一面，后来的今文学的思想不能说不是导源于他的。如《论语》一部书中，就真有些使人不易明白的话。如问“桓公杀公子纠，召忽死之，管仲不能死又相之”，这是从统治阶级内部的君臣大义来责备管仲的。但孔子却只说：“相桓公，霸诸侯，一匡天下，民到于今受其赐。微管仲，吾其被发左衽矣。”这是从人民利益、民族利益来称赞管仲的。对君臣之义一层，只字不提。孔子所骂的“匹夫匹妇之为谅”，当然是指的召忽。这种重视人民利益而轻视君臣大义，无论汉、唐、宋、明的注解，都不能理解这一点。总使人觉得管仲在君臣大义上说不过去，是他的缺点。今天只有在毛泽东思想的教导下才能说明这一点。管仲有这样的大功，是了不起的，其余就不必论了。这是何等卓越的识见，何等伟大的胸怀。“公山弗扰以费叛，召，子欲往，佛肸以中牟叛，召，子欲往。”这都是人们对孔子关于君臣之义在思想上想不通的。其实这就是吊民革命的思想。孟、荀以“桀纣为独夫”还是从这种理解来的。今文家辕固、翼奉、京房、干宝的思想，也正是导源于此。宋时严松问陆梭山："孟子说诸侯以王道，行王道以崇周室乎？行王道以得天位乎？"梭山的答复是"得天位"。严松又问："岂教之篡夺乎？"梭山说："民为贵，社稷次之，君为轻。"陆象山叹息说道："旷古以来，无此议论。"陆象山是佩服这一回答的，但他说旷古无此议论，就未必然。从汉到晋，如干宝，如孙盛，大概传今文学的都懂得这种议论。就在宋代，如邵尧夫诸人也有这种议论。曹魏时许芝说："周公反政，尸子以为孔子非之，以为周公其不圣乎？以天下让，不为兆民也。"为兆民这一思想，就是要往费往中牟的主脑，这是孔子思想的根本，是孔子学说的最高原则。孔子把让天下当成小事，把为兆民才认为是大事，这是何等精透的识见。今文学正是从这一原则扩充出去的。把这一学说发挥得最完备，以至于千头万绪，这自然不是孔子所能达到的程度，也不是秦、汉儒生哪一个人独力所能做到的，而一定是在长时间的封建社会严酷统治之下，给许多人的思想启示才达到的。这也不仅只有儒家许多学者就能这样高明，这显然是儒家吸取周秦诸子百家之长，却又以孔子思想为中心，加以丰富才发挥出来的。《公羊》家只言"文质"，只言"从殷"，《公羊春秋》言从殷，是有取于法家的理论，法家是法殷的，法家扩张君权，排斥贵族，这是他认识时代，是他的进步，《公羊》取法家所以讥世卿，这是清楚的。礼家言"三教"，说"夏尚忠"，礼家法夏，是有取于墨家的理论，墨家是法夏的，墨家要选天子、齐贫富，这是他反抗暴秦，是他的进步。《汉书·艺文志》说的墨家者流，养三老五更、选士、大射等，都是墨家师说，而只能见于汉代礼家书中，井研廖先生晚年论此事也很清楚的。荀卿常称道仲尼、子弓，诸子引《周易》最早的就是荀卿，他是到过楚国的，子弓就是传《易传》的馯臂子弓。《易传》多论天道，言性、命，言感、寂，言道、器，颇近道家，《易》家显然是有取于道家的。到了汉代今文家的儒学更趋于精深博大，不能说不是撷取百家之长。社会发展与思想演进是相应的。这些本来是今文学家所作出的贡献，而他们却把这一切学说都归之于孔子的微言，七十子的大义，而且认为长时期以来，口传心授的内容早已如此，那就不是事实了。我只能说这些学说都接触到孔子，或者是导源于孔子。

我们从上面的讨论看来，也确乎看出，这一意识形态的演变事实。孔子与某些思想家一样原有他为时代所局限的一面，也有他进步的一面。例如孔子说过："吾从周"，这是不能不局限于时代的一面的。但他又说："殷因于夏礼，所损益可知也；周因于殷礼，所损益可知也；其或继周者，虽百世可知也。"他又答颜渊问为邦说："行夏之时，乘殷之辂，服周之冕，乐则韶武。"这种损益四代的提法，能说他局限于时代吗？干宝早就看清楚了这一层，而大发议论了。孔子说过："可与立，未可与权。"权就是变，是打破常规，是不为世俗格套所拘束。孟子说："有伊尹之志则可，无伊尹之志则篡。""有卫女之志则可，无卫女之志则乱。"孟子又称赞"舜之不告而娶"说"嫂溺而援之以手权也"。原因是孔孟书中本来就有经（常）有权（变）两部分言论，经是同于世俗之儒，是孔子经常谈到的，是局限于时代的一面。权是高出于世俗之儒，是孔子很少谈到的，是不局限于时代的一面。我们从历史的发展来看，每一时代有每一时代的社会意识，在某些地方也常常有超过孔子的，这些儒者总是把自己所见到的，认为这才是孔子的真传，而他们所举孔子主要的话句，都是孔子很少谈到的话，宋儒就是例证，宋人又认这一部分是微言，其实认为他们接触了孔子或导源于孔子原没有什么不可的，如把全部都归之于孔子就不对了。汉、宋儒者之微言都是孔子所谓权的一部分，也是弟子和时人所怀疑的一部分，汉宋儒者所发挥的学说，也许是孔子所意识到了的。总的来说，从某一时代某一学派去衡量孔子也未尝不可，不过总要把这些学说和孔子的某些地方或同或异分析清楚，才符合辩证法，从今文学来论孔子也应该是不能例外的。

一

今学思想，应当以《齐诗》《京易》《公羊春秋》的“革命”“素王”学说为其中心，礼家制度为其辅翼。

“革命”学说，当导源于孟子。我们都知道孟子是“民本主义”者。为了他曾说过“民为贵，社稷次之，君为轻”，差点儿被明太祖赶出文庙，断了他的香火。他既主张贵民而轻君，所以当君主严重违反人民意志，违反人民利益的时候，他便毅然地主张“诛放”（杀戮放逐)，《孟子》书载：

> 齐宣王问曰：“汤放桀，武王伐纣，有诸?”孟子对曰：“于传有之。”曰：“臣弑其君，可乎?”曰：“贼仁者谓之贼，贼义者谓之残，残贼之人谓之一夫。闻诸一夫纣矣，未闻弑君也。”

荀子是和孟子齐名的儒家后劲，虽然他已改变孟子的轻君为尊君，但其贵民的思想仍然是和孟子相同的，所以他也主张汤武不篡夺而为诛独夫。他说：

> 世俗之为论者曰：桀纣有天下，汤武篡而夺之。是不然。以桀纣为常有天下之籍则然，……谓天下谓在桀纣则不然。……有天下之后也，执籍之所在也，……然而不材不中；内则百姓疾之，外则诸侯畔之，……甚者诸侯侵削之、攻伐之。若是，则虽未亡，吾谓之无天下矣。圣王没，……天下无君，诸侯有能德明威积，海内之民莫不愿得以为君师。然而暴国独侈。……必不伤害无罪之民，诛暴国之君，若诛独夫。若是，则可谓能用天下矣。能用天下之谓王，汤武非取天下也，修其道，行其义，兴天下之同利，除天下之同害，而天下归之也。桀纣非去天下也，乱礼义之分，积其凶，全其恶，而天下去之也。天下归之谓之王，天下去之谓之亡，故桀纣无天下，而汤武不弑君。（《正论》篇）

虽然他们由于时代的限制，还不能突破“天降下民，作之君，作之师”把君主认为是受天之命以统治人民的传统观念。但他们却提出了“天之立君，以为民也”的新观念[3]。君主受命的观念虽未变，但君主的任务却已大大改变了。由于改变了君主的任务是“为民”，所以当君主严重违反其所负担的“为民”任务时，他所承受的天命便要被否定了。他所承担的天命既被否定，则他实际所处的“天子”的地位，也就被否定而认为是“独夫”了。这一思想在《易传》中得到进一步的发展。例如：

天地革而四时成，汤武革命，顺乎天而应乎人，革之时义大矣哉。(《革卦·彖辞》)

孟荀是先否认桀纣所受的天命，然后提出汤武不篡弑。《易传》则是承认桀纣所受的天命，但是却认为这个天命是可以革去的，明确提出了“革命”的概念。这便是现在所用“革命”一词的语源。

很显然，这种思想是对当时君主专制残暴的反抗。《易传》的思想虽然和孟、荀是一致的，但是它在提法上比孟、荀更明确也更尖锐。孟子、荀子都是战国时人，《易传》一般也认为是战国晚期的作品。战国是我国历史上的一个剧变时期，政治、经济、社会、文化，一切都处在急剧的变化中。而且战争频繁，人民极度困苦。在这样的时代里，在一些进步的学者中创造了这种进步的理论反抗当时专制君主的残虐，这完全是适时的，完全是符合人民要求的，正由于这一思想的人民性，所以它在人民中富有生长力，虽在以武力统一六国实行残酷统治的秦朝，和篡取农民起义果实，实行专制政治的汉朝，这一理论一直保持在一部分学者的思想中。但是，由于时代改变了，统治也加强了，学者们便不能不采取各种各样的隐蔽形式来讲授传说。或者是凭口授不著竹帛，或者是以阴阳五行为烟幕，或者是托于古圣先贤以为掩护，这都迫于专制淫威，不得不如此作。

《史记·儒林传》载黄生与辕固生争论于景帝前：

黄生曰：“汤武非受命，乃弑也。”辕固生曰：“不然，夫桀纣虐乱，天下之心皆归汤武，汤武与天下之心而诛桀纣，桀纣之民，不为之，使而归汤武，汤武不得已而立，非受命而何?”黄生曰：“冠虽敝，必加于首，履虽新，必关于足，何者? 上下之分也。今桀纣虽失道，然君上也。汤武虽圣，臣下也。夫主有失行，臣下不能正言匡过，以尊天子，反因过而诛之，代立践南面，非弑而何也?”辕固生曰：“必若所云，是高帝代秦即天子位，非邪!”于是景帝曰：“食肉不食马肝，不为不知味，言学者无言汤武受命，不为愚。”遂罢。是后学者莫敢明受命放杀者。

很显然，辕固的说法正是和孟、荀、《易传》一致的，是承受了这一传统思想。这一场争论搞得景帝很难处理，如果否定辕固的理论，自己的祖宗便是名不正言不顺，如果承认辕固的理论，则自己的（或子孙的）帝位就难保全。于是只好禁止争论这类问题，因而便使“是后学者莫敢明受命放杀者”了，于是这一思想只好转入隐蔽形态。汉初讲说《诗经》的分齐、鲁、韩三派，《齐诗》就是传自辕固。而《齐诗》有所谓“四始”“五际”的学说[4]：

四始是：“《大明》在亥，水始也。《四牡》在寅，木始也。《嘉鱼》在巳，火始也。《鸿雁》在申，金始也。”

五际是：“午亥之际为革命，卯酉之际为改正（一本作革正，正同政）。卯，《天保》也；酉，《祈父》也；午，《采芑》也；亥，《大明》也，然则亥为革命，一际也。亥又为天门，出入候听，二际也。卯为阴阳交际，三际也。午为阳谢阴兴，四际也。酉为阴盛阳微，五际也。”

《天保》《祈父》《采芑》《大明》《四牡》《嘉鱼》《鸿雁》等，都是《诗经》的篇名。《齐诗》把《诗经》中的篇章用来和阴阳五行相配合，从而另外提出一番新理论。关于诗篇和五行如何配合？什么叫“始”？什么叫“际”？这需要专门讨论，且暂不去管它，我们只注意其提出的新理论就行了。《齐诗》说“《大明》在亥”，我们查出《大明》是《诗经·大雅·文王之什》的一篇，是记述殷的天命已终，上天命武王伐商战于牧野的叙述。可知《齐诗》所说“亥为革命”的“革命”，正是我们前面所说汤武革命的“革命”，辕固所说“汤武受命”的理论正是和“五际”“革命”的理论是一致的。统治者不准讲论汤武受命，就只好透过《大明》之诗披着阴阳五行的外衣来讲论了。

京房《易传》说：“凡为王者，恶者去之，弱者夺之，易姓改代，天命不常，人谋鬼谋，百姓与能。”[5]“易姓改代天命不常”也正是汤武受命的理论，是京房也是主张“革命”学说的。陈乔枞说《焦易》多合《齐诗》[6]，京房学《易》于焦延寿，他的思想自然是能合于《齐诗》的。谷永懂京氏《易》，他说：“天生蒸民不能相治，为立王者以统理之。方制海内非为天子，列土封疆非为诸侯，皆以为民也。垂三统，列三正，去无道，开有德，不私一姓，以天下乃天下之天下，非一人之天下也。”这也正是孟、荀“为民”“贵民”的理论。他又说：“去恶夺弱，迁命圣贤”，“贱人当起，京师道微”[7]，也正是京房“易姓改代”的学说。史家说京房、谷永都“善言灾异”，想来也正如《齐诗》的披上阴阳五行的外衣吧！干宝作京氏传，在《易经》中对京房思想阐述颇多。张惠言说：“令升（宝字）之注，仅有三十卦，而又不完，然其言文武革纣、周公摄成王者十有八焉。”[8]可知文武革纣是干宝注《易》的重要内容。

《易·坤卦·象》曰：“龙战于野，其血玄黄。”干注：“文王之忠于殷，抑参二之强，以事独夫之纣，祈殷命以济生民也，纣遂长恶不悛，天命殛之，是以至于武王，遂有牧野之事。”

《象》又曰：“龙战于野，其道穷也。”干注：“天道穷至于阴阳相薄也，君德穷至于攻战受诛也。”

孙盛说《易》同于干宝，他也说：

古之立君，所以司牧群黎。若乃淫虐是纵，酷彼群生，则天人殛之，加其独夫之戮，是故汤武抗钺，不犯不顺之讥，汉高奋剑，而无失节之议，何者？诚四海之酷仇而神人之所摈故也。

这些说法都当是继承京《易》的传统思想，是完全符合《易传》《齐诗》言“革命”，孟子、荀子言“诛放”的精神的。京房《易传》现已失传，无法知道他还有些什么理论，甚为可惜。干宝《易注》的思想既是继承京房，我们不妨再提出一些干宝的思想来做观察京房思想的补充。干宝《晋武帝革命论》说：

帝王之兴，必俟天命，文质异时，兴建不同。故古之有天下者，柏皇、栗陆以前，为而不有，应而不求，执大象也。鸿黄世及，以一民也。尧舜内禅，体文德也。汉魏外禅，顺大名也。汤武革命，应天人也。高光征伐，定功业也，各因其运而天下随时，随时之义大矣哉！

谁都知道晋武是受魏禅，而干宝却根据《易经》“随时”（适应时代要求）的理论说他是“革命”，而认为“禅让”“征伐”都是“革命”。“禅让”“征伐”都是“革命”的说法既是根据《易经》的理论，可能这也是京房《易传》的思想。我们再看干宝《易·杂卦》注：

凡《易》既分为六十四卦，以为上、下经，天人之事，各有始终，夫子又为《序卦》以明其相承受之义。然则文王、周公所遭遇之运，武王、成王所先后之政，苍精受命短长之期，备于此矣。……伏羲、黄帝皆系世象贤，欲使天下世有常君也。而尧、舜禅代，非黄、农之化，朱、均顽也。汤、武逆取，非唐、虞之迹，桀、纣不君也。伊尹废立，非从顺之节，使太甲思愆也。周公摄政，非汤武之典，成王幼年也，凡此皆圣贤所遭遇异时者也。夏政尚忠，忠之弊野，故殷自野以教敬，敬之弊鬼，故周自鬼以教文，文之弊薄，故春秋阅诸三代而损益之。颜渊问为邦，子曰：“行夏之时，乘殷之辂，服周之冕。”弟子问政者数也，而夫子不与言三代损益，以非其任也。回则备言，王者之佐，伊尹之人也，故夫子及之焉。是故圣人之于天下也，同不是，异不非，百世以俟圣人而不惑，一以贯之矣。

这里所说的“苍精受命”“回备王者之佐比伊尹”等提法正是汉代今学家“孔子素王”的说法。“三代损益”又正是孔子素王的制度。干宝注《易》用此，想来也是本于京房的思想。“革命”“禅让”“素王”本来就是三位一体的不可分割的学说。

素者，空也，“素王”就是只有其德而无其位的“王”。今学家认为孔子的德是可以为王的了，但没有实际的王位，而寓王法于《春秋》，所以称为“素王”。既是寓王法于《春秋》，所以孔子“素王”又或称为“《春秋》素王”，都是一个意思。“素王”说是必须以“革命”论作为根据的。《说苑》引孔子说：“周道不亡，《春秋》不作，《春秋》作而后君子知周道之亡。”这正是说《春秋》是继周为王，继周为王正是《公羊》家“素王”说的根据，但若不革去周命，《春秋》何能继周为王。“素王”说若不把“革命”论作为前提，当然就不免被认为是“非常可怪”之论了。

“素王”说在汉初以《公羊》家持之最力。《公羊》家说：“孔子作《春秋》，见素王之文焉。”[9]把素王说作为理解《春秋》的中心思想。后来纬书中也说得很多，更有所谓司徒、司空素臣的说法，俨然如同一个小王朝了。他如孔子主王法，乘黑运等等，也都是孔子“素王”的异称。这些材料现在可见的汉儒书籍中不下三四十条，井研廖先生有《素王证义》，兹不多详。“素王”虽为今文学家的主要学说，然而这一学说当导源于墨家。墨家尚贤，主张贤人政治，尚贤的极致便主张“选天下之贤可者，立以为天子，……又选择天下之贤可者，置立之以为三公”（《墨子·尚同上》），而成为尚同说的基础。墨家的巨子制度，就是墨家尚贤、尚同学说的实践。“巨子”就是墨家理想的应当立为天子的圣人。大家都应当服从巨子，所以庄子说墨家：“以巨子为圣人，皆愿为之尸。”墨家这一“选天子”学说，后来被儒家所接受。儒家既已接受选天子学说，巨子制度当也同时被接受（但不是全盘接受）。《墨子·公孟篇》载：

公孟子谓墨子曰：“昔者圣王之列也，上圣立为天子，其次立为卿大夫。今孔子博于《诗》《书》，察于礼、乐，详于万物。若使孔子当圣王，则岂不以孔子为天子哉。”

公孟子的说法正是根据墨家理论而提出来的，“孔子为天子”正是墨家“巨子”、儒家“素王”的说法。章太炎先生以为公孟即孔子弟子公孟子高，就是公明高，也就是公羊高。《公羊》家的“素王”学说，正是从这里继承下来的。孟子曾说：“《春秋》，天子之事也”，其意正是以《春秋》为“新王”，他又说：“匹夫而有天下者，德必若舜、禹，而又有天子荐之者，故仲尼不有天下”，这不正是公孟子“使孔子当（遇）圣王，岂不以孔子为天子”的翻版吗？这说明孟子也是主张“素王”说的。孟子曾称述过公明高。他这一思想也就来自公明高。今学家“素王”学说既出于墨家而同于巨子，然而近世有的学者对巨子则谆谆乐道，对“素王”则疑其怪诞，这一态度是令人很难理解的。

《齐诗》讲“革命”，《公羊》讲“素王”。但两者是不能分割的，不能孤立起来讲论的。很显然，如果没有“革命”来“易姓改代”，圣人如何能受命而王。故只讲“素王”而不讲“革命”，称王便失掉根据。反过来，如果没有“素王”的“一王大法”，“革命”便将无所归宿，故只讲“革命”而不讲“素王”，“革命”便失掉行动的目标。《齐诗》《公羊》都是齐学。辕固为《齐诗》之祖，其先人园宣明《公羊春秋》，为博士[10]，古代学术多家世其传，辕固当然同时也讲“《公羊》素王”的。董仲舒传《公羊》，他在《春秋繁露》中说：“儒者以汤、武为至圣大贤也，今足下以汤、武为不义，何也？且天之生民，非为王也，而立王以为民也。其德足以安乐民者天予之，其恶足以贼害民者天夺之。封泰山禅梁父，易姓而王，德如尧、舜者，七十二人。天子者天之所予也，其所伐者，天之所夺也。今唯以汤、武之伐桀、纣为不义，七十二王亦有伐。推足下之说，将以七十二王为皆不义也。今桀、纣令天下而不行，禁天下而不止，安在其能臣天下也？果不能臣天下，何谓汤、武弑？”董仲舒的说法正和辕固相同，董仲舒当然同时也讲《齐诗》“革命”的。“革命”“素王”二说，如车之两轮，相依为用，缺一不可。必须把《公羊》《齐诗》合起来看，而后可以窥其全豹。而后才能知道推论《京易》兼讲“革命”“素王”，并不是附会之辞。

董仲舒虽然承受了“革命”“素王”的学说，但是他却没有坚持这一学说，眭孟说：“先师董仲舒有言：虽有继体守文之君，不害圣人之受命。”认为“继体守文之君”也可以作为“圣人”而“受命”。换句话说，就是把“易姓改代”的受命，改变为“继体之君”的受命了。因而他对夏、商、周三代的更替，不是从汤、武革命的观点上来叙述，三代明是“革命”，《春秋繁露》第二十三篇却称为“三代改制”，而只是强调三统、三正、夏商质文等制度上的变化。于是《繁露》一书满纸都是“改制”，而有意把“革命”的意义淹没。所谓“改制”，只不过是《齐诗》五际的“改正”，虽和“革命”同属五际的范畴，但就其政治意义来看，显然是以改制论代替革命论，其高下之差是很悬殊的。董仲舒既改“革命”为“改制”，就不能不改素王为“王鲁”。素王是代周而王的，孔子，是德若舜、禹的贤者，而《春秋》是另立一套“一王大法”。王鲁则代周而王是鲁君，是当时的现实君主，只不过是改制以当新王。讲“革命”，讲“素王”，同时也讲“禅让”，故今学多主禅让（见前叙《京易》，并详后封禅段）。讲“改制”，讲“王鲁”，其必然的结论就是因时王而改制，当然也就不需要禅让。这在董仲舒的《春秋繁露》中体现得很清楚，他甚至还说“尧、舜不擅移”。从这个对比中，我们可以清楚地看出董仲舒是改变了他承受的学说来迎合汉王朝的好尚的。我们可以说，他的今学，已经是被阉割了的学说。于此然后知汉武帝之所以能够接受董仲舒的建议而表彰六经独尊儒术，并不是偶然的。于此然后知以董仲舒作为论述西汉今学的代表是绝不妥当的。清末一部分主张变法的学者，大倡改制理论，其主要根据就是董仲舒《公羊》。董仲舒既用改制论以阿附汉武帝，而清末变法之士最后也沦为拥护满清的保皇党，前后如出一辙。很明显，这正是其“改制”理论的必然结果。保皇党在政治上是失败了，而他们所提出来的孔子改制的理论却在人们思想上烙下了深深的痕迹，很多研究经学的学者都还不能摆脱这一影响，这是值得我们注意的。

二

前面曾说到“素王”是寓王法于《春秋》，今学家又常说《春秋》为汉制作。但所谓“王法”究竟是什么呢？所谓“制作”究竟又是些什么呢？很显然，今学家必还有一套和“革命”“素王”思想相一贯的具体的典章制度存在。但这在现存资料中，却不能找到明确的答案。学者有用“行夏之时，乘殷之辂，服周之冕”“殷因于夏礼，所损益可知也，周因于殷礼，所损益可知也，其或继周者，虽百世可知也”等“三代损益”的说法来做解答的。但是，这也只不过是所谓“《春秋》新王大法”的拟定原则而已，还是不能解决问题。对这问题，我们应当这样来理解：正是由于这套制度是和“革命”“素王”理论相一贯，所以它同样是王朝统治者所不能容忍的。当时学者迫于统治权威的压力，只好托之于三古，以寄寓其理想。这样，虽然把理想的制度保全了，但却把真正的三古制度搞混淆了。所以汉代的经师们，在讲授同一经籍的时候，却讲出了各各不相同的制度，其所以不同的根源，就在于此。因此，我们就必须仔细分析汉代经师所讲的各种制度，清理出哪些制度是历史的陈迹，哪些制度是寄寓的理想，然后才能观察出理想制度所体现的思想实质，然后才能看出经学家思想的全貌。现仅提出几项主要制度来分析：

（一）井田

研究井田，必然不能离开孟子，一般认为他是最早的讲论井田的学者。《孟子·滕文公上》载：

> 滕文公问为国，孟子曰："民事，不可缓也，……夏后氏五十而贡，殷人七十而助，周人百亩而彻，其实皆什一也。彻者彻也，助者籍也。龙子曰：'治地莫善于助，莫不善于贡。'贡者校数岁之中以为常。……《诗》云：'雨我公田，遂及我私。'惟助为有公田。由此观之，虽周亦助也。……夫滕壤地偏小，将为君子焉，将为野人焉。无君子莫治野人，无野人莫养君子，请野九一而助，国中什一使自赋。……方里而井，井九百亩，其中为公田，八家皆私百亩，同养公田，公事毕，然后敢治私事，所以别野人也。"

从这段文字里，我们可以知道：

（1）三代田制不同，夏是贡法，殷是助法，周是彻法。

（2）他向滕国建议："请野九一而助，国中什一使自赋。"是野行助法，国中行彻法，彻助并用。

（3）从他说"方里而井，……所以别野人也"一段来看，可知助法是行于野人的。反过来说，就是彻法施于君子。

（4）从（2）（3）两点来看，可知国中所居是君子，而野所居是野人。

关于（1）点，他既说"周人百亩而彻"，似乎周人行彻法是肯定的了，但他却又说“虽周亦助也”，岂不是自相矛盾么？从（2）（3）（4）三点来看，可知孟子向滕国建议的是在居住君子的国中行彻法，居住野人的野行助法的彻助并行的办法。孟子既引用了龙子“治地莫善于助”的话，想来他也是同意这个说法的。但他却向滕国建议彻助并行，岂不又是自相矛盾么？对于孟子这段文字究竟应当如何理解呢？对孟子这些矛盾究竟应当怎样解决呢？我们试看看《周官》，而后知道《周官》乡、鄙、遂田制不同，正是彻助并行。孟子主张从周，他向滕国的建议正是周制。

《周官·地官》小司徒之职：“乃经土地而井牧其田野，九夫为井，四井为邑，四邑为丘，四丘为甸，四甸为县，四县为都。”郑康成注：“此谓造都鄙也，制井田异于乡遂。”郑康成指出《周官》的田制有井田和非井田两种，这是完全正确的。但他认为乡遂都不是井田、全是一样乡出兵而遂出副倅之士，就不完全正确了。仅仅乡不是井田，而遂则虽是井田，而又有所不同（见下）。《周官》军制在小司徒之职：“五人为伍，五伍为两，四两为卒，五卒为旅，五旅为师，五师为军，以起军旅。”总计每军是一万二千五百人，这正和六乡之制：“五家为比，五比为闾，四闾为族，五族为党，五党为州，五州为乡。”每乡，一万二千五百家家役一人的数字相符。而遂则绝对找不出军制的痕迹。连副倅之士也是六乡自有。这说明居住六乡的人服兵役，居住六遂和都鄙者则不服兵役。古人称士兵为君子，越有“君子六千人”，楚有“都君子王马之属”的君子，都是指的士兵[11]。是《周官》六乡居民都是君子。六乡所居都是君子，而又不行井田，这就正是孟子所说的“国中”。《周官·地官》载遂人之职有：掌邦之野，起野役，共野牲，令野职，修野道，作野民。遂师之职有：共野牲，入野职野赋，道野役，平野民。遂人所属县正之职有用野民。遂人所属旅师之职有聚野之耡粟。遂人既掌邦之野，而在职守中又加上这许多野字。六乡但称民，而六遂则称野民，六乡但称役，而六遂则称野役。很显然《周官》是以六遂为野，而以所居为野民的。叶水心说："六乡于王畿为近，而皆君子，故使之什一自赋，其粟则藏于仓人。六遂于王畿为远，而皆野人，故使之九一而助，其粟则聚于旅师。遂人以兴耡利甿，里宰合耦于耡，旅师聚野之耡粟。耡即助字，助字唯见于六遂之官"。叶水心用仅见于六遂官职中的助字来说明六遂是用助法，我们认为这是非常精透的，这就正是小司徒所掌的井田。六遂既被称为野，所居又为野民，又不服兵役，这就正是孟子所说的野。叶水心用《孟子》《周官》合起来讲，是深刻的。这正是周代的旧制。《国语》载管仲治齐是："参其国而五其鄙。"所谓"参国"是"制国十五乡"，桓公、高子、国子各将五乡，而立三军，所谓"五鄙"，则不记出军而但有"井田畴均"。国出军，鄙不出军而行井田，这和《周官》乡遂之制完全相合。说明这种乡遂国野、君子野人的差别至春秋时都还存在。

《周官·地官》序官中，郑康成注郑司农说王城"百里内为六乡，百里外为六遂"。这种用大圈圈套小圈圈的办法来理解乡遂，是不合适的。刘申叔先生说王莽设六乡在长安，六队（即"遂"字）在洛阳，莽政多模仿《周官》，是西汉时都以六遂在洛阳，这才是《周官》六遂的正解。这一理解很准确。洛阳在周时称成周，是周公镇压了武庚（殷后）、管叔、蔡叔的叛变以后，迁移殷顽民聚居于洛而筑的新城。殷人的田制原来就是助法，周人灭殷以后，在殷人聚居地区（如六遂之类）仍然施行殷的旧制，而在周人聚居的地区（如六乡）则仍施行其自公刘以来就实行的“彻田为粮”的彻法。很显然，乡遂异制正是周人处理被征服部族的办法。但六遂既为殷顽，仍用五家起数来编制，可能是井田。郑玄说是对的。而井田只行于甸、稍、县、都，这是普通一般殷人。六遂是殷顽，所以六遂被称为野，六遂人被称为野人，而且不给予（不敢也不能给予）服兵役和受教育的权利（教育详下）。周是乡与都、鄙不同，遂和乡和都、鄙各有同有不同。周又以殷遗民分封诸侯，故诸侯也是三郊三遂，情况略同于王畿，所以在春秋以至战国初一部分国家都存在着国鄙，国、野的异别。于此，我们知道《孟子》《周官》所说历史上的井田制度，绝不是什么“王天下”“致太平”的理想制度，而是征服者压制被征服部族的极不平等的种族歧视政策的反映而已。今学家所说井田则与此不同。《春秋繁露·爵国篇》说：“大国十六万口而立国（?）三军，何以言之?曰：以井田准数之。方里而一井，一井而九百亩，方里八家，一家百亩，率百亩而三口（指丁壮），方里而二十四口。方百里为方里者万，得二十四万口，法三分而除其一，城池郭邑屋室，……率十六万口。三分之，则各五万三千三百三十三口，为大国（?）三军，此公侯也。”何休注《公羊》说：“八家而九顷，共为一井、十井共出兵车一乘。一里八十户，八家共一巷，中里为校室。”包咸注《论语》说：“千乘之国者，百里之国也。”在这样的井田制度下已是通国皆井，通国皆兵。在理想的教育制度中，又是通国立校（详下）。很显然，这已经没有乡、遂、都、鄙之别，也不是助彻并行了。

今学家所讲的井田制度是一种经济平等思想的反映，和周的种族歧视及秦的豪强兼并都是迥然不同的。

（二）辟雍

辟雍就是学校。周代人民在受教育的权利上是不平等的，这不仅是由于财富能力的影响，而是在制度上就存在一种不平等的规定。我们且就《周官》来考察：

《地官》师氏："掌以媺诏王，以三德教国子。……居虎门之左，司王朝，掌国中（得）失之事，以教国子弟，凡国之贵游子弟学焉。"

《地官》保氏："掌谏王恶，而养国子以道，乃教之六艺，……乃教之六仪。"

《春官》大司乐："掌成均之法，以治建国之学政，而合国之子弟焉。凡有道者，有德者，使教焉。……以乐德，……乐语，……乐舞教国子。"

师氏、保氏、成均所教育的对象都是国子。师氏"国之贵游子弟"正是"国子"一词的良好注脚。师、保、成均都是所谓国学。周代国学只不过是专为贵族子弟而设立的学校而已。至于一般平民老百姓是不是也能受到教育呢？我们且再在《周官》里来找。先看六乡：

《地官·大司徒》："令五家为比，五比为闾，四闾为族，五族为党，五党为州，五州为乡。以乡三物教万民而宾兴之：一曰六德，二曰六行，三曰六艺。”

乡大夫之职：“正月之吉，受教法于司徒，退而颁之于其乡吏，使各以教其所治，以考其德行、察其道艺，……而兴贤者能者。……乡老及乡大夫群吏献贤能之书于王，……退而以乡射之礼，五物询众庶，……此谓使民兴贤，出使长之，使民兴能，入使治之。”

州长之职：“正月之吉，各属其州之民而读法，以考其德行道艺而劝之……春秋以礼会民而射于州序。”

党正之职：“以礼属民而饮酒于序，……正岁属民读法而书其德行道艺以岁时莅校比。”

序，一般释为乡校，州是六乡内的一千五百户的基层组织，党是六乡内五百户的基层组织，州党都各有序，说明六乡的教育还是比较普及的。而且又还有宾兴贤能的规定，其优秀者可以迭层向王朝推荐，由王朝任用。但是，对乡里优秀者却没有送入国学深造的规定。结合前面所说的国子入国学而后再由王朝任用的规定来看，很显然地指示出贵族和平民从受教育到作官吏完全是两个不同的系统[12]。贵庶之间的界限是极明显的。刘彝说：“古者乡学教庶人，国学教国子。乡学所升不过用为乡遂之吏，国学所升，则命为朝廷之官，此乡学国学教选之异，所以为世家编户之别。”所给予的教育既贵庶不同，所委任的官职当然也就不能不有贵庶的不同，应当说刘彝这个理解是合理的。

六乡人民虽不能进入贵族学校，但毕竟还是有“序”和“考校宾兴”等制度，还有受教育和做官吏的机会。而六遂则迥然不同了。在《周官》有关六遂的文字中找不到学校的痕迹。在六遂系统的官职中找不到掌教化的条文。六遂系统的官职中[13]，几乎每一官职都有“掌其政令刑禁”“以起役政”“教之稼穑”“趋其稼事”“听其治讼”等条文或类似的条文，这可看出六遂官吏的主要任务就是指挥劳动，监督劳动。六遂的人民在这样的官吏统治下，他们最主要的（或唯一的）生活内容就是劳动、不停地进行各种各样的劳动、除劳动以外就是受刑，再没有别的了。我们在论井田段中曾指出六遂是被征服部族的居住区，在种族歧视严重的周代社会里，被征服部族的命运只会是悲惨的，哪里还谈得上受教育呢？至于六遂以下的县都不能受教育，就更不用说了。

很显然，《周官》中所指出的教育制度，是一种极不平等的制度。我们再看看《礼记·王制》，它说：

> 命乡论秀士，升之司徒，曰选士。司徒论选士之秀者，而升之学，曰俊士。升于司徒者不征于乡，升于学者不征于司徒，曰造士。乐正崇四术、立四教，顺先王《诗》《书》《礼》《乐》以造士。春秋教以《礼》《乐》，冬夏教以《诗》《书》。王大子、王子、群后之大子，卿大夫元士适子，国之俊选皆造焉。……大乐正论造士之秀者以告于王而升诸司马，曰进士，司马辨论官才，论进士之贤者以告于王而定其论，论定然后官之，任官然后爵之，位定然后禄之。

在这个制度中，乡的秀士、选士可以迭升而至国学，和贵族子弟受同样的教育，授官命爵是在国学中选拔，庶民子弟也就和贵族子弟有了同等的机会。这和《周官》中的贵庶殊途是大不同了。再看看《尚书大传》说：

大夫七十而致仕，而退老归其乡里，大夫为父师，士为少师，新谷既入，余子皆入学。

小师取小学之贤，登之大学，大师取大学之贤者，登之天子，天子以为左右。

《白虎通义》说：

古之教民者，里皆有师，里中之老有道德者为里右师，其次为左师。

在这些制度中，学校已是普遍设立在乡里，人民已能普遍地受到教育，这和《周官》中的乡遂异制又大不同了。

从前面所谈，我们知道周代的种族歧视很严重，贵族、国人、野人之间界限和差异是存在的。《王制》《大传》等所讲的那种贵庶平等、全国平等的教育制度绝不可能是周代的史实，这也只不过是今学家的理想而已。何休继承了这些思想，把这一制度描述得更为全面。《公羊传》宣公十五年解诂说：

圣人制井田之法，……一夫一妇受田百亩，……八家而九顷，共为一井，……一里八十户，八家共一巷，中里为校室，选其耆老有高德者，名曰父老，……十月事讫，父老教于校室。八岁者学小学，十五者学大学。其有秀者移于乡学，乡学之秀移于庠，庠之秀者移于国学。诸侯岁贡小学之秀者于天子，学于大学，其有秀者，命曰进士。行同而能偶，别之以射，然后爵之。士以才能进取，君以考功授官。

他结合着井田制度说明普遍设立学校，乡秀升入国学等情况，把问题说得更为明确具体。同时他还补充出不仅天子直辖领地是如此，而诸侯领地也是如此（诸侯有小学），而且诸侯领地内的优秀者也可以保送到天子的大学里去，这就使得这一制度更加理想了。

（三）封禅

我们在前面论述过今学家主张“革命”论。但是，应当指出他们所说的“革命”的含义，并不同于现在语词“革命”的含义，只是认为天子所受的天命是可以革去的罢了。它的作用是否定了天子所受天命是绝对不可动摇的传统观念。虽然今学家都承认汤武征伐是革命，但在今学中还找不到像干宝那样明确提出“君道穷，至于攻战受诛也”的武装革命的思想。他们所理想的革命方法只不过是以“素王”为目的的“禅让”。禅让就由皇帝求索天下德若舜禹的贤人，把帝位禅让给他，让他接受天命。很显然，这充分暴露了今学家的知识分子的软弱性，他们不满于现实政治，希望来一次革命，但他们又在暴力革命面前颤抖了，而希望用和平的方式达到革命的目的，于是便大力提倡禅让。无疑地，这只能是一种幻想。要想要求坐在金銮宝殿上的统治者退位让贤，这无异乎是与虎谋皮。是绝不可能实现的。但是，在当时竟然有不惜生命危险而敢于“捋虎须”“撄龙鳞”的殉道者：

《汉书·眭弘传》载：

> 孝昭元凤三年，孟意汉家尧后，有传国之运，汉帝宜差天下求索贤人，禅以帝位，而退自封百里，如殷周二王后，以承顺天命。孟使友人内官上此书，……廷尉奏孟妄设妖言惑众，大逆不道，皆伏诛。

《汉书·盖宽饶传》载：

> 宽饶奏封事引《韩氏易传》言五帝官天下，三王家天下，家以传子，官以传贤，若四时之运，功成者去，不得其人，则不居其位，书奏，……时执金吾议以为宽饶指意求禅，大逆不道。……下宽饶吏，宽饶引佩刀自刭北阙下。

禅让说虽是今学家软弱性的表现，但以处在绝对王权的专制统治时代的历史条件来看，敢于要求皇帝退位，仍不失是一种有进步意义的理论。因而眭、盖二人并不是两个以生命为儿戏的书呆子，而是富有牺牲精神的前仆后继的殉道者。同时还应当看到，这两件事的接踵发生也不是偶然的。

《礼记·礼运》有大同、小康之说。所说大同是："大道之行也，天下为公，选贤与能。"所说小康是："大道既隐，天下为家，大人世及以为礼，禹、汤、文、武、周公、成王由此其选也。"选贤就是选择贤人而传以帝位，正是禅让。儒家常说尧、舜、禹、汤、文、武，这里说小康只列举禹、汤、文、武而没有举尧、舜，也正是以尧、舜禅让相当于大同。以《礼运》中的"道行""道隐"的文句来看，很显然，是主张禅让的。《韩诗外传》说："五帝官天下，三王家天下，家以传子，官以传贤，故自唐虞以上经传无太子称号，夏殷之王虽则传嗣，其文略矣，至周始见文王世子之制。"《白虎通》说："所以为世子者何？言世世不绝。"官天下传贤，就是"天下为公，选贤与能"。家天下传子，就是"天下为家，大人世及"。又和《韩氏易传》文旨全同，也是主张禅让的。《公羊传》解"春王正月"的"王"是文王，"王"当是周天王，而《传》以为是文王，正是因为文王是说小康者所附会的中心人物。《公羊》又借"西狩获麟"提出"尧舜之道"，而尧舜则是大同，始于文王而终于尧舜正是主张由小康进入大同，变世及为禅让的理论。（康有为《春秋》三世小康大同之说，即据此）眭孟为《公羊》大师，他向汉帝提出"宜求索贤人，禅以帝位"的建议，正是依据于此。《说苑》载鲍白令之说："天下官，则让贤是也，天下家，则世继是也，五帝以天下为官，三王以天下为家。"鲍白是鲍丘之误，就是《盐铁论》中的包丘子，传《诗》于申公（《鲁诗》之祖）的浮丘伯。刘向传《鲁诗》，他说："王者必通三统，以天命所授者博，非独一姓也。孔子论《诗》至于殷士肤敏、祼将于京，喟然叹曰：大哉天命，善不可不传于子孙，以富贵无常，不如是，则王公其何以戒慎，民萌何以劝勉。”他这一思想，就是从鲍丘子那里继承下来的。《韩易》《韩诗》《鲁诗》《公羊》《礼运》都讲禅让，禅让说是今学家普遍的学说，当是无可否认的。禅让说体现在礼制上就是封禅。董仲舒说：“天之无常予无常夺也，故封太山之上，禅梁父之下，易姓而王，德如尧舜者七十二人，王者天之所予也，其所伐者皆天之所夺也。”他用德如尧舜来解说封禅，正是说明封禅是禅让的礼制。《白虎通》说：“王者易姓而起，必升封泰山何？报告之义也。始受命之时，改制应天，天下太平，功成封禅。”《礼器疏》引《白虎通》：“绎绎无穷之意，禅于有德而居之无穷也。”又说：“《白虎通》云禅以让有德。”（今本与此不同，当从此）从《白虎通》来看，很明显地表示出封是受命之礼，是开始；禅是成功之礼，以传贤人，是结束。《风俗通》说：“三皇禅于绎绎，明已成功而去，有德者居之，绎绎者无所指斥也。五帝禅于亭亭，亭亭山名，其身禅于圣人。三王禅于梁父者，信父者子，言父子相与也。”这都是把封禅是禅让的礼制的意义表述得很清楚。今学家莫不用禅让解释封禅，禅让学说起于战国，当然不能说三古制度已是如此。

（四）巡狩

今学家既主张禅让，选天下之贤人而禅以帝位，因而对诸侯的建立也主张选贤。《礼记·射义》说：“古之射以选卿、大夫、士。天子之制，诸侯岁贡士于天子，天子试之于射宫，其容体比于礼，其节比于乐，中多者得与于祭。其容体不比于礼，其节不比于乐，而中少者，不得与于祭，数与于祭而君有庆，数不与于祭而君有让，数有庆而益地，数有让而削地。故曰射者，射为诸侯也。”“故天子之射，谓之射侯，射侯者射为诸侯也。射中则得为诸侯，射不中则不得为诸侯。”它把大射解释为天子用来考察诸侯所贡的“士”的道德和技能的制度。合于标准者就可封之为诸侯，贡贤之君也有赏赐〔14〕。但考之周代史实，则完全不是这样。《荀子》书说：“周公兼制天下，立七十一国，姬姓独居五十三人。”《左传》僖公二十四年载富辰说：“昔周公吊二叔之不咸，故封建亲戚以藩屏周：管、蔡、郕、霍、鲁、卫、毛、聃、郜、雍、曹、滕、毕、原、酆、郇，文之昭也；邘、晋、应、韩，武之穆也；凡、蒋、邢、茅、胙、祭，周公之胤也。”昭公二十六年载：王子朝说：“昔武王克殷，成王靖四方，康王息民，并建母弟以藩屏周。”昭公二十八年载成鱄说：“昔武王克商，光有天下，其兄弟之国者十五人，姬姓之国者四十人，皆举亲也。”这都说明周初所立诸侯不是宗室就是姻亲，根本没有选贤的事。选贤只不过是理想而已。今学家不仅主张选贤以为诸侯，同时还有对诸侯的处分和奖励的制度——黜陟。黜陟则体现于巡狩述职制度中。

《孟子》书载：“昔者齐景公问于晏子曰：‘吾欲观于转附朝儛，遵海而南，放于琅邪，吾何修而可以比于先王观也。’晏子对曰：‘善哉，问也！天子适诸侯曰巡狩，巡狩者巡所守也。诸侯朝于天子曰述职，述职者述所职也。春省耕而补不足，秋省敛而助不给。夏谚曰：吾王不游，吾何以休，吾王不豫，吾何以助，一游一豫，为诸侯度。’”这是把巡狩述职说成类似检查工作兼游乐的制度。根本没有黜陟诸侯的意义。这应当是巡狩、述职的原始意义。《礼记·王制》篇说：

岁二月东巡守，至于岱宗，柴而望祀山川，觐诸侯，问百年者就见之，命太师陈诗以观民风，命市纳贾以观民之所好恶，志淫好辟、命典礼考时月定日，同律礼乐制度衣服正之。山川神祇有不举者为不敬，不敬者君削以地。宗庙不顺者为不孝，不孝者君黜以爵。变礼易乐者为不从，不从者君流。革制度衣服为畔，畔者君讨。有功德于民者加地进律。五月南巡守至南岳，如东巡守之礼。八月，西巡守至于西岳，如南巡守之礼，十有一月北巡守至于北岳，如西巡守之礼。

很显然，《王制》是把巡狩的主要作用认为是黜陟诸侯了。《尚书大传》中也有类此的说法。《白虎通义·巡礼》篇又说：

三岁一闰，天道小备，五岁再闰，天道大备。故五年一巡守，三年二伯出述职黜陟。一年物有终始，岁有所成，方伯行国。时有所生，诸侯行邑。传曰："周公入为三公，出为二伯，中分天下，出黜陟。"《诗》曰："周公东征，四国是皇。"言东征述职，周公黜陟而天下皆正也。又曰："蔽芾甘棠，勿翦勿伐，召伯所茇。"言召公述职亲说舍于野树之下也。

很显然，这又把述职作为黜陟诸侯的制度了。不仅述职以黜陟诸侯的意义是前引《孟子》书所没有的，而且《白虎通》把三公以二伯身份出巡作为述职的讲法也和《孟子》谓"诸侯朝于天下曰述职"，在制度形式上都迥不相同了。虽然《白虎通》的撰写时间较晚，但《汉书》注曾引《韩诗》说《甘棠》为召公述职，《说苑》引传也说《甘棠》是召公述职之诗，《说苑》作者刘向传《鲁诗》，所引传当为《鲁诗》传。《尚书大传》也曾说："三年一使三公黜陟，五年亲自巡狩。"《白虎通》应当就是根据汉初这些思想而编写的[15]。《尚书大传》又还有以贡士为黜陟的办法[16]，以朝诸侯行黜陟的办法[17]。《白虎通》又还有以功德黜陟迁位的办法[18]。但无论哪一种黜陟的办法，都找不出任何史实为证，都只是今学家的理想而已。在尚贤思想的支配下，既主张选贤能立以为诸侯，如果没有对诸侯进行黜陟的权力和办法，又将如何能保证诸侯不违法虐民。两者完全是相依而起，使理想更趋完密。

自春秋战国以后，周的封建制度（不是五种生产方式的封建制度）已经崩溃，郡县制度已经建立，而今学家还提出封建制度作为理想，岂不是开倒车吗？对这问题，我们考虑应当这样来理解：第一是"秦不封建孤立而速亡"是汉初极普遍的见解，贾谊在《过秦论》中也曾说："乡使二世有庸主之行而任忠贤，裂地分民以封功臣之后，建国立君，以礼天下，……天下集矣。"今学家当然也没有能够脱离当时的影响。第二，今学制度多托古，而古无郡县之制。且虽行封建而对诸侯有选贤和黜陟等制度，则使诸侯的废立已和郡县守令的任免相去无几。所以今学家虽主张行封建，但其所提出的封建制已不同于周的封建了。

（五）明堂

东汉学者贾逵、服虔、颍容都说明堂就是大学（天子国学），蔡邕《明堂月令论》对明堂制度阐释很详，也说明堂就是大学。东汉以来学者在讨论明堂时常常总是纠缠在“五室”“九室”——五间房子或九间房子——的争论上，而没有注意到明堂大学这一制度所体现的政治意义。从赵绾、王臧和河间献王的事来看，明堂制度是具有重大的政治意义的。

《汉书·儒林传》载：

> 汉武帝初即位，王臧为郎中令，赵绾为御史大夫，请立明堂，……太皇窦太后……得绾、臧之过，以让上曰：“此欲复为新垣平也。”上因废明堂事，下绾、臧吏，皆自杀。

《史记·五宗世家》集解引《汉名臣奏》杜业奏：

> 河间献王经术通明积德累行，天下雄俊众儒皆归之。孝武时，献王朝，被服造次必于仁义，问以五策，献王辄对无穷，孝武帝艴然难之，谓献王曰：“汤以七十里、文王以百里，王其勉之。”王知其意，归即纵酒听乐因以终。

这里只说了献王因“问以五策，辄对无穷”而遭到武帝的忌妒，但没有说明对答的内容是什么，《汉书·河间献王传》载：“武帝时献王来朝献雅乐，对三雍宫。”对“三雍宫”当就是献王对答武帝的内容，就是指的明堂制度[19]。这就使我们明确地知道：赵绾、王臧以请立明堂而被杀，河间献王也因畅谈明堂制度遭到忌妒而抑郁以死。这不是正显示出明堂制度含有与统治者不能相容的重大政治意义吗?

《左传》襄公三十年载:“郑人游于乡校以论执政。然明谓子产曰:‘毁乡校,如何?’”然明提出撤销乡校的原因,是因为郑人群相聚会在乡校议论国政得失。从一般常识来看,乡校是学生读书的地方,而不是国人群相聚会的地方,如要阻止国人议政,只须下令禁止就行了,提出毁乡校岂不是小题大做?但我们且看看《周官》就可明白:前面曾引用过《地官》:“师氏掌国得失之事以教国子弟。保氏掌谏王恶,而教国子以道。”学校本来就有“掌国得失”“谏王恶”的责任。当然它就要议论政治了。然明要求毁乡校就是想从根本上取消这一制度。《管子》书说:“黄帝立明台之议者,上观于贤也,尧有衢室之问者,下听于人也。汤有总街之庭者,以观人诽也。”明台、衢室、总街都是明堂[20],《管子》作者特别强调了“观贤”“听人”“观诽”,正是根据大学有议政的职责为出发点的。今学家强调明堂制度,其意义就正是强调“明堂议政”这一点。在论述辟雍段中,我们曾说过周代的大学和今学家理想的太学不同。周的太学是一撮贵族子弟的学校,所谓大学议政,只不过是贵族子弟的课程实习而已。而今学家理想的太学则不然,它已经不完全是贵族的子弟学校了,渗入了从王朝领地和诸侯领地所保送来的大量的秀选之士。这批人是从农村从乡校选拔出来的优秀分子,富有广泛的代表性。这样的大学议政便不再是贵族子弟的课程实习,而是具有全国性的对政治的“献可替否”(意为献善而止不善)。今学家所称道禅让的天子既曰虞舜,虞是国号、舜就是诸侯,但儒者却要说舜是“耕历山,渔雷泽,陶河滨,作什器于寿丘”。是从事工农业的生产者。自天子以至太学生,都来自畎亩之中，同在明堂议政，这种理想就高了。根据典籍的记载天子朝诸侯是在明堂，天子颁布政令是在明堂，天子养老尊贤是在明堂，天子祭祀天帝是在明堂，天子祭祀祖先也是在明堂，而断狱、献俘也是在明堂。几乎把王朝的国家大事都集中在明堂了。而今学家偏偏要想在这样的场合来议论政治，而又适遇雄才大略的专制君王——汉武帝时代，赵绾、王臧怎么会不招致杀身之祸，河间献王又怎么会不招致忌妒呢？

明堂议政这一思想，一方面源于太学议政，另一方面也源于《周官》的外朝“致万民而询焉”的制度。

在古代氏族社会时代，凡氏族中比较重大的事件都须交付氏族全体会议讨论。《诗经》所说“询于刍荛”，《尚书》所说“谋及庶人”可能就说的是这一制度的遗迹。《尚书》记殷代盘庚迁殷就曾“命众悉至于庭”而反复告诫。《孟子》记周太王去邠也是“属其耆老”而说明道理。在《周官》中还明确规定为一个制度：

《秋官·小司寇》：“掌外朝之政，以致万民而询焉：一曰询国危，二曰询国迁，三曰询立君。其位：王南乡，三公及州长百姓北面，群臣西面，群吏东面。小司寇摈以叙进而问焉。”

《地官·大司徒》：“若国有大故，则致万民于王门。”

《地官·乡大夫》：“大询于众庶，则各帅其乡之众寡而致于朝。”

《秋官·朝士》：“掌建邦外朝之法，左九棘，孤、卿、大夫位焉，群士在其后。右九棘，公、侯、伯、子、男位焉，群吏在其后。面三槐，三公位焉，州长众庶在其后。左嘉石，平罢民焉。右肺石，达穷民焉。帅其属而以鞭呼，趋且辟，禁慢朝错立族谈者。”

外朝是对内朝而言，内朝以朝群臣，处理经常政务，而外朝则以朝万民，处理国家重大事件，如国危、国迁、立君之类。在朝见时，三公、孤、卿、大夫、公、侯、伯、子、男、群士、群吏、州长、众庶、罢民、穷民等都各有一定的部位，朝士则专门负责维持朝时秩序，禁止不严肃、乱部位、交谈等现象。如要发言由小司寇安排次序，是万民齐集极其庄严的[21]。但是，这里所说的“万民”（即众庶），应当予以界说。这里的万民是只有乡大夫和州长统领的六乡之民，而六遂以下之民是不包括在内的。只有在乡大夫的职责内才有“帅其乡之众寡而致于朝”的规定，在外朝时就由乡大夫的下级——州长帅领众庶站在三公后面。在遂大夫遂师等六遂官吏的职责内，就没有“帅其众致于朝”的规定，而在外朝中也没有他们站立的部位。这种现象不难理解，前面说过六遂以下所居是被征服部族，没有服兵役、受教育的权利，当然就更不会给予他们以讨论国家大事的权利。周代之“致万民而询焉”的制度乃是一种种族歧视的政治权利不平等的制度。《小司寇》又载：“以三刺断庶民狱讼之中，一曰讯群臣，二曰讯群吏，三曰讯万民，听民之所刺宥，以施上服下服之刑。”郑注：“民言杀，杀之，言宽，宽之。”是周代“讯万民”的制度除了“国危、国迁、立君”等事外，还施行在重大刑事狱讼上。《周官》所规定的这种不平等制度到春秋时代都还留存在部分国家中。我们且看《左传》的记载：

> 僖公十五年载：“秦、晋战于韩原，秦获晋侯以归，……晋侯使郤乞告瑕吕饴甥，且召之。子金教之言曰：‘朝国人而以君命赏，且告之曰，孤虽归，辱社稷矣，其卜贰圉也。’众皆哭，晋于是乎作爰田。吕甥曰：‘君亡之不恤，而群臣是忧，惠之至也，将若君何？……’对曰：‘征缮以辅孺子，诸侯闻之，丧君有君，群臣辑睦，甲兵益多，好我者劝，恶我者惧，庶有益乎！’众说。晋于是乎作州兵。”
>
> 定公八年载：“卫侯欲叛晋，公朝国人，使（王孙）贾问焉，曰：‘若卫叛晋，晋五伐我，病何如矣。’皆曰：‘五伐我，犹可以能战。’贾曰：‘然则如叛之，病而后质焉，何迟之有？’乃叛晋。”
>
> 哀公元年载：“吴人之入楚也，使召陈怀公。怀公朝国人而问焉，曰：‘欲与楚者右，欲与晋者左，陈人从田，无田从党。’”

这些不正是《周官》所说询国危、询国迁、询立君的具体事例么？而陈怀公反把国家的外交政策取决于这样的会议，更说明这种会议权力的广泛。在陈怀公的例子里，我们知道参加会议的成员中不仅是有田产者可以参加，无田产者也可以参加。《周官》所说的“罢民”“穷民”大概就是这里所说的无田者。但是，这里所朝见和询问的对象仍然只限于“国人”，而野人是不得参加的，说明这正是周代的旧制。

外朝制度的不平等的根源是在于周王朝的种族歧视政策，假如撇开这一制度的种族差别来看，也还不失为一个较好的制度。但是，在种族差别消除以后，同一集体的成员数量必然大增，这又造成实行这一制度的事实上的困难，特别是在秦汉大一统局面下更属不可能。于是今学家根据这一制度的精神，扩大了太学议政的范围，而集中了来自全国各地乡学的没有种族差异的各成员来议政，以继承这一原始民主制度的传统。用外朝三询制度的史实来理解明堂议政，就使我们更进一步地认识到明堂制度意义的重大和规模的宏阔。像这样意义重大和规模宏阔的制度，岂是五间房子、九间房子所能胜任的，所以《尚书大传》又提出了“东堂青阳距邦八里，南堂明堂距邦七里，西堂总章距邦九里，北堂玄堂距邦六里”的四郊明堂。这四郊明堂也就正是《王制》“大学在郊”的东学、南学、西学、北学〔22〕四郊大学。《尚书》逸篇又有四郊的社，《周官》马融注解四郊社就在四郊明堂处〔23〕，而是被称为“起大事，动大众，必先有事乎社而后出”的祭坛〔24〕，这就更加重了明堂议政的意义。至于《考工记》所载明堂，乃古明堂，其主要作用是朝诸侯，正是孟子、荀子所说的明堂〔25〕。东汉以下的学者放下规模宏大的四郊明堂及其所具重大的政治意义不讲，反因《考工记》和《大戴礼》的差异而纠缠在五间房子、九间房子的争论上，岂不是钻牛角尖吗？

《史记》载武帝时：“赵绾、王臧等以文学为公卿，欲议古立明堂，草巡狩、封禅、改历、服色事，未就，绾、臧自杀。”《汉书》载哀帝时刘歆《移让太常博士书》说：“往者缀学之士因陋就寡，分文析字，烦言碎辞。至于国家将有大事，若立辟雍、封禅、巡狩之仪，则幽冥而莫知其原。”可见明堂、辟雍、封禅、巡狩等制度，一直是儒家思想中的主要制度，是儒生讲论的主要内容，但在武帝时都还能向王朝提出，而到哀帝时便“幽冥而莫知其原”了，这岂不是一个重大的变化吗？这一变化的原因究竟是什么呢？我们且看看汉时所说孔子传《春秋》的事。《汉书·艺文志》说：“《春秋》所贬损大人当世君臣，有威权势力，是以隐其书不宣，所以免时难也。”又说：“所褒贬不可以书见，口授弟子……及末世口说流行，故有公羊、穀梁、邹、夹四家之传。”《春秋》的“微言大义”不敢著于文字者，正以迫于当时君王“威权势力”。明堂等制度之所以“幽冥而莫知其原”，也犹如“《春秋》大义”，同样是迫于君主专制的淫威，赵绾、王臧就是前车之鉴，谁又能不“望见而却步”呢？我们再说各项理想制度与汉王朝的现行制度对比起来看，就更明显：井田制度和当时的豪强兼并相矛盾；辟雍选贤和当时的任子为郎相矛盾；封禅禅让和当时家天下传子相矛盾；大射选诸侯和当时以恩泽封侯相矛盾；明堂议政和当时的专制独裁相矛盾。像这样处处与时代相矛盾的制度，正是一种反抗现实的意识形态的反映。而当时儒者又不敢鲜明地提出来作为反抗纲领，只好托之于古圣先贤以避难免祸。这样做，虽可使理想制度不致遭到扼杀，但却无法避免要和真实的历史陈迹在某些部分发生矛盾了。西汉末年和东汉时期长时间在经学上所存在的今古学之争，便是这一矛盾的总爆发。今学是传自先秦儒家，其学术各有师授，古学是创自西京末叶，其讲论是笃守旧典，故今学所讲是理想制度，古学所讲是历史的陈迹，两者是决然不同的，然而却又都在六经的旗帜下讲论学术，当然就要形成誓不并存、互相攻击的局面了。古学家抓住旧史来批驳今学家，认为今学家是“信口说而背传记”，“怪旧艺而善野言”[26]。但是，谁知道就是在这些“口说”和“野言”中正含有不敢书见的大义微言呢？六经都是所谓“旧法世传之史”，而六经之脱离旧法世传之史，上升而为“圣经贤传”，成为一个有独特思想的学术体系的经学，则正是由于儒者们依附于六经灌注了自己的思想、依附于六经寄托了一套自己的理想制度。井研廖先生说“今学是经学，古学是史学”正是指此。但自西汉中世以后，今学家已不能充分掌握其继承的学术思想，已不能阐说其所继承的理想制度的精神实质，而今学家又有不敢明确提出其思想实质的先天缺陷，其在治学方法上所暴露的“分文析字，烦言碎辞”的作风，更给予古学家以口实。今学家当然就不能抵挡古学家的猛烈攻击，因而在东汉中世以后今学思想也就逐渐衰微而终于湮灭了。

综合上面所论，我们认为今学家的思想是一个万民一律平等的思想。井田制度是在经济基础上的平等，群众学校是在受教育和做官吏机会上的平等，封禅是在出任国家元首上的权利的平等，大射巡狩是在封国爵土上的平等，明堂议政是在议论政治上的平等。在这一律平等的基础上，而后再以才德的高下来分判其地位，才德最高的人可以受命而为天子，其次可以为诸侯、卿、大夫、士，其不称职者可以黜免，同时又还有辅助政府的议政机构。从形式上看，应当说这是一个气魄雄伟的规模宏大的有理论根据有具体办法的比较完善的思想体系。但无论如何他们没有法子摆脱历史对他们的局限：他们无法认识在阶级社会中任何要求一律平等的理想都只能是幻想。同时他们也无法认识到周代井田制度的崩溃是历史发展的必然结果。虽然他们理想的井田已不同于周代的井田，但他们无法认识在土地私有制度既已发生发展以后，要实行还田授田的井田制度是绝不可能的了。同时，他们在理想的制度中还主张实行封建制度，甚至某些学者还主张“盛德之士，亦封之为附庸（三十里以下）”〔27〕，这是对不平等的旧制度反抗得不彻底的表现。虽然在理想中消灭了因种族、血缘造成的不平等，但却又建立一套起于才德的世袭诸侯，又造成新的不平等。同时他们无法认识到历史上从来没有出于自愿而退下政治舞台的剥削者，他们的想用禅让的方法叫统治者交出政权的学说，除了给后世篡取政权的野心家提供理论基础外，没有别的作用。同时，由于阴阳五行的色彩愈后愈浓，以致使人容易迷炫在阴阳五行的气氛中，而不复辨识其思想内容，而淹没了其思想实质。这些虽然是由于历史的局限，但同时也还由于知识分子的软弱性，不敢进行尖锐的斗争。但是，虽然今学家的思想是带有幻想性的、不彻底的、软弱的、迷信气氛浓厚的学术体系，然而却不能因为这些而抹杀了在专制统治时代提出“革命”的进步性，不能因此而抹杀了在阶级对抗异常尖锐的时代提出“一律平等”的进步性。

三

今学家这些思想虽有它的局限性，但在阶级对抗异常尖锐的专制时代能够提出革命理论和一律平等的制度，这绝不是偶然的，是有其历史根源的。

春秋战国时代在我国历史上是一个剧变期，我们在前面谈到西周时代乡和遂在田制、兵制、学制上都是有差异的，到春秋时，这些差异已在开始变化了。《左传》僖公十五年载：“晋于是乎作爰田”，“晋于是乎作州兵”。“于是乎作”的“作”字，应当就是创始的意思。作爰田就是废弃井田而扩大亩量（另详《中国历代农产量的扩大和赋役制度及学术思想的演变》），作州兵就是取消三郊服兵役的限制，扩大出于三遂（诸侯三郊三遂，《管子》统州者谓之遂）。是乡遂田制、兵制的差异在晋国已取消了。《公羊传》宣公十五年：“初税亩，履亩而税也。”履亩而税就是废除彻法助法，一律都按亩征税。是乡遂田制的差别在鲁国也取消了。《学记》说：“党有庠，术有序，国有学。”郑康成读术为遂。《学记》作得较晚，后来遂也设序，乡遂在学制上的差别也取消了。由于种族歧视政策所造成的乡遂差异，已渐渐地消灭光了。到春秋末贵族逐渐下降，民间教育兴盛，游士发生，入战国而有布衣卿相出现，而贵族庶民在政治权利上和教育权利上的差异也日益缩短。在这些巨大的变化之后，又继之以汉高祖起自布衣而登天子宝座的重大历史事件，在目睹耳闻这些情况下成长起来的汉儒，当然不会再在乡遂贵庶之间来筑起高墙了。但是，作为儒家创始人的孔子和被称为亚圣的孟子，他们生长在春秋末和战国初，正是处在大变之中，而他们却都是站在旧贵族的立场上，确乎还存在维护旧贵族的思想。《论语》载：“子曰：‘君子笃于亲，则民兴于仁；故旧不遗，则民不偷（薄也）。’”就是说：当君主的能够对自己的亲戚笃厚一些，人民也就会仁爱起来。君主不随意抛弃故旧大臣，人民也就不会薄情了。这正反映出当时社会已在变化了，旧的血缘关系的人物已不为君主所重视了，而孔子则主张挽回这种情况，扭转当前的发展。孟子则说得更露骨，他说："所谓故国者，非谓有乔木之谓也，有世臣之谓也。王无亲臣矣，昔者所进，今日不知其亡也。"又说："为政不难，不得罪于巨室。"这都和周公的话"君子不施（弛）其亲，不使大臣怨乎不以，故旧无大故则不弃也"没有什么不同。所谓世臣、巨室、故旧，正指的世袭贵族。他还说："文王之治岐也，仕者世禄。"他的维护世袭贵族的倾向是很明显的。他们眼看着旧制度正在崩溃，但却要挽回它。孔子主张"君君、臣臣、父父、子子"，就是要求大家按旧的方式生活。孟子说："王政必自经界始"，他向滕国建议的却是要恢复周代旧田制。儒家说孔、孟这种维护旧贵族旧制度的思想演变而为主张一律平等的思想是一个不简单的过程，而是通过和先秦诸子各学派的斗争相互影响逐步发展的结果。

先秦诸子说为百家，班固列为十流，司马谈则只分六家，其主要者实只儒道墨法四家而已[28]。各家都起自战国初期，在长期并存的岁月里，彼此之间不断的斗争、辩难。及至战国晚期，各家在长期斗争的过程中相互影响相互吸收都改变了其原来的面貌。法家原来是非毁仁义的，而《管子》中的法家言却主张仁义了。道家本来是菲薄仁义的，而《吕览》却也主张仁义了。孔子罕言性与天道，而《易传》中则多言性与天道了。这是相互影响的最显著者。《韩非子》书说："自孔子之死也，儒分为八。"儒分为八正是孔子后学分别受到别家影响，吸取了别家学说的现象。《孟子》书说："杨氏为我，墨氏兼爱，子莫执中。"杨是杨朱，墨是墨翟，都是著名学派的领袖，子莫自然也应当是重要学派的代表。近人有考论子莫就是子张之子申详[29]。孟子批评子莫"执中无权犹执一也"。《中庸》说:"君子时中",孔子为"圣之时者也",是子张之儒已与孔、孟不同。《艺文志》儒家有《子思》二十三篇,唐后不传,就各书所引佚文来看,《子思》书不是子思作,颇杂法家言(详下)。是子思之儒吸取法家的思想写成的。近人有考《庄子》为颜氏之儒者[30],《易·系辞》哲理颇与庄书接近,而文中又独赞"颜氏之子",是《易传》当为颜氏之儒所传,它是受道家影响的一派。《荀子》说:"子思、孟子按往旧造说,造为五行。"赵岐注《孟子》,削去《外篇》,《外篇》中可能杂有阴阳家思想,这说明孟氏之儒之有取于阴阳家。《韩非子》书说:"漆雕之儒,不色挠,不目逃,行曲则违于臧获,行直则怒于诸侯。"是漆雕之儒当为儒而近游侠者,《礼记·儒行》可能是这派的学说[31]。陶潜《圣贤群辅录》言"仲良传乐",公孙尼子《乐记》,可能是仲良所传,《乐记》思想接近道家,仲良之儒当为儒之吸取道家者。荀卿书现在,其哲学思想和道家接近,又曾征引《道经》。而其隆礼尊君,则又和法家接近。是孙氏之儒而杂于道法者。乐正氏应当就是《曾子·大孝》篇中的乐正子春,其论述孝道正合曾子思想,《曾子》十八篇和《孝经》当就是子春所传,以孝为主,墨家"以孝视天下",《曾子·王言》《制言》等篇也合于墨家明堂思想。乐正氏之儒可能吸取了墨家的思想。再从李克、吴起来看,他们虽是子夏弟子,但他们的事迹只能说明他们都应当是法家(另有《法家流变考》言之甚详)。八儒的吸取于各家完全是无可置疑的。道家思想以天道为中心,重形上而遗形下,《易传》吸取了这一思想，变而为以形下通形上，以天道明人事，以建立儒家道德的形上体系。这和本篇所述政治思想关系不大，兹从略。墨、法则重在政治，而对儒家政治思想的影响也很大，兹就儒家之吸取墨、法者略做分析如下：

（一）墨家

墨子身当战国初期剧变之际，在孔子之后，孟子之前，但其对政治之态度则与孔、孟相反。孔、孟是站在旧贵族立场来维护世袭贵族，而墨子则是站在“役夫”“贱者”立场来反对世袭贵族[32]。其学说以兼爱尚贤为主，兼爱以反对世袭贵族的血缘性的经济地位，尚贤以反对世袭贵族的血缘性的政治地位。兼爱之极则不别亲疏一律平等，尚贤之极则至于选天子。他主张一律平等，甚至主张君主和人民在工作和生活上都不应有差别。《荀子》说他“僈差等”，说他“上功劳苦与百姓均事业齐功劳”[33]，正是指的他这种思想。但他却又把这一律平等的思想说成是天的意志（天志），给他披上了宗教迷信的外衣。儒家则只吸取了这一律平等的思想而抛弃其天志学说。汉今学家制度以明堂最为重要，而明堂制度则源于墨家。《汉书·艺文志》说：“墨家者流盖出于清庙之守，茅屋采椽是以贵俭，养三老五更是以兼爱，选士大射是以上贤。宗祀严父是以右鬼，顺四时而行是以非命，以孝视天下，是以上同，此其所长也。及蔽者为之，见俭之利因以非礼，推兼爱之意而不知别亲疏。”清庙就是明堂。是墨家学说各项义理都源出于明堂。应当是墨家有此理论，班固才这样说。墨家著作散佚很多，不能因其不见于现存墨家著述中而加以怀疑。今学家不仅以明堂为论政之所，禅让行之于明堂，巡狩黜陟告归于明堂，大射选侯在明堂，辟雍选贤也在明堂，是今学家所理想的制度都可统一于明堂制度内[34]。正是儒家吸取了墨家思想的中心而成为儒家制度的中心。先秦诸子中最能阐述明堂思想者当推尸子，《尸子》书《汉志》为杂家，就《尸子》书来看，它不同于《吕览》《淮南》以道家思想为中心的杂家，而是以儒墨思想为中心的杂家。《尸子》有《止楚师》一篇，就是叙墨子止公输般攻宋事。他又说："禹之治水，死陵葬陵，死泽葬泽，桐棺三寸，制丧三日，舜死南已，衣衾三领。"正是根据于墨家的学说。《明堂》篇说："古者明王之求贤也，不避远近，不论贵贱，卑爵以下贤，轻身以先士，故尧从舜于畎亩之中，北面而见之。不争礼貌，此先王之所以能正天地利万物之故也。今诸侯之君，广其土地之富，而奋其兵革之强，以骄士，士亦务其德行美其道术以轻上，此仁者之所非也。曾子曰：'取人者必畏，与人者必骄，今说者怀畏，而听着怀骄，以此行义，不亦难乎！非求贤务士而能致大名于天下者，未之尝闻也。夫士不可妄致也。……'是故曰：待士不敬，举士不信，则善士不往焉。听者耳目不瞿，视听不深，则善言不往焉。孔子曰：'大哉河海下之也，夫河下天下之川故广，人下天下之士，故大。'故曰：下士者得贤，下敌者得友，下众者得誉，故度于往古，观于先王，非求贤务士而能立功于天下、成名于后世者，未之尝有也，夫求士不遵其道，而致士者，未之尝有也，然则先王之道可知已。"明堂就是大学，是养士之所，故他从人君必须礼贤下士来讲论明堂，正是因为养士的作用是观贤议政。上以骄士、下以轻上、正是战国时代流氓式政客和暴君双方的丑恶，明堂正是替代这种形势的绝好形式。《尸子·君治》篇说："黄帝曰合宫，有虞氏曰总章，殷人曰阳馆，周人曰明堂。”正是指出明堂是为政的要点。《艺文志》称佼鲁人，《谷梁传》为鲁学，曾再次引《尸子》以释《春秋》，而《尸子》书也载谷梁俶作传事。尸子就可能是一位《谷梁》先师，墨家明堂理论可能就是通过尸子而传给汉的今学家。

墨家“以孝视天下”，战国晚期的儒家也特别重视“孝道”，《曾子·大孝》篇以孝来统括各项德目。且又有《孝经》的出现，《孝经》中有所谓天子之孝，诸侯之孝，卿大夫士庶人之孝，也统括了一切德目。汉代纬书说：“志在《春秋》，行在《孝经》。”更是特别提高《孝经》的地位使其和《春秋》并列。墨家法夏，而《孝经》多用夏法〔35〕。且又说：“先之以兼爱而民莫遗其亲。”很明显的这都是吸取了墨家思想的结果。《曾子》《孝经》中所讲的“孝道”已和孔、孟时所说“孝道”的含义不同了〔36〕。

儒家吸取了墨家思想而又能进一步发展者，当以《礼记·礼运》篇最为显著。《礼运》思想来自墨家当以近人伍氏《墨子大义述》说得最透彻，他说：

> 《礼运》大同之说，颇与儒家言出入，学者或疑其非孔氏书，或以为学老庄者掺入之。实则墨子之说而援之以入儒耳。盖儒者数传之后，墨家兼爱尚同之理想，已大见重于世人，孔子所谓尧舜犹病者，而墨子以为实行不难，子游弟子等乃援墨入儒，谓仲尼亦有此说云耳。明知墨家之兼爱与儒家之礼不相容，别为大同小康二说，谓姑先行小康之治，仍徐跂于大同，此《礼运》之所由作也。《礼运》大同说与其他儒家言不甚合，而与《墨

子》书意义多符，文句亦无甚远，天下为公则尚同也，选贤与能则尚贤也，讲信修睦则非攻也，不独亲其亲不独子其子则兼爱也，货恶其弃于地，力恶其不出于身则节用非命也。使老有所终，壮有所用，幼有所长，矜寡孤独废疾者皆有所养，则“老而无妻子者有所侍养以终其寿，幼弱孤童之无父母者有所依放以长其身”之文也。货不必藏于己，力不必为己，则余力相劳，余财相分，余道相教之义也。谋闭而不用，盗贼窃乱不作，则盗贼无有谁窃谁乱之语也。总观全文，大抵摭拾《墨子》之文，其为墨家思想甚为显著。篇中下文，一些能使天下为一家，中国为一人，亦《墨子·尚同篇》语。

儒者既采取墨家思想以入《礼运》，但礼乐则为墨家所非毁，故儒者又不得不揭出乐的根源来说明礼乐的必要性。所以《礼运》篇在叙述了大同小康之后，又说：“昔者先王未有宫室，冬则居营窟，夏则居橧巢，未有火化，食草木之实、鸟兽之肉，饮其血茹其毛。未有麻丝，衣其羽皮。后圣有作，然后修火之利，范金合土，以为台榭宫室牖户，以炮、以燔、以烹、以炙，以为醴酪，治其麻丝，以为布帛，以养生送死、以事鬼神上帝。”这是从社会发展的观点来说明礼乐之起源，人类从野蛮进入文明，是自然发生的。又说：“饮食男女，人之大欲存焉；死亡贫苦，人之大恶存焉。故欲恶者心之大端也。人藏其心，不可测度也。欲一以穷之，舍礼何由哉。”又说：“故圣王修义之柄、礼之序，以治人情，故人情者圣王之田也，修礼以耕之，陈义以种之，讲学以耨之，本仁以聚之，故礼也者，义之实也，协诸义而协，则礼虽先王未之有可以义起也。”认为人生而有欲有恶有情，而礼正所以治理人之欲、恶、情，使其能合于义，只要能合于义，虽是先王所无之礼，也是可以创造的。这是从人的本能上来说明礼的必要，大同世界，也不过是礼的极点。儒家虽然一方面从理论上来说明礼乐的必要性以回答墨家的批评，同时在另一方面也对礼乐做了适当的精简。先秦时儒家都以《诗》《书》《礼》《乐》《易》《春秋》并称，或《诗》《书》《礼》《乐》《春秋》，《诗》《书》《礼》《乐》并称，而入汉以后《乐经》不传。廖先生说：“今学家‘因日月祭之渎祀，乃订为四时殷祭，厚葬之致祸乃专主薄葬。’”又说：“古礼从周多繁文，今礼变周多简质。”应当说这些精简正是由于接受了墨家的批评。

（二）法家

法家较墨家稍为后起，其对政治的态度也是反对世袭贵族的。但是墨家是在一切平等的基础上来反对世袭贵族，而法家则是站在扩张君权的基础上来反对世袭贵族。这是墨家和法家的根本分歧。所以墨家的著述中阐明一切平等的理论多，而在法家的政绩中则是以摧抑世袭贵族的政策多。商鞅在秦，《史记》载其：“日绳秦之贵公子”，又令：“宗室非有军功，不得为属籍。”这确实作到了强公室杜私门的效果，但他也因此被贵族杀死。吴起也是个法家（《韩非子·外储说右上》载吴子为法者也），史载他在楚：“废公族疏远”，“谓荆王令贵人往实广虚之地”，“教（楚）悼王使封君三世而收爵禄”，他也大肆打击世袭贵族，结果也是被贵人射死〔37〕。“秦师申、商之法，行韩非之说”〔38〕，《汉旧仪》说：“始皇灭诸侯为郡县，不世官。守相令长以他姓相代，去世卿大夫。”这算是彻底地取消了世袭贵族的特权。反对世袭贵族可说是法家思想中的主要的一环，而孔、孟则是维护世袭贵族的（见前），但是《公羊传》却再度的“讥世卿”[39]，认为“世卿非礼也”。近人李浚清氏说：“讥世卿是《公羊》义，非《春秋》义”，这是很正确的。很清楚，这正是《公羊》家吸取了法家思想。他如《春秋》大一统义、尊王义，也都是受到法家的影响。

《汉书·艺文志》儒家有《子思》二十三篇，除《礼记》中收录的《中庸》《表记》《坊记》《缁衣》为纯儒家思想外，其见于诸书的佚文则颇多法家思想。《后汉书·袁绍传》注引“兔走于街百人追之，贪人俱存，人莫之非者，以兔为未定分也。积兔满市，过者不愿，非不欲兔也，分定后虽鄙人不能与争”。这和《慎子》：“一兔走，百人追，积兔于市，过而不顾，非不欲兔，分定不可争也。”不仅是思想一致，而且文字也大同小异。《孔丛子》载：“子思问于夫子曰：‘为人君者莫不知任贤之逸也，而不能用贤，何故?’子曰：‘非不欲也，所以官人任能者由于不明也，其君以誉为赏，以毁为罚，贤者不居焉。’”[40]又载子思对卫君说：“君将以名取士耶?以实取士耶?”都正和韩非所说“今若以誉进能，则臣离上而下比周，若以党举官，则公务交而不求用于法，故官之失能者其国乱，以誉为赏，以毁为罚也”的思想相同。《孔丛子》又载：“穆公问子思曰：‘吾国可兴乎?’对曰：‘苟君与大夫慕周公、伯禽之治，行其政化，开公家之惠，杜私门之利，结恩百姓，修礼邻国，其兴也勃矣。’”“强公室杜私门”正是商鞅所以治秦、吴起所以治楚而韩非所谆谆告诫者。《孔丛子》又载：“子思言苟变于卫君，曰：‘其材可将五百乘。’君曰：‘变也尝为吏，赋予民而食人二鸡子，以故弗用。’子思曰：‘君处战国之世，选爪牙之士，而以二卵弃干城之将，此不可使闻于邻国者也。’”这种为了富国强兵而重才不重德的思想，也正是法家思想的反映。晁公武《郡斋读书志》引《子思子》：“孟轲问牧民之道何先？子思曰：‘先利之。’孟轲曰：‘君子教民亦仁义而已，何必曰利？’子思曰：‘仁义者固所以利之也。’《易》曰：‘利者，义之和也。又曰利用安身以崇德也，此皆利之大者也。’”（《孔丛子》有此文）。这显然是针对孟子“先义后利”“亦有仁义而已何必曰利”等思想而发的，并引用了《易经》来调和义利的对立。这正反映出子思书出《孟子》以后，它吸取了各家学说，而最显著的则是法家思想。今学家说：“《春秋》改周之文从殷之质”，从殷之质的实质就是取法于法家（详下）而“文”“质”论则又源出《礼记·表记》，《表记》为子思之书，今文学家之大量吸取法家思想当正是以子思之儒为先导。

今学家常说：“《春秋》改周之文，从殷之质。”又说：“文质再而复。”今学家又常说：“夏之政忠，忠之敝小人以野，故殷人承之以敬，敬之敝小人以鬼，故周人承之以文，文之敝小人以僿，救僿莫若以忠，三王之道若循环，终而复始。”很显然，这是两种不同的循环论。根据前者继周而王者应当取法于殷。根据后者则继周为王者应当取法于夏。这岂不是互相矛盾的么，而且这又和孔、孟、荀一直传来的从周的说法不一致[41]。今学家为什么会提出这种既和孔、孟、荀思想不合而又自相矛盾的理论呢？要解决这一问题只需了解所谓的“殷”和“夏”是什么意义，便可迎刃而解了。从表面上看，法殷是法殷之质，法夏是法夏之忠，而实际上则并不如此。所谓“夏”的实质是指的墨家思想，而所谓“殷”的实质则是法家思想。法夏法殷就是兼取墨、法两家的思想。《淮南子·要略》说：“墨子背周道而用夏政。”《庄子》称墨子说：“不能如此非禹之道，不足谓墨。”《墨子·公孟》篇也自许为“法夏”。墨家之说“法夏”，也正如儒家之说“从周”，至为显著。近世学者多已承认。《韩非子》说：“殷之法弃灰于衢者刑。”又说：“商鞅之法弃灰于道者被刑。”就是说商鞅之法是根据殷法。荀卿说：“刑名从商，爵名从周。”也正因为刑法多从殷来，故说“刑名从商”。董仲舒说：“殷人执五刑以督奸，伤肌肤以惩恶，秦国用之，死者甚众。”是秦所用就是殷人之法，而他又曾说：“秦师申商之法，用韩非之说。”是申商韩非所传正是殷法。法家之取法于殷当也是无可置疑的（详见《儒家法夏法殷义》）。已知墨家思想是法夏，法家思想是法殷，则今学家所说法夏法殷是兼取墨家法家思想就很显然了。不说是取于墨家、法家而说是法夏、法殷者，只不过是因儒、墨、法长期相互攻击而不愿意显明地表示其“舍己从人”的面子而已。

根据上面所说，我们可以说，从战国晚期到汉初这段时间，儒家思想发生了一次巨大的变化，它吸取了很多其他学派的思想，使儒家思想向前发展了一步，不仅是在思想内容上丰富了，增多了，同时还通过和各家斗争的锻炼而在理论上提高了，在思想方法上深入了。

前面谈到，先秦诸子各学派在战国末期都互相吸收，我们还必须指出，他们不仅是吸取而已，而且还是在保持其独特思想的基础上，围绕着自己的中心思想来吸取别家的学说以充实自己。司马谈说：

“道家因阴阳之大顺，采儒墨之善，撮名法之要”，又说道家：“其术以虚无为本，以因循为用”，就是一个最显著的说明。《吕览》《管子》《淮南》便是在这样一个原则支配下所产生的作品。他如《韩非子》是集商鞅之法、申子之术、慎到之势而成一家，又取道家之说以为君人南面之术，而始终不离其不别亲疏、不殊贵贱、尊君而卑臣的中心。又如《墨经》，已放弃其前期墨家的天志、明鬼等思想而剽取儒家忠孝等德目，然终不离其兼相爱、交相利的中心。且诸子思想既相互影响而日趋成熟，于是各家都有就其主要思想提纲摘要而制作为“经”的出现，道家有《道经》，墨家有《墨经》，《韩非子·内储》《外储》也有《经》。都是作为各家的经典。儒家学术，又何能例外，“六艺经传，以千万数”，也正是儒家吸取了诸子思想而折中于六艺的结果。只不过其他各家重在理论而忽视文献，儒家则是既重理论又重文献罢了，诸子是以理论为经，儒家则是以旧文献为经。只有明确了这种先秦诸子发展的情况，才能对汉代经学（主要指今学，下同）有正确的认识。认识六经传记是诸子思想的发展，才能认识出汉代经学的思想性，才不会把六艺经传当作史料看待。在肯定了经学的思想性后再来分析经学家的礼制，才能发掘出这些礼制所体现的思想内容。明确了经学有其一定的思想内容，再结合诸子学派作“经”的事来看经师们所传的六经，才能知道六经虽是旧史，但是必然经过整理。廖先生说过“六经传记重规垒矩”，经传的能自相吻合，就是删去了旧史的制度和新思想矛盾的部分，这是必要的。应该承认汉人所说“删《诗》《书》，订《礼》《乐》，作《春秋》”完全是事实，只不过并不能一齐都堆在孔子头上而已。这样才能认识汉代经学虽然是从孔、孟儒家演变而来，经学家也把孔子尊为素王，但其思想内容则已大大和孔、孟有别了。从前有人认为孔、孟是维护世袭贵族那样的旧社会的，经过战国以后这种旧制度已经彻底崩溃，而儒家反而更盛，似乎是不可理解。这不是别的，正是由于儒家思想随着时代的前进而发展了。它吸取先秦诸子各家思想，使它在理论上较各家为全面，它重视了三古的典章制度，使它在方法上较各家为具体，然后才认识它能够得到大量群众的信从并不是偶然的，它不仅在战国末被认为是和墨家平分秋色的显学，即使在素不好儒且曾焚书坑儒的秦朝也是博士中的多数派。

《史记·叔孙通列传》载："陈涉起山东，二世召博士诸儒生问，博士诸生三十余人前曰：'人臣无将，将即反，罪死无赦。愿陛下急发兵击之。'二世怒，作色。叔孙通前曰：'诸生言皆非也。'""无赦"下《集解》引瓒曰："将谓逆乱也，《公羊传》曰：'君亲无将，将而必诛。'"〔42〕在这短短的几十个字里，一则称"博士诸儒生"，再则说用《公羊》理论回答的就有三十余人，三则在三十余人之外还有像叔孙通之类谄谀二世的儒生。可以说博士中儒生数量是很多的。从这段文字来看，至少应有三十多人是儒生。近世学者多认为博士员额是七十人，那么，在秦博士中的儒生就至少占了一半。其他还有占梦博士、名家博士及仙真人诗的博士等诸子博士，总合最多也不过是六十余人〔43〕。秦用的是法家的政策，而又不喜欢儒生，但博士中偏偏以儒生的比重特别大，这岂不正是儒家思想传播较广，信徒较多的反映吗？汉承秦制，也立博士。叔孙通为高帝博士，孔襄为惠帝博士，申培、韩婴、贾谊及公孙臣为文帝博士，辕固、胡毋生、董仲舒为景帝博士。从这些可考见的博士来看，绝大多数也是儒家。司马迁说："文帝本好刑名之言，及至孝景不任儒者，而窦太后又好黄老之术，故诸博士具官待问，未有进者。"文、景不好儒，所以博士们都坐了冷板凳，这不也反映出博士多半是儒生吗。在武帝以前，黄老、申商、韩非、苏、张各家学说虽也各有传授，但从《史记》《汉书》的材料看来，还是远不及儒家传播的广泛。纵然太史公是先黄老而后六经，也只能提出很有限的几条材料。但由于汉初萧、曹、文、景以无为为治、好黄老，遂给予人们一个汉初黄老盛行的看法，考之实际则不尽然。从秦汉博士官的情况看，儒家是早已拥有大量群众，武帝之下令崇儒，只不过是因势利导而已。不容讳言，自武帝以后儒家有了独尊的条件，有了利禄的引诱，儒家又大大发展了。但其发展的主要因素还是决定于它的学术思想内容。但是，它的学术思想的主要部分却反而因为立于学官而隐晦起来了。

汉代经学虽然是继承先秦儒家（和诸子）而来，但在学术内容的侧重点则各不同。先秦详于理论，汉儒详于制度。只有理论而没有制度，理论就是空谈。只有制度而没有理论，制度就会失掉意义。故理论和制度必须综合起来研究，而后才能认识其思想全貌。而且先有理论而后有制度，又是学术发展的自然次序。从上面所述来看，我们认为汉代的经学是先秦儒家和诸子的发展和总结，杂家《吕览》《淮南》是以黄老为中心来总结，六艺经传是以儒家为中心来总结，这样的说法并不算是夸大和过分。但自董仲舒出来以后，变素王为王鲁，变革命为改制，变井田为限田，以取媚于武帝，又高唱"《春秋》大一统"以尊崇王室，因而混乱了今学思想。自武帝宣帝立今学各家的博士官以后，学术既统率在政权下面，今学中一部分比较尖锐的思想——如革命、禅让等理论，就不敢公开讲论，而使今学内容趋于枯萎。博士们虽谨守师法讲述所托于古的礼制——理想的制度，但对这些礼制的精神意义已不能不逐渐沦于“幽冥而莫知其原”的状态。而今学末流那种“分文析字，烦言碎辞”的治学方法，“专已守残，党同妒真”的学术态度已引起了当时学术界的不满，而给古学造成了可乘之机。且在西汉二百年间，儒家虽获独尊的特殊待遇，但今学家的政治理想并未被采纳施行，反而只招致了几次殉道事件。最后，他们把希望寄托在别有用心的王莽身上，他们的学说（如革命禅让）为王莽的篡取政权提供了理论，把王莽推上了皇帝的宝座。王莽在改制中也采用了部分今学家的理想制度。但王莽最后是失败了，今学家也因此而受到很大影响。于是古学家乘机而起，古学家的治学方法是把六经还原为旧法世传之史，放弃西汉师说传记而直探经文，于是义理之学废而训诂之学兴，使经学丧失了思想内容。但古学后起，初期的古学经师如贾逵、马融、郑兴、郑众，以及后期的郑玄、服虔，在解说各经时也还常用今学家的说法。《诗经》在王肃以后，《左传》在杜预以后，《易经》在王弼以后，古学才脱离今学而独立，但三礼仍然是今、古混杂，因而古学家也未能严格地恢复旧史。可是自此以后今学却绝灭了。当两汉经师不得志于当道的时候，甘忠可、夏贺良、李寻等把今学思想托之于宗教，制为《包元太平经》，指向在民间传播。现《太平经》犹存，还可考验（虽然已有很多增窜，但还能看个大略），它的理想和今学家的理想是殊途同归的。然而却已托于神怪以资传播，甘、夏等人真可说是“用心良苦”了。

现在看来，今学在理论上是比较全面的，在制度上是比较具体的。但在汉时，经师们各守专经，少有互通，没有（也不可能有）根据全部理论、制度来作一次通盘整理全面论述。虽然提出“素王”“新周”“为汉制作”等纲领，但也语焉不详，缺乏内容。石渠、白虎两次会议正是以礼制为中心，但是主要是皇帝称制临决，自然是由皇帝来取舍，内容就大大变质了。要对今学获得全面了解本已不是一件容易事，再加上学术阵营上的几次混乱——董仲舒的变节、博士的固陋、古学的攻击，就更增加了后人对今学了解的困难。怎么会为不因“素王”“新周”等词句而同意前人“非常异义可怪之论”的批评呢！自魏晋以后学者只争论郑玄、王肃而不再辩论今、古，今学思想于此中绝。及至清代，稽古考据之学大盛，抛开宋唐，专究两汉，学者们且打出“汉学”的旗帜来号召。但又多束缚在许慎、郑玄范围下，日孳孳于名物训诂，在学术上无系统、无条理。虽然他们已略知汉代有今古学的差异，但又多只知从文字的今书和故书，从《逸书》《逸礼》等问题上来分析，还没有接触到今、古学问题的本身。须知今、古文学的差异是两个学术派别之间的差异，学术派别上的差异，应当是从学术内容上来考察的，仅仅从几个字或几章书的差异来着眼能解决多大问题的？自清中叶以后，庄存与、刘逢禄、宋翔凤、龚自珍、魏源等钻研《公羊春秋》，打出“今文”旗号，专讲《公羊》的“微言大义”，但又不能辅以礼制，因此更招致了学者的怀疑。陈寿祺、陈乔枞、陈立和后来的皮锡瑞等人专讲西汉今学，已略略知道从礼制上来分析，但还不知道研究礼制的意义，还没有统绪，问题就在于忽视了“《春秋》大义”。只有井研廖季平先生能并重《春秋》、礼制，把庄、刘和二陈两派，汇合于一途，所以刘申叔先生称他“长于《春秋》，善说礼制，洞彻汉师经例，魏晋以来，未之有也”。廖先生在两者中他都有深入的研究。他作《今古学考》，明确提出以礼制判今、古的方法，以《周官》为古学家礼制的纲领，以《王制》为今学家礼制的纲领，认为古学是从周是旧制，今学是改制是理想。而使今学古学如泾渭分流，秩然不紊，使清代百余年间争论纷纭而不能解决的问题，至此而得彻底解决的方向。他说：“《春秋》因时救弊，《春秋》有志之士，皆欲改周之文。如今之言治者莫不欲改弦更张。《王制》所言，皆素王新制，改周从质。周末积弊多，继周当改，故寓其事于《王制》。”是在以礼制分今、古的基础上，又用《春秋》家的政治思想来说明今学制度的意义。使已湮没了千几百年的有理论有制度的今学家思想全貌得到发掘出来的可能。这不能不承认是近代学术界的重大发现。虽然廖先生的学说后又迭有变改，但以《周官》《王制》判古、今的基本论点从未动摇。“今学是经学，古学是史学”的论断是千古定论。而世之学者不能掌握先生学说的精神，或见其天人小大六变之说的玄妙秘奥，惊惶而不知所从；或拾其牙慧而大唱毫无根据的议论。甚至有的竟以《周官》《左氏春秋》等古学经典都出于刘歆伪造，为王莽篡汉提供一切建设根据。我们在前面已多次论到《周官》是一套贵庶悬殊种族歧视的制度，而王莽改制则是有一定均富思想限制富豪的政策，两者毫不相干，如何能够混为一谈。于经于史，都一无是处。近世学者又或略窥知今学学说，但又困惑于阴阳五行气味过于浓厚，而忽略了阴阳五行外衣里有其一定的合理内核，一概以迷信看待，因此仍然不能认识今学家真正面目。我们认为研究今学家思想首先应该剥去它的迷信色彩的外衣，抓住它的合理的内核，然后再根据其历史条件分析其披上阴阳五行的外衣的原因，才能够真正掌握今学思想的全貌。在这个基础上再来进行批判。可能接近实际，不致差得太远。本文所写只可说是廖季平先生所提示出的方法，初步提出今学思想中几项主要思想原形，供研究中国思想史的同志们参考，至于用马列主义的科学方法来分析批判则力有未能。而所提出的今学思想原形是否符合历史的客观实际，也至诚地希望同志予以指教。

原载《孔子讨论文集》第一辑，山东人民出版社，一九六一年。

注释：

〔1〕司马迁引董仲舒的话。

〔2〕应是鲍丘之误，即《盐铁论》之包丘子，《史记》之浮丘伯。

〔3〕“天降下民，作之君，作之师”，《孟子·梁惠王下》引“《书》曰”。“天之立君，以为民也”，《荀子·大略》篇。

〔4〕见陈乔枞《三家诗遗说考》引。

〔5〕《三国志·魏文帝纪》注引许芝疏引。

〔6〕见陈乔枞《三家诗遗说考》。

〔7〕俱见《汉书·谷永传》。

〔8〕见张惠言《易义别录》。

〔9〕《汉书·董仲舒传》。

〔10〕《陈留风俗传》：“园度字宣，明《公羊春秋》，为秦博士。”园又作辕，正是辕固先人。《史记·叔孙通传》载秦二世时博士以公羊义对二世，正是宣为博士时事。

〔11〕《国语·吴语》:"越王以其私卒六千人为中军。"《左传》昭公二十七年载:楚"左司马沈尹戌帅都君子与王马之属以济师与吴师遇于穷"。

〔12〕秦蕙田《五礼通考》说:"古者取士于乡有二法,一则由乡而升司徒,而升大学,学成然后用之,《王制》所谓选士是也;一则三年大比,兴其贤能,直达于王,不复令入国学,《周礼》所谓宾兴是也。"他看出《王制》《周礼》制度不同是正确的,但把《王制》《周礼》并列,认为是取士二途就不对了。他看出《周礼》六乡之士不入太学是正确的,但没有看出这是贵庶殊途。

〔13〕系就《地官》遂人、遂师、遂大夫、县正、鄙师、酇长、邻长等来考察。

〔14〕本段用蒙季甫《儒家政治思想之变迁》一文所说。

〔15〕《尚书大传》虽说:"三年一使三公黜陟",但又说诸侯之于天子,五年一朝,朝见其身,述其职。述其职者,述其所职也。是还不以述职为黜陟,述职的解释也还同于《孟子》。《史记·燕世家》:"召公之治西方,甚得兆民和,召公巡行乡邑,有棠树,决狱政事其下。民人思召公之政,怀棠树不敢伐,歌咏之,作《甘棠》之诗。"也还没用述职来解释《甘棠》。《说苑·贵德篇》:"《诗》曰:'蔽芾甘棠,勿翦勿伐,召伯所茇。'传曰:'自陕以东者周公主之,自陕以西者召公主之,召公述职当桑蚕之时,不欲变民事,故不入邑中,舍于甘棠之下而听断焉。陕间之人皆得其所,是故后世思而歌咏之。'"《汉书》载王吉上书:"昔召公述职,当民事时,而听断焉,时人皆得其所,后世思其仁恩,至乎不伐,《甘棠》之诗是出。"注:"《韩诗》说昔召公远职云云。"可见《韩诗》《鲁诗》都已用述职来理解《甘棠》了。刘向《五经通义》说:"王者已有州伯,所以复设二伯何?欲使黜陟也。三岁一闰,天道小备,故二伯黜陟也。何以为二伯乎?曰:以三公在外称伯,东西分为二。所以称伯,欲抑之。三公臣之最尊者也,又以王命而行天下,为其盛故抑之,明有所屈也。"从这里可以看出,今学家先有三公黜陟的理论,然后改述职的意义,使其合于三公黜陟,再用《诗》以比附说明。

《白虎通》所说是这一理想已编构妥当之后。

〔16〕《尚书大传》："古者诸侯之于天子也，三年一贡士，天子命与储侯辅助为政所以通贤共治，示不独尊，重民之至。大国举三人，次国举二人，小国举一人，一适谓之攸好德，再适谓之贤贤，三适谓之有功者，天子赐以衣服弓矢，再赐以秬鬯，三赐以虎贲百人。统曰命诸侯，得专征。有不贡士谓之不率正者，天子黜之，一黜少黜以爵，再黜少黜以地，三黜而爵地毕。"

〔17〕《尚书大传》："天子执冒以朝诸侯，见则复之。故冒圭者，天子所以与诸侯为瑞也。无过行者复其圭，以归其国，有过行者留其圭。能改者复其圭。三年圭不复，少黜以地，九年圭不复而地毕。"

〔18〕《白虎通·考黜》篇："小国考之有功，增土进爵。""五十里不过五赐而进爵土。七十里不过七赐而进爵土。"又说："盛德之士亦封之，所以尊有德也，以德封者必试之为附庸，三年有功因而封之五十里。元士有功者亦为附庸，大夫功成封五十里，卿功成七十里，公功成封百里，士有功德迁为大夫，大夫有功德迁为卿，卿有功德迁为公，故爵主有德封主有功也。"

〔19〕《汉书·景十三王传》，"对三雍宫"注引应劭曰："辟雍、明堂、灵台也，雍和也。"《补注》引《通鉴》胡注曰："谓对三雍宫之制度，非召对于三雍宫也。"《艺文志》："儒家有河间献王《对上下三雍宫》三篇。"沈钦韩曰："《后汉书·张纯传》：纯案河间古辟雍记，欲具奏之。"案汉多以明堂、辟雍、灵台为一，故谓之三雍。

〔20〕惠栋《明堂大道录》："明台、衢室、总街皆明堂也，立谏鼓亦于明堂，灵台，明堂之灵台也。"

〔21〕丘濬《大学衍义补》说："外朝在库门之外，最居外者也，人君不常御，国家大典礼，则于此朝会，而朝士掌其法：有大疑难则于此询问，而小司寇掌其政。朝著之间，有上下之位，有前后之次，入者必循序渐进，而不可参差，立者必肃容守次，而不可错乱，非奏对不言，无故不可聚而喧哗，故当人臣朝见

之时，小司寇则摈而相之，使之次第而进，朝士则帅其属而用鞭呼号以肃之，使知各趋其位而知所避焉。”是丘濬已知《周官》外朝之事，但惜其不知为朝万民之制。

〔22〕《大戴礼·保傅》篇引《学礼》曰：“帝入东学上亲而贵仁，期亲疏有序始恩相及矣，帝入南学上齿而贵信则长幼有差始民不诬矣。帝入西学上贤而贵德则圣知在位功不匮矣，帝入北学上贵而尊爵则贵贱有等而始下不踰矣。”东学、南学、西学、北学就是《王制》“大学在郊”的四郊大学。

〔23〕《白虎通》引《尚书逸篇》曰：“大社唯松，东社唯柏，南社唯梓，西社唯栗，北社唯槐。”《续汉书·祭祀志》引马融《周礼》注曰：“社稷在左，宗庙在右，或曰王者五社，大社在中门外，唯松，东社八里唯柏，西社九里唯栗，南社七里唯梓，北社六里唯槐。”以距邦来看四郊社正是在四郊明堂处。

〔24〕见《尔雅·释天》。

〔25〕《孟子·梁惠王下》：“齐宣王问曰：人皆谓我毁明堂。”赵注：“谓泰山下明堂，周天子东巡狩朝诸侯之处也。”《荀子·强国》篇：“虽为之筑明堂于塞外而朝诸侯殆可矣。”都是以明堂为朝诸侯之所。

〔26〕刘歆《移让太常博士》书斥博士“信口说而背传记，是末师而非往古。”许慎《说文解字叙》斥俗儒鄙夫“怪旧艺而善野言。”

〔27〕《白虎通·考黜》篇说：“盛德之士亦封之，所以尊有德也，以德封者，必试之为附庸。”《春秋繁露·爵国》篇：“传曰：氏不若人，人不若名，名不若字，附庸字者方三十里，名者方二十里，人氏者方十五里。”附庸三等之说，前此无所闻，可能正是承封盛德试为附庸之说而起。

〔28〕前撰《法家流变考》曾说：“北方兵、农、纵横之学可统之于法，而东方阴阳、名辩之学亦可统之于墨，而杂家则可归之于道。《汉志》所列九流及兵家实只儒、道、墨、法四家而已。”其说详见该文。

〔29〕钱穆《先秦诸子系年》。

〔30〕郭沫若《十批判书·庄子批判》。

〔31〕详见作者所撰《漆雕之儒考》。

〔32〕《墨子·贵义》篇载:“子墨子南游楚,楚王使穆贺见子墨子,曰:‘子之言诚善矣,而君王天下之大王也,毋乃曰贱者之所为而不用乎。’”《荀子·王霸》篇说:“是以县天下,一四海,何故必自为之,自为之者,役夫之道也,墨子之说也。”这都是把墨子所行当作“贱者所为”“役夫之道”,而墨子也正是站在贱者、役夫的立场上。

〔33〕《荀子·非十二子》篇:“不知壹天下建国家之权称,上功用大俭约而僈差等,曾不足以容辨异县君臣,然而其持之有故其言之成理,足以欺惑愚众,是墨翟宋钘也。”《富国》篇:“墨子大有天下小有一国,将少人徒省官职,上功劳苦与百姓均事业齐功劳。”

〔34〕颖容《春秋释例》说:“太庙有八名,其体一也,肃然清静谓之清庙,行禘祫叙昭穆谓之太庙,告朔行政谓之明堂,行飨射养国老谓之辟雍,占云雾望氛祥谓之灵台,其四门之学谓之太学,其中室谓之太室,总谓之宫。”蔡邕《明堂月令论》与此略同。郑玄《驳五经异义》说:“天子曰辟雍,天子将出征,受命于祖,受成于学,出征执有罪,反释奠于学,以讯馘告,大学即辟雍也。”阮元《明堂论》总括起来说:“明堂者天子所居之初名也,是故祀上帝则于是,祭先祖则于是,朝诸侯则于是,尊老养贤教国子则于是,饗射献俘馘则于是,治天文告朔则于是,抑且天子寝食恒于是。”《尚书·尧典》叙尧舜禅让说:“受终于文祖。”郑注:“文祖者五府异名,犹周之明堂。”桓谭《新论》说:“明堂尧谓之五府。”《尧典》说舜巡狩后“归格于艺祖”。郑注:“艺祖,犹周之明堂。”从以上所说来看,篇中所说辟雍选贤、封禅禅让、巡狩黜陟、明堂论政都施行于明堂,而明堂制度可作为诸政的总纲。

〔35〕墨家法夏说见下。《孝经》多用夏法本章太炎《孝经夏法说》。

〔36〕可参考李浚清《从儒学史上言孝弟义》。

〔37〕吴起材料分别见《史记》本传、《吕氏春秋·贵卒》篇、《韩非·和氏》篇。

〔38〕《汉书·董仲舒传》，仲舒策："至秦则不然，师申商之法，行韩非之说。"

〔39〕《公羊传》隐公三年："尹氏卒。尹氏者何？天子之大夫也。其称尹氏何？贬。曷为贬？讥世卿。世卿，非礼也。"宣公十年："齐崔氏出奔卫。崔氏者何？齐大夫也。其称崔氏何？贬。曷为贬？讥世卿。世卿，非礼也。"

〔40〕《孔丛子》为王肃伪撰，本不足据。但其所载子思事常与其他书籍所引子思事相合，是王肃作伪当有所据，而非凭空杜撰，故引此为证。

〔41〕《论语》："周监于二代，郁郁乎文哉，吾从周。"《孟子·离娄》篇载："今也小国师大国而耻受命焉，如耻之，莫若师文王。师文王，大国五年，小国七年，必为政于天下矣。"《荀子·非相》篇："五帝之中无传政，非无善政也，久故也。禹汤有传政，而不若周之察也。"是孔孟荀都主张从周。

〔42〕前文注引"园庋字宣，明《公羊春秋》，为秦博士"。与此相互印证，更可证明博士诸生是用《公羊》理论在回答。

〔43〕《史记·始皇本纪》三十四年李斯请："非博士官所职，天下敢有藏《诗》《书》百家语者悉诣守尉杂烧之。"是秦有《诗》《书》博士，有百家语博士。汉承秦制，刘歆《移让太常博士书》说："孝文时，诸子传说，犹广立于学官为置博士。"《始皇本纪》三十六年有为仙真人诗博士，三十七年有占梦博士，《艺文志》名家黄公名疵，为秦博士，儒家羊子故秦博士。都是秦的诸子博士。

徐中舒，现代历史学家、古文字学家和考古学家。初名道威（1898－1991），安徽怀宁（今安庆市）人。1926年毕业于清华大学国学研究院，师从王国维、梁启超、李济。1929年进入中央研究院历史语言研究所，参与了该所此后十余次殷墟考古发掘，1930年发表《再论小屯与仰韶》一文，首次利用田野发掘的考古资料研究夏文化。1934年在北平与容庚等先生共同发起“金石学会”，为该社五人执行委员之一，创办《考古》社刊。1938年初受聘于四川大学历史系任教授，直至去世。曾先后任教于暨南大学、复旦大学、北京大学、武汉大学、燕京大学、华西协合大学和中央大学。1951年初受西南军政委员会文教部委托筹建西南博物院（今重庆中国三峡博物馆），次年担任该院院长。1979年在中国考古学会第一次年会上被推选为名誉理事，并于该年兼任四川省博物馆馆长，四川省文物管理委员会副主任。主编《汉语大字典》《甲骨文字典》，其主要研究成果收入《徐中舒历史论文选辑》（1998年）。

殷人服象及象之南迁

○徐中舒

曩者余友余永梁先生在《甲骨文例后记》中，谓商代文化颇受外来影响。其所持之理由，多本于安特生先生之《甘肃考古记》。更由安氏之言，推及甲骨文字，认为：

> 最初似从索米特克。索米特克为东方文字之源，巴比伦、埃及、阿利安、希伯来、阿拉伯文字，均自此来。甲骨文与索米特克相似者颇多，如鸟、人、山、水、围等，均似，与甘肃辛店期彩色陶瓮花纹之鸟、人，亦复相似；而上帝之帝，与甲骨文帝字，绝无二致，形谊全同，然则疑中国文字外来，亦非绝无理也。

余先生所举诸证，以余观之，适得其反。代表甘肃辛店期者，为彩色陶瓮，而在安阳出土者则绝无著色之器（此文草成时，适李济之先生由安阳来平，携有殷墟出土之唯一的彩色陶片一块。疑非殷墟所产，当由他处携来者，或即东西两地已有交通之证。李先生于此陶片，将著为论文，谨先介绍于此)，其形式亦复不类。而《甘肃考古记》中之鸟、人等，又与铜器、甲骨中，字形迥殊。其最显著易见者，即铜器、甲骨中画鸟兽形，多作侧式，两足之鸟，皆作一足，四足之兽，皆作两足。此不但与《甘肃考古记》之鸟，作两足者不同，即求之巴比伦、埃及古物中，亦罕见此形。即此一端，已可证明东西风尚之不同，而甲骨文字，尤不得与辛店、仰韶之文化，混为一谈。

余疑古代环渤海湾而居之民族，即为中原文化之创始者，而商民族即起于此。史称商代建都之地，前八而后五。就其迁徙之迹观之，似有由东西渐之势。与周人之由西东渐者，适处于相反之地位。盖辛店、仰韶之文化，本为西方民族之遗迹。及商民族西渐时，此文化在东方遂失传播之机会。周兴西方，其文化本在商民族之下，及入据中原以后，挟其新兴民族之势力，承用商人旧文化，而稍加改革，如王先生《殷周制度论》所云者，自为意中之事。后来辽、金、元、清四代，与此若出一辙。当此时商民族经周人追逐，离析为数部。

其留居故都朝歌者则周人徙之洛邑，及分与卫侯七族，鲁侯六族（见《左传》定四年)。其东徙者，或留居于宋，或随箕子逊居朝鲜。其最后与周人抵抗者，则驱其所服之象，迁于江南。

余作此说，有简短之理由数则：

（一）殷、周显然为两种民族。（说详拙著殷周民族之推测，载《国学论丛》第一卷第一号)

（二）铜器中之周器不见周成王以前之物。传世“周公作文王尊彝”诸器，皆伪作。故周初有无文字，实为一至有趣味之问题。

（三）文化之进展，应有一定之次第，层累而上。春秋、战国间，邹、鲁、宋、齐文化，必有历史上之凭藉，决非骤然兴起者。兹再就殷人服象，及象之南迁，详述如次：

一、殷代河南实为产象之区

殷墟甲骨文“获象”“来象”之文凡三见：

今月其雨只（获）象——《殷虚书契前编》卷三，第三十一页。

（缺）甾象（缺）只（获）象——《殷虚书契前编》卷四，第四十四页。

□□其来象三——《殷虚书契后编》下，第五页。

此获象、来象之象，必殷墟产物，与后来驯象之由他处贡献者不同，罗振玉先生《殷虚书契考释》云：

象为南越大兽，此后世事。古代则黄河南北亦有之。为字从手牵象（说详后），则象为寻常服御之物。今殷虚遗物，有镂象牙礼器，又有象齿，甚多，卜用之骨，有绝大者，殆亦象骨，又卜辞卜田猎有“获象”之语，知古者中原象，至殷世尚盛也。王徵君（静安先生）曰：“《吕氏春秋·古乐》篇：‘商人服象，为虐于东夷，周公以师逐之，至于江南’；此殷代有象之确证

矣。”（王先生说见《观堂别集敹卣跋》）

古代传说，本多缘饰之词，但亦当有若干事实，为其素地。此若干事实，如在传说中澄滤而出，即与信史无二。而传说之可信与否，即视此澄滤而出之事实之多寡而定。殷墟产象，既由甲骨文为之证明，则殷人服象之说，经此次澄滤，实已取得信史之价值。而殷代河南产象之说，又因此传说，为两重之证明。

《禹贡》豫州之豫，为象、邑二字之合文。《说文》“豫从象予声”，从予乃从邑之讹。予为晚出之字，不见于甲骨、铜器，及较古之书籍。

（一）训我之予，甲骨、铜器，皆作[illegible]，作余；三体石经予，古文作舍。

（二）经典虽余、予并用，而《仪礼》《礼记》《左传》皆作余，不作予。

（三）铜器羌鼎之庩，阮氏释为序，未确；此字又见格仲尊，作庩，乃寡字。

（四）《尚书》中从予之字，如《金縢》“王不豫”，《说文》引作悆；《多方》“洪舒于民”，《困学纪闻》云“古文作洪荼”；《顾命》东序西序之序，《大传》作杼，《一切经音义》九云“序古文阡同”，疑即除字之讹，除为阶除，序为东西墙，义实相近。

邑，铜器作：

师酉敦　鬲攸比鼎　齐侯壶　散盘　舀鼎

两足布则变为：

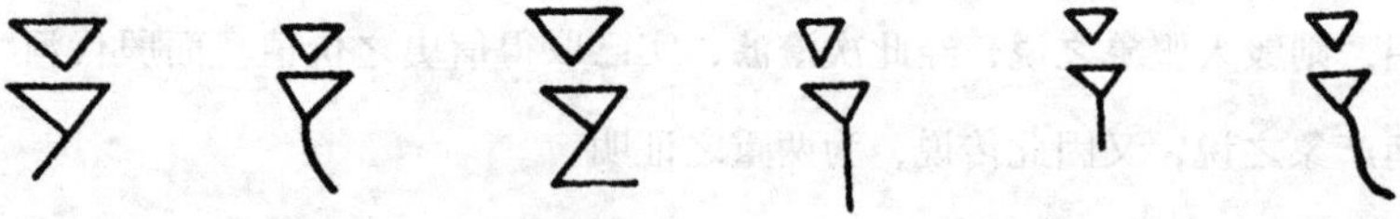

安邑币　梁邑币

与予字形极相似。汉碑中豫作：

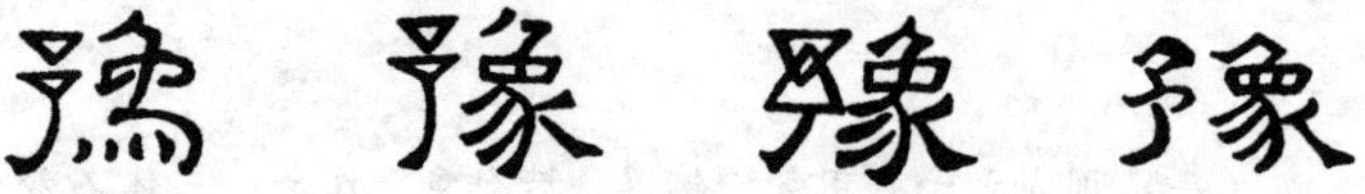

郭旻碑　校官碑　陈寔残碑　韩勑碑阴

《郭旻》《校官》两碑，豫之偏旁予，直与梁邑币之邑字无别。再征之铜器中从邑诸字，如邦、郾：

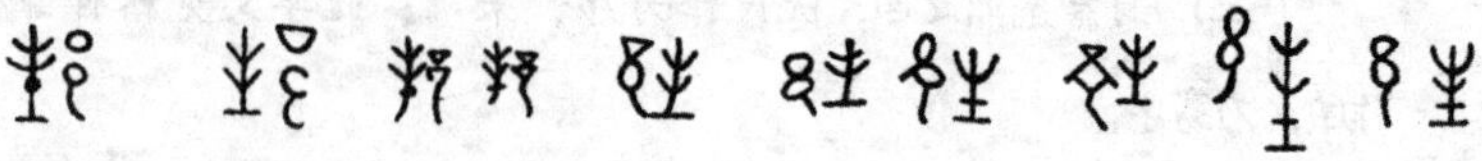

陈侯午敦　封敦　晋公盦　齐䢋邦刀

郾侯戈　郾王戈　郾王詈戈　古玺文

其偏旁邑均与予形相近。盖予字之得形，即由邑字讹变而成。其得音，与义，则由舒字为之介。《春秋》隐三年，“徐人取舒”，舒《玉篇》引作郘。《说文》“郘，从邑舍声”，形声至为明显。自后人误郐为舒，于是此偏旁予，遂成一新字，而夺其左旁舍之音义，为其音义。《墨子·耕柱》篇云："见人之作饼，则还然窃之，曰：'舍余食。'"舍余食，即予余食，舍当读予。铜器《居道敦》，"君舍余三镛"；舍作舍，与《三字石经》中予之古文舍同，是其证。颜师古《匡谬正俗》谓予无余音，强为分别，徒增疑谬。

豫为象、邑二字合文，不但予、邑二字字形相同，并与古代地名从邑之例相合。《说文》中从邑之字，如邰、邠、郁、扈、酆、郑……十，九为地名。《禹贡》之徐州字亦从邑，从彳乃误字。铜器徐作：

沇儿钟　徐王鼎　徐王义楚耑　徐王耑　家桐盂　余[illegible]钲　郐口句鑃

其邑旁均在左，故讹为彳。《禹贡》豫州、徐州二地，字均从邑。其命名之义，徐为国名，豫当以产象得名，与秦时之象郡以产象得名者相同。此又为古代河南产象之一证。

二、甲骨文为字从又牵象为殷人服象之证

甲骨文为字作：

《殷虚书契》卷五第三十页　同左　《后编》下第十页　同左　同左　同左

从又（即手形）牵象，罗振玉先生说：

意古者役象以助劳，其事或尚在服牛乘马以前？——《殷虚书契考释》

殷人以牵象为作为，更可证象为其日常服用之物。入周以后，服象之事，虽渐次绝迹于中原，但文字相承，如铜器及石鼓中之为字，仍作牵象之形。

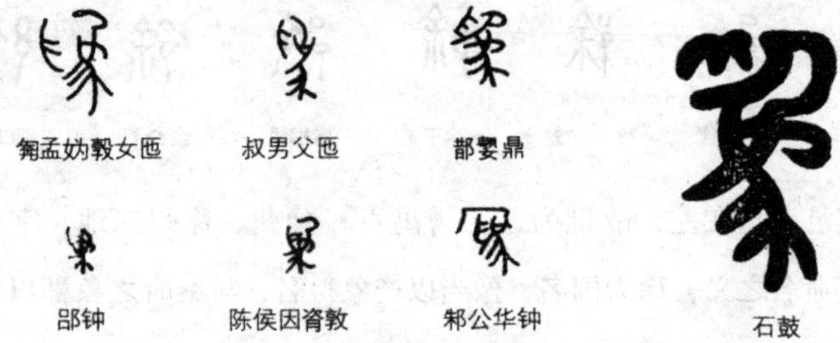

从爪与从又同意。暨战国时，黄河流域居民，已不见生象。

白骨疑象。——《战国策·魏策》

人希见生象也，而得死象之骨，按其图以想其生也，故诸人之所以意想者，皆谓之象也。——《韩非子·解老篇》

生象既非其所习见，服象之事当更非其所知。观铜器中时代较后之器，其为字形多讹失。

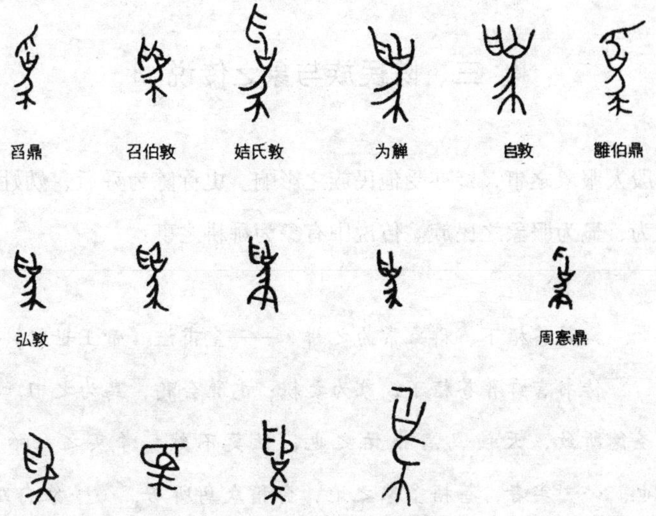

曶鼎　召伯敦　姞氏敦　为彝　𠂤敦　雝伯鼎

弘敦　周窓鼎

归父盘　散盘　司寇良父壶　郘讨鼎

《郘讨鼎》并将偏旁爪省去，全失作为之意。《说文》至以“爲”为母猴，云：“其为禽好爪，……[illegible]古文为，象两母猴相对形。”时代愈后，则讹谬愈甚。吾人于此，更得一消极之论证，即《吕氏春秋·古乐》篇所载，殷人服象之事，及《孟子》卷三所云：

> 周公相武王，诛纣伐奄，三年，讨其君，驱飞廉于海隅而戮之，灭国者五十，驱虎豹犀象而远之，天下大悦。

必为古代相传之信史。《吕氏春秋》与《孟子》并为战国末年之书，其时服象之事，早已轶出黄河流域居民记忆之外，必不能臆造此种传说也。

三、陈民族与象之传说

殷人服象之事，疑亦受他民族之影响。史称陈为舜后，妫姓。妫字从为，显为服象之民族。传说中有象为舜耕之事：

舜葬苍梧下，群象常为之耕。——皇甫谧《帝王世纪》

传书言舜葬苍梧下，象为之耕；禹葬会稽，鸟为之田。盖以圣德所致，天使鸟兽报佑之也，世莫不然。考实之，殆虚言也。……实者，苍梧多象之地，会稽众鸟所居，……象自蹈土，鸟自食苹，土蹶草尽，若耕田状，壤靡泥易，人随种之，世俗则谓为舜、禹田。海陵麋田，若象耕状，何尝帝王葬海陵者邪？——《论衡·书虚篇》

《帝王世纪》似即本于《论衡》。《论衡》之说，其误有二：（一）舜耕历山，不在苍梧。（二）古代服象，象为舜耕不必即如海陵麋田之状。陆龟蒙《象耕鸟耘辨》云：

世谓舜之在下也，田于历山，象为之耕，鸟为之耘。

正谓象为舜耕于历山。《史记·五帝本纪》云：

舜冀州之人也，舜耕历山，渔雷泽，陶河滨，作什器于寿邱，就时于负夏。

此为极古之传说，又见于《韩非子·难解》《淮南子·原道训》《说苑》《杂言》《反质》等篇，均言舜耕于历山。《史记集解》引郑玄说："历山在河东，雷夏、兖州泽，今属济阴，负夏卫地。"又引皇甫谧说："济阴定陶西南陶邱亭是也，寿邱在鲁东门之北。"此诸地皆在黄河流域，而历山在河东，即春秋时之虞地。《尚书·尧典》云："釐降二女于妫汭。"《伪孔传》云："于所居妫水之汭。"而不言其所在。《汉书·律历志》云："帝舜处虞之妫汭。"孔颖达《尚书疏》云："虞与妫汭为一地。……妫水在河东虞乡县历山西，西流至蒲阪县南入于河。"《史记》张守节《正义》云："《括地志》云：'妫州有妫水，源出城中，（《耆旧传》云："即舜釐降二女于沩汭之所。"）外城中有舜井，城北有历山，山上有舜庙，未详。'按妫州亦冀州城是也。"此皆以春秋之虞，隐度虞舜之虞所在。在各说中，如《史记正义》所引《括地志》云，历山舜井所在多有者：

越州馀姚有历山舜井，濮州雷泽县有历山舜井二所，又有姚墟，云生舜处也；又妫州历山舜井，皆云舜所耕处，未详也。

则吾人毋宁认历山在河东为可靠。河东产象，在殷商以前，或为事实。瑞典学者阿尔纳（Arne）在其所著《河南石器时代之着色陶器》中，述1923年法国教士桑志华及德日进氏所组织之科学探险队，曾游华北及蒙古等地，在宁夏东部黄中之黏土层，检出旧石器时代之器物多件，其化石有马、犀牛、鬣狗、鸵鸟及数种家畜之骨，在斯加拉阿梭果尔河成层之最下部，又发现旧石器时代遗物多种。此层与黄土中之黏土层相当，器物之形式与宁夏无甚差异，其化石有犀、象、羚羊、卷角羚羊、水鹿、野牛、狼、鬣狗、野豕、骆驼、鸵鸟之属，在油坊头亦获旧石器时代之器物数种，及犀、野牛、鸵鸟之化石。凡此新发现之事实，已明告吾人旧石器时代，中国北部，曾为犀、象长养之地。此种生长中国北部之犀、象。如环境无激烈之变迁，决不能骤然绝迹。如是，则由旧石器时代绵延至于殷商以前（或虞、夏时），仍生息于黄河流域，实为意中之事。

传说又有舜弟象封于有庳，或作有鼻。庳、鼻，古实一字。象与鼻有显著之联想关系，疑此传说，即由服象之事附会而起。

有鼻之封，事既玄虚，而注家务欲质实其地。顾炎武《日知录》云："舜都蒲阪而封象于道州鼻亭。"自注云：

《水经注》王隐曰："应阳县本泉陵之北部东五里，有鼻墟，象所封也，山下有象庙"；《后汉书·东平王苍传》注："有鼻国名，在今永州营道县北。"《袁谭传》注："今犹谓之鼻亭。"

又引阎若璩《释地续》云：

《孟子》："欲常常而见之，故源源而来。"兄居蒲阪，弟居零陵，陆阻太行，水绝洞庭，往返万里，亲爱弟者，固如是乎？有庳之封，必近于帝都，而今不可考尔。零陵之传有是名者，

《括地志》云“鼻亭神在营道县北六十里”，故老传言，舜葬九疑，象来至此后人之祠，名为鼻亭神此为得之矣。

凡此云云，适足证明舜弟象之传说，实由服象之事附会而起。《水经注》卷三十八：

溱水出桂阳临武县……又西邪阶水注之，水出县东南邪阶山，水有别源曰巢头，重岭衿泷，湍奔相属，袓源双注，合为一川，水侧有鼻天子城，所未闻也。

鼻天子城，郦道元之所未闻，而梁玉绳《古今人表考》卷八，则以为象之封地。路史又以钜鹿郡之象城当之：

象城汉县，属钜鹿今赵之临城昭庆镇西北，古象城，舜弟象居。

象城《汉书·地理志》作象氏。总之，凡地名之以象、鼻等为名者，疑皆象曾经栖息之地。如秦之象郡，《明一统志》思明州（即厦门）东之逐象山，汀州府武平县南之象洞，其尤著者。

舜居妫汭，当亦以服象得名。春秋时陈国于宛丘，在禹贡豫州东部，而郑有蔿、邬两地。《左传》隐十一年，“王取邬、刘、蔿、邘之田于郑”；又襄七年“公会晋侯……于邬”；杜注：“邬郑地。”郑地正当河东与宛丘之间，此两地似即陈民族由妫汭东南迁中曾经寄顿之遗迹。传说中陈民族立国于东方者，《左传》昭八年云：“舜重之以明德，置德于遂，遂世守之，及胡公不淫，故周赐之姓，使祀虞帝。”杜注：“遂舜之后，国在济北蛇丘东北。”（见庄二十三年注）其地正在齐、鲁之间，此与传说中舜渔雷泽，陶河滨，作什器于寿邱，就时于负夏诸地，合而观之，其渐次东南迁之趋势，尤为显然。

以上由姓氏、地名、传说各方面，推测陈民族与象之关系如此。所可疑者，即春秋以来，史之所载，陈民族绝无服象之遗迹。此或陈迁宛丘以后，地方逼隘，不足以资其蕃息，如《吕氏春秋·古乐》篇所云，“商人服象，为虐于东夷”，盖此时象之蕃息，足以为虐于人，象之绝迹于陈，或以此欤？

四、周代象之南迁

周起西方，挟其新兴民族之势力，牧野之役，一战胜殷，立武庚置三监而去，未能抚有东土也。武庚未叛以前，不但据有殷土，即王之虚号，亦未贬损。《尚书·多士》云：“惟三月，周公初于新邑洛，用告商王士。”此商王即指武庚而言。盖商之享国，自成汤以来，已六百余年，汤以前之世次可考者，如相土、季、王亥、王恒、上甲、报丁、报丙、报乙、主壬、主癸等（见《观堂集林殷先王先公考》），皆无年代可纪，其不可考者，尚不知凡几。其民族之历史，悠远如此，而论其末世之政，如何紊乱，决不能因一战之故，遂亡其国。如春秋时齐之灭纪，宋之灭曹，郑之灭许，楚之县陈、蔡，皆经营累世，而后始有其地。而郑之入许，既使许大夫百里奉许叔以处许东偏，又使公孙获处许西偏，以为之监，其事与武王立武庚、置三监，绝相似。史又称武王追思先圣王，乃褒封神农之后于焦，黄帝之后于祝，帝尧之后于蓟，帝舜之后于陈，大禹之后于杞（见《史记·周本纪》《乐记》，与此大致相同），此自新王之怀柔政策。但诸侯亦当各有其土，以是武王从而封之。焦、祝、蓟、杞入春秋后，皆微甚，其事不彰，陈或较大，武王以元女大姬妻之，厚结之，以分殷人之势，其事载于《左传》《国语》。

昔虞阏父为周陶正，以服事我先王，我先王赖其利器，与其神明之后也，庸以元女大姬，配胡公而封之陈，以备三恪，则我周之自出，至于今是赖。——《左传》襄二十五年

陈，我大姬之后也。——《周语》

昔武王克商，……肃慎氏贡楛矢石砮……以分大姬，配虞胡公而封诸陈。——《鲁语》

所谓赖其利器与其神明之胄，全为后来掩饰之词。

武庚既灭，殷民族遂分崩离析，一蹶不振。周人更经营洛邑以迁殷民，封建齐、鲁、卫，以镇抚东方。《竹书纪年》载：“成王八年春正月，王初莅阼，亲政，命鲁侯禽父、齐侯伋迁庶殷于鲁。”《竹书》之八年，乃成王莅阼亲政改元之年，今文家说，即以此为成王元年，《汉书·律历志》引《三统历》云：“成王元年正月乙巳朔，此命伯禽俾侯于鲁之岁也。”其事明在武庚既灭，成王亲政之后。象之南迁，当自此始。

春秋、战国之时，象尚生息于长江流域，其可征者：

巴浦之犀、犛、兕、象，其可尽乎？——《楚语》

楚昭王奔随，使子期执燧象以奔吴师。——《左传》定四年

楚之所宝者……又有薮曰云连徒州，金木竹箭之所生，龟、珠、角、齿、皮革、羽毛，所以备赋以戒不虞者也。——《楚语》

巴浦当即汉益州地。《山海经·海内南经》云：“巴蛇吞象，三岁而出其骨。”《中山经》云：“岷山，江水出焉……其兽多犀、象，多夔牛。”此皆益州产象之证。楚王奔随，使子期执燧象，此必随地产象，不然仓促之间，何从得此？云连徒州，据韦《注》即楚之云梦。《诗·泮水》：“憬彼淮夷，来献其琛，元龟、象齿，大赂南金。”淮夷所献为象齿，其地必产象。《楚语》之齿，当亦为象齿。淮夷与云梦所产，并在江、淮流域。禹贡荆、扬之贡，羽旄、齿革。《禹贡》荆、扬之地，最南部分，仍去长江流域不远。

其时黄河流域仍为犀生息之地。《唐书·地理志》载澧、郎、道、邵、黔、锦、施、叙、夷、溪诸州（今鄂、川、湘、黔诸地），皆贡犀角，而岭南道（今两粤）则贡象、犀，日南郡（两粤及越南）则贡象齿、犀角。《宋史·地理志》载衡州（今湖南）贡犀，宝庆府（今湖南）贡犀角，而广南路则有犀、象、玳瑁、珠玑之产。其情形正与此同。

章鸿钊先生曾撰《中国北方有史后无犀象考》，载于1926年北京

大学研究所《国学门周刊》第二卷第八期。章先生述所以作此文之缘起云：

> 农商部顾问安特生博士（Dr. J. G. Andersson），一日录示《大亚细亚杂志》（*Journal of the North China Branch of the Royal Asiatic Society*, 1877, P. 20）所载，《中国北方古产犀象说》云："西元前六百年，中国河南实产犀、象。《左传》宣二年称其物尚多，皮可为甲，且用之者非利其皮，乃假其威也（见僖十三年）。时楚国（今湖广）亦甚产象齿、犀皮，晋居黄河以北，乃由他处得之。《禹贡》称扬州、荆州（江北、湖广）贡象齿及犀，梁州黄狐皮，及熊，孟子称周公驱虎豹犀象，是当在鲁（今山东），然则西历纪元以前数百年之间，中国北方，固尚有犀、象也。"安氏以此质予所见，乃书此答之。

章先生谓："《左传》宣二年（公元前606年）宋城城者讴'弃甲而复'，华元使其骖乘谓之曰：'牛则有皮，犀兕尚多，弃甲则那？'案此当从杜注，言时尚多犀兕皮，可为甲，非谓宋产犀兕也。"章先生欲建立其中国北方有史后无犀象说，故曲解《左传》之犀兕为犀兕皮；其实古代黄河流域产犀，尚有其他证据：

> 发彼小豝，殪此大兕。——《诗·吉日》
>
> 匪兕匪虎，率彼旷野。——《诗·何草不黄》
>
> 陆行不遇兕虎。——《老子》

两虎不斗于伏兕之旁。……《淮南子》

故记曰："杀随兕者不出三月。"——《吕氏春秋》

昔我先君唐叔射兕于徒林，殪以为大甲，以封于晋。——《晋语》

嶓冢之山，其兽多兕。——《说文》

《说文》："兕如野牛，青色，皮坚厚，可以为铠。"《本草》陈藏器曰："兕是犀之雌者。"并称曰犀兕，单称曰兕，仍是一物。通观上列诸证之兕，决不能释为兕皮，《老子》《淮南》作者在淮水流域，《吕氏春秋》之随兕在汉水流域，均可认为黄河流域以南之事。《晋语》及《说文》所载则为黄河流域北部之事。《诗·吉日》《何草不黄》为西周镐京之诗，正在黄河流域。由此可见古代北方产兕区域之广。

《说文》："犀徼外牛……从牛尾声。"案犀从尾声，兼从其义。许氏说："尾微也，从倒毛在尸后，古人或饰系尾，西南夷皆然。"从倒毛在尸后，语殊难解。铜器犀作：

犀伯鼎

其尾形所从之尸正作人形。古尸与人互通。屑古文作佾，犀铜器作倖。

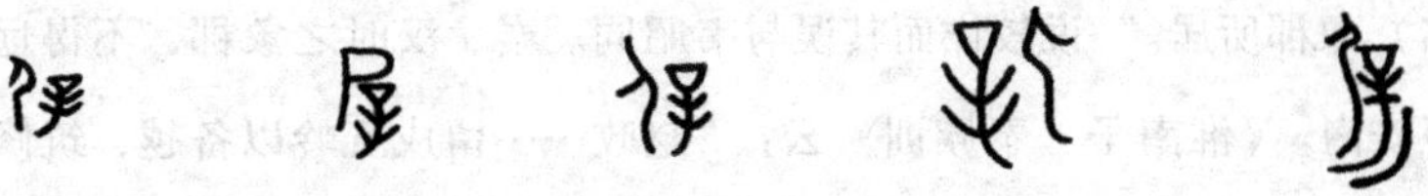

競卣　　伯頵父鼎　　犀尊　　郡公盂　　王孙钟

《说文》："尸陈也，象卧之形。"亦谓人卧。尾从人，则人下所从之尗，即象人所饰系尾之形。甲骨文马、豕、象诸字，其尾形分张，正与此形相似。《说文》谓为毛字倒文者误。《后汉书·西南夷传》："衣服制裁，皆有尾形。"尾所以从人者，盖人饰系尾，则尾意显然。疑古代系尾之人，必与犀共同生存于同一地域，故犀即从尾得声，得义。

上述古代犀既生存于黄河流域，则此西南夷，或即黄河流域之民族，而役属于殷人者？

五、秦象郡之位置

秦、汉以来，中原民族渐次向南开拓，象于是益有南迁之势。《史记·秦始皇本纪》云：

> 三十三年发诸尝逋亡人、赘壻、贾人，略取陆梁地，为桂林、象郡、南海，以适遣戍。

象郡即以产象得名。韦昭云："今日南。"（汉日南即今安南）《晋书·地理志》谓："日南郡秦置象郡，汉武帝改名焉，卢容（县名）象郡所居。”说较详而其误与韦昭同。秦、汉时之象郡，不得远至安南。《淮南子·泰族训》云：“赵政……留戍五岭以备越，筑修城（即长城）以备胡。”其《人间训》更详述此留戍五岭之军：

> 秦皇……又利越之犀角、象齿、翡翠、珠玑；仍使尉屠睢发卒五十万，为五军：一军塞镡成之岭，一军守九嶷之塞，一军处番禺之都，一军守南野之界，一军结余干之水，三年不解甲弛弩。

高诱注：“镡成在武陵西，南接郁林，九嶷在零陵，番禺在南海，南野在豫章，余干在豫章。”南海以南之日南，实非秦皇兵力所及。日本人佐伯义明先生有《考秦象郡之位置》一文，载于 1928 年之《史学杂志》。其论象郡之位置云：

> 向以为汉以后之日南，此则欲以今广西省宾阳县为中心，而比拟其地域。（见《史林》第十四卷第四号《昨年之史学考古学地理学界》及《北海图书馆月刊》第二卷，第六号，《去年度之东瀛史界》）

此说亦未确。考秦、汉时之象郡，其地尚在宾阳县之北。《汉书·昭帝纪》：“元凤五年，秋，罢象郡，分属郁林、牂牁。”《通鉴地理通释》云：

按武帝初置无象郡，《昭纪》元凤五年罢象郡，而史不书建置之始，盖阙文也。

考象郡之建置，当在武帝初平南粤之时，《史记·南越尉佗列传》云："南越已平，遂以其地为九郡。"《汉书·两粤列传》举此九郡之名云："儋耳、珠崖、南海、苍梧、郁林、合浦、交趾、九真、日南，亦无象郡之名，盖象郡建置，为时甚暂，故班氏于武帝建置之初，不列其名，即以元凤五年以后改置之九郡当之。"《史记·南越尉佗列传》又云："立佗为南越王……与长沙接境。"《汉书·两粤列传》亦云："高皇帝所以介长沙地，朕不得擅变焉。"汉与南粤以长沙为界，而班氏所举之九郡，则无与长沙接境者。故知此九郡，已非汉武建置之旧，观汉昭罢象郡分属郁林、牂牁，则象郡之地，必与郁林、牂牁为近。《山海经·海内东经》云："沅水出象郡镡城西。"镡城《汉书·地理志》作镡成，属武陵郡。《晋书·地理志》同。郝懿行《山海经》疏云："此经言象郡镡城，则知秦时镡城属象郡矣。"《海内东经》又云："郁水出象郡而西南注南海。"郝氏疏云："案即豚水也，《地理志》云：'牂牁郡夜郎豚水东至广郁入郁。'"考象郡为南粤故地，不得远至牂牁、夜郎，疑象郡之郁水，即镡成之潭水。《汉书·地理志·镡成县下》注云："玉山潭水所出，东至阿林入随，过郡二，行七百二十里，入海。"由此可知秦、汉时之象郡，必在长沙以南，牂牁以东，郁林以北，其地在今湖南之西南。《论衡·书虚》篇云："苍梧多象之地。"苍梧在零陵之南，去武陵不远。东汉时之象，既生息于湘、桂之间，东汉以前之象，何至遽迁日南？《水经·浪水》篇："浪水出武陵镡城县北界沅水谷。"注云："《山海经》曰，祷过之山，浪水出焉，而南流注于海是也，下入郁林潭中。"浪水，钱坫、吴卓信并云即镡成之康谷水。是祷过之山，亦当在镡城。《山海经·南山经》云："祷过之山……其下多犀、兕，多象。"是其地产象之证。

六、南迁后中国之象

五世纪至十世纪之间，象仍生息于荆南、闽、粤各地。群书所载如：

伊水口（今广东曲江）有洲，洲广十里，平林蔚然，有野象群生。——王韶之《始兴记》

广之属郡潮、循州多野象，潮、循人或捕得象，争食其鼻，云肥脆，尤堪作炙。……楚、越之间象皆青黑，惟西方拂林、大食国即多白象，余有亲旧曾奉使云南，见彼中豪族，各家养象，负重致远，若中夏之畜牛马也。——刘恂《岭表录异》（以上见《太平御览》引）

广之属城循州、雷州皆产黑象，牙小而红，土人捕之，争食其鼻，云肥脆，堪为炙。——段公路《北户录》

今荆地象，色黑，两牙，江猪也。——段成式《酉阳杂俎》

漳州漳浦县地连潮阳，素多象，往往十数为群，然不为害。惟独象，遇之逐人，蹂践至骨肉糜碎乃去。盖独象乃众象中最犷

悍者，不为群象所容，故遇之则蹂而害人。——彭乘《墨客挥犀》

昌龄知广州还，为枢密直学士言，雷、化、新、白、惠、恩等州，山林有群象，民能取其牙，官禁不得卖，自今宜令送官，以半价偿之，有敢隐匿及私市人者，论如法。诏皆从之。——《宋史·李昌龄传》

乾道七年，潮州野象数百，食稼；农设穽田间，象不得食，率其群围行道车马，敛谷食之，乃去。——《宋史·五行志》

野象多至数百（《宋史·五行志》），可见其繁殖之盛。云南服象，或即西南夷旧俗。

此时之象，虽生息于荆南、闽、粤诸地，但仍不时出现于江、淮流域，踯躅于其祖先之故居：

宋顺帝升明元年（477）象三头渡蔡州，暴稻谷及园野。——《宋书·五行志》

攸之为镇西将军、荆州刺史，……时有象三头至江陵城北数里，攸之自出格杀之。——《南史·沈攸之传》

永明十一年（493）白象九头见武昌。——《南齐·书祥瑞志》

天平四年（537）八月，有巨象至于南兖州，砀郡民陈天爱以告，送京师，大赦改元。——《魏书·灵征志》［《孝静纪》：元象元年（583）春正月，有巨象自至砀郡陂，南兖州获送于邺，

丁卯大赦改元；当系一事，而所传略异]

承圣元年（552），吴郡、淮南有野象百，坏人室庐。——《南史·梁元纪》

建隆三年（962），有象至黄陂县，匿林中，食民苗稼，又至安、复、襄、唐州践民田，遣使捕之，明年十二月，于南阳县获之，献其齿革。——《宋史·五行志》

乾德二年（964）春正月，有象入南阳，虞人杀之，以齿革来献。——《宋史·太祖纪》

乾德二年五月，有象至澧阳、安乡等县；又有象涉江入华容县，直过阛阓门；又有象至澧州澧阳县城北。——《宋史·五行志》

此自象南迁中应有之过程。

象绝迹于中国（指自然生存之象言），似为最近二百年来之事。清初永历帝、吴三桂均有象军。本所清理明、清内阁大库档案，有顺治十二年李栖凤揭帖云：

旧年征剿西逆（案即指永历言），阵获象只。

刘献廷《广阳杂记》亦云：

吴三桂之来湖南有象军焉，有四十五只，曾一用之，故长沙人多曾见之。

永历帝及吴三桂相继用象军，象自为其所在地黔、滇、桂、粤之产，李栖凤揭帖又云：

> 随查前后塘报，一在新会城获象十三只，除伤毙二只，实存十一只；又在广西横州获象二只；又据巡海道副使徐炟呈报，外海被风打来香山澳彝人解到小象一只，前后共大小象十四只。

此清初桂、粤产象之明征。自后海禁大开，广州、香港、澳门为南方委输之总汇，生齿日繁，土地益辟，野生之象，即幸而不为人所捕杀，亦无以资其生存。于是此三千年来由北而南辗转迁徙之象，除我云南省西双版纳地区尚有遗存外，就中国全域说实已趋于绝灭。

原载《国立中央研究院历史语言研究所集刊》第二本第一分，一九三〇年五月。

《左传》的作者及其成书年代

○ 徐中舒

《左传》是以《春秋》为纲的编年史。相传孔子作《春秋》，左丘明为之传；先师所言为经，后师所言为传，这是过去的经学传统。《春秋》和《左传》是史学，把史学当作经学处理是不是恰当呢？《春秋》是鲁国国史，不是孔子家传，而今《春秋》经一本（《公羊》《穀梁》本）记孔子生年，一本（《左传》本）记孔子卒年[1]；孔子如作《春秋》，记自己的生年是不是恰当呢？他又怎能预知自己的卒年呢？左丘明是孔子同时人，亲见孔子，而《左传》作者能预知三家分晋、田氏代齐，这两件事都还在孔子以后。孔子卒于公元前479年，而三家分晋在公元前403年，距孔子殁已77年；田氏代齐在公元前386年，距孔子殁已93年。《左传》作者不但能预知三家分晋、田氏代齐，又能断言郑国先亡或郑先卫亡，郑国灭亡在公元前375年，距孔子殁已104年。这些历史都不是孔子同时的人所能前知的。据此言之，《左传》成书的年代必远在孔子以后。春秋时代“礼乐征伐自诸侯出”，就是周天子也不能违反霸主的意志发布政令，孔子对于这样现状是不满意的。他慨叹地说："久矣，吾不复梦见周公！"[2] 他在梦寐中都想恢复周公时代"礼乐征伐自天子出"的局面。孔子时代公山弗狃以费畔，佛肸以中牟畔[3]，在孔子看来，他们都是"欲张公室"而反抗"礼乐征伐自大夫出"的人，可以说是一种起义，所以他们要召用孔子时，孔子也是想去应招的。但是，《左传》作者对于这样看法，就是不赞同的。在《左传》中一则曰："我家臣也，不敢知国"；再则曰："家臣而欲张公室，罪莫大焉！"[4] 孔子时代周王朝已经是越来越衰弱了，孔子要恢复天子的君权，把希望寄托在这样一个摇摇欲坠的小朝廷上，完全是不切实际的空想。《左传》作者则不然，他从实际出发，肯定了当时掌握实际君权的卿大夫，而这一级君权继续发展之后，就成为后来的三晋和田齐，《左传》作者在理论上就是要准备为这几个新兴僭主服务的。据此而言，《左传》成书年代及其所反映的意识形态，都与左丘明的年辈不合。这些问题，过去都没有得到很好的解决。

清代经学虽然超过以往任何时代，但因为这些问题没有解决，也为后期今文学家造成一种错觉。他们在前期学者论定伪古文尚书[5]的基础上，误以为古文大都皆伪，而以《周官》《左传》二书作为最典型的例证[6]。一唱百和，众口一词，《周官》《左传》二书从此也就蒙上了一层浓厚的灰尘了。其实汉代的古文书与东晋伪古文，显然是有区别的。《汉书》称河间献王承秦火之后所得皆先秦古文旧书，其中有《周官》《尚书》《礼》《礼记》《孟子》《老子》之属[7]，《礼》《礼记》《孟子》《老子》既然没有问题，为什么《周官》独成伪书呢？河间献王在河间国内又立了左氏春秋博士，《左传》在河间必已广为流传，这哪是后人所得伪造的呢？东晋所传伪古文《尚书》虽然也托言出自西汉孔安国所传，实际上孔安国所献的壁中书，遭巫蛊仓卒之难业已失传，而且它也只有十六篇[8]，与伪古文尚书二十五篇之数不合，内容那就更不必说了。

为了帮助读者解决这些问题，下面分列十章叙论。

一、《左传》的名称

《左传》是《春秋左氏传》的省称，西汉时代初无此名。司马迁作史记说鲁君子左丘明成《左氏春秋》[9]，河间献王立左氏春秋博士，他们都称此书为《左氏春秋》。刘歆让太常博士书也只说"《春秋》左氏丘明所修"，及两汉之际左氏一再立于学官[10]，班固作《汉书》乃有《春秋左氏传》之称。以传解经，这完全是汉代学官的体制。

西汉时代通行隶书，称为今文，而称秦时所罢斥不用的"言语异声、文字异形"的六国字体为古文[11]。春秋三传：《公羊》《穀梁》虽传自先秦而实写定于汉代，皆以今文立于学官；《左传》为秦火以前遗书，多存古字古音，因此，又有《春秋古文》[12]或《古文春秋左氏传》之称[13]。

二、《左传》与《春秋》的关系

《春秋》和《左传》是中国编年史的鼻祖。《左传》有无经之传及经传相异的记载[14]，这正是历史学者信以传信疑以传疑的谨严态度。但是，这样的传就不合于汉人以传解经、传不违经的通例。《晋书·王接传》说："接……常谓左氏辞义赡富，自是一家书，不主为经发，公羊附经立传，经所不书，传不妄起，于文为俭，通经为长。"西汉今文博士"谓左氏为不传春秋"，《左传》是史学，"不主为经发"，它与《公羊》"附经立传，经所不书，传不妄起"体例绝不相同。屏左氏于经学之外，于左氏并无任何损伤，但谓左氏不为春秋史事作传则大为不可。桓谭《新论》说："左氏经之与传，犹衣之表里相持而成，经而无传，使圣人闭目思之，十年不能知也。"后人好言《春秋》书法；《春秋》书法，若无左氏详载其事，桓谭以为圣人闭目深思十年不能知的道理，后人又怎能知其微言大义所在呢？经而无传说它是"断烂朝报"[15]也就不为过论了。叶梦得《春秋传序》说："左氏传事不传经，是以详于史而事未必实；《公羊》传义不传事，是以详于经而义未必当。"《朱子语类》也说："《左传》是史家，《公》《穀》是经学，史学者记得事却详，于道理上便差，经学者于义理上有功，然记事多误。"[16]宋人分别经、史二科以调停今古文的争论。其实，离开了具体历史实际，在义理上又能作出什么功绩呢？

经学问题，现在可以说已经从根子上解决了。唐代刘知几以《尚书》《春秋》《左传》为史。清代章学诚以六经为史[17]，六经中不但《尚书》《春秋》是史，就是《易》《礼》《诗》《乐》也是人类社会的记录。今日言之，六经就是古代的史料。

《春秋》原是朝报、邸抄一类的原始记录。《礼记·坊记》及《韩非子》引述鲁《春秋》共有四条[18]，皆与今《春秋经》同。可见今《春秋经》即鲁《春秋》，其间并无孔子笔削的痕迹。孟子说“孔子成《春秋》而乱臣贼子惧”[19]，司马迁祖述其说[20]，二千年来几成定论，然其说实不足信。《春秋》应是鲁史旧文，其中如“郭公”“夏五”[21]之类，都保存了原来的缺简，但在长期转写流传中，也难免没有一点改动。《公羊传》说：“不修《春秋》曰，‘雨星不及地，尺、而复’，君子修之曰，‘星陨如雨’。”《春秋》旧文“雨星不及地，尺、而复”[22]语词冗赘，今《春秋经》“星贯如雨”也只在文词方面加以修改，并无微言大义可言。又如孔子没后孔门弟子为纪念孔子之故，在春秋中或记其生年，或记其卒年，以志其尊崇仰慕之诚；《春秋》的流传出自孔门，《春秋》记孔子生卒即应出自孔门弟子之手。司马迁说：孔子“为《春秋》，笔则笔，削则削，子夏之徒不能赞一辞”[23]，孔门弟子却没有这样信念。

《春秋》是鲁太史世代相续，按年、时、月、日秉笔登记的档册，鲁昭公二年（公元前540年）晋韩宣子聘鲁，在鲁太史处见到此书[24]。《春秋》终于“获麟”或孔子卒（公元前481年或公元479年），其间尚有六十年的历史还要鲁太史继续编写。孔子哪能取未曾公布的国史遽加笔削？《春秋》书法也应是太史的职责，齐太史为了直书崔杼弑君之罪，兄弟相继以身殉职[25]。书法必须有广大的舆论支持，形成一种社会制裁力量然后才能使乱臣贼子惧。《春秋》书赵盾、崔杼弑君之罪[26]，原是晋、齐太史的笔法，有晋、齐两国舆论的支持，因此鲁太史才同意晋、齐太史的书法而转录于鲁《春秋》中。同例，《竹书纪年》有许多书法与《春秋》同[27]，也是魏国史官审知当时舆论无异词而转录于《纪年》中，若说孔子作《春秋》

取以往历史陈迹加以笔削，这样的“死后是非”又有何用呢！《论语》载孔子生平言行甚详，其中论《诗经》最多，对于《春秋》则不见只字。孔子时代《春秋》还是鲁国秘藏的国史，韩宣子也只在鲁太史处见到此书，孔子就不可能也不必要利用这本秘藏的国史进行笔削。

三、《诗》和《春秋》在孔门传授的次第

孔子时代《诗经》除《商颂》外都是周部族内部经常演奏的乐章。《雅》《颂》是西周的诗，仅沿用于统治阶级之间[28]，《国风》是国人之歌，“用之邦国”“用之乡人”[29]，通用的范围也只限于邦国和乡人，他们都是周部族内部的人。孔子说“不学《诗》无以言”[30]，“不为《周南》《召南》，犹正墙而立”[31]。当时诸侯燕飨及乡饮酒，宾主酬答，无不歌诗以见志，不学《诗》就不能歌优美的诗篇，或断章取义以表达自己的意愿，不为《周南》《召南》就要孤立于部族之中，也与正墙面而立无异。孔子时代《诗》在周部族间还要经常发挥兴、观、群、怨的作用[32]，使部族内部意志情感得到通畅和鼓舞。孔子重视诗教，原因就在于此。

战国时代社会各方面都起了显著的变化。首先是三家分晋、田氏代齐，使周部族中两个最大的霸国亡国绝世了。春秋时代“礼乐征伐自诸侯出”，霸主还要存亡继绝，仗义执言，维护西周以来的封建旧秩序。陈恒弑其君，孔子还要沐浴斋戒向鲁哀公申请伐齐，鲁哀公很明白，他知道鲁国没有伐齐的力量，推脱说，你告诉执政的三家

吧！[33]战国初期周部族中的霸主都不存在了，还有哪一个强国能仗义执言为周王朝讨伐这几个僭主呢！孟子说："王者之迹熄而《诗》亡，《诗》亡然后《春秋》作。"[34]这不就是孟子所说的"王者迹熄"的时代吗？

王者迹熄，代之而起的就是七国争雄的局面。当时各国行乘马法[35]扩充兵源，使春秋时代的千乘之国，转瞬之间就成为万乘之邦。过去不服兵役的野人，现在也与国人同服兵役，部族间不可逾越的鸿沟也不复存在了。《诗经》在这样新环境中还能发挥什么作用呢？

孔子对于《诗经》曾经作过一番整理捍卫工作。《论语》称："吾自卫反鲁，然后乐正，《雅》《颂》各得其所。"[36]孔子对于西周以来的《雅》《颂》曾用卫乐校正鲁乐。孔子为捍卫雅乐，对于新起的郑声就深恶痛绝大声疾呼地说："放郑声，远佞人；郑声淫，佞人殆！"[37]他又正告当时有国有家者说："恶紫之夺朱也，恶郑声之乱雅乐也，恶利口之覆邦家者！"[38]孔子以郑声比于佞人，利口覆人邦家，后人谓郑卫之音为亡国之音，即本孔子此说。郑卫新声代兴，古乐沦亡，已是当时不可避免的趋势。《乐记》说：魏文侯"听古乐则唯恐卧，听郑卫之声则不知倦"，正说明了这一个无情的事实。《诗》亡，已经是不能改变的事实了。

鲁哀公时礼坏乐崩，太史和乐官如果不臣事三家[39]，就要离开鲁国散游四方。《论语》称："太师挚适齐，亚饭干适楚。三饭缭适蔡，四饭缺适秦，鼓方叔入于河，播鼗武入于汉，少师阳，击磬襄入于海。"[40]

同时，孔子弟子在鲁国找不着出路，也纷纷他去游说诸侯。《史记·礼书》说："仲尼没后，受业之徒沉湮而不举，或适齐、楚，或入河海。"同书《儒林传》说："子路居卫，子张居陈，澹台子羽居楚，子夏居西河，子贡终于齐。"孔子曾为鲁司寇，是鲁国的闻人，他生存时代与鲁国太史和乐官经常都有往还[41]，乐官执掌的诗篇既已成为孔门传授的经典，孔子没后鲁国官府典籍开始散亡，孔子弟子又与太史、乐官相偕去国，《春秋》继《诗经》之后成为孔门传授的经典，也是孔子弟子责无旁贷的事。《春秋》古文经终于孔子卒[42]，也说明《春秋》的流传必在孔子既没、古乐沦亡之后。

四、《春秋》的流传与《左传》的编写

孔子博学多能，对于历史他随时随地都要注意。子贡说："文武之道未坠于地，在人；贤者识其大者，不贤者识其小者，莫不有文、武之道焉。夫子焉不学，而亦何常师之有？"[43]孔子对于西周以来的历史是非常熟谙的，《论语》《左传》所载有关当时的历史问题以及人物评价，皆成为孔门经常讲习的内容。他对于春秋时代礼乐征伐所自出，陪臣执国柄[44]，晋铸刑鼎，子产政绩[45]，皆有所论列，而对于管仲的评价，更不厌其烦地从各方面加以分析[46]。

孔子正名思想[47]与"兴灭国继绝世"[48]的主张都是为西周以来封建旧秩序服务的，它和《春秋》书法有共同的基础。孔子没后，孔子遗教，有了这样一部编年史作为说明，那就更为系统，更为深切著明了。

战国初期大国诸侯已不再谈存亡继绝了，但争霸的局面也没有完

全衰歇。三家分晋以后，魏文侯、武侯以及魏惠王三世，还能团结韩、赵，继承晋国霸权垂百余年[49]。《吕氏春秋·举难篇》说“魏文侯名过桓公，而功不及五伯”；卫鞅对秦孝公说“夫魏氏（指惠王）其功大而令行天下，有十二诸侯而朝天子其与必众，故以一秦而敌大魏恐不如”；这都是战国初期魏国霸权存在的明证。魏惠王晚年韩、赵离心，恃田齐为外援，田齐亦以韩、赵为与国，开始与魏争霸。齐威王要“绍练（统）高祖黄帝，侎（近）似（嗣）（桓）文”[50]，齐宣王见孟子开口便问齐桓、晋文之事[51]，战国时代取代魏国霸权，还是齐威、宣两代所梦寐追求的伟业。《左传》讲霸业不讲王道，就是要适应这个时代的要求。

《春秋》起自鲁隐公元年（公元前722年），讫于鲁哀公十四年（公元前581年）或十六年（公元前479年），前后240余年，都是战国时代的人所见所闻的近、现代史，当时所存的重要史料，除了《春秋经》以外，还有大量珍贵的口头文献流传于乐官中，由瞽矇以传诵的方式保存下来。孔子弟子当鲁国礼坏乐崩、典籍散亡之时，与太史、乐官同时去国，他们从太史接受《春秋》，也从乐官接受这些珍贵的口头文献，这就为《左传》编写准备了必要的条件。

五、春秋时代的瞽史

《汉书·艺文志》说：古之王者“左史记言，右史记事；事为《春秋》，言为《尚书》”。班氏此说原出《礼记·玉藻》[52]。古代史官原有记言记事的分工；记事为文，记言为献。孔子言夏、殷礼而慨叹文献不足[53]。文献足征也只从春秋时代开始。最近《文物》月刊载李家瑞同志《云南几个民族记事和表意的方法》[54]，对于我们理解春秋时代历史文献的传习，富有启示意义。他在此文中记述卡瓦族传述本村历史的方法说：

卡瓦族（西盟）有一种传代木刻，也是记事性质的木刻。他们在每年第一次吃新米的时候，要召集全村老小一齐尝新，由年老的人口头传述本村历史，就拿出历代相传的一根木刻。木刻两侧都刻着许多刻口。每一刻口代表着一桩事件。刻口深的，表示重大事件；浅小的表示事件轻小。有时新发生一桩事件，也照样加刻上一个刻口。讲述的老人主要是指示给族人某一刻口是记本村的某事和某村人结下仇怨，已经报复过，或未报复过，其意义是要族人记着仇怨事件，不忘报复而已。而村中其他事情，也借这个机会、口耳相传，延续下去。

从这里，我们知道人类历史最初皆以口语传诵为主，而以结绳刻木帮助记忆。春秋时代我国学术文化虽有高度发展，但有关历史的传习也还未能脱离这样原始方式。当时有两种史官，即太史与瞽矇，他们所传述的历史，原以瞽矇传诵为主，而以太史的记录帮助记诵，因而就称为瞽史[55]。所谓"史不失书，矇不失诵"[56]，即史官所记录的简短的历史，如《春秋》之类还要通过瞽矇以口语传诵的方式，逐渐补充丰富起来。所不同于卡瓦族者，仅以专职的瞽矇作为长老的分工而以简短的记录代替木刻。这在人类历史上，已经是很大的进步了。瞽矇传诵的历史再经后人记录下来就称为《语》，如《周语》《鲁语》之类；《国语》就是记录各国瞽矇传诵的总集。《语》从此成为一种新兴的书体。因此，记录孔子遗言的就称为《论语》，记录古代传说的就称为《说苑》，后来禅宗和理学有语录，小说有话本，皆以记录“语”“话”得名。楚语申叔时论傅太子之法有“教之《春秋》”及“教之《语》”之说，《春秋》和《语》就是当时各国普遍存在的历史文献。

瞽矇是乐官，同时也传颂历史或歌唱史诗[57]。后来瞽矇失职，他们还要以说史方式在民间说唱故事。南宋陆游诗说：“斜阳古柳赵家庄，负鼓盲翁正作场；死后是非谁管得，满村听说蔡中郎!”明代田汝成《西湖志余》也说：“杭州男女瞽者多学琵琶、唱古今小说、评话以觅衣食”，谓之“陶真，大抵说大宋时事，盖汴京遗俗也；或说红莲、柳翠、济颠、雷公塔、双鱼、扇坠等记，或杭州异事，皆近世所撰作者也。”瞽矇说史从春秋以迄近世，一直是他们的一项社会分工。

六、左丘明与《左传》《国语》的关系

《左传》相传为左丘明作。关于左丘明的历史，我们知道的实在太少。司马迁称左丘明为鲁君子，又称其失明或无目[58]。左丘明以左丘为氏，省称为左氏[59]。古代只有贵族称氏；君子也是封建社会君主等级政体下各级君主子弟的通称，他们都是当时的贵族。据此言之，左丘明并不是一般的乐工，他出身于鲁国贵族，同时也是最有修

养的瞽史。希腊有名的史诗《伊利亚特》和《奥德赛》，相传也作于盲人荷马。瞽矇博闻强记成为最有修养的瞽史，在古代也不仅我国为然。

左丘明大约与孔子同时。《论语》说："巧言、令色、足恭，左丘明耻之，丘亦耻之；匿怨而友其人，左丘明耻之，丘亦耻之。"[60]刘歆据此说："左丘明好恶与圣人同，亲见夫子。"[61]寻绎《论语》词意，左丘明传论历史，对于当时人物评价，是孔子所同意的，是孔子亲见左丘明说史，同意左丘明的好恶，后人以左丘明为孔子弟子[62]，这是没有任何依据的。

《国语》和《左传》是记载春秋时代历史的姊妹篇。韦昭《国语解·叙》以《左传》为《春秋》的内传而以《国语》为《春秋》的外传[63]，虽然很不恰当，但此两书其中大部分史料都应出于左丘明的传诵。古代学术，最重传授系统，谁是最初传授者，谁就是作书的人。这犹如《公羊》《穀梁》写定于汉初，而此两书仍说是公羊高、谷梁赤所作。近代瑞典学者高本汉利用古代文法研究《左传》《国语》两书[64]，断定两书虽不出于一人之手，而文法最为接近，这就是此两书具有密切关系最好的说明。司马迁说，左丘明"成《左氏春秋》"；又说，"左丘失明，厥有《国语》"[65]。他把此两书的作者都归之于左丘明，在传授的系统上，应该是有根据的。

七、《左传》所依据的文献

《左传》记事固然有些浮夸失实的地方，但是，它还是充分地利用了当时所能获得的成文的以及传诵的一切文献资料，取精用宏，有意识地以春秋为纲领，按年编写这个时期的历史。此外，《左传》也保存了春秋以前相传的古史旧说。因此，它又是研究春秋以前的古史必须参考的重要史籍。

春秋时代官写的文献资料是相当复杂的。申叔时说太子要学的除《春秋》和《语》外，还有《世》《令》《诗》《礼》《故志》《训典》等书[66]，《左传》作者对于这些文献是不是会轻易放过的。左传引用的书见于本书的有《周志》《周制》《周秩官》《周书》《郑书》《商书》《夏书》《夏训》，同时楚史倚相能读“三坟、五典、八索、九丘”[67]之书，说明楚国也存有许多坟典，《晋语》称“羊舌肸习于《春秋》”，羊舌肸所习的《春秋》就应是晋史，汲冢书有《纪年》十三篇、《国语》三篇论晋楚事、《周书》论楚事、《穆天子传》之类，也是魏襄王时代现存的史籍[68]。这些史料都应在《左传》作者网罗之列。《左传》所载周王室以及列国诸侯大人的族姓世系，也是本于帝系秩官以及《春秋历谱牒》[69]诸书。再就《左传》引用《国语》而言，《国语》中《周语》《鲁语》《晋语》《楚语》，《左传》都有所征引，而引用《晋语》尤多。《左传》引用《国语》，往往经过删节润色，言简而意赅，都有改动迹象可寻，即有所增补，删节也比增补为多[70]。《诗》更是《左传》经常引用的篇章，其论周郑交质说：“苟有明信，涧溪沼沚之毛，苹蘩蕰藻之菜，筐筥锜釜之器，潢汙行潦之水，可荐于鬼神，可羞于王公。”连用许多篇什的成语，已开后人用典范例。其论礼也必然要本于《故志》《训典》诸书。《左传》就是凭借了这样繁复的资料编纂成书的，在旧史中实具有很高的信史价值。

春秋时代鲁国用周正,《春秋》为鲁史，当然要用周正。战国初期鲁国国势愈趋衰落，与郑、卫、陈、蔡等小国号称泗上十二诸侯。《左传》取材繁富，它已不是局促于鲁国一隅之地所能完成的著作了。《左传》用夏正，晋为夏墟，可以提供这样繁富资料的国家，当时只有三晋的魏国最有可能。汲冢书有《师春》一卷,“全录《左传》卜、筮事，无一字之异”[71]，汲冢书出自魏襄王墓[72]，如果是《师春》抄自《左传》，则魏襄时《左传》不但已编写成书，而且已在魏国流行了。反之，如果是《左传》抄自《师春》，则提供编写的资料，魏国可能性就更大了。

战国初期魏国继承晋国霸权垂百余年，子夏居西河为魏文侯师[73]，西河距魏旧都安邑甚近，是魏文侯筑馆优礼子夏之所，也是当时学术文化的一个中心所在。如以魏国的西河与齐国的稷下相比，它比稷下还要早过八九十年[74]。纬书《孝经说》谓：“孔子以《春秋》属商”，商即子夏之名。司马迁说孔子作《春秋》“子夏之徒不能赞一词”，这无异于说子夏传习春秋，即有阙文，也要信以传信，疑以传疑，不敢有所增损。《韩非子·外储说》右上：“子夏曰：‘《春秋》之记臣杀君、子杀父者，以十数矣，皆非一日之积也，有渐而以至矣。’”《春秋》传自子夏，应是战国以来孔门相沿的旧说。《吕氏春秋·察传篇》说“子夏之晋，过卫，有读《史记》者曰‘晋师三豕涉河’，子夏曰：‘非也，是己亥也。’”此《史记》当为卫史，子夏习《春秋》，所以能正卫史之误。《左传》可能就是在子夏门下编写成书的。

八、《左传》成书的年代

六国称王始于魏、齐徐州之会（公元前334年），这是战国时代晋、齐绝世以后又一次更大的变局。魏国霸权从此告终。《左传》讲霸业不讲王道，孟子讲王道不讲霸业，这完全是两个不同时代所反映出来的问题。

霸业原是春秋时代特殊的历史，存亡断绝是霸主维持西周以来封建旧秩序的手段。春秋时代的人，生活在这样旧秩序下形成了一种信念，他们相信“天有十日，人有十等”[75]。古代以干支纪日[76]，所谓十日就是指自甲至癸而言。他们认为在君主等级政体下人有十等就是天经地义不可改变的。战国初期晋、齐绝世，对于霸主已成为一种讽刺，当时大国争雄惟以兼并为利，更与存亡断绝背道而驰。不过，当时各国君主变法图强，君主集权政体在国内还没有巩固的基础，巨室世臣，故家乔木，还是君主集权政体的有力的支柱。因此，在统治阶级内部进行的“尚贤使能”“保世滋大”还是必要的措施。所谓“外举不弃仇，内举不失亲”[77]，所谓亲、仇，还不是统治阶级内部人物吗？《左传》虽然讲霸业，但它所强调的还是“保世滋大”，团结贵族内部的亲仇，以支持当时开始的君主集权政体，这显然是要为当时魏国霸业服务的。

孟子讲王道，王道是要完成一个为天下臣民所归往的大一统王国，它是六国称王以后的上层建筑，它要为君主集权政体在思想上作进一步发展的准备。六国称王以前，周天子在名义上还是天下的共主，逢泽之会魏惠王还要率泗上十二诸侯，朝见天子[78]，在这个时代讲霸业，还有一定的意义。六国称王以后，周天子降为附庸小国，西周以来封建旧秩序，完全破产了。君主集权政体进一步发展，贵族已成为时代前进的障碍，过去在君主等级政体下贵族专政的各级君主也逐渐为各级官僚所代替。在新秩序下也产生一种新的信念，他们相信“天无二日，土无二王”[79]，只有王才是像太阳一样的独一无二至高无上的君主。他们再也不信“天有十日，人有十等”了。贵族也日趋没落了。在这个时代再讲霸业，那就没有任何依据了。

《左传》好预言因果休咎而以卜筮为征验，有很浓厚的迷信色彩。韩愈说：“《春秋》谨严，《左氏》浮夸。”[80]所谓浮夸就是指的这些前知的预言。《左传》中预言有验的也有不验的。凡验的预言，可以说都是事后比附之词。如三家分晋、田氏代齐的预言，书中屡见，《左传》作者应是看见这些历史的。《左传》又说，郑“其先亡乎”，或“郑先卫亡”[81]，郑亡于公元前375年，郑亡是验词，因此《左传》成书就不能早于此年。至于“郑先卫亡”这句话，就有验有不验了。先后原是相对之词，如果“郑先卫亡”，必然是郑亡之后，不久卫也灭亡，先后不能相去过远。《左传》在卫迁帝丘时说：“卜曰‘三百年’。”[82]卫迁帝丘在公元前629年，300年后应为公元前329年。如果卫亡于此时，上距郑亡仅40余年，尚可说是验。但事实并不如此。《史记·卫世家》记卫去帝丘徙野王在公元前241年，秦二世废卫君角为庶人，卫绝祀，在公元前209年。如以卫去帝丘徙野王为卫亡，则上距郑亡已130余年，时间相距过远，不能成为对比；如以卫绝祀为卫亡，则卫亡尚在六国之后，更不能说“郑先卫亡”

了。《左传》作者为什么要说“郑先卫亡”呢？这也是有缘故的。公元前372年是郑国灭亡后的第三年，赵伐卫，攻取卫国73个乡邑，此时卫国已有亡征。此后20年中，赵更取卫国甄、漆、富丘诸邑，此时卫国危亡已在旦夕。在魏国霸权下，卫原是魏国的附庸，只要卫国存在，魏为团结赵国起见，还可以容忍一时；如卫入于赵，不但损害了魏国的霸权，也撤去了魏国屏障；魏惠王权衡利害决不能坐视卫亡而不救。公元前354年魏为救卫之故，围赵邯郸。两年后魏攻下邯郸。但魏取邯郸破坏了东方赵、魏、齐、楚四周的均势，实非齐、楚之利。齐、楚为救赵之故，又先后予魏以沉重的打击，魏因此就不得不再作团结三晋之计，与赵盟漳水上，归赵邯郸。卫从此就在赵、魏两国均势下勉强维持下去。这个均势的形成，完全出于《左传》作者预料之外。因此，卫亡这个预言也就不验了。赵、魏盟漳水上在公元前351年，因此，《左传》成书也不能晚于此年。

“郑先卫亡”，郑亡是验了，卫也有亡征；凡不验的预言其初都似有验征。《左传》又在秦穆公死以人殉葬时断言“秦之不复东征”[83]，东征指向晋用兵而言。魏文侯、武侯时，魏攻取秦河西地，阻绝秦国东向用兵道路，秦孝公说：“三晋（指魏）攻夺我先君河西地，诸侯卑秦，丑莫大焉！献公即位，镇抚边境，徙治栎阳，且欲东伐，复穆公之故地，修穆公之政令；寡人思念先君之意，常痛于心！”[84]秦国不复东征是秦献公、孝公痛心疾首的事。《左传》作者只看见魏国攻夺秦河西地断绝了秦国东征道路。因此，就断言“秦之不复东征”；后来魏献河西、河东地于秦[85]，又完全出于《左传》作者预料之外，因此，这个预言也就不验了。赵、魏盟漳水上是魏国丧失霸权的开始，魏惠王对孟子说："晋国（魏）天下莫强焉，叟之所知也；及寡人之身，东败于齐，长子死焉；西丧地于秦七百里，南辱于楚，寡人耻之！"[86]魏国这些伤心的历史，都在盟漳水后，《左传》成书不能晚于此年，也与这个不验的预言相符合。

《左传》作者对于魏国期望是很大的。他在晋赐毕万以魏时说："毕万之后必大。万，盈数也；魏，大名也。以是始赏，天启之矣！"[87]他只看到魏国的强大，却没有看到魏国的削弱，《左传》就是魏国霸业鼎盛时代的作品。把《左传》成书年代定为公元前375年至公元前351年，也是与这个不验的预言相符的。

孔子卒于公元前479年，子夏少孔子44岁[88]，孔子卒时子夏年28。子夏居西河为魏文侯师，当是晚年时事。相传子夏老寿，晚年丧明[89]，假定当时子夏年70即公元前437年，下距《左传》成书年代的上限为72年，因此，左传作者可能就是子夏一再传的弟子。

九、《左传》的流传

《左传》不但成书于公元前351年以前，而且当时即已在三晋流传。汲冢书有《师春》一卷，"与《左传》记卜筮事无一字之异"，这就是《左传》在魏国编写或首先在魏国流传的证明。《国策》载虞卿说"臣闻之《春秋》，'于安思危，危则虑安'"[90]，实与《左传》所引书曰"居安思危"[91]相同，是虞卿所称《春秋》即《左氏春秋》。虞卿为赵上卿，这就是《左传》流传于赵地之证。韩非子于《奸劫弑臣篇》"《春秋》记之曰"的下面，引楚王子围杀王自立及崔子之徒贾举弑君，其事皆出《左传》，是韩非所引《春秋》也是《左氏春秋》，这是《左传》流传于韩地之证。

汉兴，《左传》已在民间流传，河间献王也在河间国内立了《左氏春秋》博士。河间献王以汉景帝前二年立（公元前158年），历26年卒（公元前133年）。班固说他“从民得善书，必为好写与之，留其真”。因此，他“得书多，与汉朝等”，而且这些书“皆古文先秦旧书，其中就有《周官》《尚书》《礼》《礼记》《孟子》《老子》之属，皆经、传、说、记，七十子之徒所论”[92]。这里虽然没有提到《春秋左氏传》，但是河间献王既立了《左氏春秋》博士，《左传》在河间国必然流传甚广。《汉书·儒林传》载这一派半官学传授系统说：

> 汉兴，北平侯张苍及梁太傅贾谊、京兆尹张敞、太中大人刘公子皆修《春秋左氏传》，谊为《左氏传》训故，授赵人贯公，为河间献王博士，子长卿为荡阴令，授清河张禹长子（长子禹字），禹与萧望之同时为御史，数为望之言《左传》，望之善之，上书数以称说。
>
> 尹更始为谏大夫，长乐户将，又受《左氏传》，取其变理合者以为章句，传子咸及翟方进，琅玡房凤。

据此言之，《左传》在西汉时代不但在河间国流传甚广，河间国以外也有很多的传人。

班固说河间献王所得书与汉朝等，当时民间所存的先秦旧书数量还是很多的。鲁共王所得孔子壁中书，仅“《古文尚书》及《礼记》

《论语》《孝经》凡数十篇”[93]，数量是有限的，这里面没有《春秋》也没有《左传》。许慎《说文序》说壁中书，多了一部《春秋》[94]，应是许氏误记。《左传》是古文旧书，但不是壁中书。汉代中秘书的《春秋左氏传》，出自北平侯张苍所献[95]，刘歆《让太常博士书》也把中秘所藏的壁中书，和古文旧书分别得很清楚：中秘所藏《逸礼》三十九篇、《书》十六篇是孔子壁中书，《春秋左氏传》是古文旧书。壁中书是孤本，古文旧书并不是孤本，而中秘书的《左传》，还与民间所传赵国贯公的遗学完全相同，“皆有征验，外（民间）内（中秘）相应”[96]。西汉时代古文《春秋左氏传》既非孤本，如说《左传》是刘歆窜改的或伪造的，刘歆又怎能一手掩尽天下人耳目呢？

西汉时代《左传》在民间流传既久，司马迁作《史记》“网罗天下放失旧闻”[97]，对于这样一部重要的史籍，哪能轻易放过呢？《史记》与《左传》记载一致的，是《史记》钞《左传》而不是《左传》钞《史记》[98]。理由是很明白的：《史记·十二诸侯年表》起自共和元年（公元前841年），讫于鲁哀公二十七年（公元前468年）；《国语》记厉王奔彘，即共和所自起；《春秋》记孔子卒后事终于哀公二十七年的，也只有一部《左氏春秋》如此。《十二诸侯年表序》说“表见《春秋》《国语》”，这个《春秋》不是《左氏春秋》又是什么呢？司马迁不但看到《左传》，而是还要根据《左传》《国语》作成年表作为读《春秋》《国语》的纲领，所以他在《年表序》里又说“为成学治古文者要删焉”，这个古文不是《左传》又是什么呢？《史记·吴世家》说：“余读《春秋》古文，乃知中国之虞与荆蛮句吴兄弟也。”这个《春秋》古文不是《左传》又是什么呢？

十、结论

《左传》是我国最早的而又是最详备完整的编年史，同时也是一部长于修辞的文学典范。梁任公先生论《左传》读法[99]说：

> 《左传》文章优美，其记事文对于极复杂之事项——如五大战役等，纲领、提挈得极谨严而分明，情节、叙述极委曲而简洁，可谓极技术之能事！其记事文渊（深邃）懿（温柔典雅）美茂（充实而有光辉）而生气勃勃，后此亦未有其比！又其文虽时代甚古，然无佶屈聱牙之病，颇易诵习。

如上所述，《左传》出自左丘明的传诵，左丘明出身贵族，博闻强记，既熟知统治阶级的历史，又习闻瞽矇先辈的诵说，他就在这样环境中积累了丰富的史实，成为当时最有修养的瞽史。同时他又必须经常将这些史实融会贯通起来在瞽矇中传诵下去，使这些史实有机地联系起来不至湮灭。他一年又一年地反复传诵，使他的文学技能达到更高的境界，因而，他所传诵的历史可以说：在内容方面是丰富的，组织方面是严密的，修辞方面是考究的。《左传》文章就是以这样的传诵作为蓝本的；而这个蓝本后来笔录成语，又要经过一番加工，最后《左传》作者又在子夏门下长期讲习中，由子夏一再传弟子搜集更多的文献，排比整理，剪裁润色，编写成书。从诵说、笔录以至整比、写定，反复锤炼，都应出于当时第一流学者之手。子夏在孔门中，原以文学著称，修辞也是孔门最重视的一端，孔子说："言之无文，行而不远。"[100]他曾以子产执政时郑国准备外交辞令为例说："为命：裨谌草创之，世叔讨论之，行人子羽修饰之，东里子产润色之。"[101]《左传》的文学造诣所以如此之高，就是在这样严格要求下完成的。

《左传》不仅以文学擅长，文学也不限于修辞一端，它还有一个更重要的目的，修辞只是为要达到这个目的所采取的最有效的手段。孔子时代文学范畴比现在要宽广得多。孔子说："文王既没，文不在兹乎！"[102]这里所谓文，不仅仅是文字的记录，连典章、制度、政治、哲学都要包括在内，其内涵，可以说几乎是和现代的人文科学相等了。司马迁推寻《春秋》之义以为孔子说："我欲载之空言，不如见之于行事之深切著明也。"[103]孔子没后孔门弟子要系统地总结孔子遗教为当前政治服务，有了《春秋》这样简明的提纲，有了《左传》这样丰富而具体的历史实际作为它的骨干，那就更为深切而著明了。

汉代今文学者挟其门户私见，对于此书就没有处理得当。清代学者受了传统的今文学派的影响，仅就汉人呵斥刘歆"颠倒五经"[104]之言，寻章摘句，辗转比附，甚至说《左传》本书也出于刘韵的窜改或伪造，沿袭至今我们还没有严肃对待这个问题。

众所周知，《左传》所载春秋时代历史，翔实可信，文辞优美，二千年来学者论史、缀文，传习不绝，就是在今天，毛泽东同志也常引用本书故实[105]教导我们。但是另一方面，怀疑《左传》的人，连本书的真实性也认为成了问题。我们对于这个矛盾问题能够长期不求解决吗？

本文试图从各方面提出一些看法：如《春秋》在孔门流传出于孔子既没之后，今《春秋》经即《鲁春秋》原文，其间并未经过孔子笔削；左丘明的年辈约与孔子同时，他是当时最有修养的瞽史，《左传》及《国语》中大部分或一部分历史都是根据他的传诵。这些意见，很不成熟，其中虽然也有许多事实依据，推论部分，还是不少。但是下面有些基本事实还是应当肯定的：春秋时代史实的积累、会通，瞽史要起到主要的积极的作用，《左传》就是出于瞽史左丘明的传诵；《左传》编写于六国称王以前，本书有许多已验或不验的预言，可以作为最有力的内证。同时《左传》在魏国流传或在魏国编写，汲冢书有《师春》一卷也是最有力的旁证；司马迁说虞卿以及韩非之徒“各往往捃摭《春秋》之文以著书”〔106〕，虞卿、韩非也是见到《左传》的，而且还利用此书著书立说。司马迁作《史记》采用《左传》旧文极多，他还利用《左传》《国语》删繁挈要，作为《十二诸侯年表》。如果弄清这些事实，为读者扫除一些尘障，使读者对于此书有一个系统而全面的认识，这还是十分必要的。

一九六二年九月十六日脱稿于四川大学铮园

原载自编《左传选》及《历史教学》一九六二年第九期。

注释：

〔1〕《春秋》今文本（即《公羊》《穀梁》本）载鲁襄公二十一年十有一月庚子孔子生，《春秋》古文本（即《左传》本）载鲁哀公十六年夏四月己丑孔子卒。

〔2〕《论语·述而》。

〔3〕《论语·阳货》。

〔4〕《左传》昭公二十五年及昭公十四年。

〔5〕伪古文《尚书》清代以前学者如朱熹、梅鷟已疑其伪，至阎若璩《古文尚书疏证》出，遂成定谳。毛奇龄作《古文尚书冤词》驳斥阎说，已无人相信。后此崔述有《古文尚书辨伪》，段玉裁有《古文尚书撰异》，王鸣盛有《尚书后案》，丁晏有《尚书余论》，续有所得，伪证山积，更成铁案，不能再翻。

〔6〕刘逢禄《春秋左传考证》本左氏不传《春秋》之说，以为《左传》凡例书法皆出刘歆窜入，《汉书·儒林传》所载左氏传授系统也是出于刘歆之徒所伪造，后来今文学家廖平、康有为、崔适皆祖述其说。

〔7〕《周官》原为西汉旧称。荀悦《汉纪》说，刘歆奏请《周官》六篇列之于经，为《周礼》，称《周官》为《周礼》，乃出刘歆之后。《周官》是河间献王所得书。贾公彦《周礼疏》说："《周官》孝武之时始出，秘而不传"；河间献王没于孝武帝元光二年，说此书孝武时始出虽无大误，但河间献王所得书皆好写副本与献书者，则此书亦非"秘而不传"的孤本。

〔8〕《汉书·楚元王交传》附《刘歆传》载刘歆《让太常博士书》说："鲁恭王坏孔子宅，欲以为宫，而得古文于坏壁之中，《逸礼》有三十九，《书》十六篇。天汉之后，孔安国献之，遭巫蛊仓卒之难，未及施行。"

〔9〕《史记·十二诸侯年表序》。

〔10〕《经典释文》说："平帝始立左氏。后汉建武中以魏郡李封为左氏博士，群儒蔽固者数廷争之，及封卒，因不复补。和帝元兴十一年，郑兴父子奏上左氏，乃立于学官，仍行于世。"

〔11〕此本王静安先生《战国时秦用籀文六国用古文说》，见《观堂集林》卷七。

〔12〕《史记·吴世家》。

〔13〕《汉书·楚元王传》附《刘歆传》。

〔14〕《左氏》无经之传举不胜书，唐权德与说：“《左氏》有无经之传失其根本。”经传相违者，如《春秋》书赵盾弑君之罪而传引孔子说：赵盾“古之良大夫也，为法受恶，惜也，越竟乃免!”显与《春秋》书法不合。

〔15〕《宋史·王安石传》说：“黜《春秋》之书，不使列于学官，至戏目为断烂朝报。”

〔16〕《朱子语类》卷八三。

〔17〕刘知几《史通·六家篇》及章学诚《文史通义》。

〔18〕《礼记·坊记》引鲁《春秋》三条：

一、子云：“天无二日，土无二王，……示民有君臣之别也，《春秋》不称楚越之王。”

二、子云：“升自客阶，受吊于宾位，教民追孝也；未没丧不称君，示民不争也。故《春秋》记晋丧曰：‘杀其君之子奚齐及其君卓。’”

三、子云：“取妻不取同姓，以厚别也，故买妾不知其姓则卜之，以此坊民，鲁《春秋》犹去夫人之姓曰‘吴’，其死曰‘孟子卒’。”

上列三条：第一条，今《春秋经》书吴楚越之王曰“子”，《坊记》作者认为即《鲁春秋》原文；第二条，今《春秋经》于僖公九年书“晋里克杀其君之子奚齐”，于僖公十年书“晋里克弑其君卓”一称杀，一称弑，似与鲁《春秋》不同，但《公羊》本杀亦作弑，监本作杀而读为弑，是此两弑字实为后人误改；第三条，今《春秋经》于哀公十二年书“孟子卒”，完全与鲁《春秋》同。

《韩非子·内储说上》：“鲁哀公问于仲尼曰：《春秋》之记曰：‘冬十二月賓霜不杀菽’，何为记此？仲尼对曰：‘此言可以杀而不杀也。夫宜杀而不杀，桃李冬实，天失道，草木犹犯干之，而况于人君乎？’”今《春秋经》僖公三十三年有冬十二月“陨霜不杀草李梅实”一条，当即鲁《春秋》原文，《韩非子》草作菽，当涉下文定公元年“冬十月陨霜杀菽”而误。周之十二月为夏历十月，菽早已刈获，何得有不杀菽之事？周之十月为夏历八月，正菽届熟之时，周十月陨霜杀菽，则为灾，十二月陨霜不杀草，亦失常，故均记之。王先慎《韩非子集解》也说：“菽当作草，下云：‘草木犹犯干之’，承此而言，明菽为草之讹。……前经注（指旧注）引正作草，明注所据之本尚未误。”

〔19〕《孟子·滕文公》下。

〔20〕《史记·孔子世家》《十二诸侯年表》及《太史公自序》。

〔21〕“郭公”“夏五”皆《春秋》缺文，见庄公二十四年及桓公十四年。

〔22〕《公羊传》庄公七年，《论衡》的《艺增》《说日》二篇说为孔子所修。

〔23〕《史记·孔子世家》。

〔24〕《左传》鲁昭公二年。

〔25〕《左传》襄公二十五年。

〔26〕《左传》宣公二年及襄公二十五年。

〔27〕《春秋啖赵集传纂例·赵氏损益义篇》，引赵匡说云：“彭城刘惠卿著书云：‘《纪年》序诸侯列会皆举其谥，知是后人追修非当世正史也。至如齐人歼于遂（见《春秋》庄公十七年），郑弃其师（见闵二年），皆夫子褒贬之意，而《竹书》之文亦然。’”刘贶所引《竹书》同于《春秋》之文的，尚有“陨石于宋五”（僖公十六年）一条；亦有异于《春秋》者，如郑庄公杀公子圣（《春秋》作段），不曰克而曰杀，则与《公羊》同。

〔28〕《周颂》是天子宗庙用乐，《大雅》是天子用乐，《小雅》是诸侯用乐，参看《左传》襄公四年晋享鲁使的故事。

〔29〕《诗·关雎》序说：“关雎，后妃之德也，风之始也。……故用之乡人焉，用之邦国焉。”

〔30〕《论语·季氏》。

〔31〕〔32〕见《论语·阳货》。

〔33〕《左传》哀公十四年，又见《论语·宪问》。

〔34〕《孟子·离娄》下。

〔35〕司马法："甸六十四井出长毂一乘，马四匹、牛十二头，甲士三人，步卒七十二人，戈楯具，谓之乘马。"一甸六十四井，出四马，谓之乘马法。《管子》书有《乘马》《问乘马》《乘马数》《臣乘马》诸篇皆言兵赋制度，《管子》书虽记于《管子》，实为战国以后的作品。

〔36〕《论语·子罕》。

〔37〕《论语·卫灵公》。

〔38〕《论语·阳货》。

〔39〕《左传》昭公二十五年，"将禘于襄公，万者二人。"万，舞名，二人当为二八之误，论语三家者以"雍"彻（雍，《周颂》篇名）；此皆鲁乐工臣事三家之事。

〔40〕《论语·微子》。《汉书·古今人表》以此为殷纣时事，非也。

〔41〕孔子与乐官有往还。《论语》所载，如《泰伯》篇说："师挚之始，关雎之乱，洋洋乎盈耳哉！"即孔子亲闻师挚所奏乐。《卫灵公》篇"师冕见"，即孔子亲见师冕之事。

〔42〕《春秋古文经》哀公十六年"夏四月己丑孔子卒"。

〔43〕《论语·子张》。

〔44〕《论语·季氏》。

〔45〕《左传》昭公二十九年及昭公二十年。

〔46〕《论语·宪问》记孔子与子路、子贡论管仲，称许甚至。

〔47〕《论语·子路》子路曰："卫君待子而为政，子将奚先?"子曰："必也正名乎！"

〔48〕《论语·尧曰》。

〔49〕参看拙作《战国初期魏齐争霸及列国间合从连衡的开始》，《四川大学学报》（社会科学版）1956 年第 2 期；并收载本辑。

〔50〕金文《陈侯因資錞》。《史记》齐威王名婴齐，婴齐即資。

〔51〕《孟子·梁惠王上》。

〔52〕《礼记·玉藻》:“动则左史书之，言则右史书之。”班书左右互误。

〔53〕《论语·八佾》。

〔54〕《文物》月刊1962年第1期。

〔55〕《国语·晋语》四说瞽史记之曰:“唐叔之世，将如商数。”《楚语》上说:“临事有瞽史之导，宴居有师工之诵，史不失书，矇不失诵。”

〔56〕《国语·楚语上》。

〔57〕《周礼·春官》瞽矇掌“讽诵诗，世奠系”；又小史掌“邦国之志奠系世”;《注》:“系世谓帝系《世本》之属是也；小史主定之，瞽矇讽诵之。”

〔58〕《史记·太史公自序》及《汉书·司马迁传·报任安书》。

〔59〕左氏只是左丘氏的省称，唐赵匡始以左氏丘明与左丘氏名明者为二人，非是。古代以所居为氏者，如东门、西门、闾丘、渠丘，皆是；丘明连言，于义无取。

〔60〕《论语·公冶长》。

〔61〕《汉书·楚元王交传》附《刘歆传》。

〔62〕杜预《春秋左传序》说“左丘明受经于仲尼”，杜氏以前还没有说得这样明白。

〔63〕《汉书·律历志》引刘歆说“《春秋外传》曰‘少昊之衰，九黎乱德’”；是以《国语》为外传之始。后来《论衡》亦以《国语》为“《左氏》之外传”，韦昭之说，即本于此。

〔64〕高本汉《左传真伪考》有陆侃如译本。

〔65〕《史记·十二诸侯年表序》及《汉书·司马迁传·报任安书》。

〔66〕《国语·楚语上》。

〔67〕《左传》昭公十二年。

〔68〕《晋书·束皙传》《卫恒传》。

〔69〕《史记·十二诸侯年表》序："太史公读《春秋历谱牒》。"《索隐》："按刘杳云'三代系表旁行邪上，并效周谱'，谱起周代，《艺文志》有古帝王谱，又自古为《春秋》学者有年历谱牒之说。"

〔70〕《左传》抄《国语》的例证极多。如襄公二十六年载伍、蔡论楚材晋用事，与楚语下所载异同甚多；《左传》盖综合前后所载加以改定者。

兹举其第一段为例。如《楚语》上云："椒举娶于申公子牟，子牟有罪而亡，康王以为椒举遣之，椒举奔郑，将遂奔晋。蔡声子将如晋，遇之于郑，乡之，以璧侑，曰：'子尚良食，二先子其皆相子，尚能事晋君以为诸侯主！'辞曰：'非所愿也，若得归骨于楚，死且不朽！'声子曰：'子尚良食，吾归子。'椒举降，三拜，纳其乘马。声子受之。还见令尹子木，子木与之语曰：……"

《左传》记此事如下："初，楚伍参与蔡太师子朝友，其子伍举与声子相善也。（此《左传》就《国语》'二先子其皆相子'之言，而追述伍、蔡二世交谊之词。）伍举娶于王子牟，王子牟为申公而亡。楚人曰：'伍举实送之。'伍举奔郑，将遂奔晋。声子将如晋，遇之于郑郊，班荆相与食而言复故。声子曰：'子行也，吾必复子。'及宋向戌将平晋、楚，声子通使于晋，还，如楚，令尹子木与之语。……"（此《左传》就《国语》原文加以删改，删节实比增补为多。）

〔71〕《新唐书·刘贶传》："《师春》一篇，录卜筮事，与《左氏》合，知按《春秋》经传而为也。"陆氏《春秋啖赵集传纂例·赵氏损益义篇》引赵匡说云："彭城刘惠卿（名贶）著书云：'……别有《春秋》（案即《师春》）一卷，全录《左传》卜筮事，无一字之异，故知此书按《春秋》经传而为之也。'"

〔72〕《竹书纪年》终于今王二十年，今王即魏襄王。或以为魏安釐王墓，非是。

〔73〕子夏居西河见《史记·仲尼弟子传》。

〔74〕子夏为魏文侯师，假定当时年七十，即公元前437年，应为魏文侯九年，《史记·田齐世家》说齐宣王时"稷下学士复盛"，稷下学士列第当始于威王

时。《田齐世家》说威王时“驺忌子以鼓琴见威王，威王悦而舍之右室”。《索隐》引《齐地记》说稷门为齐西城门，当即右室所在之地。稷下如始于威王，威王元年为公元前356年，去子夏居西河时已80余年。

〔75〕《左传》昭公七年。此所去“十日”乃指甲乙等第而言，无并尊之意。

〔76〕甲骨文已用干支纪日。甲乙为干，干者幹也，子丑为支，支者枝也。甲乙纪日，子丑纪辰；所谓吉日良辰，即合一日之昼夜而言。十日并出之说，即由甲至癸十日衍化而出。

〔77〕《左传》襄公二十一年。

〔78〕魏惠王逢泽之会在公元前三四四年，见《战国策·秦策》四。

〔79〕《礼记·坊记》及《曾子问》，皆托为孔子之言。《孟子·万章》下作“孔子曰‘天无二日，民无二王’”。

〔80〕韩愈《进学解》。

〔81〕《左传》襄公二十九年及昭公四年。

〔82〕《左传》僖公三十一年。

〔83〕《左传》文公六年。

〔84〕《史记·秦本纪》。

〔85〕公元前332年魏献阴晋于秦，阴晋故城在今陕西华阳县东南，即魏河西之地，公元前328年魏献上郡于秦，此时魏国河西地已尽入于秦。公元前290年魏献河东地四百里于秦。

〔86〕《孟子·梁惠王》上。

〔87〕《左传》闵公元年。

〔88〕《史记·孔子弟子传》。

〔89〕《史记·孔子弟子传》：“孔子既没，子夏居西河教授，为魏文侯师。其子死，哭之失明。”魏文侯元年子夏年六十一，子夏为魏文侯师，丧子失明，必当在六七十岁以上。

〔90〕《战国策·楚策》四。

〔91〕《战国策·楚策》四。

〔92〕《汉书·景十三王传》。

〔93〕《汉书·艺文志序》。

〔94〕《说文序》说："壁中书者，鲁恭王坏孔子宅而得《礼记》《尚书》《春秋》《论语》《孝经》。"比《艺文志序》所载，多了《春秋》一种，当出误记。

〔95〕《说文序》说："北平侯张苍献《春秋左氏传》。"据此，知中秘书的《左传》必非壁中书。

〔96〕刘歆《让太常博士书》。

〔97〕《史记·太史公自序》。

〔98〕参看刘节《古史考存》之《〈左传〉〈国语〉〈史记〉之比较研究》第五节《〈左传〉与〈史记〉的比较》。

〔99〕梁任公先生《要籍解题及读法》。

〔100〕《左传》襄公二十五年："仲尼曰：志有之：'言以足志，文以足言。'不言，谁知其志；言之无文，行之不远。"

〔101〕《论语·宪问》。又《左传》襄公三十一年所记较此为详。

〔102〕《论语·子罕》。

〔103〕《史记·太史公自序》。

〔104〕《汉书·王莽传》，公孙禄说："国师嘉新公颠倒五经，毁师法，令学士疑惑。"

〔105〕《毛泽东选集》第一卷第二版，第235页注24；又第二卷第二版，第506页注21；又第四卷，第1448页注3。

〔106〕《史记·十二诸侯年表序》。

缪钺，字彦威（1904－1995）。江苏溧阳人，出生于直隶（今河北）迁安县。1924年北京大学文预科肄业。曾任保定私立培德中学和保定私立志存中学国文教员。后历任河南大学中文系、广州学海书院、浙江大学中文系教授。1946年起，任华西协合大学中文系教授兼中国文化研究所研究员，同时兼任四川大学历史系教授。1952年后，专任四川大学历史系教授。主要从事于中国古代史、中国古典文学、历史文献学的教学与研究。学宗王国维、陈寅恪，以文史兼通享誉学林。治学原以先秦诸子及古典文学为主，20世纪40年代中期以后，转而研究魏晋南北朝史，80年代以后，又再次致力于词学研究。其代表作有《诗词散论》《读史存稿》《杜牧年谱》《冰茧庵丛稿》《灵谿词说》（合著）。

清谈与魏晋政治

○缪　钺

一

世之论魏晋清谈者，往往诋其祖尚玄虚，不亲世务，故东晋时范宁以中原倾覆归咎于王弼、何晏，谓二人之罪，深于桀纣（《晋书·范宁传》）。而桓温亦曰：“遂使神州陆沉，百年丘墟，王夷甫诸人不得不任其责”（《世说新语·轻诋》）。然清谈之理论，固未尝遗弃政治，且自有其政治上的主张，清谈之士，亦颇有欲以功业表见者。魏晋两代政治，受清谈影响，自成形态，且多变化。故清谈与魏晋政治之关系，须详考史事，分别论之。未可据王衍一二人为例而遂断为清谈误国也。

先秦儒家，极重政治，道家则否认政治，主张无为。老子尚言“小国寡民”之治，庄子则进而理想其“上如标枝，民如野鹿”（《庄子·天地》）之社会，鄙视一切治术。魏晋清谈，虽崇尚老庄，然亦未尝菲薄儒学，故清谈乃融合儒道之思想，近来学者多阐明此义。（举其著者，如汤用彤先生《王弼之周易论语新义》，载《图书季刊》新第四卷第一、二期合刊，冯友兰先生《新原道》第七章《玄学》，贺昌群先生《魏晋清谈思想初论》。）清谈既融合儒道，故不鄙弃政治。《庄子·逍遥游》篇“尧让天下于许由”一节，推崇高隐之许由，而轻视治天下之尧。郭象注则曰：“夫治之由乎不治，为之出乎无为也，取于尧而足，岂借之许由哉。若谓拱默乎山林之中而后得称无为者，此庄老之谈所以见弃于当途。”抑许扬尧，与庄子不同。故冯友兰先生谓郭注“继续先秦道家，实则是修正先秦道家。”（冯著《新原道》第七章《玄学》。）庄子轻视治术，其所理想者为姑射之神人，吸风饮露，乘云御龙，不以世事婴心，而尘垢秕糠，将犹陶铸尧舜。郭注则曰：“夫圣人虽在庙堂之上，然其心无异于山林之中，世岂识之哉。徒见其戴黄屋，佩玉玺，便谓足以缨绂其心矣，见其历山川，同民事，便谓足以憔悴其神矣，岂知至至者之不亏哉。”又曰：“夫圣人之心，体化合变，无往不可，旁礴万物，无物不然，世以乱故求我，我无心也，我苟无心，亦何为不应世哉。”推其意，所谓圣人，殆欲将儒家之尧舜与庄子之姑射神人合而为一，虽在庙堂之上，而其心无异于山林之中，“体玄极妙”，而又能“会通万物之性，陶铸天下之化”。儒家之“劳神苦思，以事为事”，固所不取，庄子之“拱默山林而称无为”，亦非其所尚。故清谈家所理想之政治家，在能以超世之怀而建济世之业，既殊孔、孟，亦异老、庄，乃另一种新范型，孙绰所谓“居官无官官之事，处事无事事之心”（孙绰称刘惔语，见《晋书·刘惔传》)，谢灵运所谓“达人贵自我，高情属天云。兼抱济物性，而不婴垢氛”。(《述祖德诗》) 庶几近之。清谈家既有其理想之政治家之新范型，而其论治术，则本道家之义，贵因任无为。《庄子·在宥》篇：“故君子不得已而临莅天下，莫若无为。”郭注曰：“无为者，非拱默之谓也，直各任其自为，则性命安矣。”“拱默”是无所事事，“任其自为”是因势利导，“拱默”是完全消极，“任其自为”则并非消极，乃是使天下事在无形中推进；而严厉烦苛之政，则非其所取。王弼《老子》注论政治贵“因物之性，不假刑以理物”(《老子》三十六章注)，又谓：“若乃多其法网，烦其刑罚，塞其径路，攻其幽宅，则万物失其自然，百姓丧其手足。”(《老子》四十九章注) 即此意也。

据以上之论述，可见清谈家之理论并不轻视政治，且自有其政治上之新理想。惟魏晋两百年之政治，受清谈影响，实际情形如何，清谈名士，因才性不同，环境各异，其对于政治之态度如何，在政治上之表见又如何，清谈家所理想之政治家是否实现。此则本文所拟阐释者也。

二

魏晋清谈之演变，可分为四期。魏正始为第一期，魏晋间为第二期，西晋为第三期(《世说新语·文学》“袁彦伯作名士传成”条刘注曰：“宏以夏侯太初、何平叔、王辅嗣为正始名士，阮嗣宗、嵇叔夜、山巨源、向子期、刘伯伦、阮仲容、王濬冲为竹林名士，裴叔则、乐彦辅、王夷甫、庾子嵩、王安期、阮千里、卫叔宝、谢幼舆为中朝名士。”可见东晋人认为渡江以前清谈名士应分三期。)，东晋为第四期。兹研究清谈与魏晋政治之关系，亦依此四期次第论之。

魏正始清谈名士，有何晏、王弼、夏侯玄、傅嘏、荀粲、李丰、王广等。[严格论之，魏代清谈之盛，并不始于正始。《魏志·荀彧传》裴松之注引何劭所作《荀粲传》，谓粲于明帝“太和初到京邑，与傅嘏谈，嘏善名理，而粲尚玄远”。又谓“粲与嘏善，夏侯玄亦亲”。则明帝太和时谈风已兴。至正始时，何晏当权，王弼又起，辩理谈玄，遂益精彩，故后人艳称“正始之音”。荀粲为荀彧之子，《粲传》言其卒年二十九，未言在何时。按荀彧卒于汉建安十七年(212)，下距正始元年（240）凡二十八年，粲即为彧晚子，亦不能下逮正始，兹因粲与傅嘏、夏侯玄等谈玄，就大较言之，故亦附于正始清淡家之中也。]何、王固为清谈领袖，夏侯玄曾著《道德论》(见《世说新语·文学》篇“裴成公作《崇有论》”条刘注引《晋诸公赞》)，与何晏齐名，何晏称“惟深也故能通天下之志，夏侯泰初是也”(《魏志·曹爽传》裴注引《魏氏春秋》)。傅嘏有清理识要，论才性，原本精微，鲜能及之(《世说新语·文学》篇“傅嘏善言虚胜”条刘注引《傅子》)。魏明帝太和初，荀粲至京邑，与傅嘏谈，嘏善名理，而粲尚玄远(《魏志·荀彧传》裴注引何劭《荀粲传》)。钟会精练名理，弱冠与王弼并知名，尝论《易》无互体，才性同异，又撰《道论》(《魏志·钟会传》，《世说新语·文学》篇)。李丰、王广亦曾参与才性同异之论，傅嘏论同，李丰论异，钟会论合，王广论离(《世说新语·文学》篇“钟会撰《四本论》”条刘注)。诸人虽皆清谈名士，然并不以遗弃世务为高，且多热心事功，有济世之志。当时魏室渐衰，司马权盛，清谈名士有忠于王室者，如何晏、夏侯玄、李丰、王广，有依附权臣者，如傅嘏、钟会，立场虽殊，而其关怀政治则一也。

魏明帝寝疾之际，诏司马懿与曹爽同辅嗣君，司马懿事文帝、明帝，曾立战功，其权已重，而为人城府深阻，非魏之纯臣，何晏联姻帝室，思遏司马懿之势，说曹爽以权重不宜委之于人，爽听其言，白天子发诏转司马懿为太傅，尊以名号，夺其实权。爽重用何晏、邓飏、丁谧、毕轨等，晏为吏部尚书，典选举，“内外众职，各得其才”（傅咸语，见《晋书·傅咸传》）。可见晏非但有经世之志，且有经世之才。嘉平元年（即正始十年）之政变，曹爽败，晏亦坐族灭。晏既与司马氏为敌党，故晋人撰史，于晏多诋毁之辞，非尽实录也（《三国志·曹爽传》裴注已辩之）。时人王广论何晏之事曰：“凡举大事，应本人情。今曹爽以骄奢失民，何平叔虚而不治，丁、毕、桓、邓，虽并有宿望，皆专竞于世，加变易朝典，政令数改，所存虽高，而事不下接，民习于旧，众莫之从，故虽势倾四海，声震天下，同日斩戮，名士减半，而百姓安之，莫之或哀，失民故也。”（《魏志·王凌传》裴注引《汉晋春秋》）王广论两党得失，颇有所见。盖正始政争，何晏等辅曹爽，拟建新党，而司马懿则团结旧派。何晏等均书生，虽有学识，有才干，有理想，欲改革朝政，树立新猷，然世故不深，又不免自命清流，恃才傲物，弗能委曲迁就，笼络人心，而司马懿则老谋深算，精于世故，以权术市惠于人，反得流俗之同情。吾国政治史上新旧两党之争，新党往往失败，如唐顺宗时之王叔文、刘禹锡、柳宗元等，清光绪戊戌变法时之康有为、梁启超等皆是，何晏亦此类也。何晏虽祖述老庄，崇尚无为，谓“天地万物皆以无为本，无也者，开物成务，无往不存者也”（《晋书·王衍传》)。而其为政反因勇于改革，过于操切（即王广所谓“变易朝典，政令数改”。）致败，与西晋名士如王衍等之祖尚浮虚不预世事者，固不可同日语矣。

夏侯玄乃魏功臣夏侯尚之子，其母即曹爽之姑，与魏室关系颇密。玄有经世才识，“为中护军，拔用武官，参戟衙门，无非俊杰，多牧州典郡，立法垂教，于今皆为后式”。(《三国志·夏侯玄传》裴注引《世语》）又与司马懿书论时事，陈审官、择人、除重官、改服制诸义，司马懿称善其言。曹爽败后，玄徙居散职。司马懿卒，司马师继之，权势益炽，李丰时为中书令，为帝所亲信，密谋诛司马师，以夏侯玄代师为大将军执政，可见玄之才望为当时所推服。嘉平六年，谋泄，丰与玄均被诛。王广乃王凌之子，王凌亦忠于魏室，曹爽被杀之后，王凌愤魏帝受制权臣，欲迎立楚王彪都许昌，以倾司马氏，遣人至洛阳告广，广言司马氏未易亡。后王凌事败，广亦坐死。

傅嘏与夏侯玄、何晏不合，何晏掌选时，以事免嘏官，司马懿辟嘏为太傅从事中郎，嘏自是遂尽心于司马氏。毋丘俭、文钦起兵讨司马氏，嘏劝司马师自行，司马师遂与嘏俱东，俭、钦破败，嘏有谋焉。司马师卒于许昌，以朝政授嘏，嘏密不发丧，以师命召司马昭代领其军。司马创业，嘏颇有力。嘏有经世才具，其论考课，建议改官制及论攻吴之计，俱明切事情，而为河南尹，亦有治绩。当时清谈名士，凡忠于魏者，嘏均有贬辞，谓夏侯玄志大其量，能合虚声而无实才，谓何晏言远而情近，好辩而无诚，所谓利口覆邦国之小人，谓李丰饰伪而多疑，矜小失而昧于权利，而依附司马氏者如钟会，嘏则以明智交之，裴松之已论其以爱憎为厚薄。（《三国志·傅嘏传》注）按所谓爱憎者，盖由于政治上立场之不同也。钟会亦附司马氏，司马师征毋丘俭，司马昭征诸葛诞，会皆参与谋划，其后亲待日隆，为司马昭腹心，时人谓之子房，时政损益，当世与夺，无不综典；司马昭欲伐蜀，惟会意同，昭遂命会统诸军伐蜀，克蜀之后，会自以自淮南以来，算无遗策，有据蜀之志，事败被杀，固亦才智纵横热心功名之士。（以上数节论述何晏、夏侯玄、李丰、王广、傅嘏、钟会诸人事，据《魏志·曹爽传、夏侯玄传、王凌传、傅嘏传、钟会传》及诸传裴注所引诸书。）

正始清谈名士中，轻视政治者，只有荀粲。《魏志·荀彧传》裴注引何劭《荀粲传》曰：

粲与嘏（傅嘏）善，夏侯玄亦亲，常谓嘏、玄曰："子等在世途间，功名必胜我，但识劣我耳。"嘏难曰："能盛功名者，识也，天下孰有本不足而末有余者邪。"粲曰："功名者，志局所奖也。然则志局自一物耳，固非识之所独济也。我以能使子等为贵，然未必齐子等所为也。"（《文选》谢灵运《庐陵王墓下作》诗李注引王隐《晋书》曰："荀粲与傅嘏善，夏侯玄亦亲，常谓嘏、玄曰：'子等在世业间，功名玄必胜我，识减我耳。'嘏难曰：'能成功名者，识也，天下孰有本不足而末有余者。'粲曰：'功名，局之所奖，然则志自一物耳，固非识之所独齐，我以能役子等为贵，未能齐子所为也。'" 按王隐《晋书》盖即采自何劭《荀粲传》，而字句间稍有增删改易，如"世途"改作"世业"，"功名必胜我"，功名下增一"玄"字，"志局"二字乃一名词，而分"志"与"局"为二，遂至费解。《晋书·王隐传》称"隐虽好著述，而文辞鄙拙，芜舛不伦"，此亦一证也。）

清谈辨名析理，故重识，荀粲以此自负，轻视功名。傅嘏言："能盛功名者，识也，天下孰有本不足而末有余者邪。"盖谓功名亦识之所表见，识为本，功名为末，原自相关，故虽好清谈，而又热心政治，思立功名，自傅嘏之观点论，固是本末一贯也。荀粲之意，则谓功名乃志局之所奖，非识所独济，识高者未必能立功名，而立功名亦不仅赖识，故自居于识胜，而以功名让人。至于王弼，虽"事功亦雅非所长"。（《魏志·钟会传》裴注引何劭《王弼传》）而其所著《周易注》《老子注》《论语释疑》诸书中，未尝有鄙薄政治之意，且有其因而不为之政治理论。（参见汤用彤先生（《王弼之周易论语新义》）

综观以上所论述，当曹魏正始之时，清谈初兴之际，其时名士，虽崇尚《老》《易》，辨析名理，而同时亦热心政治，思建事功。盖研精名理，贵乎有识，而建树事功，即识之所表见，识为本，功名为末，清谈家有识而能建功业，乃本末一贯，自然之理，傅嘏明发斯旨，何晏、夏侯玄、钟会等殆亦同此见解。故何晏虽明《老》《易》，倡无为，而勤于为政，典选得才，傅嘏、钟会虽善言玄胜，校练名理，而才智纵横，勇于建树，当时人未有议其矛盾者。由此可知，在正始时，清谈家之见解，及一般人之看法，皆认为清谈与政治乃相成而非相违。至于独贵玄思，轻视事功者，只有一荀粲，彼固不能代表正始风气也。

三

继正始名士之后，则有竹林名士，即嵇康、阮籍、山涛、向秀、刘伶、阮咸、王戎是也。斯时司马昭权势益盛，阴谋篡窃，剪除异己，史所谓“魏晋之际，天下多故，名士少有全者”（《晋书·阮籍传》)，环境乃益难处。竹林名士七人，虽以谈玄酣饮相友好，而其对政治之态度则至不同。有以龙性难驯反抗司马氏而见杀者，嵇康是也。有韬精沉饮，委蛇自晦者，阮籍是也。有逊辞屈迹以求免祸者，向秀是也。有依附司马，坐致通显著，山涛、王戎是也。刘伶、阮咸与政治关系较疏，由其言行以推其心情，殆与阮籍相近。陈寅恪先生撰《陶渊明之思想与清谈之关系》（1945 年 9 月燕京大学哈佛燕京社印）一文，对于竹林名士与当时政治之关系有所阐发。其大旨谓，魏晋间清谈乃当日政治上之实际问题，与其时士大夫之出处进退至有关系，盖借此以表示本人态度及辩护本身立场者。魏晋之际，有自然与名教异同问题。名教与自然本不相同，当时崇尚名教者，如何曾、荀颉等，皆佐司马篡魏之人，而标榜老庄主张自然者，则反抗司马氏。嵇康以此被诛，阮籍、刘伶、阮咸则韬晦免祸，犹不改其主张自然之初衷。山涛、王戎早岁本崇尚自然，后忽变节，仕宦新朝，致位通显，于是欲发明一种新说，以辩护其宗旨反复出处变易之弱点，故王戎问阮瞻：“圣人贵名教，老庄明自然，其旨同异。”瞻曰：“将无同。”王戎嗟叹，喜其与己意符合。盖此论一立，则山、王等可兼尊显之达官与清高之名士于一身，名利并收，无所惭忌也。钺按陈先生见解独到，推阐深微，极有助于知人论世，而钺犹欲补说一义，即竹林名士对于政治之态度，乃由正始风气变为西晋风气之枢纽也。

竹林名士与正始名士有一不同之点，正始名士只言玄理，而竹林名士于谈玄之外，兼崇山林隐逸之趣，故正始名士多居庙堂，而竹林名士则喜亲山水。《晋书·嵇康传》曰：“康尝采药游山泽，会其得意，忽焉忘返，时有樵苏者遇之，咸谓神至。”康《与山巨源绝交书》自谓“游山泽，观鱼鸟，心甚乐之”。其《幽愤诗》述理想之生活亦曰：“庶勖将来，无馨无臭，采薇山阿，散发岩岫，永啸长吟，颐性养寿。”《晋书·阮籍传》谓籍“登临山水，经月忘归”。《三国志·王粲传》裴注引《魏氏春秋》曰：“籍少时尝游苏门山，苏门山有隐者，莫知姓名，籍从之与谈太古无为之道。及论五帝三王之义。苏门生萧然曾不经听。籍乃对之长啸，清韵响亮，苏门生逌尔而笑。籍既降，苏门生亦啸，若鸾凤之音焉。”此种生活情况，非正始名士何晏、王弼、夏侯玄、傅嘏、钟会等所有。盖正始名士，只谈《老》《易》，而竹林名士则兼重《庄子》。（陈澧《东塾读书记》十二引洪稚存曰：“陈寿《魏志·王粲传》末言嵇康好言老、庄，老、庄并称，实始于此。”）《庄子》书中，本有山林皋壤之言，多欣赏自然之趣，故竹林名士遂于谈玄理外兼富于山林隐逸之思矣。

山林隐逸之人，自必贵自得之趣，轻济物之业，以退隐为高，出仕为不得已，竹林名士应有此种思想，故嵇康作《圣贤高士传赞》，“撰录上古以来圣贤隐逸遁心遗名者集为传赞”（《魏志·王粲传》裴注引嵇喜所作《嵇康传》)，可见其向慕所在。嵇康、阮籍在政治理论上皆主张无为，甚至倾向于无君。(参看萧公权先生《中国政治思想史》第二篇第十一章第二、三两节。)然考之史事，嵇、阮等亦非尽忘怀世务者。《魏志·王粲传》裴注引《世语》曰：“毌丘俭反，(嵇)康有力，且欲起兵应之，以问山涛，涛曰：‘不可。’”钟会后以此事谮康于司马昭，深触昭忌，康之命遂不保(《晋书·嵇康传》)，可见康亦有济事志力。至于其《与山巨源绝交书》，自陈疏懒傲散，不堪仕官，虽由于隐逸之素怀，而亦有愤激之微旨，与“非汤、武薄周、孔”之言，均有为而发，表示其决不肯与司马氏合作，宜乎司马昭闻之而怒也(《魏志·王粲传》裴注引《魏氏春秋》)。至于阮籍，《晋书·阮籍传》谓“籍本有济世志，属魏晋之际，天下多故，名士少有全者，籍由是不与世事，遂酣饮为常。”可见阮籍亦有济世之志，阻于环境，遂晦迹自全。《晋书·阮籍传》曰：

> 文帝辅政，籍尝从容言于帝曰：“籍平生曾游东平，乐其风土。”帝大悦，即拜东平相，籍乘驴到郡，坏府舍屏障，使内外相望，法令清简，旬日而还。帝引为大将军从事中郎。籍闻步兵厨营人善酿，有贮酒三百斛，乃求为步兵校尉，遗落世事。(《魏志·王粲传》裴注引《魏氏春秋》作“纵酒昏酣，遗落世事”。)

当魏之末世，司马昭方谋篡窃，当世人才，愿与己合作者，则以官禄笼络之，不与己合作者，则除去之。阮籍名父之子，少有才誉，既不肯依附司马，助其篡窃，如再避不出仕，将为昭所恶，性命难全，然如当官处事，卓著效绩，则又必为昭所忌，故阮籍既求东平相，又求步兵校尉，司马昭均悦而与之，籍到官后，故为放纵脱略之行，不以官职政事为意，则昭以为如阮籍者，不过一浮华放诞之士，徒有虚名，而无实才，不足畏忌；阮籍私人行为，任意放荡，不守礼法，不顾世议，司马昭反保护之。阮籍所行，深得明哲保身之道，然其内心则极痛苦，故登广武而兴嗟，遇穷途而痛哭，抑郁难言之隐，时于《咏怀诗》发之。阮籍居官则遗落世事，行己则违越礼法，既有其不得已之苦衷，若不解其心而徒慕其迹，殆为籍所不许。《世说新语·任诞》篇曰："阮浑长成，风气韵度似父，亦欲作达。步兵曰：'仲容已预之，卿不得复尔。'"刘注引《竹林七贤论》曰："籍之抑浑，盖以浑未识己之所以为达也。"推阮籍之意，阮咸（仲容）作达，已属多事，阮浑欲作达，更可不必矣。

阮籍之外，向秀亦然。《晋书·向秀传》曰：

> （嵇）康既被诛，秀应本郡计，入洛。文帝问曰："闻君有山之志，何以在此。"秀曰："以为巢、许狷介之士，未达尧心，岂足多慕。"帝甚悦。后为散骑侍郎，转黄门侍郎、散骑常侍，在朝不任职，容迹而已。

向秀本有箕山之志，鉴于嵇康，不得已而出仕，故在朝不任职，容迹而已。［劳格《晋书校勘记》曰："案《任恺传》，庾纯、张华、温颙、向秀、和峤之徒皆与恺善，杨珧、王恂、华廙等，（贾）充所亲敬，于是朋党纷然，则秀实奔竞之徒，乌得云容迹而已哉。”钺按，任恺、庾纯、张华等皆正人，向秀与之善，殆气类之合，似未可遽诋为奔竞也。〕刘伶、阮咸与政治关系较疏，不具论。山涛、王戎皆依附司马，致位通显。山涛为吏部尚书，典选举，尚能“周遍内外，并得其才”（《晋书·山涛传》）。王戎仕晋，虽居中书令、尚书左仆领吏部、尚书令等要职，然“晋室方乱，慕蘧伯玉之为人，与时舒卷，无蹇谔之节，自经典选，未尝进寒素，退虚名，但与时浮沉，户调门选而已。”（《晋书·王戎传》）则与其从弟王衍相似，尸位素餐清谈误国之风，王戎已开其端矣。

总之，竹林名士多怀山林隐逸之思，故其对政治之态度，不似正始名士之积极。然隐逸之士，不负政治上之责任，则虽清谈亦不至于误国。况嵇、阮均有济世之志，嵇以反抗权臣被杀，阮则束于环境，委蛇自全，虽当官居职，而口谈玄远，不理政务，故为放纵，违越礼法，凡后人所不满意于清谈者，如“崇饰华竞，祖述虚玄，指礼法为流俗，目纵诞以清高，遂使宪章弛废，名教颓毁”。（《晋书·儒林传序》）似皆由阮籍开其端。顾亭林遂谓“国亡于上，教沦于下，羌戎互僭，君臣屡易，非林下诸贤之咎而谁咎哉！”（《日知录》十三“正始”条）。实则阮籍之放旷，有其不得已之苦衷，且极不愿他人效法，无奈其声名才望既为世所欣向，慕效成风，遂不可遏。（《世说新语·德行》篇“王平子、胡毋彦国诸人皆以任放为达”条刘注引王隐《晋书》曰：“魏末阮籍嗜酒荒放，露头散发，裸袒箕踞，其后贵游子弟阮瞻、王澄、谢鲲、胡毋辅之之徒皆祖述于籍，谓得大道之本。”）西晋名士之作风，无论从政或私行，皆无阮籍之心而袭阮籍之迹，所谓貌同心异者。（戴逵谓：“竹林之为放，有疾而为颦者也；元康之为放，无德而折巾者也。”见《晋书·戴逵传》。）故同一清谈也，由正始名士之热心世务变为西晋名士之浮虚尸位，竹林名士如阮籍者实为其枢纽；而阮籍之作风，自有其苦衷，后世群相慕效，又非籍之所愿也。

四

西晋名士如王衍，真所谓清谈误国者。《晋书·王衍传》曰：

泰始八年，诏举奇才可以安边者，衍初好论纵横之术，故尚书卢钦举为辽东太守，不就，于是口不论世事，唯雅咏玄虚而已。

可见王衍自始即好为空言而不肯负实际之责任，其后

累居显职，后进之士莫不景慕放效，选举登朝，皆以为称首，矜高浮诞，遂成风俗焉。（中略）累迁尚书仆射，领吏部，后拜尚书令、司空、司徒。衍虽居宰辅之重，不以经国为念，而思自全之计，说东海王越以弟澄为荆州，族弟敦为青州，因谓澄、敦曰：“荆州有江汉之固，青州有负海之险，卿二人在外，而吾留此，足以为三窟矣。”识者鄙之。（中略）越之讨苟晞也，衍以太尉为太傅军司，及越薨，众共推为元帅。衍以贼寇锋起，

惧不敢当，辞曰："吾少无宦情，随牒推移，遂至于此，今日之事，安可以非才处之。"俄而举军为石勒所破，勒问衍以晋故，衍为陈祸败之由，云计不在己。勒甚悦之，与语移日，衍自说少不豫事，欲求自免，因劝勒称尊号。勒怒曰："君名盖四海，身居重任，少壮登朝，至于白首，何得言不豫世事邪。破坏天下，正是君罪。"使左右扶出。（中略）使人夜排墙填杀之。衍将死，顾而言曰："吾曹虽不如古人，向若不祖尚浮虚，戮力以匡天下，犹可不至今日。"（《晋书·王衍传》）

桓温以神州陆沉归咎王衍，诚非苛责，观王衍临终之言，误国之罪，亦自知之。惟吾人所欲进而阐论者，即王衍之类型是否为清谈发展自然之结果。据正始名士之意见，清谈重识，而功名正乃识之所表见，故清谈之士应建树功名，则与王衍之不以经国为务者不合也。据竹林名士之风气，清谈之士，应抱箕山之志，乐林泉之趣，则虽清谈而不至误国，与王衍之贪恋禄位累居显职者亦不合也。据西晋清谈之理论，以郭象为代表，其所理想之政治家，并非拱默无为，乃"有用之为，率性而动"，与王衍之自私苟全逃避责任者又不合也。就逻辑而论，清谈与政治之关系，不应产生一王衍为代表人物。而事实上王衍竟为西晋之清谈代表人物者，亦自有故。盖自正始、竹林以来，尊老、庄，谈玄理，蔚为时尚，王衍神情明秀，善趋风气，故亦以清谈标誉，然何晏、王弼、嵇康、阮籍均有阐发玄理之著作，而王衍独无，可见其谈玄不过为一种装饰，并无深诣独得；衍以清谈盗虚名，为仕宦捷径，既无济世之志，又无从政之才，恰有阮籍之前迹，为后进所慕效，故衍遂得遗弃世务，借以鸣高。王衍之所以成为王衍者以此，而许多浮虚之士，又在王衍之风气下陶冶而成，此固非王弼、何晏、嵇康、阮籍等始料所及矣。

抑犹有进者，西晋政治之腐败，由于朝廷之宽纵，此固非出于清谈，而清谈末流之弊适与此相应合。司马氏之得天下，豪门贵族拥戴之力为多，所谓“贾、裴、王，乱纪纲，裴、王、贾，济天下”。（《晋书·贾充传》）故晋武帝即位后，优假权贵，遂成弊政。《晋书·傅咸传》所谓“时朝廷宽弛，豪右放恣，交私请托，朝野溷淆”，乃西晋政治之写照。兹举贪污案数事以明之。《晋书·李憙传》曰：

憙上言：“故立进令刘友、前尚书山涛、中山王睦、故尚书仆射武陔，各占官三更稻田，请免涛、睦等官，陔已亡，请贬谥。”诏曰：“法者，天下取正，不避亲贵，然后行耳，吾岂将枉纵其间哉。然案此事皆是友所作，侵剥百姓，以缪惑朝士，奸吏乃敢作此，其考竟友以惩邪佞，涛等不贰其过者，皆勿有所问。”

观晋武帝诏书之意，显然袒护山涛等。《通鉴》系此事于泰始三年，司马光论曰：“四臣同罪，刘友伏诛而涛等不问，避贵施贱，可谓政乎。创业之初，而政本不立，将以垂统后世，不亦难乎。”《晋书·裴秀传》曰：

司隶校尉李憙复上言，骑都尉刘尚为尚书令裴秀占官稻田，求禁止秀。诏又以秀干翼朝政，有勋绩于王室，不可以小疵掩大德，使推正尚罪，而解秀禁止焉。

《读书记疑》谓此事与《李熹传》所言刘友事似是一时事而所载不同，刘友、刘尚必有一误。兹姑不考刘尚与刘友是否一人误为两人，总之，裴秀此事，又晋武宽假权贵之一例也。《晋书·何曾传》附子《劭传》曰：

咸宁初，有司奏劭及兄遵等受故鬲令袁毅货，虽经赦宥，宜皆禁止。事下廷尉。诏曰："太保与毅有累世之交，遵等所取差薄，一皆置之。"

何遵、何劭乃何曾（即诏所谓"太保"）之子，故晋武特宥之。［袁毅事为西晋初一大贪污案，牵涉甚广，可参看《晋书·山涛传、郑默传、华廙传、外戚王恂传》。案《宋书·庾炳之传》，何尚之奏炳之事，曾曰："晋武不曰明主，断鬲令事，遂能奋发，华廙见待不轻，废锢累年，后起止作城门校尉耳。"何尚之称赞晋武断鬲令事能奋发不姑息。考《晋书·华廙传》："初，表（华廙父）有赐客在鬲，使廙因县令袁毅录名三客，各代以奴。及毅以货赇致罪，狱辞迷谬，不复显以奴代客，直言送三奴与廙。又中书监荀勖先为中子求廙女，廙不许，为恨，因密启帝，以袁毅货赇者多，不可尽罪，宜责最所亲者一人，因指廙当之。又缘廙有违忤之咎，遂于丧服中免廙官，削爵士。"是晋武断鬲令货赇事，独罪华廙，正见其偏私不公，故于何劭等皆赦而不问。何尚之之言，乃借晋武以激宋文帝，非笃论也。］在此种“朝廷宽弛，豪右放恣”之情形下，政治自难以整肃，当官者亦难以负责，清谈中“无为”之义之曲解（即不负责任，无所事事），恰足为适应此种腐败政治之借口。再者，惠帝时，诸王争权，政局多变，士大夫往往朝膺轩冕之荣，夕遭族灭之祸。顾荣与杨彦明书曰：“吾为齐王主簿，恒虑祸及，见刀与绳，每欲自杀。”（《晋书·顾荣传》）可见当时仕官中朝之危险。居官任职者自易养成委蛇苟全不负责任之心理。故西晋清谈名士之祖尚浮虚，遗落世事，亦多因当时政治环境所造成，非必尽清谈理论使然也。（《世说新语·赏誉》篇“时人目庾中郎善于讬大”条刘注引《名士传》曰：“敳虽居职任，未尝以事自婴，从容博畅，寄通而已。是时天下多故，机事屡起，有为者拔奇吐异，而祸福继之，敳常默然，故忧喜不至也。”庾敳之态度最足为西晋末名士从政借遗事以避祸之代表。）

五

兹再进而论清谈与东晋政治之关系。清谈影响于曹魏西晋之政治者，前人论史者多注意及之，清谈对东晋政治之影响如何，注意者似尚少。

清谈至东晋，在玄理上似已停止发展。好学深思之士多喜研讨佛义。即谈玄能发新解者，亦出于名僧支道林，以《道行经》义释《庄子·逍遥游》。（参看《世说新语·文学》篇“《庄子·逍遥》篇旧是难处”条，及陈寅恪先生《逍遥游向郭义及支遁义探源》，载

《清华学报》第十二卷第二期。）惟清谈风气仍然弥漫，对当时政治社会仍多影响，故欲了解东晋政治之特殊形态，及当时政治家之特殊风度，亦不可不于清谈中求之。

兹以王导、谢安为代表，论清谈与东晋政治之关系。

王导在东晋初之政局上甚关重要，当时号为“江左夷吾”。（温峤、桓彝皆有此语，见《晋书·王导传、温峤传》，钱大昕《廿二史考异》谓此乃一事而传闻异辞。）按王导执政，并无赫赫之功，如诸葛之治蜀，王猛之治秦，而所以历事三帝，称为贤相者，以其善于因应推移，使当时复杂摇动之局面渐趋于稳定也。史称王导为政，务在清静宽和（《御览》二四八引《晋中兴书》：“导忠于事上，达于从政，以百六之弊，寄寓江左，为治之本，务在清静。”《晋书·庾亮传》谓导“以宽和得众。”），《世说新语·规箴》篇：

> 王丞相为扬州，遣八部从事之职。顾和时为下传还，同时俱见，诸从事各奏二千石官长得失，至和独无言。王问顾曰：“卿何所闻?”答曰：“明公作辅，宁使网漏吞舟，何缘采听风闻，以为察察之政。”丞相咨嗟称佳，诸从事自视缺然也。

由此事可见王导之政治主张。东晋初立国之基，本极微弱，当时有三种人尤不易应付。一为土著之吴人，二为南渡之名士，三为拥兵之方镇。王导则本其“网漏吞舟”之政策，以宽和处之。兹分述如次：

江南本孙吴故土，与晋为敌国，晋灭吴后，海内统一，而朝廷待遇南北人颇有轩轾。陆机《荐贺循疏》谓：“荆、扬二州，户各数十万。今扬州无郎，而荆州江南乃无一人为京城职者，诚非圣朝待四方之本心。”（《晋书·贺循传》）。周处，义兴人，仕宦中朝，即被歧视，陈准谓“周处吴人，有怨无援”。（《晋书·周处传》）陶侃，鄱阳人，徙居寻阳，至洛阳，数诣张华，华以侃远人，不甚接遇（《晋书·陶侃传》）。可见中朝之歧视南人。西晋末年，江南有石冰、陈敏、钱琎之乱，皆吴人周玘、顾荣等自讨平之，以安乡土，元帝一旦以中朝藩王客寄南来，欲藉以建中兴之业，所谓“寄人国土，心常怀惭”（元帝谓顾荣语，见《世说新语·言语》篇），而义兴周氏、吴郡顾氏、丹阳纪氏、会稽贺氏，并江南强宗豪族，人情所归，苟交欢不得其道，则国基将有颠覆之虞，固不必待外患也。王导深识此理，元帝初以琅琊王镇建邺，吴人不附，导即劝以虚己倾心，宾礼故老，帝使导躬造贺循、顾荣，二人应命而至。导对帝言：“顾荣、贺循、纪瞻、周玘皆南士之秀，愿尽优礼，则天下安矣”。帝纳焉。（《晋书·王导传》）顾荣、贺循等皆贤者，固宜登用，而吴人有不服北人而谋乱者，如周玘及其子勰（周有三定江南之功），事虽发觉，元帝亦隐忍，不加诛灭，或更与官爵，或待之如旧（《晋书·周玘传、周勰传》），此盖亦导之策也。兹更举一例，最足以见导之苦心者。王敦叛时，周玘之弟周札守石头，开门应敦，王师败绩。后敦忌周氏宗强，遣兵杀札。敦死，札故吏诣阙讼冤，请加赠谥。事下八坐。卞壸、郗鉴皆以札石头之役，开门延寇，王敦恣乱，札之责也，不宜追赠。导独为札辩护，谓开门之事，出于风言，而札违逆党顺，不负忠义。鉴又驳不同。朝廷竟从导议，赠札卫尉（《晋书·周札传》）。夫就事而言，壸、鉴持论甚正，导之明智，岂不知此，而所以做为异议者，盖周氏两次谋叛，皆以积忿中州人士。［《晋书·周玘传》：“玘宗族强盛，人情所归，帝疑惮之。于时中州人士，佐佑王业，而玘自以为不得调，内怀怨望，复为刁协轻之，耻恚愈甚。时镇东将军祭酒东莱王恢亦为周顗所侮，乃与阴谋诛诸执政，推玘及戴若思与诸南士共奉帝以经纬世事。（中略）玘知其谋泄，遂忧愤发背而卒。将卒，谓子勰曰：‘杀我者，诸伧子，能复之，乃吾子也。’吴人谓中州人曰‘伧’，故云耳。”《周勰传》曰：“常缄父言，时中国亡官失守之士避乱来者，多居显位，驾御吴人，吴人颇怨，勰因之欲起兵。”］导之追赠周札，特示优渥，所以消其怨气。此乃政治上之微妙运用，而不能明言于众，明帝知之，故从导议。李慈铭《晋书札记》四“周处传”条曰：“王导议赠周札，此其同敦作贼之心，终始如一，乃当日朝廷不以为罪，私家不以为耻，典午名教，扫地无余。此传备载两议，其丑甚矣。”李氏所论，未能深解王导之用心也。导以宰辅之尊，请婚吴人，（《晋书·陆玩传》）仿效吴语，（《世说新语·排调》篇）皆所以泯除界域，团结人情。此王导之交欢南人也。

西晋末以清谈误国，而诸名士避乱渡江者，如阮孚、阮放、谢鲲、胡毋辅之、毕卓等，并负时誉。卞壶、应詹、陈頵、熊远等，皆以为敝风宜革。陈頵与王导书，谓中华所以倾弊，正以取才失所，先白望而后实事，浮竞驱驰，互相贡荐，加有庄老之俗，倾惑朝廷，今宜改张，明赏信罚。卞壶以当时贵游子弟多慕王澄、谢鲲为达，谓中朝倾覆，实由于此，拟奏推之。导皆不从。（《晋书·陈頵传、卞壹传》）阮放为太子中舍人、庶子，时虽戎车屡驾，而放侍太子，常说老、庄，不及军国。导以其名士，常供给衣食。（《晋书·阮放传》）

殷融为王导司徒左西属，饮酒善舞，终日啸咏，未尝以事务自婴，导甚相亲悦。(《御览》二百九引《晋中兴书》)此王导之优容名士也。

东晋初，中央兵力微弱，而方镇拥强兵。历阳内史苏峻颇怀骄溢，有轻朝廷之意。明帝崩，庾亮用事，将征峻，访之于王导，导曰："峻猜险，必不奉诏，宜包容之。"固争不从，亮遂召峻，峻于是作难。(《晋书·王导传》)成帝时，郭默杀江州刺史刘胤，诬以大逆，传首京师，诈作诏书，宣示内外。王导惧不可制，乃大赦天下，以默为江州刺史。(《晋书·郭默传》作"以默为豫州刺史"。按"豫州"乃"江州"之误，张熷《读书举正》已言之。)陶侃知默之诈，上表讨默，与王导书曰："郭默杀方州即用为方州，害宰相便为宰相乎?"导答书以"遵养时晦"之意自解。侃笑曰："是乃遵养时贼也。"遂讨默诛之。(《晋书·郭默传、陶侃传》)此王导之姑息藩镇也。

王导此种政治作风，时人颇多不满者。《世说新语·政事》篇曰：

丞相(王导)尝夏月至石头看庾公(庾亮)，庾公正料事。丞相云："暑可小简之。"庾公曰："公之遗事，天下亦未以为允。"

《晋书·庾亮传》曰：

时王导辅政，主幼时艰，务存大纲，不拘细目，委任赵胤、贾宁等诸将，并不奉法，大臣患之。陶侃尝欲起兵废导，而郗鉴不从，乃止。至是亮又欲率众黜导，又以咨鉴，而鉴不许。

《晋书·庾翼传》曰：

先是（殷）浩父羡为长沙，在郡贪残，兄冰与翼书属之。翼报曰："大较江东政以伛舞（《通鉴》作"妪煦"）豪强，以为民蠹，时有行法，辄施之寒劣。如往年偷石头仓米一百万斛，皆是豪将辈，而直打杀仓督监以塞责。山遐作余姚半年，而为官出二千户，政虽不伦，公强官长也，而群共驱之，不得安席。纪睦、徐宁奉王使，纠罪人，船头到渚，桓逸还复，而二使免官。虽皆前宰之惛谬，江东事去，实此之由也。"

陶侃、庾亮以王导为政宽弛，欲起兵黜之，庾翼以江东政治之坏归咎于"前宰惛谬"，所谓"前宰"，即指王导，盖陶侃二庾皆喜综核名实，自与王导异趣也。

王导以清静宽和为治而流于姑息，固无可讳言。然导所以如此者，非尽由于"惛谬"，彼固有其理论之根据。王导亦清谈之士，自谓在西晋末与安期、千里共游。（《世说新语·轻诋》篇）王安期（承）、阮千里（瞻），均清谈名士也。《世说新语·文学》篇曰：

旧云，王丞相过江，止道《声无哀乐》《养生》《言尽意》三理而已，然宛转关生，无所不入。

又曰：

> 殷中军为庾公长史，下都，王丞相为之集，桓公、王长史、王蓝田、谢镇西并在。丞相自起解帐带麈尾语殷曰："身今日当与君共谈析理。"既共清言，遂达三更。丞相与殷共相往反，其余诸贤略无所关。既彼我相尽，丞相乃叹曰："向来语乃竟未知理源所归，至于辞喻不相负，正始之音正当尔耳。"

观此所记，王导亦俨然一典型之清谈名士，导喜道"声无哀乐"，按声无哀乐之义，发自嵇康，嵇康《声无哀乐论》中述其理想之政治曰："古之王者，承天理物，必崇简易之教，御无为之治，君静于上，臣顺于下，玄化潜通，天人交泰，荡涤尘垢，群生安逸。"夫所谓"简易之教，无为之治"，"荡涤尘垢，群生安逸"，岂非亦即王导之所祈向而奉以实行者耶。时人不满意于王导之政，王导亦自知之，然彼自有其理论上之根据，故颇具信心，末年自叹曰："人言我愦愦，后人当思此愦愦。"（《世说新语·政事》篇）

王导之政治在东晋初得失如何，亦未易轻断。西晋朝政之弊，即在宽弛，王导亦知之，曾谓元帝曰："自魏氏以来，迄于太康之际，公卿世族，豪侈相高，政教陵迟，不遵法度，群公卿士，皆餍于安息，遂使奸人乘衅，有亏至道。"（《晋书·王导传》）然则东晋建中兴之业，应革西晋之弊，故元帝任刑法，用申、韩（《晋书·阮孚传、庾亮传》），有改弦更张之意，而王导所以仍行宽政者，固由于有清谈之政治理论为根据，或亦以当时情势有不便过于操切者耶。王导之治，时人固有毁之者，而亦有誉之者。《世说新语·政事》篇“丞相尝夏月至石头看庾公”条刘注引《殷羡言行》曰：“王公薨后，庾冰代相，网密刑峻，羡时行遇收捕者于途，慨然叹曰：‘丙吉问牛喘，似不尔。’尝从容谓冰曰：‘卿辈自是网目不失，皆是小道小善耳，至如王公，故能行无理事。’谢安石每叹咏此唱。”殷羡乃殷浩之父，亦清谈名士，其称美王导，或不免阿好之私，东晋末徐广作《历记》亦曰：“导阿衡三世，经纶夷险，政务宽恕，事从简易，故垂遗爱之誉。”（《世说新语·政事》篇“丞相末年略不复省事”条刘注引。按《晋书·徐广传》言广“勒成《晋纪》，凡四十六卷”，《隋书·经籍志》史部“古史”类亦著录徐广《晋纪》四十五卷，《世说新语》刘注所引徐广《历记》，疑《晋纪》之误。）可见王导之政，时人颇多同情者。上文所引庾翼致庾冰书诋王导为“前宰惛谬”者，《通鉴》系此事于康帝建元元年。胡三省注曰：“庾翼察举小才耳，当江东草创之时，非王导之弘致远识，不能济也，谓之惛谬，谈何容易。”胡氏之论，亦是一种看法。王导固非伟大之政治家，然与王衍之尸位误国者不同，其政治措施，在东晋初得失参半，而导之所以如此，则有其清谈家之政治理论为根据。

王导为政，固本于清谈理论，其个人风度亦然。《晋书·孙盛传》曰：

> 时丞相王导执政，（庾）亮以元舅居外，南蛮校尉陶称谗构其间，导、亮颇怀疑贰。盛密谏亮曰：“王公神情朗达，常有世外之怀，岂肯为凡人事邪，此必邪佞之徒，欲间内外耳。”亮纳之。

居宰辅之任，而有世外之怀，即郭象所谓“圣人虽在庙堂之上，然其心无异于山林之中，”亦清谈家所理想之政治家之风度也。

昔人论东晋贤相，王导之后，即推谢安。谢安亦以清谈名士居宰辅之任，其政治成绩，胜于王导，魏晋清谈家所理想之政治家，谢安庶几近之。

《世说新语·文学》篇曰：

支道林、许、谢盛德共集王家。（刘注：“许询、谢安、王濛。”）谢顾谓诸人：“今日可谓彦会。时既不可留，此集固亦难常，当共言咏，以写其怀。”许便问主人有《庄子》不。正得《渔父》一篇，谢看题，便各使四坐通。支道林先通作七百许语，叙致精丽，才藻奇拔，众咸称善。于是四坐各言怀毕，谢问曰：“卿等尽不。”皆曰：“今日之言，少不自竭。”谢后粗难，因自叙其意，作万余语，才峰秀逸，既自难干，加意气拟讬，萧然自得，四坐莫不厌心。支谓谢曰：“君一往奔诣，故复自佳耳。”

观此段所记，谢安固亦一标准之清谈名士，故其为政，亦主宽和，与王导相近。《世说新语·政事》篇“谢公时兵厮逋亡多”条刘注引《续晋阳秋》曰：

自中原丧乱，民离本域，江左造创，豪族并兼，或客寓流离，名籍不立。太元中，外御强氐，搜简民实，三吴颇加澄检，

> 正其里伍。其中时有山湖遁逸往来都邑者。后将军（谢）安方接客，时人有于坐言宜纠舍藏之失者，安每以厚德化物，去其烦细，又以强寇入境，不宜加动人情，乃答之云："卿所忧在于客耳，然不尔何以为京都。"言者有惭色。

所谓"以厚德化物，去其烦细"，此即王导之作法。谢安同情王导之政，故闻殷羡称美王导之言而叹咏之（见上文所引《殷羡言行》）。时人有不满意于清谈家之政治作风，谢安则加以辩护。《世说新语·言语》篇曰：

> 王右军与谢太傅共登冶城，谢悠然远想，有高世之志。王谓谢曰："夏禹勤王，手足胼胝，文王旰食，日不暇给，今四郊多垒，应人人自效，而虚谈废务，浮文妨要，恐非当今所宜。"谢答曰："秦任商鞅，二世而亡，岂清言致患邪？"

《晋书·谢安传》亦载此事，盖即采自《世说新语》。姚鼐《惜抱轩笔记》卷五曾辩之日："逸少誓墓之后，未尝更入都，而安之仕进，在逸少去官后，安在官而有远想遗事之过，逸少安得规之？此事亦出于《世说》，则《世说》之妄也。唐时执笔者盖乏学识，故取舍皆谬。"按箴规谢安者是否王羲之，兹故不论，要之，此段史事可以看出东晋人对于政治两派不同之主张。王羲之之言代表综核名实勤理政务者之意见，卞壶、陶侃、庾氏兄弟、何充、桓温均属此派；谢安之言则代表清谈家之意见，王导、殷浩、简文均属此派。寻谢安之意，以为法家操切之政未必有益无损，而言外之意则清谈家执政固亦有其作法，并非“清谈废务，浮文妨要”。此简短之数言，盖对当时人清谈误国之谴责作最鲜明之辩护者也。

惟辩护不能仅赖虚言，须有事实表见，而谢安安内攘外之成绩，即最有力之辩护事实。当简文、孝武之际，谢安执政，权臣窥伺，强敌侵陵，其环境之难处，或犹过于王导时，而谢安似较王导能担当。《晋书·谢安传》曰：

> （简文）帝崩，（桓）温入赴山陵，止新亭，大陈兵卫，将移晋室，呼安及王坦之，欲于坐害之。坦之甚惧，问计于安，安神色不变，曰：“晋祚存亡，在此一行。”既见温，坦之流汗沾衣，倒执手版，安从容就席，坐定，谓温曰：“安闻诸侯有道，守在四邻，明公何须壁后置人邪?”温笑曰：“正自不能不尔耳。”遂笑语移日。坦之与安初齐名，至是方知坦之之劣。（参看《世说新语·雅量》篇“桓公伏甲设馔广延朝士”条及刘注所引《晋安帝纪》、宋明帝《文章志》。）

当桓温入都欲诛王、谢移晋祚之时，谢安持以镇静，与王坦之往见温，谓“晋祚存亡，在此一行”，可见其志存国家，临难不惧，非但远胜于王衍之避事逃责，即较诸王导对王敦、苏峻之委蛇，犹为有贞刚之气，而见温时，容态安闲，且作洛生咏，桓温服其旷逸（《世说新语·雅量》篇），则又充分表示清谈家之风度。《晋书·谢安传》称：“时孝武帝富于春秋，政不自己，（桓）温威震内外，人情噂喈，互生同异，安与坦之尽忠匡翼，终能辑穆。”此谢安安内之功也。孝武帝初，苻坚统一北方，屡谋南侵，取梁、益，陷樊、邓，朝廷求文武良将可以镇御北方者，谢安乃以兄子玄应举。朝廷命谢玄为兖州刺史，领广陵相，监江北诸军事。玄多募劲勇，是为北府兵。太元八年，苻坚大举侵晋，众号百万，京师震恐，谢安围棋赌墅以安众心，而指授将帅，各当其任，谢玄遂以北府兵八万大破苻坚兵于肥水。（《晋书·谢安传、谢玄传》）谢安能识拔谢玄将帅之才，而举以当御敌之任，可见其留心于平日，故郗超叹其违众举亲之明（《世说新语·识鉴》篇“郗超与谢玄不善”条刘注引《中兴书》），而当大敌当境之日，犹围棋赌墅，虽曰“矫情镇物”，亦正以见其清谈家之修养，与其见桓温时之作洛生咏相同，所谓“旷远”之度也。若无御敌之预备与方略，而惟貌为旷远，此则清谈名士之流弊，必至偾事，谢万即如此。谢安则不然，故卒御强敌，保全江南，此谢安攘外之功也。

谢安虽以经纶之才，任社稷之重，数更夷险，勇于负责，而又托心高远，常怀山林旷逸之思。谢安少时，寓居会稽，渔弋山水，放情丘壑，执政之时，于土山营墅，楼馆林竹甚盛，每携中外子侄，往来游集，尝登冶城，悠然遐想，有高世之志，及出镇新城，造泛海之装，欲须经略初定，自江道还东。（《晋书·谢安传》）此亦郭象所谓“圣人虽在庙堂之上，然其心无异于山林之中”，能建济世之业，而又有超世之怀。谢灵运《述祖德诗》所谓“达人贵自我，高情属天云。兼抱济物性，而不婴垢氛。”虽称颂谢玄之辞，而谢安亦可当之而无愧也。

东晋政治，常有名士派与反名士派之冲突。西晋因武帝之宽纵姑息，及清谈名士之浮虚遗事，遂至纲纪废弛，不可收拾。东晋欲矫前朝之弊，应尚严厉之法治。晋元帝有此意向，卞壶、陶侃、庾亮、庾冰、庾翼等，皆综核名实，勤于吏治，欲以严厉矫宽弛。惟渡江之后，清谈之风犹盛，诸名士仍有相当势力，故行严厉之政时，常遇潜伏之阻力。卞壶勤于吏事，欲轨正督世，不苟同时好，故为诸名士所少（《晋书·卞壶传》）；庾亮执政，任法裁物，以此失人心（《晋书·庾亮传》）；庾冰继王导为相，颇任威刑，殷融谏之（《晋书·庾冰传》）；足见西晋以来积重难返之势未易骤革。当时清谈名士承王衍、乐广之风，犹以“托怀玄胜，不与时务”为高（孙兴公语，见《世说新语·品藻》篇），而名士居位任事者，君主如简文，宰辅如殷浩，将帅如谢万，当其未居位时，皆以善清谈负重名，一出任职，即至败事。故有经世之才者，每轻视名士。庾翼少有经纶大略，京兆杜乂，陈郡殷浩，并才名冠世，而翼弗之重也，每语人曰：“此辈宜束之高阁，俟天下太平，然后议其任耳”。（《晋书·庾翼传》）在此两趋极端之情势中，惟有具名士之标韵，兼经世之才能者，出而执政，始克胜任愉快，王导、谢安，即其选也。东晋人论贤相必推王、谢，其故在此。而谢尤胜于王，王之弊在宽柔姑息，谢则有胆识，有方略，而又不过为操切。《晋书·谢安传》谓其“不存小察，弘以大纲，威怀外著，人皆比之王导，谓文雅过之。”实则谢之过王者，并不仅在文雅而已。《南齐书·王俭传》：“俭常谓人曰：‘江左风流宰相，唯有谢安。’盖自比也。”王俭是否能比谢安，兹姑不论，而其所谓“江左风流宰相惟有谢安”之言，则大可玩味。“风流”与“宰相”二词，义本相远，“风流”形容清谈名士之标韵，（《晋书·乐广传》：“天下言风流者谓王、乐为称首。”《王濛传》：“与沛国刘惔齐名，凡称风流者，举濛、惔为宗焉。”）而“宰相”任社稷之重，负经世之责，似不宜以“风流”二字加之。王俭所以言“风流宰相”者，此即魏晋以来清谈家所理想之政治家之新范型，言其有超世旷远之怀，而又能建济世经纶之业，此种理想之政治家，惟谢安足以当之，故曰“江左风流宰相，惟有谢安”也。魏晋以来对于文学之新理想，在能以玄理佛义融于五言诗体中，造成特美，此理想至谢灵运而实现。（余别有《六朝五言诗之流变》一文，阐述此义，载拙著《诗词散论》中。）魏晋以来对于政治之新理想，在能融合儒道，以道家旷远之怀，建儒家经世之业，此理想至谢安而实现，信乎陈郡谢氏之多才矣。

魏晋以前，入世出世，判为两途。志存济世者，流连庙堂，独善其身者，栖遁田野，所谓“山林之士，往而不能反，朝廷之士，入而不能出。”（《汉书·王贡两龚鲍传赞》）自魏晋清谈融合儒道，将此不同之两途绾合为一，其所理想之政治家，在能以出世之怀，建济世之业，虽居庙堂之上，而其心无异于山林之中，以后中国士大夫遂奉此为最高之境界。李商隐《安定城楼》诗自述怀抱云：“永忆江湖归白发，欲回天地入扁舟。”即言欲建立整顿乾坤之事业然后归隐江湖，以匡济之壮怀，而兼山林之高趣。王安石最欣赏李商隐诗此二句，则以王安石亦同此怀抱，喜商隐之诗先获我心也。实则不但李商隐、王安石如此，唐宋以降，贤士大夫大都以此为理想之事，此则受魏晋清谈政治思想之影响也。

六

综括以上诸章之论述，可知清谈思想，虽崇老、庄，而亦兼容儒学，故并不轻视政治，且有其政治上之新见解及其理想的政治家之新型，即在能以超世之怀建济世之业。魏晋两代政治，受清谈之影响，自成形态，且多变化。盖此二百年中，清谈名士，因其才性之殊，环境之异，故在政治上有不同之反映。正始名士，多热心政治，思建事功，当时理论，认为清谈重识，而事功即识之所表见，故清谈家而经纶世务，正本末一贯之道。竹林名士特重《庄子》，多山林隐逸之思，其政治思想较为消极。然竹林名士如嵇康、阮籍，并非不关怀世务，惟因处境艰难，是以阮籍故为放旷以自全。西晋名士承阮籍之流风，无其心而效其迹，加以时政纵弛，朝局多变，故身居高位，而宅心事外，名利双收，自谋甚巧，遂成王衍之清谈误国。东晋承西晋亡国之余，重建新邦，颇有人主张以严厉之法治矫宽弛之积弊。然东晋时清谈风气犹盛，其势仍可左右政治，故行严厉之政者每遇阻碍，惟有清谈名士而具政治才者，始能适应环境，有所建树，王导、谢安，遂为首选。而谢安既善玄言，兼能济世，有胆识，有方略，以夷旷之怀，处危难之事，卒能安内攘外，号称贤相，清谈派理想之政治家至此始实现。本文主旨，大致如斯，非加清谈以谴责，亦非为清谈作辩护，仅就历史事实加以阐释而已。

原载《中国文化研究汇刊》第八卷，一九四八年。

论宋诗

〇缪　钺

宋初沿袭五代之余，士大夫皆宗白居易诗，故王禹偁主盟一时，真宗时，杨亿、刘筠等喜李商隐，西昆体称盛，是皆未出中晚唐之范围。仁宗之世，欧阳修于古文别开生面，树立宋代之新风格，而于诗尚未能超诣。此或由于非其精力之所专注，抑或由于非其天才之所特长。然已能宗李白、韩愈，以气格为主，诗风一变。梅尧臣、苏舜钦辅之。其后王安石、苏轼、黄庭坚出，皆堂庑阔大。苏始学刘禹锡，晚学李白。王黄二人，均宗杜甫。“王介甫以工，苏子瞻以新，黄鲁直以奇。”（《苕溪渔隐丛话》卷四十二引《后山诗话》）宋诗至此，号为极盛。宋诗之有苏黄，犹唐诗之有李杜。元祐以后，诗人迭起，不出苏黄二家。而黄之畦径风格，尤为显异，最足以表宋诗之特色，尽宋诗之变态。《刘后村诗话》曰：“豫章稍后出，荟萃百家句律之长，究极历代体制之变，搜讨古书，穿穴异闻，作为古律，自成一家，虽只字半句不轻出，遂为本朝诗家宗祖。”其后学之者众，衍为江西诗派，南渡诗人，多受沾溉，虽以陆游之杰出，仍与江西诗派有相当之渊源。至于南宋末年所谓江湖派，所谓永嘉四灵，皆爝火微光，无足轻重。故论宋诗者，不得不以江西派为主流，而以黄庭坚为宗匠矣。

唐代为吾国诗之盛世，宋诗既异于唐，故褒之者谓其深曲瘦劲，别辟新境，而贬之者谓其枯淡生涩，不及前人。实则平心论之，宋诗虽殊于唐，而善学唐者莫过于宋。若明代前后七子之规摹盛唐，虽声色格调，或乱楮叶，而细味之，则如中郎已亡，虎贲入座，形貌虽具，神气弗存，非真赏之所取也。何以言宋人之善学唐人乎。唐人因种种因缘，既在诗坛上留空前之伟绩，宋人欲求树立，不得不自出机杼，变唐人之所已能，而发唐人之所未尽。其所以如此者，要在有意无意之间。盖凡文学上卓异之天才，皆有其宏伟之创造力，决不甘徒摹古人，受其笼罩，而一时代又自有其情趣风习，文学为时代之反映，亦自不能尽同古人也。

唐宋诗之异点，先粗略论之。唐诗以韵胜，故浑雅，而贵酝藉空灵，宋诗以意胜，故精能，而贵深折透辟。唐诗之美在情辞，故丰腴，宋诗之美在气骨，故瘦劲。唐诗如芍药海棠，秾华繁采，宋诗如寒梅秋菊，幽韵冷香。唐诗如啖荔枝，一颗入口，则甘芳盈颊，宋诗如食橄榄，初觉生涩，而回味隽永。譬诸修园林，唐诗则如叠石凿池，筑亭辟馆，宋诗则如亭馆之中，饰以绮疏雕槛，水石之侧，植以异卉名葩。譬诸游山水，唐诗则如高峰远望，意气浩然，宋诗则如曲涧幽寻，情境冷峭。唐诗之弊为肤廓平滑，宋诗之弊为生涩枯淡。虽唐诗之中，亦有下开宋派者，宋诗之中，亦有酷肖唐人者，然论其大较，固如此矣。

兹更进而研讨之。就内容论，宋诗较唐诗更为广阔。就技巧论，宋诗较唐诗更为精细。然此中实各有利弊。故宋诗非能胜于唐诗，仅异于唐诗而已。

唐诗以情景为主，即叙事说理，亦寓于情景之中，出以唱叹含蓄。惟杜甫多叙述议论，然其笔力雄奇，能化实为虚，以轻灵运苍质。韩愈、孟郊等以作散文之法作诗，始于心之所思，目之所睹，身之所经，描摹刻画，委曲详尽，此在唐诗为别派。宋人承其流而衍之，凡唐人以为不能入诗或不宜入诗之材料，宋人皆写入诗中，且往往喜于琐事微物逞其才技，如苏黄多咏墨、咏纸、咏砚、咏茶、咏画扇、咏饮食之诗，而一咏茶小诗，可以和韵四五次。（黄庭坚《双井茶送子瞻》《和答子瞻》《省中烹茶怀子瞻用前韵》《以双井茶送孔常父》《常父答诗复次韵戏答》，共五首，皆用“书”“珠”“如”“湖”四字为韵。）余如朋友往还之迹，谐谑之语，以及论事说理讲学衡文之见解，在宋人诗中尤恒遇之。此皆唐诗所罕见也。夫诗本以言情，情不能直达，寄于景物，情景交融，故有境界，似空而实，似疏而密，优柔善入，玩味无斁，此六朝及唐人之所长也。宋人略唐人之所详，详唐人之所略，务求充实密栗，虽尽事理之精微，而乏兴象之华妙。李白、王维之诗，宋人视之，或以为“乱云敷空，寒月照水”（许尹《山谷诗注序》），不免空洞，然唐诗中深情远韵，一唱三叹之致，宋诗中亦不多覯。故宋诗内容虽增扩，而情味则不及唐人之醇厚，后人或不满意宋诗者以此。

唐诗技术，已甚精美，宋人则欲百尺竿头，更进一步。盖唐人尚天人相半，在有意无意之间，宋人则纯出于有意，欲以人巧夺天工矣。兹分用事、对偶、句法、声调、用韵诸端论之。

（一）用事　杜甫自谓“读书破万卷，下笔如有神”。其诗中自有熔铸群言之妙。刘禹锡云：“诗用僻字，须要有来去处。宋考功诗云：‘马上逢寒食，春来不见饧’。尝疑此字僻。因读《毛诗·有瞽》注，乃知六经中惟此有饧字。”宋祁云：“梦得作九日诗，欲用糕字，思六经中无此字，不复用。”诗中用字贵有来历，唐人亦偶及之。而宋人尤注意于此。黄庭坚《与洪甥驹父书》云：“自作语最难。老杜作诗，退之作文，无一字无来处。盖后人读书少，故谓韩杜自作此语耳。古之能为文章者，真能陶冶万物，虽取古人之陈言，入于翰墨，如灵丹一粒点铁成金也。”黄庭坚欣赏古人，既着意于其“无一字无来处”，其自作诗亦于此尽其能事。如《咏猩猩毛笔》云：“平生几两屐。身后五车书。”用事“精妙隐密”，为人所赏。故刘辰翁《简斋诗注序》谓：“黄太史矫然特出新意，真欲尽用万卷，与李杜争能于一词一字之顷，其极至寡情少恩，如法家者流。”实则非独黄一人，宋人几无不致力于此。兹举一例，以见宋人对于用字贵有来历之谨细。

《西清诗话》，“熙宁初，张掞以二府初成，作诗贺荆公，公和曰：‘功谢萧规惭汉第，恩从隗始诧燕台。’以示陆农师。农师曰：‘萧规曹随，高帝论功，萧何第一，皆摭故实。而请从隗始，初无恩字。’公笑曰：‘子善问也。韩退之《斗鸡联句》：“感恩惭隗始。”若无据，岂当对功字也。’乃知前人以用事一字偏枯为倒置眉目，反易中裳，盖谨之如此。”（《苕溪渔隐丛话》

卷三十五)

唐人作诗，友朋间切磋商讨，如“僧推月下门”，易“推”为“敲”。“此波涵帝泽”，易“波”为“中”，所注意者，在声响之优劣，意思之灵滞，而不问其字之有无来历也。宋人作者评者，对于一字之有无来历，斤斤计较，如此精细，真所谓“寡情少恩如法家者流”，北宋人作诗之精神与唐人迥异者矣。

所贵乎用事者，非谓堆砌饾饤，填塞故实，而在驱遣灵妙，运化无迹。宋人既尚用事，故于用事之法，亦多所研究。《蔡宽夫诗话》云：“荆公尝云，诗家病使事太多，盖皆取其与题合者类之，如此乃是编事，虽工何益。若能自出己意，借事以相发明，情态毕出，则用事虽多，亦何所妨。”《石林诗话》云：“诗之用事，不可牵强，必至于不得不用而后用之，则事辞为一，莫见其安排斗凑之迹。苏子瞻尝作人挽诗云，‘岂意日斜庚子后，忽惊岁在巳辰年。’此乃天生作对，不假人力。”大抵用事贵精切、自然、变化，所谓“用事工者如己出”（《王直方诗话》），即用事而不为事所用也。

非但用字用事贵有来历、有所本，即诗中之意，宋人亦主张可由前人诗中脱化而出，有换骨夺胎诸法。黄庭坚谓：“诗意无穷而人才有限，以有限之才，追无穷之意，虽渊明、少陵，不得工也。不易其意而造其语，谓之换骨法，规摹其意形容之，谓之夺胎法。”

诗中用字用事用意，所以贵有所本，亦自有其理由。盖诗在各种文学体裁中最为精品，其辞意皆不容粗疏，又须言近旨远，以少数之字句，含丰融之情思，而以对偶及音律之关系，其选字须较文为严密。凡有来历之字，一则此字曾经古人选用必最适于表达某种情思，譬之已提炼之铁，自较生铁为精。二则除此字本身之意义外，尚可思及其出处词句之意义，多一层联想。运化古人诗句之意，其理亦同。一则曾经提炼，其意较精，二则多一层联想，含蕴丰富。至于用事，亦为达意抒情最经济而巧妙之方法。盖复杂曲折之情事，决非三五字可尽，作文尚可不惮烦言，而在诗中又非所许。如能于古事中觅得与此情况相合者，则只用两三字而义蕴毕宣矣。然此诸法之运用，须有相当限度，若专于此求工，则雕篆字句，失于纤巧，反失为诗之旨。

（二）对偶　吾国文字，一字一音，宜于对偶，殆出自然。最古之诗文，如《诗经》《尚书》，已多对句。其后对偶特别发展，故衍为骈文律诗。唐人律诗，其对偶已较六朝为工，宋诗于此，尤为精细。《石林诗话》云："荆公晚年诗律尤精严，造语用字，间不容发。然意与言会，言随意遣，浑然天成，殆不见有牵率排比处。如'含风鸭绿粼粼起，弄日鹅黄袅袅垂'，读之初不觉有对偶。至'细数落花因坐久，缓寻芳草得归迟'，但见舒闲容与之态耳，而字字细考之，皆经檃括权衡者，其用意亦深刻矣。尝与叶致远诸人和头字韵诗，往返数四，其末篇云，'名誉子真居谷口，事功新息困壶头。'以谷口对壶头，其精切如此。"大抵宋诗对偶所贵者数点。

（甲）工切　如"飞琼"对"弄玉"，皆人名，而"飞"字与"弄"字，"琼"字与"玉"字又相对。如"谷口"对"壶头"，皆地名，而"谷"字与"壶"字，"口"字与"头"字又相对。如"含风鸭绿粼粼起，弄日鹅黄袅袅垂"，"鸭绿"代水，"鹅黄"代柳，而"鸭""鹅"皆鸟名，"绿""黄"皆颜色，"鳞鳞""袅袅"均形况叠字，而“鳞”字从“鱼”，“袅”字从“鸟”，备极工切。

（乙）匀称　如“细数落花因坐久，缓寻芳草得归迟”，其中名词、动词、形况词相对偶者，意之轻重，力之大小，皆如五雀六燕，铢两悉称。

（丙）自然　对偶排比，虽出人工，然作成之后，应极自然，所谓“浑然天成，不见牵率处”。如黄庭坚《寄元明》诗：“但知家里俱无恙，不用书来细作行。”陈师道《观月》诗：“隔巷如千里，还家已再圆。”陈与义《次韵谢表兄张元东见寄》诗：“灯里偶然同一笑，书来已似隔三秋。”骤读之似自然言语，一意贯注，细察之则字字对偶也。

（丁）意远　对句最忌合掌，即两句意相同或相近也。故须词字相对而意思则隔离甚远，读之始能起一种生新之感。如苏轼“身行万里半天下，僧卧一庵初白头”，黄庭坚“舞阳去叶才百里，贱子与公俱少年”，读上句时，决想不到下句如此接出，此其所以奇妙也。

（三）句法　杜甫《赠李白》诗云：“李侯有佳句，往往似阴铿。”《寄高适》诗云：“佳句法如何。”又云：“为人性僻耽佳句，语不惊人死不休。”韩愈《荐士》诗称孟郊曰：“横空盘硬语，妥帖力排奡。”唐人为诗，固亦重句法，而宋人尤研讨入微。宋人于诗句，特注意于洗炼与深折，或论古，或自作，或时人相欣赏，皆奉此为准绳。王安石每称杜甫“钩帘宿鹭起，丸药流莺转”之句，以为用意高峭，五字之模楷。黄庭坚爱杜甫诗“不知西阁意，肯别定留人”。肯别耶，定留人耶，一句有两节顿挫，为深远娴雅。《王直方诗话》云：“山谷谓洪龟父云，‘甥最爱老舅诗中何语。’龟父举‘蜂房各自开户牖，蚁穴或梦封侯王。’‘黄流不解涴明月，碧树为我生凉秋。’以为深类工部。山谷曰，‘得之矣。’张文潜尝谓余曰，‘黄九似“桃李春风一杯酒，江湖夜雨十年灯”，真是奇语。’”观此可知宋诗造句之标准，在求生新，求深远，求曲折。盖唐人佳句，多浑然天成，而其流弊为凡熟、卑近、陈腐，所谓“十首以上，语意稍同”。故宋人力矫之。《复斋漫录》云：“韩子苍言，作语不可太熟，亦须令生。东坡作《聚远楼》诗，本合用‘青山绿水’，对‘野草闲花’，以此太熟，故易以‘云山烟水’。此深知诗病者。”此事最足以见宋人造句之特色。若在唐人，或即用青山绿水矣，而宋人必易以云山烟水，所以求生求新也。然过求生新，又易失于怪僻。最妙之法，即在用平常词字，施以新配合，则有奇境远意，似未经人道，而又不觉怪诞。如黄庭坚诗“桃李春风一杯酒，江湖夜雨十年灯”，张耒称为奇语。“桃李”“春风”“一杯酒”“江湖”“夜雨”“十年灯”，皆常词也。及“桃李春风一杯酒，江湖夜雨十年灯”，六词合为两句，则意境清新，首句见朋友欢聚之乐，次句见离别索寞之苦，读之隽永有深味。前人诗中用“江湖”，用“夜雨”，用“十年灯”者多矣，然此三词合为一句，则前人所无。譬如膳夫治馔，即用寻常鱼肉菜蔬，而配合烹调，易以新法，则芳鲜适口，食之无厌。此宋人之所长也。

（四）用韵　唐诗用韵之变化处，宋人特注意及之。欧阳修曰：“韩退之工于用韵，其得韵宽，则波澜横溢，泛入傍韵，乍还乍离，出入回合，殆不可拘以常格，如《此日足可惜》之类是也。得韵窄，则不复傍出，而因难以见巧，愈险愈奇，如《病中赠张十八》之类是也。譬夫善驭马者，通衢广陌，纵横驰逐，惟意所之，至于水曲蚁封，疾徐中节，而不蹉跌，乃天下之至工也。”宋人喜押强韵，喜步韵，因难见巧，往往叠韵至四五次，在苏黄集中甚多。吕居仁《与曾吉甫论诗贴》云：“近世次韵之妙，无出苏黄，虽失古人唱酬之本意，然用韵之工，使事之精，有不可及者。”诗句之有韵脚，犹屋楹之有础石，韵脚稳妥，则诗句劲健有力。而步韵及押险韵时，因受韵之限制，反可拨弃陈言，独创新意。此皆宋人之所喜也。

（五）声调　唐诗声调，以高亮谐和为美。杜甫诗句，间有拗折之响，如“宠光蕙叶与多碧，点注桃花舒小红”，“一双白鱼不受钓，三寸黄柑犹自青”，“负盐出井此溪女，打鼓发舡何郡郎”。其法大抵于应用平声处易一仄声，应用仄声处易一平声，譬如“宠光”二句，上句第五字应用平声，下句第五字应用仄声，则音调谐和，今上句用仄声“与”字，下句用平声“舒”字，则声响别异矣。因声响之殊，而句法拗峭，诗之神味亦觉新异。此在杜甫，不过偶一为之，黄庭坚专力于此，宋人不察，或以为此法创始于黄。《禁脔》云：“鲁直换字对句法，如：‘只今满坐且尊酒，后夜此堂空月明。’‘清谈落笔一万字，白眼举觞三百杯。’‘田中谁问不纳履，坐上适来何处蝇。’‘秋千门巷火新改，桑柘田园春向分。’‘忽乘舟去值花雨，寄得书来应麦秋。’其法于当下平字处以仄字易之，欲其气挺然不群。前此未有人作此体，独鲁直变之也。”黄非独于律诗如是，即作古诗（尤其七古），亦有一种奇异之音节。方东树谓黄诗“于音节尤别创一种兀傲奇崛之响，其神气即随此以见”。

总之，宋诗运思造境，炼句琢字，皆剥去数层，透过数层。贵“奇”，故凡落想落笔，为人人意中所能有能到者，忌不用，必出人意表，崛峭破空，不从人间来。又贵“清”，譬如治馔，凡肥浓厨馔，忌不用。苏轼评黄诗云：“黄鲁直诗文如蝤蛑江珧柱，格韵高绝，盘飧尽废。”任渊谓读陈师道诗：“似参曹洞禅，不犯正位，切忌死语。”方东树评黄诗曰：“黄山谷以惊创为奇，意，格，境，句，选字，隶事，音节，着意与人远，故不惟凡近浅俗，气骨轻浮，不涉毫端句下，凡前人胜境，世所程式效慕者，尤不许一毫近似之。”黄陈最足代表宋诗，故观诸家论黄陈诗之语，可以想见宋诗之特点。宋诗长处为深折，隽永，瘦劲，洗剥，渺寂，无近境陈言、冶态凡响。譬如同一咏雨也，试取唐人李商隐之作，与宋人陈与义之作比较之。

萧洒傍回汀。依微过短亭。气凉先动竹。点细未开萍。稍促高高燕。微疏的的萤。故园烟草色。仍近五门青。(李商隐)

潇潇十日雨。稳送祝融归。燕子经年梦。梧桐昨暮非。一凉恩到骨。四壁事多违。衮衮繁华地。西风吹客衣。(陈与义)

李诗写雨之正面，写雨中实在景物，常境常情，人人意中所有，其妙处在体物入微，描写生动，使人读之而起一种清幽闲静之情。陈诗则凡雨时景物一概不写，务以造意胜，透过数层，从深处拗折，在空际盘旋。首二句点出雨。三四两句离开雨说，而又是从雨中想出，其意境凄迷深邃，决非恒人意中所有。同一用鸟兽草木也，李诗中之“竹”“萍”“燕”“萤”，写此诸物在雨中之情况而已，陈诗用“燕子”“梧桐”，并非写雨中燕子与梧桐之景象，乃写雨中燕子与梧桐之感觉，实则燕子、梧桐并无感觉，乃诗人怀旧之思，迟暮之慨，借燕子、梧桐以衬出耳。宋诗用意之深折如此。五六两句言人在雨时之所感。同一咏凉也，李诗则云“气凉先动竹”，借竹衬出，陈诗则云“一凉恩到骨”直凑单微。“凉”上用“一”字形容，已觉新颖矣，而“一凉”下用“恩”字，“恩”下又接“到骨”二字，真剥肤存液，迥绝恒蹊。宋诗造句之烹炼如此。世之作俗诗者，记得古人许多陈词套语，无论何题，摇笔即来，描写景物，必“夕阳”“芳草”，偶尔登临，亦“万里”“百年”，伤离赠别，则“折柳”“沾襟”，退隐闲居，必“竹篱”“茅舍”，陈陈相因，使人生厌，宜多读宋诗，可以涤肠换骨也。再举宋人古诗为例。黄庭坚《跋子瞻和陶诗》云。

> 子瞻谪岭南。时宰欲杀之。饱吃惠州饭。细和渊明诗。彭泽千载人。东坡百世士。出处虽不同。风味乃相似。

此诗纯以意胜，不写景，不言情，而情即寓于意之中，其写意也，深透尽致，不为含蓄，而仍留不尽之味，所以不失为佳诗。然若与唐人短篇五古相较，则风味迥殊。如韦应物《淮上即事寄广陵亲故》诗。

> 前舟已眇眇。欲渡谁相待。秋山起暮钟。楚雨连沧海。风波离思满。宿昔容鬓改。独鸟下东南。广陵何处在。

则纯为情景交融，空灵酝藉者矣。

宋诗中亦未尝无纯言情景以风韵胜者。如

春阴垂野草青青。时有幽花一树明。晚泊孤舟古祠下。满川风雨看潮生。(苏舜钦)

梨花淡白柳深青。柳絮飞时花满城。惆怅东栏二株雪。人生看得几清明。(苏轼)

我家曾住赤栏桥。邻里相过不寂寥。君若到时秋已半。西风门巷柳萧萧。(姜夔)

诸作虽亦声情摇曳，神韵绝佳，然方之唐诗，终较为清癯幽折。至如

书当快意读易尽。客有可人期不来。世事相违每如此。好怀百岁几回开。(陈师道)

则纯为宋诗意格矣。

宋诗既以清奇生新深隽瘦劲为尚，故最重功力，“月锻季炼，未尝轻发”（任渊《山谷诗注序》），盖此种种之美，皆由洗炼得来也。吕居仁《与曾吉甫论诗帖》云：“要之此事须令有悟入，则自然越度诸子。悟入之理，正在工夫勤惰间耳。”此言为诗赖工夫也。因此，一人之诗，往往晚岁精进。王安石少以意气自许，故语惟其所向，不复更为含蓄。后为郡牧判官，从宋次道尽假唐人诗集，博观而约取，晚年始尽深婉不迫之趣。作诗贵精不贵多。黄庭坚尝谓洪氏诸甥言：“作诗不必多，某平生诗甚多，意欲止留三百篇。”诸洪皆以为然。徐师川独笑曰：“诗岂论多少，只要道尽眼前景致耳。”黄回顾曰：“某所说止谓诸洪作诗太多，不能精致耳。”作诗时必殚心竭虑。陈

师道每作诗，闭户蒙衾而卧，驱儿童至邻家，以便静思，故黄庭坚有“闭门索句陈无己”之语，而师道亦自称“此生精力尽于诗，末岁心存力已疲”。此最足代表宋人之苦吟也。

宋诗流弊，亦可得而言。立意措辞，求新求奇，于是喜用偏锋，走狭径，虽镌镵深透，而乏雍容浑厚之美。《隐居诗话》云：“黄庭坚句虽新奇，而气乏浑厚。”刘熙载云：“杜诗雄健而兼虚浑，宋西江名家，几于瘦硬通神，然于水深林茂之气象则远矣。”此其流弊一。新意不可多得，于是不得不尽力于字句，以避凡近。其卒也，得小遗大，句虽新奇，而意不深远，乍观有致，久诵乏味。《隐居诗话》云：“黄庭坚喜作诗，得名，好用南朝人语，专求古人未使之一二奇字，缀葺而成诗，自以为工，其实所见之僻也。”方东树曰：“山谷死力造句，专在句上弄远，成篇之后，意境皆不甚远。”此其流弊二。求工太过，失于尖巧，洗剥太过，易病枯淡。《吕氏童蒙训》云：“鲁直诗有太尖新太巧处，不可不知。”方东树曰：“山谷矫敝滑熟，时有枯促寡味处。”刘辰翁曰：“后山外示枯槁如息夫人绝世，一笑自难。”此其流弊三。

陈子龙谓：“宋人不知诗而强作诗，故终宋之世无诗，然其欢愉愁苦之致，动于中而不能抑者，类发于诗余，故其所造独工。”此言颇有所见，惟须略加解释。盖自中晚唐词体肇兴，其体较诗更为轻灵委婉，适于发抒人生情感之最精纯者。至宋代，此新体正在发展流衍之时，故宋人中多情善感之士，往往专藉词发抒，而不甚为诗，如柳永、周邦彦、晏几道、贺铸、吴文英、张炎、王沂孙之伦是也。即兼为诗词者，其要眇之情，亦多易流入于词。如欧阳修，世人称其诗

“多平易舒畅，律诗意所到处，虽语有不伦，亦不复问，而学之者往往遂失于快直，倾囷倒廪，无复余地”。(《苕溪渔隐丛话》卷二十二引《石林诗话》)是讥其不能酝藉也。然观欧阳修之词，如

寸寸柔肠。盈盈粉泪。楼高莫近危栏倚。平芜尽处是春山。行人更在春山外。(《踏莎行》)

芳菲次第还相续。不奈情多无处足。尊前百计得春归。莫为伤春眉黛蹙。(《玉楼春》)

尊前拟把归期说。未语春容先惨咽。人生自是有情痴。此恨不关风与月。(《玉楼春》)

何其深婉绵邈。盖欧此种之情，既发之于词，故诗中遂无之矣。由此可知宋人情感多入于词，故其诗不得不另辟疆域，刻画事理，于是遂寡神韵。盖感物之情，古今不易，而其发抒之方式，则各有不同。唐人中工于言情者，如王昌龄、刘长卿、柳宗元、杜牧、李商隐，若生于宋代，或将专长于词，而宋代柳周晏贺吴王张诸词人，若生于唐，其诗亦必空灵酝藉。陈子龙谓“宋人不知诗而强作诗”，宋人非不知诗，惟前人发之于诗者，在宋代既多为词体夺之以去，故宋诗之内含不得不变，因之其风格亦不得不殊异也。

安诺德谓：“一时代最完美确切之解释，须向其时之诗中求之，因诗之为物，为人类心力之精华所构成也。”(On the Mordem Elementin Literature)反之，欲对某时代之诗得完美确切之了解，亦须研究其时代之特殊精神。盖各时代人心力活动之情形不同，故其表现于诗者，

风格意味亦异也。宋代国势之盛，远不及唐，外患频仍，仅谋自守，而因重用文人，故国内清晏，鲜悍将骄兵跋扈之祸，是以其时人心静弱而不雄强，向内收敛而不向外扩发，喜深微而不喜广阔。宋人审美观念亦盛，然又与六朝不同。六朝之美如春华，宋代之美如秋叶，六朝之美在声容，宋代之美在意态，六朝之美为繁丽丰腴，宋代之美为精细澄澈。总之，宋代承唐之后，如大江之水，潴而为湖，由动而变为静，由浑灏而变为澄清，由惊涛汹涌而变为清波容与。此皆宋人心理情趣之种种特点也。此种种特点，在宋人之理学、古文、词、书法、绘画，以至于印书，皆可征验。由理学，可以见宋人思想之精微，向内收敛。由词，可以见宋人心情之婉约幽隽。由古文及书法，可以见宋人所好之美在意态而不在形貌，贵澄洁而不贵华丽。明乎此，吾人对宋诗种种特点，更可得深一层之了解。宋诗之情思，深微而不壮阔，其气力，收敛而不发扬，其声响不贵宏亮而贵清泠，其词句不尚蕃艳而尚朴澹，其美不在容光而在骨态，其味不重肥酞而重隽永。此皆与其时代之心情相合，出于自然。扬子云谓言为心声，而诗又言之菁英。一人之诗，足以见一人之心，而一时代之诗，亦足以见一时代之心也。

原载《思想与时代》第三期，一九四一年八月。

吴天墀，别名浦帆（1913－2004），四川万县人。1938年毕业于四川大学历史系，留任助教。其后历任四川教育科学馆研究员、西康省政府秘书兼省立雅安图书馆馆长、芦山县县长兼县立中学校长、上海中国人文研究所研究员、东方文教学院和川北大学教授、四川大学历史系高级资料员和教授等职。从20世纪30年代开始发表史学论著，在宋史、巴蜀史、西夏史等领域的研究中均取得卓越成就，开拓之功尤多，深受徐中舒、蒙文通等前辈大家见重。早年以《烛影斧声传疑》等论文蜚声史坛，是中国宋史研究的早期奠基者之一。对中古社会和文化的演变的洞察尤深，尚未完成的长篇论著《中唐以下三百年间之社会演变——庆历变革与近世社会之形成》已显恢宏器局。对四川历史文化的独特性有深刻的揭示，强调其在“文化史上光荣的一页”。著有《吴天墀文史存稿》以及《增补本》，内容涉及面广，表现出博通的学术特色。1980年出版的《西夏史稿》是西夏史研究的拓荒之作，其考订、叙事、资料采集所表现出的深厚功力，备受学界称誉，列入商务印书馆出版的20世纪“中华现代学术名著丛书”。

中唐以下三百年间之社会演变

——庆历变革与近世社会之形成（上）

○吴天墀

中唐以下之三百年间[1]，为吾国社会之一剧烈蜕变时期：于时旧文化体系由动摇以趋崩溃，而新文化之端绪，亦崭然露其头角。此长期酝酿发育之中，虽尝回流急湍，顿起波折，然至宋仁宗庆历之世，文化更新之机，遂如瓜熟蒂落，臻于功成。自是世局改观，形质焕变，无异为中世近世历史划一明朗之大界。本文之作，乃就此期中平民社会崛兴之事实[2]，考察其于庆历时代之全面文化更新，究有何种渊源与影响？并藉窥此一伟大变革之意义与价值，以明中国近世社会文化演进之趋向焉。

一、阶级制度之崩溃

中唐下讫北宋中叶，为吾国社会再度蜕变之时期，其显著事象，则见统治阶级之升降：一方为门阀之衰落，一方则为平民之解放。此种情形，颇有似晚周社会现象之复演。封建贵族既日失其权，不保传袭之尊位，而平民亦同时渐脱桎梏，活动趋于自由；社会阶级□灭，世局顿呈新态，乃一变上代之静凝而为动进□□。所谓静凝者，盖以阶级森严，上下维制，集体压力甚强，个己意识殊难显露；但此定型化之社会结构，一经毁坏，组织解体，无复拘束之力，由是个性发展，思想趋于自由，人人务于表现才能，生活竞争日转激烈，则社会之动进不宁，自有必然之势矣。

莫尔干（L. H. Morgan）研究人类社会之演进，谓有先后发展不同之两种形态，一为“氏族社会”，一为“政治社会”[3]。持此以衡吾国历史，则春秋以上之宗法封建制，其权位之传袭，基于血统身份之关系，固得□□氏族社会之本色；而魏晋南北朝时代之门阀世族，亦未始不可视为氏族社会之变相遗迹也。由春秋中经战国，迄于秦汉，布衣出任卿相，匹夫而为天子，则显为政治社会之代兴。

政治社会之初立，帝室高踞上位，以统万民，中乏一坚实之统治阶级，供其凭藉驱□，虽去肘腋之逼，转生孤悬之危，故汉高帝既削功臣，仍不能不兼采郡国并建之制度者以此。文景之世，外存据地自大之诸侯，内则廷臣多为武夫，其势非能久安。武帝变政，组织文治政府，以士人为基干，建立社会重心，自是政治与学术二者，联系密切，帝室赖以安固，而儒学尊显，士族势力亦由兹逐渐膨胀。

曹魏复行九品中正之制，选官置吏，必究家世，于是门阀形成。而晚周以来一度解放之平民，其地位顿又沉沦。观晋武帝时段灼有言：“九品访人，惟问中正。据上品者，匪公侯之子孙，则当途之昆弟；蓬门荜户之俊，安得不有陆沉者！”[4] 此其征也。盖魏晋之世，窃据政权，图其稳定，往往假力于大族。永嘉之乱，衣冠南渡，东晋元帝之立国，王敦与从弟导等同心翼戴，时人有“王与马共天下”[5] 之语；世家之力，于斯可见。帝室既□其力为治，自不得不切意笼络，结其欢心。当时显贵自高身价，举凡政治、经济及社会之各方面，莫不握持特权，广占优便，是则虽无封建之名，乃享封建之实，乃一变相之贵族阶级也。唐柳芳尝论其时之族姓云[6]：

过江则为侨姓，王、谢、袁、萧为大；东南则为吴姓，朱、张、顾、陆为大；山东则为郡姓，王、崔、卢、李、郑为大；关中亦号郡姓，韦、裴、柳、薛、杨、杜首之；代北则为虏姓，元、长孙、宇文、于、陆、源、窦首之。虏姓者，魏孝文帝迁洛，有八氏、十姓、三十六族、九十二姓。八氏十姓，出于帝宗属，或诸国从魏者；三十六族九十二姓，世为部落大人，并号河南洛阳人。郡姓者，以中国士人差第阀阅为之制。凡三世有三公者曰膏粱，有令、仆者曰华腴，尚书、领、护而上者为甲姓，九卿若方伯者为乙姓，散骑常侍、大中大夫者为丙姓，吏部正员郎为丁姓。凡得入者谓之四姓。

据此，则元魏之讲重族姓，分别严细，尤逾于南朝。拓跋氏本属浅化之族，是以入居禹域，与此门阀之风，特为相契；其求取人才，专重豪门，虽经臣僚之反对，迄不为之稍摇[7]；故后人有谓门阀之盛乃系夷风之影响者，如宋江少虞《皇朝类苑》卷五八《氏族条》云：

士人以氏族相高，虽从古有之，然未尝著盛。自魏氏铨总人物，以氏族相高，亦未专任门地；惟四夷则全以氏族为贵贱，如天竺以刹利、婆罗门二姓为贵种，自余皆为庶姓，如毗舍、首陀是也。其下又有贫四，如工巧纯陀是也。其他诸国亦如是，国主大臣，各有种姓，苟非贵种，国人莫肯归之。庶姓虽有劳能，亦自甘居大姓之下，至今如此。自后魏据中原，此俗遂盛行于中国。……其后迁易纷争，莫能坚定，遂取前世仕籍，定以博陵崔、范阳卢、陇西李、荥阳郑为甲族。唐高宗时，又增太原王、清河崔、赵郡李，通谓七姓。然地势相顷，互相排诋，各自著书，盈编连简，殆数十家，至于朝廷为之置官撰定，而流习所徇，扇以成俗。虽国势不能排夺，大率高下五等，通有百家，皆谓之士族。此外悉为庶姓，婚官皆不敢与百家齿。陇西李乃皇族，亦自列在第三，其重族望如此。一等之内，又如岗头卢、泽底李、土门崔、靖恭王之类，自为鼎族，其俗至唐末方渐衰息。

按元魏之特崇门品，除本为夷风所重之原因外，实尚有藉重已成势力，以巩固统治之理由。惟当天下一统，帝权威张之世，则门阀之势位，遂亦不为时君之所喜。故九品中之正之制，隋初即遭废罢，文帝开皇七年，制诸州岁贡三人[8]，至炀帝始建进士之科[9]，遂为唐代科举之所本。唐高祖尝复置中正[10]，其后史轶不言，殆必不关重要。太宗以山东士人嫁娶多取人赀，时人谓为“卖婚”，不满其习，因诏高士廉等编撰《氏族志》一书，贞观十二年书成进上，崔幹仍居第一，深违太宗之意，以致愤然显言于朝曰：

> 我与山东崔、卢、李、郑，旧既无嫌，为其世代衰微，全无冠盖，犹自云士大夫，婚姻之间，则多邀钱币。才识凡下，而偃仰自高，贩鬻松槚，依托富贵，我不解人间何为重之？只缘齐家惟据河北，梁、陈僻在江南，当时虽有人物，偏僻小国，不足可贵，至今犹以崔、卢、王、谢为重。我平定四海，天下一家，凡在朝士，皆功效显著，或忠孝可称，或学艺通博，所以擢用。见居三品以上，欲共衰代旧门为亲，纵多输钱帛，犹被偃仰；我今特定族姓者，欲崇重今朝冠冕，何因崔幹犹为第一等？昔汉高祖止是山东一匹夫，以其平定天下，主尊臣贵。卿等读书，见其行迹，至今以为美谈，心怀敬重，卿等不贵我官爵耶？不须论数世以前，止取今日官爵高下作等级。

于是乃改列崔幹为第三等，颁其书于天下[11]。按官爵与门阀二者，一为政治地位，一为社会地位。太宗之扬官爵，贵臣实即尊君，盖社会势力过大，政治势力不足制驭，则将使政府无权，法令无威，此非时君之所欲也。故太宗对门阀所表示之意见，亦可说明其后嗣之态度。高宗时，许敬宗以不叙武后世，李义府耻其家无名，于是奏请刊改，又有《姓氏录》之撰作[12]。当时军功入五品者皆升谱限，搢绅耻之，目为“勋格”。李义府悉索《氏族志》烧之。又诏后魏陇西李宝，太原王琼，荥阳郑温，范阳卢子迁、卢泽、卢辅，清河崔宗伯、崔元，前燕博陵崔懿，晋赵郡李楷，凡七姓十家，不得自为婚；三品以上纳币不得过三百匹，四品五品二百，六品七品百，悉为妇装，夫氏禁受陪门财。先是后魏太和中，定四海望族，以宝等为冠，后裔矜尚门地，故《氏族志》一切降之，王妃、主婿皆取当世勋贵名臣家，未尝尚山东望族。惟后房玄龄、魏徵、李勣与婚，望得不减；然每姓第其房望，一姓之中又复高下悬隔。李义府尝为子求婚不得，始奏禁之。于后天下衰宗落谱昭穆不齿者，皆称“禁婚家”，益以自贵，凡男女皆潜相聘娶，天子不能禁[13]。是门阀之势力，政府欲加削抑而未能奏功也。故玄宗屡欲相崔琳、卢从愿，虑其族大，附丽者众，竟以不用[14]。社会门第乃为帝王所忌如是，亦见其根深蒂固，为世所重，实非政治之力一朝所能革。盖其时高门大族，凭其优望，仕进甚易，辄攫美官[15]，而大臣恩荫，往往得至将相，故唐代宰相可以世系表列，究其出身，多属显姓，足觇社会氏族与统治阶级相关之密切也。

唐初统治阶级之重心，为出自关陇区域之功臣集团。高祖尝与内史令窦威及尚书右仆射裴寂言，颇自互矜其门胄之华贵。苏冕议论其事曰[16]：

> 创业君臣，俱是贵族，三代以后，无如我唐。高祖，八柱国唐公之孙，周明懿、隋元真二皇后外戚，娶周太师窦毅女，毅则周太祖之婿也。宰相萧瑀、陈叔达，梁、陈帝王之子；裴矩、宇文士及，齐、隋驸马都尉；窦威、杨仁恭、封德彝、窦抗，并前朝师保之裔；其将相裴寂、唐俭、长孙顺德、屈突道、刘政会、窦轨、窦琮、柴绍、殷开山、李靖等，并是贵胄子弟，比夫汉祖萧、曹、韩、彭门第，岂有等级以计言乎？

此一代表政治军事实力之功臣集团，即太宗之尝尊贵其地位，以压倒山东旧族者。惟其后武曌把持朝权，欲遂其创业垂统之野心，以出身非正，虑宗室大臣，不为所用，乃别引新进，超擢不次，示恩笼络，隐相结纳，以图自固；此本如南朝君主之喜用寒人[17]，乃利其感恩戴己，乐于效命耳，然其事之影响后果，有关于唐代社会阶级之升降者至大。陈寅恪先生尝特笔言之云[18]：

武后柄政，大崇文章之选，破格用人，于是进士之科为全国干进者竞趋之鹄的，当时山东、江左人民之中，有虽工于为文，但以不预关中团体之故，致遭屏抑者，亦因此政治变革之际会，得以上升朝列，而西魏、北周、杨隋及唐初将相旧家之政权尊位遂不得不为此新兴阶级所攘夺替代。故武周之代李唐，不仅为政治之变迁，实亦社会之革命，若依此义言，则武周之代李唐较李唐之代杨隋，其关系人群之演变，尤为重大也。

盖武周代唐之政治结局虽未成功，然曌在位当权之时期特久[19]，且有知人之明，其所引拔，于后多为名臣[20]；自此新风肇开，其流益为发展，遂莫能遏矣。夫以关陇为中心之功臣集团，既大遭破坏，日就式微，而由文辞起于草野者，日益盛多，随其势之所至，则朝廷禄位自必为山东旧族之阀阅与科名升进之寒素二种人物所分据也。大抵安史乱前，朝官犹以门阀称盛，乱后北域凋瘁，士流转徙，而族姓讹谬，稽考为难，故宪宗诏林宝修《元和姓纂》以正其事。穆宗以后，有牛李党争之起，互相排斥，扰攘不休者四十年，沈曾植谓：

“两党以科第而分，牛党重科举，李党重门第。”陈寅恪先生于《唐代政治史述论稿》中推证其说，备详源委[21]，谓牛党重科举者，乃指重进士科而言。盖中世门阀之特色，在其门风优美，卓越于世，而优美门风之造成，又基于学业之因袭，如柳氏家法即是为一著例。

朱熹《小学》记柳公绰在公卿间最名有家法，中门东有小斋，自非朝谒之日，每平旦辄出至小斋，诸子仲郢皆束带晨省于中门之北。公绰决私事，接宾客，与弟公权及群从弟，再会食，自旦至暮，不离小斋。烛至，则命一人子弟执经史，躬读一过讫，乃讲论居官治家之法，或论文，或听琴，至深夜然后归寝。诸子复昏定于中门之北。凡二十余年，未尝一日变易。其遇饥岁，则诸子皆蔬食，曰：“吾兄弟侍先君为丹州刺史，以学业未成，不听食肉，吾不敢忘也。”公绰居外藩，其子每入境，郡邑未尝知。既至，每出入，常于戟门外下马，呼幕宾为丈，皆许纳拜，未尝笑语款洽。公绰之子仲郢，以礼律身，居家无事，亦端坐拱手，出内斋，未尝不束带。三为大镇，厩无良马，衣不熏香。公退必读书，手不释卷。家法：在官不奏祥瑞，不度僧道，不贷赃吏法[22]。据此，是则唐时士族所持之政治见解，仍为东汉以来通经义励名行，以致从政之一贯的轨辙。至于由进士出身者则否，大抵专尚文辞，猎取贵显，而无所谓礼法与门风也。二者之间，其意识素养与风度，无不有别，故前者颇轻后者，斥之为浮冶。此两方之是非，固无庸深论，然进士科名乃为时君之所提倡，且应举者大多起自寒门，久郁思变，极富新兴锐进之气，而士族之家，养尊处优，为时已久，虽有礼法学术之长，惟累世仕宦，生活易流于华奢[23]，又或暮气沉沉，迂阔无用，不适世趋，转陷贫困[24]，盛极必衰，功成者退，物理宜然，无足怪者。

综观门阀之崩溃，其促成之因素，大要有三：

一由于义男。玄宗杨妃有宠，安禄山请为养儿；其欲谋逆也，乃养同罗、降奚、契丹、曳落河八千人为假子[25]。肃、代以后，政由宦官，剽士奇才，亦多所收养[26]。自是流风大被，盛极于唐末五代之世。故《新五代史》卷三六有《义儿传》之目，其序曰：

> 世道衰，人伦坏，而亲疏之理反其常，干戈起于骨肉，异类合为父子。开平、显德五十年间，天下五代而实八姓，其三出于丐养。盖其大者取天下，其次立功名、位将相，岂非因时之隙，以利合而相资者邪？唐自号沙陀起代北，其所与俱皆一时雄杰虣武之士，往往养以为儿，号“义儿军”。至其有天下，多用以成功业，及其亡也，亦由焉。

按唐代阉宦，闽广为盛[27]；节度军将，多属胡人[28]，是收养义男之举本为边裔之俗也。

二由于通谱。同姓通谱，自晋以来始见于史[29]。唐高宗时，李义府既贵之后，自言本出赵郡，遂与诸李叙昭穆，而无赖之徒苟合，藉其权势，拜伏为兄叔者甚众[30]。肃宗时，李辅国权势熏灼，宰相李揆附之，揆山东甲族，见辅国执子弟之礼，谓之五父[31]。此因权势攀援而名门遂不惜依附之例也。李肇《国史补》卷上载：“李峤与李迥秀同在庙堂，奉诏为兄弟；又西祖王璋与信安王祎同产，故赵郡、陇西二族，昭穆不定，一会之中，或孙为祖，或祖为孙。”氏族之序，殆不能辨。顾炎武《日知录》卷二三《通谱》条云：

氏族之乱，莫甚于五代之时，当日承唐余风，犹重门荫，故史言唐梁之际，仕宦遭乱奔亡，而吏部铨文书不完，因缘以为奸利。至有私鬻告敕，乱易昭穆，而季父母反拜侄甥者。《册府元龟》：长兴初，鸿胪卿柳膺，将斋郎文书两件，卖与同姓人柳居则，大理寺断罪当大辟，以遇恩赦减死，夺见任官，罚铜，终身不齿。敕曰："一人告身，三代名讳，传于同姓，利以私财，上则欺罔人君，下则货鬻先祖，罪莫大焉。自今以后，如有此弊，传者、受者并当极法。"

盖此时乱离，奸伪百出，谱牒散亡，不易考矣。

三由于卖婚。赵翼谓："魏、齐之时，婚嫁多以财币相尚。盖其始高门与卑族为婚，利其所有，财贿纷遗，其后遂成风俗，凡婚嫁无不以财币为事，争多竞少，恬不为怪也。魏文成帝尝诏曰：'贵族之门，多不奉法，或贪利财贿，无所选择，令贵贱不分，亏损人伦，何以示后？'此可见财婚由来久矣。"[32]其风至唐末替，太宗、高宗尝加抑禁，终莫能绝，朝廷名公巨卿，俱仍以通婚望族为荣，如房玄龄、魏徵、李勣皆是。他如李日知贵，诸子方总角，皆通婚名族；李怀远与李林甫善，常慕与山东著姓为婚姻，引就清列；张说好求山东婚姻，与张氏亲者，皆为门甲。刘知几《史通》谓："山东士人嫁娶必多取赀，故人谓之卖婚。”[33]①则因资财官位之故，士庶联婚，日就混同，亦不得不渐失门望之尊矣。是以历唐末以迄五代，虽犹偶有自高门望之事，如《新五代史》卷二八《卢程传》云：

(唐) 庄宗尝召程草文书，程辞不能。其后因举卮属巡官冯道。……程大恨曰：“用人不以门阀，而先田舍儿耶?”庄宗已即位，议择宰相，……卢质当拜，而质不乐任事，乃言豆卢革与程皆故唐时名族，可以为相，庄宗以程为中书侍郎同平章事。

又同书卷五五《崔居俭传》云：

庄宗时为刑部侍郎、太常卿。崔氏自后魏、隋、唐，与卢、郑皆为甲族，吉凶之事，各著家礼，至其后世子孙，专以门望自高，为世所嫉。

然庄宗方以兴唐为名，偶有假借而已。盖其时武夫悍卒，忍于劫杀，世局险恶，早非没落士族之所能适应。《新五代史》卷二八《豆卢革传》谓：“故唐公卿之族，遭乱丧亡且尽。”则代表文教礼法之门阀，遭此变乱之淘汰，至此扫地尽矣。

魏晋以下之门阀社会，除严士庶尊卑之分外，虽同属庶民而农与

① 今本《史通》未见此段材料，《新唐书》卷九五《高俭传》有载：“山东士人尚阀阅，后虽衰，子孙犹负世望，嫁娶必多取赀，故人谓之卖婚。”

工商亦大有轩轾[34]；庶民之下，复有奴婢，其地位尤极卑贱。唐时称奴婢曰“贱人”，曰“贱口”，或简称“贱”。《新唐书》卷五一《食货志》叙户课，有“奴婢纵为良人，给复三年”之文，《唐律疏议·名例三》云：“若是贱人，自依官户及奴法”，又同书《名例六》云：“奴婢贱人，律比畜产。”是其权利与法律上一切规定，皆不得与良民同等矣。贱民性质有官私两种之分[35]，至其来源，则有数端：（一）有因犯罪而籍没者，如《唐六典》谓：“凡反逆相坐，没其家为官奴婢。”[36]是也。（二）有虏获于战阵者，如《旧唐书·高丽传》记高丽应没为奴隶者凡一万四千[37]，《新唐书·薛仁贵传》记获突厥生口三万[38]是也。（三）有以非法手段拘掠而得者，拘掠本非法令所许，然势要奸民[39]或京内外诸军[40]，固多行之而不顾者。（四）有自海外掠归者，如《新唐书·新罗传》谓“遍中国以新罗人为奴婢”[41]是也。（五）有由市买而得者，《唐六典》卷二〇有“凡卖买奴婢牛马，用本司本部公验以立卷”之文，盖我国自井田制坏①后，人民因生计困难，即有货鬻人口之发生，唐代此风犹存，而岭南各地尤为盛行[42]。《旧唐书》卷一六〇《柳宗元传》，谓越有典质子女之俗，过期不赎，则没为奴婢，则与买卖无大异也。（六）有由地方岁贡于朝者，如《唐会要》载邕府岁贡奴婢[43]，《新唐书》卷一九四《阳城传》载道州岁贡侏儒[44]是也。（七）有因艰于衣食而自行投靠者，德宗时民困赋役，陆贽上疏言事，曰：“凶荒不遑赈救，人小乏则取息利，大乏则鬻田庐，敛获始毕，执契行贷。饥岁室家相弃，乞

① 原稿此处有“阶级社会形成”的批语。

为奴仆。”又曰:“今富者万亩，贫者无容足之居，依托强家，为其私属，终岁服劳，常患不充。”而文宗时亦有“豪民侵蚀产业不移户，州县不敢徭役，而征税皆出下贫，至于依富为奴客”之现象[45]，此类“奴仆”“私属”“奴客”之身份，乃略优于奴婢之雇工，惟既由穷困而投靠，则富室强家之役使，亦必视同贱民之待遇也。

据上所述，足知唐代社会役奴贱民之普遍。当时朝廷持有奴婢至多，或供役使[46]，或充赏赐[47]，或用为兵[48]；而将相势要之家亦往往多至数千[49]；不特官吏、富豪、衣冠、商人、百姓广为蓄养，寺院所有数复惊人[50]。贱民除中国人外，蕃夷亦多，如突厥、吐蕃、回纥、新罗、高丽以及来自南洋之昆仑等。全国如是众多之贱民，备受苛虐，而此种不平等之事实，法律公然承认，举世熟视，莫以为非，其于人道违损如何不问也。然至唐末五代，时世日亟，社会迁变，早失常轨，由于逃亡放免，脱离奴籍者遂多[51]；且武人竞力，门阀倾圮，礼教不存，阶级破坏。奴隶之于主人，遂多乘隙反噬之举动。《资治通鉴》卷二八八《后汉纪三》乾祐元年下云:

> 李屿仆夫葛延遇，为屿贩鬻，多所欺匿，屿抶之，督其负甚急，延遇与苏逢吉之仆李澄谋，上变告屿谋反。……十一月甲寅，下诏诛崧兄弟、家属及辞所连及者，皆陈尸于市，仍厚赏葛延遇等，时人无不冤之。自是士民家皆畏惮仆隶，往往为所挟制。

按奴告主为以下犯上之行为，本为唐代法律所厉禁[52]，今时移世改，为主者反为仆隶所制，此世道人心之大变也；盖社会阶级之制既坏，上下之间，登降靡常，尊卑观念为之淆泯，故入宋代，社会蓄奴之风，已不流行，政府虽仍有配隶之法，其作用在于惩罚罪人，而非有赖于生产之供给，且人数殊少，亦不能与唐代之官奴婢同日而语；盖门阀既替，所有贱隶固随平民升进之潮流而解放，苛虐剥削之奴役已为人道观念所不许，不复视为当然矣。

二、平民崛兴之背景

在阶级制度之崩溃过程中，上下沉升，既失定态，则身份混同，贵贱观念日以泯灭；纵使后世仍有贵贱之殊，则亦非中世所谓士庶之别，而系于禄位之大小有无。换言之，其荣辱乃基于政治之关系而非复门阀之地位矣。且门阀重传袭，而官爵则迁转无恒；况考试铨选之客观标准，一经确立，则公开之竞争，自将助成平等化之趋势，而有裨于平民社会之崛兴。兹就中唐以下之世象，有关于平民社会之兴起者数事，分述于后，以明其趋势。

甲、科举之影响

隋始行科举，唐因其制；取士之科，大要有三：由学馆者曰生徒，由州县者曰乡贡，皆升于有司而进退之；其由天子自诏者曰制举，乃所以待非常之材。所设科目甚多，通一代言之，则常制有八：曰秀才，曰明经，曰进士，曰明法，曰明字，曰明算，曰道举，曰童子[53]。其最为朝野之所重者，初为明经、进士二科，后则进士尤极宠荣，得人亦最称盛。

隋唐一统，中央集权，益以强化，科举制度之建立，即应乎此种事实之需要。统治机构之维持，不能不用人择官，尽委之高门大族，嫌其势力太大，遂乃别寻一途，而着眼于门阀以外之人才。故唐室对于进士科之特别提倡，亦犹南朝君主之喜用寒人，正所以排门阀也。王定保《唐摭言》卷一云：

> 文皇帝偃武修文，天赞神授。常私幸端门，见新进士缀行而出，喜曰："天下英雄入吾彀中矣。"

其言实妙于刻画太宗之深心。同书又云：

> 缙绅虽位极人臣，不由进士者，终不为美。以至岁贡，常不减八九百人。人共推重，谓之"白衣公卿"，又曰"一品白衫"。其艰难谓之："三十老明经，五十少进士。"其负倜傥之材，变通之术，苏、张之辩说，荆、聂之胆气，仲由之武勇，子房之筹画，宏羊之书计，方朔之诙谐，咸以是而晦之。修身慎行，虽处子之不若，其有老死于文场者，亦无所恨。故有诗云："太宗皇帝真长策，赚得英雄尽白头！"

按唐初进士，岁取人数至少，通高祖、太宗时言，未见有逾三十人者[54]；且此制初行之时，门阀犹最尊贵，其影响自不致甚大。王定保所述之情形，当系后来发展已盛之事，非太宗时如是也。陈寅恪先生据《通典》卷十五《选举典三》所载沈既济之文，断言："进士之科虽设于隋代，而其特见尊重，以为全国人民出仕之唯一正途，实始于唐高宗之代，即武曌专政之时。及至玄宗，其局势遂成凝定，迄于后代，因而不改。”[55]厥言乃得其实。夫科名为世所重，则日即低落之门阀声势，便不免相形见绌。当时社会人心，视进士及第为无上之光荣，故封演《封氏闻见记》卷三《贡举》篇云：“当代以进士登科为登龙门，释褐，多拜清紧，十数年间拟迹庙堂。轻薄者语曰：‘及第进士，俯视中黄郎；落第进士，平揖蒲华长。’”至若杏园初会之探花宴[56]，慈恩寺塔之题名[57]，以及曲江大会，公卿于榜下择婿之盛事[58]，演出种种风尚，咸足倾动世人观听，引起无限歆羡，是以宣宗以皇帝之尊，亦尝热衷于其事[59]。于此可知科举吸引人心之力量。惟荣利在此，竞求者众，而名额有限，得之不易，乃于考试之先，不惜卑躬屈节，从事营谋，观薛登于天授中上疏曰：“今之举人，有乖事实，或明诏试令搜扬，则驰驱府寺，请谒权贵，陈诗奏记，希咳唾之泽；摩顶至足，冀提携之恩，故俗号举人为贡举。”[60]而宋项安世《家说》之述贡举，尤见唐时士人脑醉心迷之可怜情态。安世曰：“风俗之弊，至唐极矣。王公大人巍然于上，以先达自居，不复求士。天下之士，什什伍伍，戴破帽，骑蹇驴，未到门百步，辄下马奉币刺。再拜以谒于典客者，投其所为之文，名之曰‘求知己’；如是而不问，则再如前所为者，名之曰‘温卷’；如是而又不问，则有执贽于马前，自赞曰：‘某人上谒者！’”[61]盖唐时贡士于应举时，皆上书朝贵及先达名辈，朝贵各以其所及士属之主司；及放榜，犹必请于宰相，有无笃士乃填榜。荐举人之关系如此重要，故竞求延举，以为之助；甚者要挟恶取，亦可有得，如《玉泉子》载裴坦之子私议名氏，有常入其家之僧人，窃知其事，因为同乡翁彦枢要求及第。又《唐摭言》载裴思谦以仇士良之关节，胁迫高锴遂取状头[62]，而肆其轻薄。《唐摭言》卷三《慈恩寺题名游赏赋咏杂记》有云：

> 裴思谦状元及第后，作红笺名纸十数，诣平康里，因宿于里中。诘旦，赋诗曰："银缸斜背解鸣珰，小语偷声贺玉郎。从此不知兰麝贵，夜来新惹桂枝香！"

至进士赴试时之仪式，亦慢易特甚，极尽侮辱。元和中舒元舆举进士，见有司钩校苛切，既试尚书省，虽水炭脂炬餐具，皆人自将；吏一唱名，乃得入棘围，席坐庑下。因上书言："古贡士未有轻于此者，且宰相公卿由此出，……而有司以隶人待之，诚非所以下贤意；罗棘遮截，疑其为奸，又非所以求忠直也；诗赋微艺，断离经传，非所以观人文化成也。臣恐贤者远辱自引去，而不肖者为陛下用也。"[63]夫寒素之人专意企求通显，为利禄而暂屈，固无所谓；此在高门世家视之，乃觉参加此类考试，譬与鸡鹜争食，殊不屑为，以是李德裕尝有"好牛马不入行"之微词也[64]。中唐以下，世局多故，俗益婾堕；为进士者本专重文辞，不通经史，由是文格纤弱，徒宗功丽，而其人品亦类多浮薄，蔑弃绳检，放荡无行，渐为世所共患，如杨绾于肃宗时请行古察孝廉通经之法[65]，郑覃于文宗时请罢进士科[66]，胥对此而发。然习行已久，难于遽改，其言俱未见纳。故进士之科，下历五季，虽朝代更易，干戈扰攘之岁，未尝停废，惟所取人数锐减，而三礼、三传、学究、明经诸科则激增；盖土宇分割，人士流离，能文者少，而士以从事帖诵为易，国家亦姑以是为士子进取之途径耳[67]。

洎入宋世，科举之制，仍承前代，而益为发展[68]，举其著者而言：一为彻底防弊之措施。太祖建隆三年，诏及第人不得拜知举官子弟弟侄，及目为师门恩门，并自称门生[69]。又废所谓“公荐”，以免偏私徇情。故事：知举官将赴贡院，台阁近臣得荐所知之负艺者，号曰“公荐”。太祖虑其夤缘挟私，禁之。乾德三年，陶谷子邴擢上第。帝曰：“谷不能训子，安得登科第?”乃诏食禄之家，有登第者礼部具姓名以闻，复试之。开宝六年，翰林学士李昉知贡举，取宋准以下十一人，而进士武济川、三传刘睿材质最陋，对问失次，上黜之。济川，昉乡人也。会有诉昉用情取舍，帝乃籍终场下第人姓名，得三百六十人，皆召见，择其一百九十五人，并宋准以下，乃御殿给纸笔，别试诗赋，命殿中侍御史李莹等为考官，得进士二十六人，五经四人，开元礼七人，三礼三十八人，三传二十六人，三史三人，学究十八人，明法五人，皆赐及第，而昉等寻皆坐责，殿试遂为常制。帝尝语近臣曰：“昔者科名多为势家所取，朕亲临视，尽革其弊矣。”[70]

所谓“殿试”者，其制实创始于宋，乃举子于中礼部试后，须复试于内殿，始为及第，此为科举制度之一大变革。《文献通考》卷三〇《选举考》三述其事之沿革云：

按殿前试始于唐武后。然唐制以考功郎中任取士之责，后不过下行其事以取士誉，非于考功已试之后再试之也。开元以后，始以礼部侍郎知贡举，送中书门下详复。然惟元和间钱徽为侍郎知贡举，宰相段文昌言其取士不公，复试多不中选，徽坐免官。长庆以后，则礼部所取士，先详复而后放榜，则虽有详复之名，而实未曾再试矣。五代以来，所谓详复者，间有升黜人。宋太祖乾德六年，命中书复试，则以帝疑陶谷之子不能文而中选，故复之，亦未尝别为之升黜也。至开宝六年，李昉知贡举，放进士后，下第人徐士廉等，打鼓论榜。上遂于讲武殿命题重试，御试自此试始。……亦未尝有省试、殿试之分也。至八年，复试礼部贡院合格举人王式等，于讲武殿内出试题，得进士三十六人，而以王嗣宗为首。王式者，礼部所定合格第一人，则居第四。盖自是年御试，始别为升降，始有省试、殿试之分，省元、状元之别云。

按宋世虽已无如唐代所尝有之门阀，然人主苟不自操取士用人之权，则朝廷显要于考试之际，包揽关托，随意抑扬，不特因座主门生之关系，易肇党争，亦可能形成一种新贵族之传袭的固定形态，此实危及帝权之安全，且亦深妨平民之升进。基于此理，故太祖对于远方寒士之无力赴京应举者，则予津恤。开宝二年十月丁亥诏曰："国家岁开贡部，敷求俊乂，四方之士，无远弗屈，而经途遐阻，资用或阙，朕甚闵焉，自今西川、荆湖等道举人往来给卷。"[71]王栐谓其事乃令由枢密院定制施行，盖举人自初起程至还乡，皆给于公家[72]。至于见任官之应进士举者，谓之锁厅试，所属官司，先以名闻，得旨而后解。太平兴国五年，颜明远、刘昌言、张观、乐史等四人，锁厅试合格，太宗吝而不予，惟特授近藩掌书记[73]。又雍熙二年，令考官亲戚别试；是年李昉吕蒙正之子御试入等，太宗以势家不当与孤寒争进，黜之[74]。人主之于权贵与寒畯两者，抑扬之际，态度迥别，用意则在去其壅阻，以求社会阶级上下迁流之合乎均衡[75]。大抵太祖以后，科举之制，规防日密，遂有糊名考校、封弥誊录、禁止怀挟，及试官回避、断绝交际诸法[76]。故欧阳修有言曰："国家取士之制，比于前世最号至公，盖累圣留心，讲求曲尽，以谓王者无外，天下一家，故不问东西南北之人，尽聚诸路贡士混合为一，而惟才是择；又糊名誊录而考之，使主司莫知为何方之人，谁氏之子，不得有所憎爱厚薄于其间，故议者谓国家科场之制，虽未复古法而便于今世，其无情如造化，至公如权衡，祖宗以来不可易之制也。"[77]按宋室彻底防弊之措施，其动机果否出于至公？虽不必论，惟树立客观标准，使寒素升进获其平等之机会，此不特适符蓬勃兴起之平民阶级的权益，即于国家社会之整体言，亦殆有其诸多重大良好之影响也[78]。

宋之不同于唐者，其二为登第之后，即为入仕之期，且取士名额亦大为增多[79]。唐制，进士及第者，非释褐即予补官，尚须再试吏部，如韩愈四试于礼部乃及第，三试于吏部无成，则十年犹布衣也，且有出身二十年不获录者[80]。盖肃、代以后，中央微弱，河西、陇右没于蕃，河北、河南不上计，吏员大减，待选者众，故其艰如此。至宋帝权大张，复以右文为治，较之于唐，形势大异，故其优崇贡士，有逾前时。王栐《燕翼诒谋录》卷一云：

国初进士，尚仍唐旧制，每岁多不过二三十人。太平兴国二年，太宗皇帝以郡县缺官颇多，放进士几五百人，比旧二十倍。正月己巳，宴新进士吕蒙正等于开宝寺，赐御制诗二首。故事唱第之后，醵钱于曲江为闻喜之饮，近代于名园佛庙，至是官为供帐，岁以为常。先是，进士参选，方解褐衣绿，是岁赐宴后五日癸酉，诏赐新进士并诸科人绿袍、靴、笏。自后以唱第日赐之，惟赐袍、笏，不复赐靴。

又有恩赐，谓之“特奏名”，以待困老于场屋之士。其事始于开宝三年，太祖诏礼部阅贡士，及十五举尝终场者，得一百六人，赐本科出身。太宗太平兴国二年阅贡籍，得十举以上至十五举进士诸科一百八十余人，并赐出身；九经七人不中格，亦怜其老，特赐同三传出身，凡五百余人[81]。又放榜虑甫遗材，至于再试再放，如雍熙二年及端拱元年皆是[82]。真宗咸平三年，特奏名者九百余人，有晋天福中尝预贡者。凡士贡于乡而屡绌于礼部，或廷试所不录者，积前后举数，参其年而差等之。又赐河北进士、诸科三百五十人及第、同出身。既下第，愿试武艺及量不录用者又五百余人，悉赐装钱慰遣之，命礼部叙为一举。较艺之详，树恩之广，实古今所罕见！[83]于斯见宋室牢笼之术益精，致使天下人才之心，咸集于科举，有入而难出之势。田况《儒林公议》言当世人心企羡状元及第之荣云：

状元登第者，不十余年皆望柄用，人亦以是为当得之也。每殿廷传胪第一，则公卿以下无不耸观，虽至尊亦注视焉。自崇政殿出东华门，传呼甚宠，观者壅塞通衢，人肩摩不可过，至有登屋下瞰者。

原注又言："洛阳人尹洙豪士也。尝曰状元及第，虽使将兵数十万，恢复幽蓟，逐出强寇，凯歌劳旋，献捷太庙，其荣无以加焉。"[84]科名之尊视，在上者既提倡不遗余力，久而潜移默化，遂蔚为牢不可破之风气。其结果乃如欧阳修于其《送田画秀才宁亲万州序》之所云，虽将家子亦以弃武习文为其出路[85]：

及天下已定，将率无所用其武，士君子争以文儒进，故文初将家子反衣白衣，从乡进士举于有司。彼此一时，亦所遭之势而然也。

盖自太宗太平兴国以至仁宗嘉祐，洪迈尝称为宋代恩数最隆及得士最盛之时期[86]；苏轼亦谓仁宗一朝共四十二年，凡十三举，取进士四千五百一十七人，其甲第之三人，凡三十九人，其后不至于公卿者五人而已[87]。是其时欲求贵显，群集进士之途，无怪其然。故王偁有言云[88]：

设科以待士，有国者之盛典也。昔之人盖有致位宰相而不由进士，以为终身之憾者矣。亦有自科第奋而为宰相犹称前进士者矣。以是观之，擢进士者岂不贵且重哉！

吾人讨究科举制度之发展，知其对于社会阶级升降之变动，实有重大之影响。其时学制与科举具有密切关系；此种社会变动之迹象，亦可于学制方面见之。《新唐书》卷四四《选举志》谓：

> 凡学六，皆隶于国子监："国子学"生三百人，以文武三品以上子孙，若从二品以上曾孙，及勋官二品、县公、京官四品带三品勋封之子为之。"太学"生五百人，以五品以上子孙、职事官五品期亲、若三品曾孙及勋官三品以上有封之子为之。"四门学"生千三百人，其五百人以勋官三品以上无封、四品有封及文武七品以上子为之；八百人以庶人之俊异者为之。"律学"生五十人，"书学"生三十人，"算学"生三十人，以八品以下子及庶人之通其学者为之。

据此，唐代学制之贵族及阶级特色，最为显然。中央六学中，其许庶人之俊异入学者，仅四门学中之八百人，及律、书、算三学中之少数人耳。当时学校本为科举而设，其所肄习之课程，亦为应举之预备，生徒成绩佳者，解送礼部与试[89]，则学校之举选，可免乡贡之一途，乃为入仕之阶梯也。至其时地方所设之府、州、县学，性质相同，名额无多[90]，大体仍为官吏士夫子弟教育，可无疑义；学校俱为官立，私人不得设置[91]，是庶人之入学校，事实上限制綦严。庶人惟有学于私塾，始无限制，然所习不过《吉凶书仪》《算经》《开蒙要训》《俗务要名林》之类，无关高深之学术，亦非有何种之资格，仅得获取低浅之生活常识而已。迨至宋初，入学限制显已大为放宽，而便于容纳庶人子弟之受学，如太学生以八品以下子弟及庶人之俊异者为之，四门学则更无分乎士庶[92]，一视同仁，渐泯轩轾；且宋初民间私学发达，复有书院之出现[93]，学术空气，弥漫社会，于质于量，皆有以超越于唐；盖由唐至宋，乃为中国社会阶级剧变，平民势力兴起之时期，于此科举之刺激，与教育之开放，固皆有其促进发展之作用也。

乙、经济之剧变

唐初承北魏以来之均田，立租庸调之法：有田则有租，有耕田之人则有庸，人而成家则有调；此皆取于土地身家之所固有而非外求，故民力胜任，生活宽舒，而社会亦显集体安和之特色。唐制百亩为顷，民年二十一为丁，六十为老，丁及男年十八以上者，人给田一顷，其八十亩为口分，二十亩为永业；老及笃疾废疾者人四十亩，寡妻妾三十亩，当户者增二十亩，皆以二十亩为永业，其余为口分。田多可以足其人者为宽乡，少者为狭乡，狭乡授田减宽乡之半。工商者宽乡减半，狭乡不给。凡庶人徙乡及贫无以葬者，得卖永业田。自狭乡徙宽乡者，得并卖口分田，已卖者不复授；死者收之，以授无田者。授田先贫及有课役者。乡田有余以给比乡，县有余以给比县，州有余以给近州[94]。凡受田者，丁岁输粟二石，谓之租；随乡土所产，岁输绫、绢、絁各二丈，布加五分之一，输绫、绢、絁者兼绵三两，输布者兼麻三斤，谓之调；岁二十日，闰加二日，不役者日为绢三尺，谓之庸。有事加役十五日免调，加役三十日者租调俱免，通正役并不得过五十日[95]。凡里有手实，岁终具民之年与地阔陋为乡账。乡成于县，县成于州，州成于户部。又有计账，具来岁课役以报度支。国有所须，先奏而敛。凡税敛之数，书于县门村坊，与众知之。水旱灾荒，视其重轻为捐免之差[96]。盖其定制之精神，在求地权之平均，同时亦颇顾及生产之效率；规划周详，用心善美，宜为三代以后之土地良制，而收贞观、永徽之活效也。惟授田及租庸调之制，于天下户口数，关系最切，若户口激增，而垦田面积不足容纳，则纵外表一时繁荣，而祸机内伏，必待时以发。故至开元初世，已起户口逃亡，色役伪滥之弊。朝廷患之，乃用监察御史宇文融策，括籍外羡田逃户，得客户八十余万，田亦称是。州县希旨，多张虚数，以正田为羡，编户为客，而田制与税法由是遂紊[97]。盖租庸调之法，乃以人丁为本，而开元后，天下户籍久不更造，丁口转死，田亩卖易，贫富升降不实，国家侈费无节，随之安史大乱以起；兵兴政亟，财用日屈，而租庸调法乃坏。自代宗时始以亩定税，而敛以夏秋；至德宗相杨炎，代以两税法。其制大要：凡百役之费，一钱之敛，先度其数而赋于人，量出制入，户无主客，以见居为薄，人无丁中，以贫富为差，夏税尽六月，秋税尽十一月。史称行后效果："人不土断而地著，赋不加敛而增入，版籍不造而得其虚实，吏不诫而奸无所取，轻重之权，始归朝廷矣。"[98]其制简明，因有止奸济时之效，然唐初授田征租之法，自是一变为征租不问田之法，历时千载终不能复矣。租庸调以丁身为本，故税丁身所出之布帛；两税法以资产为宗，故税资产者所有之田谷。不独无田之人，国家不复为之计；即纳税之人亦所供非其业，必将增价以市所无，减价以货所有，无形之际多蒙损失。是以一较两制之相异性质，则知前者有裨社会之安定，后者势将促起剧烈之竞争；前者代表集体的、求均的精神，而后者则形成个人的、放任的态势。盖就学术之观点言：均田制为富有理想、勇于负责之表现，而两税法则不脱补苴敷漏、因循苟安之作风。故吾国中唐以下之社会，疏松散漫，萎弱难振，探究根源，均田制破坏之关系实不宜忽。杜佑《通典》谓："古之为理也，在于周知人数，乃均其事役，则庶功以兴，国富家足，教从化被，风齐俗和。……及理道乖方，版图脱漏，人如鸟兽，飞走莫制。家以之乏，国以之贫，奸宄渐兴，倾覆不怪，斯政之大者远者！"[99]此言社会失其组织，浮游增多之患也。元和时李吉甫亦言："国家自天宝以来，宿兵常八十余万，其去为商贩、度为佛老、杂入科役者，率十五以上。天下常以劳苦之人三，奉坐待衣食之人七，而内外官仰奉廪者，无虑万员。"[100]生者寡而食者众，国计民生，安得不困？且吾国中世，宗教盛行，托身道释，无分智愚，此辈虽无意于世，而不免深为世累。故韩愈《原道》有云："古之为民者四，今之为民者六；古之教者处其一，今之教者处其三；农之家一，而食粟之家六；工之家一，而用器之家六；贾之家一，而资焉之家六；奈何民不穷且盗也！"于此益知其时儒者之排佛老，不徒基于学术思想之立场，而实有挽救社会经济之原因。唐武宗[101]及周世宗[102]对于佛教尝大加打击，其基因殆亦以经济为重。惟至宋世，由于君主之提倡，宗教复盛，僧道剃度，寺院建置，其数猥多[103]，对于社会经济，自必增益不利之因素。故社会组织由严密而趋松懈，亘竞争自由，外表固呈活泼光焕之象，而实则于无基础无重心之局面下，民生日艰，问题丛生，有岌岌难保之势。是以从社会经济之演变上观察，于此唐宋交替期中，特能表现一种过渡性质之事实者，曰兼并之激烈，曰商业之活跃，曰都市之发达。兹分别略为说明：

1. 兼并之激烈

唐初行授田之制，天下无无田之夫，无不耕之民，人皆有养，安于所业，生之者众，食之者寡，为之者急，用之者舒，故社会无甚贫甚富之患，而人民之于国家有相维相依之情，此开元以前之富盛局面所以造成也。然授田法坏，两税法行，征税以资产为宗，乃全失为民制产之意，且不啻默认兼并之事实。中唐以后，藩镇跋扈，战乱迭起，政治失其控制，社会秩序大紊，遂有富者益富，贫者益贫之倾向。代宗时，独孤及上疏言[104]：

> 师兴不息十年矣。人之生产，空于杼轴。拥兵者第馆亘街陌，奴婢厌酒肉，而贫人羸饿就役，剥肤及髓。……今其心颙颙独恃于麦，麦不登则易子咬骨矣。

当时大富，多属拥兵之武臣，次则弄权之朝官。郭子仪为中兴名臣，誉望盖时，其生活豪侈，资财丰溢。岁俸二十四万贯，私利不在其中；第宅在亲仁里，占全里四分之一，家人三千相出入，不知其居；前后获赐良田、名园、甲馆、珍物，不可胜纪[105]。马燧赀货亦有甲天下之称，子畅承其旧业，屡为豪幸邀取，后至子孙冻馁，京师奉诚园亭馆，即畅旧第[106]。王谔为岭南节度使，租其廛，榷所入，埒于常赋，以为时进，自收其余；尽有蕃舶之税，由是家财富于公藏；日发十余艘，载犀象珠琲，与商贾杂出于境，数年之间，京师权家莫不富谔之财。后继杜佑为淮南节度使，在镇四年，其钱流衍天下[107]。韩弘自汴入朝，献马三千，绢五十万，它锦彩三万，而汴之库厩，钱尚有万贯，绢亦有百余万，马七千，粮三百万斛[108]。此见武臣殷富之一般。元载相代宗，于京师开南北二第，东都亦有宅馆，室宇奢广，冠于当时：近郊作观榭，帐帘什器，不徙而供，膏腴别墅，疆畛相望，凡数十区；后籍没其家，钟乳五百两，胡椒至八百石，他物称是[109]。宣宗时，韦宙除广帅，帝戒之曰："番禺珠翠之地，当垂贪泉之戒。"宙曰："臣江陵庄积谷七千堆，无所用泉。"帝曰："此所谓足谷翁也。"[110]此又内外官吏多财之著例也。大抵中唐以后，庄园制度普遍流行，兼并之家，所在厚拥田地，役属齐民，往往人户密集，居然形成聚落[111]。可见土地集中之趋势，适方兴未艾也。德宗时，陆贽有《均节赋税恤百姓奏》，其六论兼并之家私敛重于公税之弊云[112]：

今制度弛紊，疆理隳坏，恣人相吞，无复畔限。富者兼地数万亩，贫者无容足之居，依托豪强，以为私属，贷其种食，赁其田庐，终年服劳，无日休息，罄输所假，常患不充，有田之家，坐食租税，贫富悬绝，乃至于斯！厚敛促征，皆甚公赋，今京畿之内，每田一亩，官税五升，而私家收租，殆有亩至一石者，是二十倍于官税也；降及中等，租犹半之，是十倍于官税也。夫以土地王者之所有，耕稼农夫之所为，而兼并之徒，居然受利，官取其一，私取其十，穑人安得足食？公廪安得广储？风俗安得不贪？财货安得不壅？

据此，足见贫富悬殊之日形尖锐化。长庆时元稹为同州刺史奏其地情形，谓人户逃移，田地荒废；亦有豪富兼并，田连阡陌，十分土地，才税二三，穷独逋亡，赋税莫辨[113]。稹于均赋之事，至此迳称曰均田，乃见时势日非，理想之随以就低也。后周世宗欲均田租，显德六年七月丁亥以元稹均田图遍赐诸道；旋诏散骑常侍艾颖等三十四人，分行诸州均定田租[114]。其时南唐潘佑尝请恢复井田之法，偏方得此，可谓空谷足音，然固无功[115]。盖当豆剖瓜裂之世，刻削凌暴，已成风气，虽有一二人偶发之仁心，亦未见仁政之遂实现也。《东都事略》言："自唐以来，方镇多以赋入自擅，而上供殆鲜，场院率令部曲主之，厚敛以自利。其属三司者，输额之外辄归已，或私纳货赂，以事贡举，用冀恩奖。"[116]其甚者乃至劫夺人财，有逾盗贼[117]，好利无餍，至于如此，兼并之风，何由得戢？宋初惩贪颇严，然贵官营私殖财者，犹比比不乏其人。如王祚频领牧守，能殖货财，所至有田宅，家累万金[118]。魏仁浦所营邸舍，其子咸信，性吝喜利，悉擅有之[119]；范晞为兴元少尹，居京兆，殖货巨万[120]；石保吉累世将相，家雄于财，所在有邸店别墅，好治生射利[121]；赵普亦营邸店规利[122]。《宋史》称："自五代用兵，多姑息，藩镇颇恣部下贩鬻；宋初功臣犹习旧事。太宗初即位，诏群臣不得赍货邀利，及令人诸处图回，与民争利。"[123]则官吏经商求富，宋初仍无大异于前时也。钱穆先生谓："隋唐商业甚盛，而官吏以经商致巨富者亦习见。自两宋以下，此风似不扬。官吏兼务货殖者始少，富商大贾在政治、社会各方面活动势力亦渐绌。其趋势盖自唐中叶以后而始变。"[124]余按此论尚似有待商榷者，中唐以下社会虽有平等化之趋势，然应指贵贱阶级之混泯言，而非可语于经济上之贫富；贫富悬殊之势乃自中唐而始盛，非自中唐而就衰也。此点如由户口与垦田数之消长上观之，亦能获得相同之结论。唐玄宗天宝年间垦田总数为一千四百三十万三千八百六十二顷，天宝十四载户数共为八百九十一万四千七百九，计每户可合一顷六十余亩[125]，土地供应可谓宽舒。然于宋代，情形则异，即历朝户口激增，而垦田之数未见增加，且或转益减少。据《宋会要》[126]及《宋史·食货志》[127]北宋前期之户口数与垦田数之统计，略如下表：

时间	户数	口数	垦田顷数
太祖开宝九年（976）	3，090，540		2，952，320
太宗至道三年（997）	4，132，576		3，125，251
真宗景德中（1004－1007）	7，220，000		1，860，000
天禧五年（1021）	8，677，677	19，930，320	5，247，584
仁宗庆历二年（1042）	10，307，640	22，926，101	
皇祐中（1049－1053）	10，900，000		2，280，000
嘉祐八年（1063）	12，462，317	26，421，651	
英宗治平三年（1066）	12，917，221	29，092，185	4，400，000

上表所示之数字，吾人堪予注意者，为历朝户数呈递增渐进之趋势，而垦田数字则忽增忽减，极不规律。如景德中垦田一百八十六万余顷，每户仅合二十五亩，皇祐中垦田二百二十八万余顷，每户平均亦仅约合二十一亩，所垦田数较之前后皆为特少，使人不无怀疑。故《宋史·食货志》于前文为之释云：

天下垦田，景德中丁谓著《会计录》云：总得一百八十六万余顷，以是岁七百二十二万余户计之，是四户耕田一顷，由是而知天下隐田多矣。

又于后事亦加评论云：

皇祐、治平，三司皆有《会计录》，而皇祐中垦田二百二十八万余顷，治平中四百四十万余顷，其间相去不及二十年，而垦田之数倍增，以治平数视天禧犹不及，而叙《治平录》者以谓：此特计其赋租以知顷亩之数，而赋租不加者十居其七，率而计之，则天下垦田无虑三千余万顷。是时累朝相承，重于扰民，未尝穷按，故莫得其实，而废田见于籍者犹四十八万顷。

合此两事观之，则知垦田数字之减少，乃由于隐漏不应租赋之田增多。是类田亩盖为帝室、诸王、公主、势官、豪富及寺观等所持有[128]，其应纳租赋则往往转嫁于其他农户，故政府帐籍上之垦田数愈少，而真正农户之负担则愈重。且建中行两税法后，其后又以收入不能平衡，于两税之外，重征差役；至于五代，差役之外，又重征丁口之赋，苛杂稠叠，愈后愈重。故南宋初林勋言："本朝二税之数，视唐增于七倍。"[129]民苦赋役，力既不胜，于是遂多弃田逃税，冒名佃作，减口析户，求就下等，伪弊丛生，而田户之数两难得其实矣。李心传云[130]：

西汉户口至盛之时，率以十户为四十八口有奇，东汉户口率以十户为五十二口。……唐人户口至盛之时，率以十户为五十八口有奇。……自本朝元丰至绍兴户口，率以十户为二十一口，以一家止于两口，则无是理，盖诡名子户漏口者众也。然今浙中户口，率以十户为十五口有奇，蜀中户口率以十户为三十口弱，蜀人生齿，非盛于东南，意者蜀中无丁赋，故漏口少尔。昔陆宣公称租庸调之法曰："不校阅而众寡可知。"是故一丁授田，决不可令输二丁之赋，非若两税，乡司能开阖走弄于其间也。自井田什一之后，其惟租庸调之法乎？

户口垦田两者大量隐漏，此固足以证明兼并严重之事实。史称仁宗时，"承平寖久，势官富姓，占田无限，兼并冒伪，习以成俗，重禁莫能止"[131]。其弊既大著，故一时主复井田之论，纷然大起，而苏洵之言，尤为切至。其言曰[132]：

井田废，田非耕者之所有，而有田者不耕也。耕者之田，资于富民，富民之家，地大业广，阡陌连接，募召浮客，分耕其中，鞭笞驱役，视以奴仆，安坐四顾，指麾于其间。而役属之民，夏为之耨，秋为之获，无一人违其节度以嬉。而田之所入，己得其半，耕者得其半。有田者一人而耕者十人，是以田主日累其半以至于富强，耕者日食其半以至于穷饿而无告。夫使耕者至于穷饿，而不耕不获者坐而食富强之利，犹且不可，而况富强之民输租于县官，而不免怨叹嗟愤。何则？彼以其半而供县官之税，不若周之民以其全力而供其上之税也。周之十一，以其全力而供十一之税也；使以其半而供十一之税，犹用十二之税也。况今之税，又非特止于十一而已，则宜乎其怨叹嗟愤之不免也。噫，贫民耕而不免于饥，富民坐而饱以嬉，又不免于怨，其弊皆起于废井田。井田复，则贫民有田以耕，谷食粟米不分于富民，可以无饥；富民不得多占田以锢贫民，其势不耕则无所得食，以地之全力供县官之税，又可以无怨。是以天下之士，争言复井田。

盖至仁宗中叶，中国近世社会之新态已近完成，而新儒学运动亦同时于兹臻于成熟。其时志士新儒，纷起民间，志切淑世，关心民瘼，所持理想至高，所欲改造之范围至广。其于经济方面，多唱重农均富之论，殆即对兼并激烈之恶潮而发。吾人今日考察此一运动之影响，虽觉格于环境事实，未能针对问题，求待彻底之解决，然自是举世提高警觉，事前防维，事后补救，实不无消极阻遏之作用；是以兼并之稍止而不过分严重，以致得免资本土地集中与阶级革命之发生于中国近世社会史上者，求其潜消祸乱之钤键，则仁宗庆历时代之文化更新运动实不无最要之关系矣。

2. 商业之活跃

由于田制破坏，兼并大起，向之为农者，多失其业，则商贸自为消纳之一途。《新唐书·食货志》谓建中定两税后之四十年，至穆宗时有物轻钱重之患，豪家大商积钱以逐轻重，故农人日困，而末业日增。盖中唐以下之时势，本有不利于商业经营者，如藩镇之割据，战乱之频仍，赋敛之奇重，商路之阻梗等是；然社会经济向前发展之潮流，积势澎湃，固未始因此挫折而停滞，是以宋代时局转于承平，则商业活跃，即呈蒸蒸之象。其足以说明之事实为：

一为工业生产之发达

举其著者，如采冶、纺织、造船、陶瓷、造纸、印刷等，莫不有其长足之进步。

言采冶：唐宪宗元和时，岁采银万二千两，铜二十六万六千斤，铁二百七万斤，锡五万斤，铅无常数；宣宗大中时，岁率采银二万五千两，铜六十五万五千斤，铅十一万四千斤，锡万七千斤，铁五十三万二千斤[133]。至宋仁宗皇祐中，岁得金万五千九十五两，银二十一万九千八百二十九两，铜五百一十万八百三十四斤，铁七百二十四万一千斤，铅九万八千一百五十一斤，锡三十三万六百九十五斤，水银二千二百斤[134]。于其产量一加比较，即知其发达之情形。又有仰石炭为生者，真宗时陈尧佐尝奏除其税[135]。大抵坑冶所在，慕利之民麇集，此种事业亦吸收游民之一途[136]。

言纺织：宋世技术大进，新织物迭有出现，《博物要览》载宋锦名目多至四十二种。其纤丽者，有锦绮、鹿胎、透背、六铢、欹正、龟壳等品，亦听民间织卖[137]。他若斑缬、亳州轻纱、刻丝烟雾纱、霞样纱、无缝锦、醒骨纱等新品之制[138]，俱各竞巧思，以极于精丽。纺织之业初本盛于北地，唐末五代以来，越湘之域，机杼肇兴[139]，而其业遂日益普及矣。

言造船：宋代漕运频繁，诸州多造运船，太宗至道末三千三百三十七艘，天禧末减四百二十一；造船地为虔、吉、明、婺、温、台、楚、潭、鼎、嘉诸州及凤翔、斜谷等十一地[140]。至海船装造，明州为盛，徽宗宣和时徐兢随路允迪奉使高丽，其记出使之舟长十余丈，深三丈，阔二丈五尺，可载二千斛粟；其制皆以全木巨枋，搀叠而成，上平如衡，下侧如刃，贵其可破浪而行也[141]。唐宋以下外商乘华船者甚众，吴自牧谓大者五千料，可载五六百人[142]。深广沿海又有藤舟，常航大海[143]。且由唐迄宋，造船技术极多进步，如转海船式、转桅及轮舟[144]，皆特见匠心，不拘故常。

言陶瓷：瓷器至五代傅色始精，流行益广，遂代铜器为用，为瓷铜器用之一大消长。当时最著名者，为越州之祕色窑[145]，及北方之柴窑[146]；至宋则数官、哥、汝、定。定州以红瓷器著名[147]；汝州所造多属青器[148]；哥窑则在处州龙泉[149]；官窑则徽宗政和间置于京师者[150]。外此如饶州之景德镇，庐陵之永和市，河北及唐、邓、耀、宿、泗等州，皆多有瓷器之出产[151]。

言印刷：雕版印书始于唐末，流行于五代，而大盛于宋。宋太祖开宝四年，敕使人往益州雕《大藏经》板，至太宗兴国六年完成，凡四百八十一函，五千四十八卷[152]，可见其时雕印工业之盛。真宗景德二年，国子监书库所存之印版，达于十万，经史义疏悉备[153]；所印群书，除备朝廷宣索赐予之用，亦出鬻而收其直[154]；各地学官亦往往印书，供学子之用，或且印书求利以赡学。至庆历时，布衣毕昇发明活字版，尤为文化史上之一要事[155]。其时印书中心以益州、杭州、建州诸地为盛，皆在南方。

他如金属、武器、漆器、文具、建筑……各种工业，无论从质从量而论，至宋亦皆大有发展。且北宋中叶以后，其于工业经营形式方面，手工业坊厂之组织日渐增多；于交易方面又有批发与定货两种方式之出现。定货之特殊形式，已有重视商标之习尚[156]。同时复因大作坊及手工业场厂兴盛之结果，竞争日趋激烈，有降低货物品质以求速售多售，而谋利润之增进者，如宣州名产之诸葛笔即其一例[157]；竞争结果，小作坊被迫破产者多，作坊数目激减，于是小经纪及盘街者纷纷辈出[158]，杂居城市，此则商业发达应有之现象也。

二为货币经济之盛行

自汉末迄唐之五百年间，为自然经济之优势时期[159]。惟中唐以后货币经济代兴，情态迥异。

中唐以上国家岁入，其绝大部分乃以谷粟布帛等实物为主，虽有钱币，所占比例极小。杜佑《通典》卷六云："天宝中天下计账户约有八百九十余万，其税钱约得二百余万贯，其地税约得千二百四十余万石。课丁八百二十余万，其庸、调、租等约出丝、绵郡县计三百七十余万丁，庸调输绢约七百四十余万匹，绵则百八十五万余屯，租粟则七百四十余万石；约出布郡县计四百五十余万丁，庸调输布约千三十五万余端。其租：约百九十余万丁江南郡县，折纳布约五百七十余万端；二百六十余万丁江北郡县，纳粟约五百二十余万石。大凡都计租、税、庸、调，每岁钱、粟、绢、绵、布约得五千二百三十余万端、匹、屯、贯、石。"[160]同书卷七又云："旧制：百姓供公上，计丁定庸、调及租。其税户虽兼出王公以下，比之二三十分唯一耳。"此之所谓"税户"即户税，又名税钱，为天宝年间专以钱币缴纳之税。盖其时所征钱数乃仅相当租庸调等实物总岁入的百分之三点九而已。

安史乱后，大难粗平，岁入总数，急剧减少，而货币收入，较之实物，反有增加，则自然经济与货币经济互为消长之情形，表现殊为显著。据全汉昇氏之研究[161]，宋之岁入与唐相较，所收实物部分，谷物大体相近，布帛匹数锐减，而钱币数额则激增[162]。例如英宗、神宗时代，岁入钱币达六千余万贯，与天宝八载所收之二百余万贯相较，则增加三十倍；如就钱币数在岁入总额中之比例言，天宝八载只占百分之三点九，但下逮北宋，比例逐渐加重，至治平二年则占百分之五十一点六[163]，竟逾总额之半。按宋代钱币岁入之数大，亦由其时铸钱之增多。庆历年间岁铸钱约三百万贯，熙宁、元丰间又倍增至六百余万贯，较之天宝年间岁铸三十二万七千余贯者[164]，宋乃增加至十八倍。然犹时闹钱荒，不足于用，则以海上贸易大盛，漏溢于国外者至多也[165]。又唐代岁入中不见金银之统计数字，其毫无地位可知，唐末渐行使用，入宋成为货币，遂大流通于世，真宗天禧五年之岁入中，有金一万四千四百余两，银八十八万三千九百余两[166]。

而钞币之行使，亦为一堪予注目之事：唐宪宗时，始有所谓“飞钱”，是为汇票性质之出现；宋真宗时，益州患铁钱太重，又有所谓“交子”之发行[167]，则为纸币普用之事实。此皆因应商业上之供需而发生者也。

三为商税收入之激增

《唐六典》谓唐初关市呵而不税，税商则自中唐后始，德宗建中元年九月，户部侍郎赵赞请诸道津要都会之所，皆置吏，阅商人财货，计钱每贯税二十文，天下所出竹木茶漆，皆什一税之[168]。惟所收数额无考，其初不至甚多。《文献通考》谓“关市之税，凡布、帛、什器、香药、宝货、羊、彘，民间典卖庄田、店宅、马、牛、驴、骡、橐驼，及商人贩茶盐皆算，有敢藏匿物货为官司所捕获，没其三分之一，以其半畀捕者。贩鬻而不由官路者罪之，有官须者十取其一，谓之抽税，自唐室藩镇，多便宜从事，擅其征利，其后诸国割据，掊聚财货以自赡，故征算尤繁”[169]。

至宋征课商税，分为过税、住税二种，前者按货物价值抽百分之二，后者抽百分之三[170]，庆历时达于最高额，岁入为二千二百万贯[171]。《文献通考》载：熙宁十年以前天下诸州商税岁额：四十万贯以上者三处，北占其二，南占其一；二十万贯以上者五处，皆在南方；十万贯以上者十九处，北得其一，南得十八；五万贯以上者三十处，北十二，南十八；五万贯以下者五十一处，北二十五，南二十六；三万贯以下者九十五处，北四十五，南五十；一万贯以下者三十五处，北二十，南十五；五千贯以下七十三处，北十九，南五十四[172]。据此可知宋中叶后，商税征收地域之普遍，且南方跃进，超越北方，其发达远盛于唐也。又唐初于盐、茶及酒皆未有课税，而中唐以下由于赋入不足，乃行专卖之法，历久讲求愈精，乃成为最主要之收入。代宗大历时，盐铁使刘晏振顿盐法，其初盐利岁才四十万贯，后增至六百万贯，天下之赋，乃居其半[173]；至宋则达二千余万贯，实三倍于唐[174]。唐德宗贞元九年，张滂始榷茶，按时估每十税一，岁入为四十万贯[175]，至宋景德元年达于最高额，为五百六十九万贯[176]，乃十四倍于唐。唐之酒课始于代宗广德二年，文宗太和八年为一百五十六万余贯[177]，至宋庆历五年达于最高额，为一千七百一十万贯[178]，乃十一倍于唐。按商税及专卖收入之激增，其可能原因不外二种：一为物品生产、消费与交换之发达，二为税率及专卖价格之提高；究之史实，北宋一般平均物价水准并不高于唐代，甚或较低于唐，钱币之购买价值既未遭贬抑，则收入增大之原因显由前者。盖商业发达，一般物品之生产消费量大为增加，而交换过程加速，所须周转资金随之大量扩充，政府收入自亦势必激增也。

四为海上贸易之兴盛

海外贸易虽行之已久，然唐宋以下，其进展始益显著：此盖由于萨拉森帝国（Saracen Empire）适于其时勃兴于西，大食人之来往我国沿海经商者颇多，远胜于前代与印度罗马之关系；而同时中国商人之远航东南洋及西亚一带者，亦初盛于此期，乃开近世华侨殖民之端绪，故殊足重视也。唐代中国之对外贸易港，以广州、扬州为最著，交州、潮州次之，至楚州、苏州、登州、莱州、泉州、明州、杭州等处，亦有对外贸易之事实。唐时广州大食人聚居之所，谓曰“蕃坊”[179]。肃宗乾元元年，波斯与大食同寇广州，劫仓库，焚庐舍，浮海而去[180]，则知其时外人来广州者之众也。《通典》称：“杜环随镇西节度使高仙芝西征，天宝十载至西海；宝应初因贾商船舶自广州而回，著《经行记》。”同书又引《经行记》述大食国事有云：“汉匠作画者京兆人樊淑、刘泚，织络者河东人乐隈、吕礼。”[181]据此固见华人之经商作工于西亚等地者亦复不少也。波斯大食同寇广州后之二年，即上元元年，江淮都统刘展叛，邓景山引田神功以讨之；兵至扬州，大事劫掠，商胡大食波斯等死者至数千人[182]。僖宗乾符五年，黄巢之陷广州，据大食人之记载，其时被杀之回回、犹太、基督、祆教徒等约为十万至十二万人[183]；而日本出版之《唐大和尚东征传》亦云：“玄宗天宝九年间，（广州）江中有婆罗门、波斯、昆仑等舶，不知其数，并载香药、珍宝，堆积如山；其舶深六七丈，狮子国、大石国、骨唐国、白蛮、赤蛮等往来居住，种类极多。”[184]唐设市舶司监督外商务，并征收货税；市舶使或市舶司之名始见于开元二年[185]。当时所定税率，对于输入货品，大约抽原价十分之一以至十分之三，《新唐书·食货志》谓之“下碇税”，而李肇《国史补》所谓“舶脚”者是也。

唐末五代，时局不靖，陆海贸易，趋于消沉，迨宋一统，海上商务始又恢复。太祖开宝四年置市舶司于广州，真宗咸平三年又于杭、明二州置司，至泉、密二州置司较晚，则在哲宗元祐二年及三年[186]；其后泉州最称发达，竟代广州之地位。《宋史》卷一六七《职官志》谓：“提举市舶司掌蕃货海舶征榷贸易之事，以来远人，通远物。”宋初，凡大食、古逻、阇婆、占城、勃泥、麻逸、三佛齐、宾同胧、沙里亭、丹流眉等，并通贸易，以金、银、缗钱、铅、锡、杂色帛、精粗瓷器，市易香药、犀、象、珊瑚、琥珀、珠琲、镔铁、鼊皮、玳瑁、玛瑙、车渠、水晶、蕃布、乌樠、苏木等物。太宗置榷易院于京师，诏：诸番香药宝货至广州、交趾、两浙、泉州，非出于官库者，无得私相贸易。后又诏民间药石之具，恐或致阙，自今惟珠贝、玳瑁、犀、牙、镔铁、鼊皮、珊瑚、玛瑙、乳香等禁榷外，他药官市之，余听市货于民。大抵海舶至，十先征其一，其价值酌番货轻重而差给之[187]。雍熙四年，遣内侍八人，赍敕书金帛，分四纲，各往海南诸蕃国，勾招进奉，博买香药、犀牙、真珠、龙脑，每纲赍空名诏书三道，于所至处赐之。仁宗天圣六年，以蕃舶来航者少，诏广州知州及转运使，谋招诱安存之法[188]；想见其时朝廷注重之态度。

清梁廷枏《粤海关志》卷三引毕仲衍《中书备对》，载神宗熙宁十年之对外贸易，言广、明、杭三州市舶司所收乳香三十五万四千四百四十九斤，其内明州所收惟四千七百三十九斤，杭州所收惟六百三十七斤，而广州所收者则有三十四万八千六百七十三斤。是北宋三处置司，仍以广州为最盛也。按宋代财政本极困难，海舶所入，实为一大财源，故历朝重视，招徕甚殷。此外在宋代对外贸易中尚有可特书之二事：一为广州蕃坊势力较唐为盛，颇具近代租界形式与治外法权之意味〔189〕；一为市舶司有任用大食人充当者〔190〕，此亦足以说明于时商业之发展，已日邻于近世化之程度矣。

3. 都市之发达

商业活跃，人口趋集都市，都市遂随以发达，故入宋世，都市数目大增。如政治中心之汴京，发展特速，固不待言〔191〕，他若江宁、江陵及杭、广、泉、明、温、台、密、扬、真、楚、泗、吉、虔、婺、潭、益、嘉、镇、易、雄、霸、沧……诸州，或为国际贸易之口岸，或当内河航运之冲要，或位蕃夷互市之中心，皆市况繁荣，逾于往世。且中世以来之都市规模，形态一新，而县以下之区划，于“乡”之外又有“镇”“市”之出现〔192〕；镇多由草市自然发展而成〔193〕。所谓“草市”者，为邻接于城郊之新开繁昌区域之俗称，此类小市井于时纷纷簇生，为数不少〔194〕，此见宋代都市质量两者之发展，皆已迥异于中世之情形。近世都市生活之出现，乃由逐渐演变而大体成于宋仁宗之时；举其显著之特点而言：则为代表中世精神之坊市制度至是尽行崩溃，而转为另一都市之新型。唐代城市之基本区划曰“坊”，坊即汉代之“里”，西晋、北魏之世里坊并称，隋初称坊，炀帝时又称里，入唐则专称坊名。坊为四周围墙之区域单位。徐坚《初学记》云：“宅亦曰第，言有甲乙之次第也。一曰出不由里门，面大道者，名曰第。爵虽列侯，食邑不满万户，不得作第。其舍在里门，皆不称第。”[195]按汉之里门即唐之坊门，日启夜闭，为居民出入所必由，惟高官始得临街开户，不受其限制。唐文宗太和五年七月左右巡使上奏云[196]：

> 伏准令式及至德、长庆年中前后敕文，非三品以上，及坊内三绝，不合辄向街开门，各逐便宜，无所拘限。因循既久，约勒甚难。或鼓未动即先开，或夜已深犹未闭。致使街司巡检，人力难周，亦令奸盗之徒，易为逃匿。……如非三绝者，请勒坊内开门，向街门户，悉令闭塞。请准前后除准令式各合开外，一切禁断。

据此，足见坊制之维持，乃所以约束居民，便利治安，倘有犯违，必加制裁[197]。宋都开封，城内外亦有诸坊之布列。王应麟《玉海》云：“至道元年十一月丁卯，诏张洎改撰京城内外坊八十余，分定布列，始有雍、洛之制。”又云：“旧城内，左一厢二十坊，二厢十六坊，右一厢八坊，二厢二坊。新城内，城东厢九坊，西厢二十六坊，南厢二十坊，北厢二十坊。”[198]是其时乃兼行厢制。厢本为治安而设之警察行政区划。李焘《续资治通鉴长编》卷七〇真宗大中祥符七年十二月条载：“都门外居民颇多，新城外增置八厢”云云。新城为开封之外城，其时又有居民众多之新繁昌区域簇生于外城之近郊，此正足显示都市日形膨胀之最尖端。其后坊制不复存在，城市之中遂惟见厢制之实施矣。

至于市制之废弛，亦与坊制情形相同。自汉迄唐，凡都会中之“市”，乃为一种具有固定界址之商业区域。以唐代而言，如长安有东西市，洛阳有南北市，扬州有东市，楚州有西市，益州有东市，夔州有西市等是。宋敏求《长安志》卷八《东市》条云：

> 南北居二坊之地，东西南北各六百步，四面各开二门，定四面街各广百步。……市内货财二百二十行，四面立邸，四方珍奇，皆所集积。

唐京都市有令丞以掌交易之事。凡建标立候，陈肆辨物，以二物平市，三贾均市；凡与官交易及悬平赃物，并用中贾。其造弓矢长刀，官为立样，仍题工人姓名，然后听鬻之，诸器物亦如之，以伪滥之物交易者没官，短狭不中量者还主；买卖奴婢牛马，用本司本部公验以立券；凡买卖不和而榷固，以更出开闭，共限一价，若参市而规自入者，并禁之。凡市以日午击鼓三百声而众以会，日入前七刻击钲三百声而众以散[199]。此唐代市制之典型也。大抵唐初旧规，营业限于市内行之，玄宗时随商业之发达，京城两市近场之所，遂有商店之开设[200]。其后两市邻近诸坊，复有商店之迭见[201]，则地域限制亦渐有打破之趋势。文宗时尝有禁断夜市之敕[202]，则知由于市制之紊乱，其时已有夜间营业之事，而政府基于治安理由又旋加禁断也。五代之开封，由于居民增加，商业繁盛，市制亦呈废弛之象。周世宗显德二年四月诏曰[203]：

东京华夷辐辏，水陆会通，时向隆平，日增繁盛。而都城因旧，制度未恢，诸卫军营，或多窄狭，百司公署，无处兴修。加以坊市之中，邸店有限，工商外至，络绎无穷，僦赁之资，增添不定，贫乏之户，供办实难。

此诏下文复有欲推广城垣之语。据此，当时商肆设立虽已不必限于市内，然究仍有坊市之区分，而非临街开户，自由来往，有如孟元老《东京梦华录》中所述北宋末年汴京之情形。《梦华录》卷二《东角楼街巷》条云：

东角楼乃皇城东南角也，十字街，南去薑行高头街；北去从纱行至东华门街、晨晖门、宝箓宫，直至旧酸枣门，最是铺席要闹，……。东去乃潘楼街，街南曰鹰店，只下贩鹰鹘客，余皆真珠、匹帛、香药铺席。南通一巷，谓之界身，并是金银彩帛交易之所，屋宇雄壮，门面广阔，望之森然，每一交易，动即千万，骇人闻见。以东街北曰潘楼酒店，其下每日自五更市合，买卖衣物、书画、珍玩、犀玉。……东去则徐家瓠羹店，街南桑家瓦子。

又《潘楼东街巷》条云：

潘楼东去十字街，谓之土市子，又谓之竹竿市。又东，十字大街，曰从行裹角茶坊。每五更点灯博易，买卖衣物、图画、花环、领抹之类，至晓即散，谓之鬼市子。以东，街北赵十万宅，街南中山正店，东榆林巷，西榆林巷，北郑皇后宅。……又接东则旧曹门。街北山子茶坊，内有仙洞仙桥，仕女往往夜游吃茶于彼。又李生菜小儿药铺、仇防御药铺。出旧曹门，朱家桥瓦子。下桥南斜街北斜街，内有泰山庙，两街有妓馆。桥头人烟市井，不下州南。以东，牛行街，下马刘家药铺，看牛楼酒店。亦有妓馆，一直抵新城。自土市于南去，铁屑楼酒店，皇建院街得胜桥郑家油饼店，动二十余炉。直南抵太庙街高阳正店，夜市尤盛。土市子北去，乃马行街也，人烟浩闹。

则开封城内，但见大街通衢，生活自由，无复坊市分区之局限。且夜市极盛，要闹地点，车马阗拥，通宵不绝；而饮食种类繁多，其专门擅名者，往往不乏其人。如袁褧《枫窗小牍》卷下云：

旧京工伎，固多奇妙，即烹煮盘案，亦复擅名：如王楼梅花包子、曹婆婆肉饼、薛家羊饭、梅家鹅鸭、曹家从食、徐家瓠羹、郑家油饼、王家乳酪、段家爊物、石逢巴子、南食之类，皆声称于时。若南迁，湖上鱼羹、宋五嫂羊肉、王家血肚羹、宋小巴之类，皆当行不数者。

又有供市民大众娱乐之瓦子[204]，开封当时有新门、桑家、朱家桥、州西、保康门、州北诸处瓦子。《梦华录》卷二记当时肆之情形云：

其中大小勾栏五十余座，内中瓦子莲花棚、牡丹棚，里瓦子夜叉棚、象棚最大，可容数千人。……瓦中多有货药、卖卦、喝故衣、探搏、饮食、剃剪、纸画、令曲之类，终日居此，不觉抵暮。

瓦子中所表演之技艺，种类甚繁，有杂剧、枝头傀儡、悬丝傀儡、药发傀儡、毬杖踢弄、讲史、小说、小儿相扑、杂剧、掉刀蛮牌、影戏、弄乔影戏、弄虫、诸宫调、说浑话等名目。此种规模宏大的娱乐场所之盛行，与唐代技艺表演多在寺院或市中者[205]，情形大异，此种新兴之事实，益征都市繁荣，乃与平民解放之主潮正是息息相关也。周邦彦之《汴都赋》，述开封繁华，其词极涉夸张，或难尽信，《梦华录·自序》则富写实精神，其言曰：

仆从先人宦游南北，崇宁癸未到京师，卜居于州西金梁桥西夹道之南。渐次长立，正当辇毂之下，太平日久，人物繁阜。垂髫之童但习鼓舞，班白之老，不识干戈。时节相次，各有观赏。灯宵月夕，雪际花时。乞巧登高，教池游苑。举目则青楼画阁，绣户珠帘。雕车竞驻于天街，宝马争驰于御路。金翠耀目，罗绮飘香；新声巧笑于柳陌花衢，按管调弦于茶坊酒肆。八荒争凑，万国咸通。集四海之珍奇，皆归市易。会寰区之异味，悉在庖厨。花光满路，何限春游，箫鼓喧空，几家夜宴。伎巧则惊人耳目，侈奢则长人精神。

所述虽系徽宗时之开封，然据“太平已久”一语，知前于徽宗之时已然。大抵近世都市之出现，一切风气变古，实在仁宗时代，此由宋敏求《春明退朝录》记京师街鼓之废坏一事可以推知之，宋《录》卷上云：“京师街衢，置鼓于小楼之上，以警昏晓，太宗时命张公洎制坊名，列牌于楼上。按唐马周始建议置鼕鼕鼓，惟两京有之；后北都亦有鼕鼕鼓，是则京师之制也。二纪以来，不闻街鼓之声，金吾之职废矣。”[206]《春明退朝录》一书成于熙宁三年十一月至七年，由此上推 24 年，正当仁宗庆历年间。按街鼓乃缘坊制而设，是以由街鼓之废停，亦得间接推知坊制之不存矣。坊市之制，不复维持，垣墙关防，日益破除，于是商铺骈列，临街而贸，酒楼堂皇，或以名街[207]，而茶坊、羹店、妓馆之属，亦比比皆是，盖均应乎平民生活解放后之需要而起者。按李唐时代之社会娱乐，诸如曲江芙蓉园之宴游，平康坊曲之狎妓，牡丹名花之玩赏，美服骏骑之誇示，以及斗鸡养鹰之种种行乐，大体限于贵族阶级，则与北宋中叶以后娱乐平民化之情形，意趣迥不侔矣。

丙、南方之开发

中国自有史以来，民族活动乃在黄河流域之北方；秦汉以下，政治一统，版图宏展，其势渐及南方。西晋之末，五胡祸作，东晋立国，偏安江左，自是南北分裂，殆历二百七十二年始复混一[208]。南北对峙之际，双方风尚不同，辄相诋諆[209]，北齐颜之推尝较其优劣，谓："冠冕君子，南方为优；闾里小人，北方为愈"[210]，其言虽就语言音韵而说，然亦颇可适用于一般文化之情况。盖社会基础本寄于广大之群众，而不在居于高位之少数人物，加以隋唐一统，帝室将相俱出北人，则其强本抑末，自持其尊，遂使文教政治之重心复返于北，无足异也。惟至唐玄宗天宝以后，安史乱起，北方盛极而衰，南方则因养息日久，富力裕足，骎骎后来居上，一变上代以来之形势，而使南北地位发生优劣之倒置。其显著之事实，初为南方产业及人口发达，继则南方人才亦日有兴起，终则夺北人之席而掩其声光矣。

南北朝以来，南朝国用注重关市之税，北朝则倚赖田赋，故就国民经济及国家财政而论，南朝转较北朝为进步[211]。隋唐建都关中，粮食取给，实在黄河下游之东部地域[212]。苟遇水旱荒歉，天子辄率百官就食东都：唐太宗三幸洛阳；高宗七幸洛阳，自显庆二年至永淳二年，二十六年间，居洛之时乃占其半；武后则全朝均在洛阳[213]。此种事实乃显示西北财力，对于维持一全国性之政权，已有不济之势。玄宗开元二十一年秋，霖雨害稼，京师谷贵，玄宗将幸洛阳，问策于裴耀卿，耀卿建议改进漕运之方法，于河汴沿流，相次置仓；并运江淮变造义仓之粟，以增漕运数量，凡三年所运达七百万石，其效大著[214]。开元二十五年，又纳彭果和籴之策，推行于关中，粮廪益充，遂令改江淮租粟为运布，是即所谓"回纳造布"。关中蓄积由此羡盈，车驾不复东幸矣[215]。天宝初，韦坚为陕郡太守及水陆转运使，奏请截浐、灞水，作兴成堰，傍渭东注，至关西永丰仓下与渭合，并于长安城东穿广运潭，以通舟楫，二年而成，自是岁漕山东粟四百万石。坚尝预于东京汴宋取小斛底船二三百只，置于潭侧，其船皆署牌表之，若广陵郡船，即于栿背上堆积广陵所出锦、镜、铜器、海味，丹阳郡船即京口绫衫缎，晋陵郡船即折造官端绫绣，会稽郡船即铜器、罗、吴绫、绛纱，南海郡船即玳瑁、真珠、象牙、沉香，豫章郡船即名瓷、酒器、茶釜、茶铛、茶椀，宣城郡船即空青石、纸笔、黄连，始安郡船即蕉葛、蚺蛇胆、翡翠，船中皆有米，吴郡即三破糯米、方丈绫，凡数十郡。驾船人皆大笠子，宽袖衫，芒屦，如吴楚之制。诸船连樯而进，弥亘数里，观者山积，倾动京城，百姓骇视，玄宗大喜[216]。又其时河西极为繁荣，史称："是时中国强盛，自安远门西尽唐境万二千里，闾阎相望，桑麻翳野，天下称富庶者无如陇右。"[217]所记如得其实，则西北经济情势又疑与前有大异者，然吾人应注意者，关中之足食丰财，乃赖施行和籴之效，而和籴之资本又实为东南地方所运来之租布等物，是以此时西北之繁荣，仍为东南经济力之所支柱也。安禄山反，潼关失守，边兵内调，吐蕃乘间侵蹙，数年之后，凤翔以西，邠州以北，凡数十州，尽没于蕃，西北民物荡然，关中自此大耗。德宗贞元二年，关中仓廪竭，禁军或自脱巾呼于道，曰："拘吾于军而不给粮，吾罪人耶?"会韩滉运米三万斛至陕，德宗始解忧为喜，遽至东宫谓太子曰："吾父子得生矣。"[218]宪宗时，李吉甫撰《元和国计薄》云：天下每岁赋税倚办，止于浙江东西、宣歙、淮南、江西、鄂岳、福建、湖南八道四十九州，一百四十四万户，比天宝税户四分减三。天下兵仰给县官者八十三万余人，比天宝三分增一，大率二户资一兵[219]。观于此，则知韩愈所谓："国家财赋，江南居其十九"者，乃写实之言而非有何夸张也。

自秦汉以迄盛唐，户口数之见于旧史者，北方俱有压倒南方之优势。例如西汉平帝元始二年，北为九百六十五万，南为一百一十一万，乃为九弱对一强之比；晋武帝太康元年，北为一百四十九万，南为六十五万，乃为七对三之比；唐天宝元年，北为四百九十三万，南为二百五十七万，乃为六点五对三点五之比〔220〕。北优南劣之势甚显，惟南方户口亦呈递增之势耳。天宝末年，物阜民殷，为唐代人口之极盛。天宝十四载户八百九十一万四千七百零九，口五千二百九十一万九千三百零九①。安史之乱，社会秩序大紊，由于死亡逃匿隐漏，户口数锐减，肃宗乾元三年上距天宝十四载仅五年，户数存一百九十三万三千一百七十四，减五分之四弱，口数存一千六百九十九万三百八十六，则减三分之二〔221〕。然乱区本在北方，是以此次户口之减少，乃为南北两方一升一降之钤键。此下历史即为南方人口激增，

① 原稿此处有眉批"补隋唐州郡三万户以上者"，复夹有题作"内部经济情况的变化"的纸条，内容如下：
据《隋书》卷二九《地理志》，在隋代三万户以上的郡（工商业较繁盛地方）共有73处，按照现在的省区列其分布状况是：

陕西	河南	河北	山西	山东	安徽	湖北	四川	江苏	甘肃	广东	广西
7	14	10	8	12	4	7	5	3	2	1	2

可见人口密集区乃在北方诸省，而皖、鄂、苏三省人口密集的地方也都靠近北方。又据《新唐书》作统计，唐代人口密集区，天宝时三万以上州府如下：
〔北方〕共54处（隋53）

陕西	甘肃	河北	河南	山东	陕西
5	2	15	14	11	5

〔南方〕共49处（隋22）

安徽	湖北	江苏	浙江	江西	湖南	四川	广东	福建	广西
8	2	4	8	6	3	14	1	1	1

北方则呈衰退之趋势。唐末藩镇流贼之乱，以北方受害为深①。至于五代，史家对于政权之嬗递，虽着眼于北，号为正统，然就实际之政绩言，北方实逊南方。且十国除北汉外，余均立国于南，其寿命或较五代全期为长[222]。又各国君主，大体亦具才略，其于政治之设施，亦较有成绩，或为北方所弗及[223]。故宋太祖之有天下，北方得户九十六万七千三百五十三②，嗣平荆南、湖南、蜀、广南、江南五国，共得户一百五十九万九千零四十五，即蜀（五十三万四千零三十九户）、江南（六十五万五千零六十五户）两地户数已超过中原[224]。至太宗太平兴国三年后，又得漳、泉户十五万一千九百七十八，得吴越户五十五万六百八十，得北汉户三万五千二百二十[225]，计北方共得一百万二千五百七十三户，南方共得二百三十万一千七百一十三户，则北南人口已为一对二点三之比矣。宋世承平，历朝户口日益递增，神宗元丰三年，毕仲衍《中书备对》内载，其时全国（东京开封府及一十八路）主客户数共为一千四百八十五万二千六百八十四，淮汉以北居其六（东京开封府及京东、京西、河北、陕府西、河东等五路），占四百五十九万一千二百四十八户；淮汉以南则居其十三（淮南、两浙、江南东、江南西、荆湖南、荆湖北、福建、成都府、梓州、利州、夔州、广南东、广南西等十三路），占九百九十五万二

① 原稿此处有侧批“及黄巢大起义战场亦在黄河流域”。

② 原稿此处有眉批“北方京畿二十三州之荒芜”，复夹有题作“宋初中原之荒芜”的纸条云：“至道二年太常博士直史馆陈靖上言：……今京畿周环二十三州，幅员数千里，地之垦者十才二三，税之入者又十无五六……”（《宋史》卷一七三《食货志》上一）

千零十三户[226]。是南北人口仍为二对一之比率也。

南方产业及其户口转盛之后，又见南方人物之辈出。所谓人物乃指具有优秀才能，得于当时社会有其领导作用者。以此衡量吾国南北两方之人物数量，不特魏晋以前，人物多在北方，即至隋唐之世，南方亦远非北方之匹敌。如一考唐代宰相出身之籍贯，则北优南劣之情，即不难获知其概。《新唐书·宰相世系表》载唐宰相三百六十九人，为九十八族：其间崔氏十房得宰相二十三人，裴氏五房、张氏、赵郡李氏，皆得十七人，韦氏九房十四人，王氏三房十三人，刘氏七房十二人，陇西李氏四房、唐宗室李三十七房，以及杨氏、杜氏皆得十一人，萧氏二房十人，郑氏二房九人，卢氏八人，窦氏二房及魏氏、陆氏，皆六人，武氏、苏氏皆五人，高氏、韩氏、赵氏、郭氏皆四人；三人以下者不与。则以二十三族而共得宰相二百二十八人，可知唐室之统治权，本为高门大族所把持，而所有高门又均属北方之著姓，且其族之得宰相，在三人以下者尤以北姓为多。其间若裴氏五房中之南来吴裴（三人），张氏中之始兴张（一人），吴郡张（一人），王氏中之琅琊王（四人），刘氏中之丹阳刘（一人），及萧氏二房（十人）等，其族虽属南朝世胄，然原其所自，亦皆自魏晋后由北南迁。至于魏晋前世即居南土者，九十八族中仅陆（六人）、姚（二人）、顾（一人）、舒（一人）及晋陵高氏（一人）而已；犹不及其本出异族者人数之半[227]。以宰相之尊位如此，他者百官、将校、艺学、宗教之流，亦殆相同。是知唐代位居社会冲要者，多属汉胡混化之北人，而南人则殊寥落。① 故胡三省曰：“自隋以后，名称扬于时者，代北之子孙，十居六七矣，氏族之辨，果何益哉？”[228]

宋代政权承袭北统，故于是虽已打破门阀用人之习，然事实上朝臣多属北人，而南人偶有迁进，则往往遭受歧视。显著如刘昌言于太宗时，即以闽人为言者所排。《皇朝类苑》卷六引吴处厚《青箱杂记》云：

> 刘昌言，泉州人。先仕陈洪进为幕客，归朝愿不授官，举进士，三上始中第。后判审官院，未百日为枢密副使。时有言太骤者，太宗不听。言者不已，乃谓：“昌言闽人，语颇獠，恐奏对间，陛下难会。”太宗怒曰：“我自会得！”

又王钦若自以江南一介寒生，遭逢真宗特违之知，平日引为极大之矜喜[229]。真宗欲相钦若，亦以南人故而受十年之阻隔。《宋史》卷二八二《王旦传》云：

> 帝欲相王钦若。旦曰：“钦若遭逢陛下，恩礼已隆，且乞留之枢密，两府亦均。臣见祖宗朝未尝有南人当国者，虽古称立贤无方，然须贤士乃可。臣为宰相，不敢沮抑人，此亦公议也。”真宗遂止。旦殁后，钦若始大用，语人曰：“为王公迟我十年作

① 此句上有眉批：“张九龄阻封牛仙客，玄宗责之，对曰：臣荒徼微贱，仙客中华之士（泾州人）。”按，文见《旧唐书》卷一百六《李林甫传》。

宰相。”

案钦若临江军人；其人品是否堪居相位，系属另一问题，然以公贤著称之王旦，乃引“祖宗朝未尝有南人当国”为理由，以拒钦若，而且谓为公议，则朝廷为北人之天下，不问可知。又《宋史》卷三一一《晏殊传》云：

晏殊……七岁能属文。景德初，张知白安抚江南，以神童荐之。帝召殊与进士千余人并试廷中，殊神气不慑，援笔立成。帝嘉赏，赐同进士出身。宰相寇准曰：“殊江外人！”帝顾曰：“张九龄非江外人邪？”

据此，是晏殊亦尝以“江外人”之故而几遭排抑矣。不特论人，甚至论学亦有畛域之见。《皇朝类苑》卷三〇《江南书籍》条云：

雍熙中，太宗以版本《九经》尚多讹谬，俾学官重加刊校，史馆先有宋藏荣绪、梁岑之敬所校《左传》，诸儒引以为证。祭酒孔维上言：“其书来自南朝，不可案据。”章下有司检讨，杜镐引贞观四年敕：“以经籍讹舛，盖由五胡之乱，天下学士率多南迁，中国经术浸微之致也。今后并以六朝旧本为正。”持以诘维，维不能对。

按孔维为开封雍邱人，杜镐为常州无锡人[230]，此又为一南北学术之争矣。

真宗时，李沆、王旦当国，皆以厚重见称。真宗尝问沆治道所宜先。沆曰："不用浮薄新进喜事之人，此最为先！"问其人，曰："如梅询、曾致尧等是矣。"[231]按询宣城人，为梅尧臣之叔；致尧南丰人，为曾巩之祖，皆江南人①。夫以擅长文辞而进升庙堂，家世寒素而活泼进取，此为宋初所谓南人之一般特色，是以李沆之斥梅曾为浮薄新进喜事之人，实不啻宣布当时北人对于南人之观感。盖宋初大臣俱为北人，多好释老之教，于政主张清静无为，维持现状；而南人则不以因循为然，大多志切改造，盛意气而喜议论。故为居于政治优越地位之北人所不喜，其歧视南人，目之为浮薄新进喜事，一如曩时唐世阀阅之轻进士出身者然，以其躁进干禄为攻排之口实也。此种成见，迄于北宋中叶后似犹未消泯。邵伯温《邵氏闻见录》卷十九云[232]：

治平间，（邵雍）与客散步天津桥上，闻杜鹃声，惨然不乐，客问其故，则曰："洛阳旧无杜鹃，今始至，有所主。"客曰："何也？"先生曰："不二年，上用南士为相，多用南人，专务变更，天下自此多事矣。天下将治，地气北而南，将乱，自南而北，今南方地气至矣。"

此本影射王安石之当国而言。又《东都事略·司马光传》谓：

① 此句上有眉批："李清臣《韩太保墓表》：累朝将相多河北人。"

"初富弼罢相，神宗相陈升之。因问光：'朕相升之如何?'光曰：'闽人狡险，楚人轻易，今执政皆闽、楚人，必当援引乡党之士，充塞朝廷，风俗何以得更淳厚?'"司马光之此段言语，足与上述邵雍之说互相印证，盖熙丰变法之主要人物为王安石、吕惠卿、曾布、章惇、蔡确诸人，皆闽、楚人也。梁任公尝于所撰《王荆公传》第六章《执政前之荆公》申辩白其事，疑不足信。宋代南人为相，如王钦若、丁谓、晏殊、杜衍、章得象，其例已多，并非始自安石，邵雍之谈既显悖事实；而司马光之言，亦嫌刻深褊隘，不类其稳重温厚之个性，或出后人附会，固未可知。但吾人如将以上两段言说，解释为当时一般北人嫉恶南人心理之表露，要当不致远违情实也。

就政治地位言，北宋中叶以前，北人固居于绝对之优势；然自学术文物之贡献上着眼，则宋开国以来，南方之影响实大于北。朱弁《曲洧旧闻》卷一云：

> 晁以道尝为余言："本朝文物之盛，自国初至昭陵时，并从江南来。二徐兄弟以儒学显，二杨叔侄以辞章进，刁衎、杜镐以明习典故用，而晏丞相、欧阳少师巍乎为一世龙门。纪纲法度，号令文章，灿然具备，有三代风度。庆历间，人才彬彬，号称众多，不减武、宣者，盖诸公实有力焉。然皆出于大江之南，信知山川之气，蜿蜒磅礴，真能为国产英俊也。"

据此，宋代人才以庆历为最，而庆历人才又以南方为盛。此非偶然，亦由蓄积深厚，适发于其耳。南方之域初经东晋南朝之立国，社会文化早已奠有基础；中唐以下，变乱相寻，北方屡遭残破，南方独获安宁，衣冠文物，纷然南移，渐以造成北衰南盛之局势，至于北宋庆历之世，遂有文化勃变之壮观，而开展中国近世历史之新页矣。

按以上所述科举影响、经济剧变及南方开发三者，对于我国中世末期之平民解放潮流，实具表里之关系，而大有促发之功能，庆历变革之发生即缘此平民社会之崛兴潮流而来也。

三、平民社会之病态

门阀特权崩溃，平民势力升进，此为唐宋之际社会演进的主流。此一主流之光明面，为阶级之剪除，脱瀹陈腐，焕发新猷，使民族之混凝进于一体，文教之普及愈益深透，皆无容疑者；惟亦有其黑暗面，社会蜕变之际，旧文化不复适应新世态，理想沉冥，混乱矛盾，行尸走肉，一团黑漆，此又不啻开启生民烦苦之新绪：譬犹河泻龙门，历高而下，行于平陆不无溉注之利，然泥沙瓦砾，包摄随来，及其壅溃，且成新患，则固为彰著之事实矣。是以吾国中世末期以下之历史，其社会病态显露，有可得而论列者：

甲、政治理想之卑

唐末五代之混乱，属于军事变态，固无理想之足云，可以置而不论。入于宋世，已为平宁一统之局矣，然其病根蹯伏，实未厘革，不过刀兵之后，人口大减，稍获苏息，暂聊其生而已；迨养息日久，丁户激增，耕地渐蹙，而乱机又有形成之势。宋太祖之得国，由于军士拥戴，非有深仁厚泽，素结于人民，又时无世家大族，以为政权之支柱。乃鉴于五季以来，武夫桀骜，常存侥幸，文人贪鄙，素乏忠耿，皇室高悬，益懔孤危，自策安全，务求其工。故厉行集权，密布法网，惴惴焉惟政权之是保，以防一切可能之异图。盖宋立国之政治理想及其统治方法，乃持道家精神而又参以法家之术者，是以自始富于消极的牵掣之特色，本无意于有所作为，而亦惟恐其臣其民之能有所作为也。太祖时有司木官，以积材不整齐，上请截之，太祖即批其奏曰："截你爷头！"道家之术以不齐为齐，是以斥之也[233]。赵普当国，每臣僚上殿，先于中书供状不敢诋斥时政，乃许登对；又置大甕于坐屏后，凡有人投利害文字，皆置其中，满则焚去[234]。此虽或出于揽权固位之心，亦镇以无为之意。太宗尝闻汴水辇运卒有贸易者，谓侍臣曰："幸门如鼠穴，何可塞之？但去其尤者可矣。篙工楫师苟有少贩鬻，但无妨公，不必究问，冀官物之入，无致损折可矣。"吕蒙正对曰："水至清则无鱼，人至察则无徒，小人情伪，在君子岂不知之？若以大度兼容，则万物兼济。曹参不扰狱市者，以其兼受善恶，穷之则奸慝无所容，故慎勿扰也。圣言所发，正合黄老之道。"[235]真宗之名相为李沆、王旦，李沆尝谓："居重位实无补，惟中外所陈利害，一切报罢之，此少以报国尔。朝廷防制，纤悉备具，或徇所陈请，施行一事，即所伤多矣。"[236]旦亦不喜事，谓祖宗之法具在，务行故事，慎所改变[237]。此见宋初君臣为治之态度也。遵法慎变，则官吏安于故常；清静无为，则社会流于放任。而其归趋，则在牢持专制主义，以谋统治基础之安固无摇而已。惟宋之专制主义，乃以阴柔绵密之方式出之，常能因应推移，有使人不易觉察者。如真宗耻于澶渊之盟，乃纳王钦若之说，假造天书，以愚臣民[238]，于是祥瑞沓来，东封西祀，举国若狂[239]。其妄诞可笑，识者未始无人而莫敢谏；王旦心知其非，迫于帝意，亦不能不勉强附和，然至临殁，深为悔恨，遗命削发披缁以殓[240]。于此乃见宋政猜忍之本质，而表面之宽大徒烟幕耳。其时政府赖以沟通民间者厥惟科举一途，然由科举以致仕官，时君亦仅宠以虚荣，縻以禄食，使不为我害而有以制人之意多，未欲即付以治平之实权。观宋代相权之削弱，既远不逮唐[241]，而百僚有官无事，乃别为差遣治之[242]，故使错综复杂，以求相制，则知宋用其臣而未始信之。故其武臣不特威惠素著之武臣，如王德用[243]、狄青[244]之流，举不见容；即文臣之杰出者，亦辄见忌，如赵昌言之遣平蜀乱，太宗疑之而止[245]；杜衍、富弼能得民心，朝廷引以为忧[246]，皆非偶然。至若朝廷立法，诸如文武二柄不专付一人，而枢密院又与兵部互相牵制[247]，台谏之渐混为一，加强地位专以纠绳外朝[248]，两制不许至宰相居第[249]，设通判以分诸州之权[250]，以及官吏之间，伺察极严[251]，种种防维，不难知其用意。此种心理既使统治机构难期健全，不能发生充足之行政效能，而重本轻末，居中驭外之集权政策，又行之过度，至欲天下之务，咸集朝廷[252]，朝廷之权，又操于君主之一手，于是上下之间，失其平衡，地方不治，殆属必然。欧阳修尝论此一弊象曰[253]：

三代之盛时，地方万里，而王所自治者千里而已，其余以建诸侯。至于礼乐刑政，颁其大法而使守之，则其大体盖简如此。诸侯大小国盖数千，必各立都邑，建宗庙。卿士大夫，朝聘祭祀，训农练卒，居民度土，自一夫以上皆有法制，则其于众务，何其繁也？今自京师至于海隅徼障，一尉卒之职必命于朝，政之大小皆自朝出，州县之吏奉行而已。是举天下皆所自治，其于大体则为繁矣。其州县大小邑闾田井，训农练卒，一夫以上，略无制度，其于众务，何其忽而简也？夫礼以治民，而乐以和之，德义仁恩，长养涵泽，此三代之所以深于民者也。政以一民，刑以防之，此其浅者尔。今自宰相至于州县之有司，莫不行文书、治吏事，其急在于督赋敛、断狱讼而已，此特浅者尔。礼乐仁义，吏不知所以为，而欲望民之被其教，其可得乎？夫治大以简，则力有余；治小以繁，则事不遗；制民以浅，则防其僻；渐民以深，则化可成。此三代之所以治也。今一切悖古，简其当繁而繁其可简，务其浅而忽其深。故为国百年而仁政未成、生民未厚者以此也。

其针砭时弊，深中肯綮。《宋朝事实》卷九谓：“五代任官，凡曹椽簿尉，有龌龊无能，以致昏老，不任驱策者，始注为县令，故天下之邑，率皆不治；甚者诛求刻剥，秽迹万状，故天下优诨之言，多以长官为笑。”[254]则其弊承自五代，宋初犹然也。欧阳修尝自言：“吾昔贬官夷陵，方壮年未厌学，欲求《史》《汉》一观，公私无有也。无以遣日，因取架阁陈年公案，反复观之，见其枉直乖错，不可胜数。灭情害义，无所不有。夷陵荒远僻小尚如此，天下固可知也！当时仰天誓心，曰：‘自尔遇事不敢忽。’”[255]又谷城为汉上富县，乃三十年始得一良令。修撰《狄栗墓志铭》曰：“时予为乾德令，尝至其县，与其民言，皆曰吾邑不幸，有生而未识廉吏者，而长老之民所记才一人，而继之者今君也。问其一人者，曰张及也。推及之岁至于君，盖三十余年，是谓一世矣。呜呼，使民更一世而始得一良令，吏其可不慎择乎？”[256]此类事实皆见宋初基层政治之败坏不堪。盖由中世转入近世，阶级消灭，组织分解，社会松懈，一盘散沙，而帝室高踞上位，握权自固，匪特堂深帝远，日渐远离人民，易蹈专横腐败之失，且集权过甚，于上形成庞大之官僚集团，又因受君主分化统治政策的影响，权利之争，党潮辄起，而才不下聚，基础浮摇，既无裨于治，徒增加负担，转成国计民生之赘累矣。

乙、国计民生之困

宋室既不欲再有特贵势力之出现，然收其权者，难以并吝其财；留此一罅，以为尾闾，遂有不得不尔之势。太祖得位，即抱夺权予富之政策，故其于杯酒释兵权之一幕中，明告石守信等曰：“人生如白驹过隙，所为好富贵者不过多积金钱，厚自娱乐，使子孙无贫乏之忧，汝曹何不释去兵权，择便好田宅市之，为子孙立永久之业，多置歌舞，日饮酒相欢，以终天年，君臣之间，两无猜嫌，上下相安，不亦善乎？”[257]又太祖命曹彬伐江南，尝许以使相之位，及彬事平还朝，太祖吝不欲予，乃赐钱二十万，彬退而自解曰：“人生何必使相？好官亦不过多积金钱耳。”[258]是君以利啖臣，臣亦以利自安，则知政治理想之消沉为何如也！由此用心，设官置兵，非以治民卫国，惟事羁縻，以图暂安。其时养兵之弊尤著，凡遇水旱饥疫，人民无养，则以招募代替济恤，故兵数激增；太祖开宝时为三十七万八千，太宗至道时为六十六万六千，真宗天禧时为九十一万二千，仁宗庆历时更达一百二十五万九千，自后始略减[259]。兵冗费繁，国库难胜，故陈襄《论冗兵札子》谓："臣观治平二年，天下所入财用大数，都约缗钱六千余万，养兵之费约五千万，乃是六分之财，兵占其五。"[260]然所费虽多，并不得兵之用。欧阳修尝论其弊曰[261]：

一遇凶岁，则州郡吏以尺度量民之长大而试其壮健者，招之去为禁兵，其次不及尺度而稍怯弱者，籍之以为厢兵。吏招人多者有赏，而民方穷时，争投之。故一经凶荒，则所留在南亩者，惟老弱也；而吏方曰："不收为兵，则恐为盗。"噫！苟知一时之不为盗，而不知终身骄惰而窃食也。古之长大壮健者任耕，而老弱者游惰；今之长大壮健者游惰，而老弱者留耕也。何相反之甚邪！然民尽力乎南亩者，或不免乎狗彘之食，而一去为僧、兵，则终身安佚而享丰腴，则南亩之民，不得不日减也。

兵既骄堕，无裨战阵，一有外患，则赖岁币买和。真宗景德元年，澶渊结盟，宋岁输辽银十万两，绢二十万匹，苏辙《龙川别志》卷上记许币之情形曰：

景德中，契丹南牧。真宗用寇莱公计，亲御六军渡河，兵始交而毙其贵将。契丹有求和意，朝廷知之，使供奉官曹利用使于兵间。……利用之行也，面请所遗虏者，上曰："必不得已，虽百万亦可。"及还，上在帷宫方进食，未之见，使内侍问所遗。

> 利用曰："此机事，当面奏。"上复使问之曰："姑言其略。"利用终不肯言，而以三指加颊。内侍入白："三指加颊，岂非三百万乎？"上失声曰："太多。"既而曰："姑了事，无可耳。"帷宫浅薄，利用具闻其语。既对，上亟问之，利用再三称罪曰："臣许之银、绢过多。"上曰："几何？"曰："三十万。"上不觉喜甚，由是利用被赏甚厚。

此例一开，仁宗时岁赐西夏银、绢、茶共二十五万五千，复对辽岁增银、绢各十万。此后每岁耗于赂夷者总计为七十五万五千。赵翼《廿二史札记》卷二五，有《宋郊祀之费》《宋制禄之厚》《宋祠禄之制》《宋恩荫之滥》《宋恩赏之厚》《宋冗官冗费》诸条，合而观之，政府开支如是浩繁，焉得不事聚敛？掊克之极，民生艰困，则强凌智诈，兼并益烈。盖宋室对于社会奸豪有力之家，既采放任之态度，而本身又非苛征不足维持，此一基本困难从中为祟，则宋代所行一切保民护农之政，诸如栽种桑柘、农事指导、制造农具、扑灭害虫、限制火田、开垦荒土、置官劝农、兴修水利以及设置仓储等事[262]，虽尝为法甚备，提倡甚力，然亦仅成消极救济之性质，对于大势所趋之经济恶澜固无挽回之效力也。苏舜钦于仁宗宝元元年上疏有言："府库匮竭，民鲜盖藏，诛敛科索，殆无虚日，计度经费，二十倍于祖宗时。"[263]则上下交困甚明。政府之苛征暴敛，既使人民不安其生，遂如叶适之所云："使之穷居憔悴，无地以自业，其驽钝不才者，且为浮客，为佣力；其怀利强力者，则为商贾，为窃盗。苟得旦暮之食，而不能为家，丰年乐岁，市无贵粜，而民常患夫斗升之求，无所从给。”[264]惟社会之动荡不宁，实深妨于统治，政府欲事弥缝，消减危机，则冗官冗兵，殆有不得已之苦衷。如刘敞所撰《策问》云[265]：

唐时岁举进士，至烦矣，然所取不过三四十人；今国家间四岁乃一举进士，至简矣，然取之多，或至五六百人，议者甚疾此。欲仿唐制，则恐贤士失职者众；欲仍旧贯，则吏员不可胜纪。夫贤士失职者众，则怨必兴于下，吏员不可胜纪，则力必屈于上。裁此二者宜奈何？

一种困惑之情，跃然纸上，乃有事实之指据，而非无病之呻吟也。宋世辽、夏二国，虎视北疆，不断招邀汉人，于宋威胁至大。如元昊之叛，使西北困敝者十余年；其倚为谋主以祸中国者，则为中国失意士人张元、吴昊也[266]。此一事件，时人归罪取士过严，其后殿试因之不再黜落[267]。此见宋之厚禄养士，乃迫于不得不然之情势。苏轼《东坡志林》卷五论游士失职之祸，谓春秋之末至于战国，诸侯卿相皆争养士自谋，其略见于史传者人数颇重，度其余当倍官吏而半农夫，此皆奸民蠹国者，民何以支而国何以堪乎？轼对此自为之解曰：

国之有奸也，犹鸟兽之有鸷猛，昆虫之有毒螫也。区处条理，使各安其处，则有之矣；锄而尽去之，则无是道也。吾考之事变，知六国之所以久存而秦之所以速亡者，盖出于此，不可以不察也。夫智、勇、辨、力，此四者皆先民之秀杰者也，类不能恶衣食以养人，皆役人以自养也，故先王分天下之富贵，于此四者共之。此四者不失职，则民靖矣。……六国之君虐用其民，不减始皇、二世，然当世时，百姓无一人叛者，皆稚鲁无能为者，虽欲怨叛而莫为之先，此其所以稍安而不即亡也。始皇初欲逐客，用李斯之言而止，既并天下，则以客为无用，于是任法而不任人，谓民可以恃法而治，谓吏不必才取，能守吾法而已。故堕名城、杀豪杰，民之秀异者散而归田亩。向之食于四公子、吕不韦之徒者，皆安归哉？不知其能槁项黄馘以老死于布褐乎？抑将辍耕太息以俟时也？秦之乱虽成于二世，然使始皇知畏此四人者，有以处之，使不失职，秦之亡不至若是速也。纵百万虎狼于山林而饥渴之，不知其将噬人，世以始皇为智者，吾不信也。

轼之此言，虽论古事，其着眼则未始不在宋世。轼持道家观点，主因其势而治之，不以变更法制，彻底改造为然，认为此乃自速其亡之道；盖显为王安石之变法而发。神宗尝与近臣论免役之利，文彦博言：“祖宗法制具在，不须更张以失人心。”神宗曰：“更张法制，于士大夫诚多不悦，然于百姓何所不便？”彦博曰：“为与士大夫治天下，非与百姓治天下也。”[268]由苏、文二人之语，观其会通，实有见于当世社会之不安因素，承认秀杰人才之优越地位，以维持一“稍安而不即亡”之局面，盖为宋室统治谋，非不忠智，然就国家民族之生命整体言，其为因循苟且，暂救燃眉之策，则无容讳言也。宋世社会有此矛盾错杂之性质，遂演为恶性循环之现象，即统治阶级虽用尽掊克敛财之方法，尤患国用不足，牢笼秀杰人才之术之未备；而在被统治之民间，困于重赋，难自振拔，浮动流亡，衰殆莫保。《大学》所云："财聚则民散"，正是之谓也。

丙、社会风俗之陋

中国社会风俗至于五代达于堕落之顶点；于时贪盗淫杀，视为寻常，人命微贱，犬豕无殊。时人挣扎求活之不暇，遂于道义廉耻，未遑顾及。欧阳修撰《五代史》，于《家人》及《诸臣》《死事》《一行》《王进》等列传，皆痛斥当时风俗上之绝灭伦理，丧失廉耻。此意发之于《冯道传》者尤为激切，其言曰[269]：

> 礼义廉耻，国之四维；四维不张，国乃灭亡，善乎管生之能言也。礼义治人之大法，廉耻立人之大节，盖不廉则无所不取，不耻则无所不为。人而如此，则祸乱败亡亦无所不至。况为大臣而无所不取不为，则天下其有不乱，国家其有不亡者乎？予读冯道《长乐老叙》，见其自述以为荣，其可谓无廉耻者矣，则天下国家可从而知也。

按冯道历事四姓十君，窃位于篡弑武人之间，方自号"长乐老"，著书数百言，陈己更事诸主及契丹所得阶勋官爵以为荣。自谓"孝于家，忠于国，为子、为弟、为人臣、为师长、为夫、为父，有子，有孙；时开一卷，时饮一杯，食味、别声、被色，老安于当代，老而自乐，何乐如之?"故欧阳修骂之如此。夫礼义教化之倡导，本属士人之责，惟唐末五代为武人盗贼之时代，士人偷生其间，以苟得为荣，苟免为幸，殊不足以语此。盖士人出路，寄于科举，为文求仕，志在温饱，学无根柢，素忘义命，加以污俗浸染，行为每荡检逾闲，不复知有领导社会之责任。此辈贪冒之人，统治者虽召用之，仍不免乎内心之轻贱。故欧阳修曰〔270〕：

> 古之士，教养有素而进取有渐。上之礼其下者厚，故下之自守者重；上非厚礼不能以得士，士非自重不能以见礼于上。……后世之士则反是。上之待其下也，以谓干利而进尔，虽有爵禄之设，而日为之防，以革进之滥者。下之视其上也，以谓虽自重，上孰我知？不自进则不能以达。由是上之待其下也益薄，下之自守者益不重而轻。呜呼，居上者欲得其人，在下者欲行其道，其可得邪？

是以科举取士，名虽重之，内实轻视，既官其人，又复防之，上下相猜，其情不固。所以然者，治国临民，非有理想，为君者保位，为臣者邀利，各图其私，而无光明大公之目标，以激引举世人心之向趋故也。《宋史》卷二六七《张洎传》记太宗令以《儒行篇》刻于板，印赐近臣及新第举人。又真宗大中祥符二年，复以《儒行篇》赐亲民厘务文臣，其幕职州县官使臣，赐敕令崇文院摹印送阁门，辞日给之。则时君亦已知其弊而有意于士风之转移矣。仁宗尝读《贞观政要》，有感于明通经义之重要，曰："人臣须是知书，宰相尤须有学也。"杨安国对曰："汉儒多引经决大事，宰相必通一经。"帝谓宋祁曰："近代士人多不务通经，但用一时之艺，苟取富贵。盖进用高科者，不十年便居显位，所以不劝也。”[271]按经术之可贵，以其发明道德之本义，并揭示高远之理想，足以促起社会人生之精神向上。至于当时士人之所醉心，则为凭文辞以逐禄利，安于现实，耽于嗜欲，如是则养成柔靡浮奢之风，使人心陷溺，无以自拔。仁宗之中叶，此种流风，披靡当世，极为显著。举例言之：

1. 浪漫浮华

一时人心既多持浅薄之功利思想，至士人之生活亦往往纵情肆欲，流于浪漫浮华。吴曾《能改斋漫录》论柳永词云：

> 自仁宗朝，中原息兵，汴京繁庶，歌台舞席，竞睹新声。耆卿失意无聊，流连坊曲，遂尽收俚俗语言，编入词中，以便伎人传唱，一时动听，散布四方。①

按，柳永好为淫冶讴歌之曲，盛行于世，尝为《鹤冲天》词云：“忍把浮名，换了浅斟低唱。”以是一生潦倒，惟与儇薄子纵游娼馆酒楼，终以成就其平民文学家之地位，所谓“凡有井水处，即能歌柳词”是也。柳永之行为，堪为浪漫派之一代表，其脱落不羁，此犹本为平民。其后徽宗之好为微行[272]，不仅为性格轻薄之表现，亦因北宋世风大变，贵族与平民久泯，整个社会浸溢新风，自由活泼，少所拘检，故徽宗以皇帝之尊，受其感染，亦遂动情于此种之浪漫生活也。又北宋中叶，奢风大盛。沈括《梦溪笔谈》记石曼卿之在蔡河

① 此语为清宋翔凤引吴曾语之后的评语，见《乐府余论·慢词始于耆卿》。

下曲，与一豪家为邻，日闻笙歌，其豪姓李，方二十岁，无昆弟，家妾曳罗绮者数十人。曼卿尝赴邀宴，《笔谈》述其情况云[273]：

曼卿即衫帽往见之，坐于堂上，久之方出。主人者头巾系勒帛，都不具衣冠，见曼卿，全不知拱揖之礼。引曼卿入一别馆，供帐赫然，坐良久，有二鬟妾各持一小槃至曼卿前，槃中红牙牌十余，其一槃是酒，凡十余品，令曼卿择一牌，其一盘肴馔，各令择五品。既而二鬟去，有群妓十余人，各执肴果乐器，妆服人品，皆艳丽粲然，一妓酌酒以进，酒罢乐作，群妓执果肴者萃立其前，食罢则分列其左右，京师人谓之“软盘”。酒五行，群妓皆退。主人者亦翩然而入，略不揖客，曼卿独步而出。

此一懵然愚呆之豪主，奉养如此，可见其时尚华奢之风……[274]

2. 浇薄诈伪

《皇朝类苑》中颇述北宋士夫“诈妄谬误”之种种事迹，如李定以不预进奏院赛神酒会，而腾谤陷人[275]；杨绘家妓为胡师文所狎侮，而身遭殴击[276]；杨孜受娼资助登第，而旋即诡谋杀之[277]；以及饶餗之驰辩逞才，史沆之持人长短[278]；其事不一而足，皆见士习之浇薄不淳也。蔡绦《西清诗话》卷下云[279]：

元献（晏殊）初罢政事，守亳社，每叹士风凋落。一日，营妓曰刘苏哥，有约终身而寒盟者。方春物暄妍，驰骏马出郊，登高冢旷望，长恸遂卒。元献谓士大夫受人眄睐，随燥湿变渝，如翻覆手，曾狂女子不若，为序其事，以诗吊之。

又《梦溪笔谈》记有士人招徭一例，亦颇见时风之虚薄。《笔谈》云[280]：

吴中一士人，曾为转运司别试解头，以此自负，好附托显位。是时侍御史李制知常州，丞相庄敏庞公知湖州。士人游毗陵，与其徒饮于倡家，顾谓一驺卒曰："汝往白李二，我在此饮，速遣有司持酒肴来。"李二谓李御史也。俄顷郡厨以饮食至，甚为丰腆。有一马医适在其家，见其事，后至御史之家，因语及之。李君极怪，使人捕得驺卒，乃兵马都监所假受事兵卒，就使庖买饮食，以绐坐客耳。李乃杖驺卒，使街司押士人出城。郡僚有相善者，出与之别，唁之曰："仓卒遽行，当何所诣？"士人应之曰："且往湖州依庞九耳。"闻者莫不大笑。

其尤甚者，乃至攘窃他人文章，以欺世盗名，并献之朝廷以得官者。《皇朝类苑》卷七〇《宋子京》条云：

欧阳文忠公修自言，初移滑州到任，会宋子京曰："有某大官颇爱子文，俾我求之。"文忠遂授以近著十篇。又月余，子京告曰："某大官得子文读而不甚爱"，曰："何为文格之退也？"文忠笑而不答。既而文忠为知制诰，人或传某大官极称一丘良孙之文章，文忠使人访之，乃前日所投十篇，良孙盗为己文以贽。

而称美之者，即昔日子京所示之某大官也。文忠不欲斥其名，但大笑而已。未几，文忠出为河北都转运使，见邸报丘良孙以献文字召试拜官，心颇疑之。及得所献，乃令狐挺平日所著之兵论也，文忠益叹骇。异时为侍从，因为仁宗道其事，仁宗骇怒，欲夺良孙官。文忠曰："此乃朝廷已行之命，当日失于审详，若追夺之，则所失又多也。"仁宗以为然，但发笑者久之。

据上所述，其时文人无行，蔑弃绳检，世风污陋，实甚可惊。盖平民社会之出现，无领导之阶级以明示型范，无中心思想以提挈人生，林林总总，蠢然而动，熙熙攘攘，唯利是竞，浊波混流，正复弥漫，庆历变革之伟大文化运动，盖即志士仁人，不安于污秽凡陋，遂乃致其精诚，趋赴理想，矫时变俗，而崭然开出另一光焕之新境者也。

注释：

〔1〕自唐肃宗至德元年（756）起，至宋仁宗庆历元年（1041）为时凡二百八十五年。此言三百年者，以文化演变本无截然之界限，述其始末因果，时复涉及，约举共大数耳。

〔2〕陈登原《中国文化史》（世界书局出版）卷三，近古卷第二章，有《平民社会之低落》一节（第20－24页），其近古之时限，即本文所谓之近世。陈氏以中唐以下兼并剧烈，民生困苦，遂谓平民地位低落，实属误论。盖地位高低，乃基于阶级制度之判分，宋以下由于特权世袭阶级之取消，君权独尊之下，万民转趋平等，就平民地位言，实为升进而非低落，说详下文。＊整理者按：是著初

版于1935年。

〔3〕莫尔干《古代社会》(*Ancient Society*)第二篇第二章有云:“就已经叙述过的人类经验看来,人类治理其自身,仅发展了两个计划,此即关于群居的两种有定而具系统的组织是也。第一,最古的为社会组织,其基础为民族、胞族、部族等。第二,最近的政治组织,其基础为地域与财产等。在第一计划之下,氏族社会构成了;氏族社会中,治理机关之治理个人,系经由他们对氏族及部落之关系而治理之。此等关系,纯为身份的关系。在第二计划之下,政治社会构成了,政治社会中,治理机关之治理个人,尝经由他们对地域的关系而治理之。此等关系纯为地域的关系。两种计划,根本不同:一属古代社会,另一则属近世社会。”按莫氏所谓近世社会,乃指希腊、罗马以下之社会,以示有别于以氏族为中心之上古社会也。*整理者按:《古代社会》最早中译本为1929年(上)、1930年(下),上海昆仑书店出版,杨东蒪、张粟原译,1933年再版;1935年改由上海商务印书馆出版,作有少许修改。

〔4〕《晋书》卷四八《段灼传》。清赵翼《陔余丛考》卷十七《六朝重氏族》条亦云:“九品中正之法行,选举多用世族,下品无高门,上品无寒士;当其入仕之始,高下已分。《谢宏微传》:‘晋世名家身有国封者,起家拜散骑侍郎。’《张缵传》:‘秘书郎四员,为甲族起家之选,他人不得与。’徐坚《初学记》亦谓:‘秘书郎与著作郎,江左以来,多为贵族起家之选。’故当时谚曰:‘上车不落为著作,体中何如则秘书。’”

〔5〕《晋书》卷九八《王敦传》,并参同书卷六五《王导传》。

〔6〕《新唐书》卷一九九《儒学列传·柳冲传》。

〔7〕《魏书》卷三《太宗纪》,永兴五年有遣使寻求豪门强族及先贤世胄之举。同书卷四上《世祖纪》,神䴥四年求贤诏称:范阳卢玄、博陵崔绰、赵郡李灵、河间邢颖、勃海高允、广平游雅、太原张纬等,皆贤俊之胄,冠冕州邦,有羽仪之用云云。遂加征召,縻以官爵,意在使其与元魏政府成为血肉之关系。又

同书卷六〇《韩麒麟传》附子《显宗传》云："高祖曾诏诸官曰：'自近代以来，高卑出身，恒有常分；朕意一以为可，复以为不可，宜相与量之。'李冲对曰：'未审上古以来，置官列位，为欲膏粱儿地？为欲益治赞时？'高祖曰：'苟有殊人之技，不患不知；然君子之门，假使无当世之用者，要自德行纯笃，朕是以用之。'冲曰：'傅岩吕望，岂可以门见举？'高祖曰：'如此济世者稀，旷代有一两人耳。'……祕书令李彪曰：'……陛下若专以门第，不审鲁之三卿，孰为四科？'高祖曰：'犹如向解。'"

〔8〕《隋书》卷一《高祖纪》上，《文献通考》卷二八《选举考》一。

〔9〕《通典》卷一四《选举》二，《旧唐书》卷一一九《杨绾传》。

〔10〕《资治通鉴》卷一九〇《唐纪》六，高祖武德"七年春正月，依周、齐旧制，每州置大中正一人，掌知州内人物，品量望第，以本州门望高者领之，无品秩。"

〔11〕《旧唐书》卷六五《高士廉传》，《新唐书》卷九五《高俭传》。按《氏族志》成书，凡一百卷，合二百九十三姓，千六百五十一家，分为九等。

〔12〕《姓氏录》为书，合二百三十五姓，二千二百八十七家，高宗自为序，以四后姓、酅公，介公及三公、太子三师、开府仪同三司、尚书仆射为第一姓，文武二品及知政等三品为第二姓，各以品位高下叙之，凡九等，取身及昆弟子孙，余属不入。见《新唐书·高俭传》及王溥《唐会要》卷三六《氏族》。

〔13〕《旧唐书》卷八二《李义府传》及《新唐书》卷九五《高俭传》。

〔14〕卢从愿频年充校京外官考使，时称允当。宇文融有恨于从愿，尝密奏其广占良田，玄宗以为不廉，欲用为相屡矣，卒以是止。见《旧唐书》卷一〇〇及《新唐书》卷一二九《卢从愿传》。又《新唐书》卷一〇九《崔义玄传》附《崔琳传》云："玄宗每命相，皆先书其名。一日书琳等名，覆以金瓯，会太子入；帝谓曰：'此宰相名，若自意之，谁乎？即中，且赐酒。'太子曰：'非崔琳、卢从愿乎？'帝曰：'然。'赐太子酒。时两人有宰相望，帝欲相之数矣，以族大，

恐附丽者众，卒不用。”

〔15〕唐宋虽行科举，然恩荫入仕，其途仍甚宽泛。魏玄同于高宗时为吏部侍郎，尝上疏言选举之政曰：“今贵戚子弟，例早求官，髫龀之年，已腰银艾，或童丱之岁，已袭朱紫，弘文崇贤之生，千牛辇脚之类，……课试既浅，艺能亦薄，而门阀有素，资望自高。……少仕则废学，轻试则无才，于此一流，良足惜也。”其言未纳，见《旧唐书》卷八七《魏玄同传》。

〔16〕《唐会要》卷三六《氏族》条，按唐高祖之立国，对于隋末起义群雄，则持敌意，力加诛夷；而颇优容自隋廷来归之臣僚，虽罪迹彰著者亦然；此盖高祖出身西魏、周、隋以来之关陇贵臣集团，实有甚浓密之阶级或团体意识也。

〔17〕赵冀《廿二史札记》卷八《南朝多以寒人掌机要》条谓：“宋、齐、梁、陈诸君，则无论贤否，皆威福自己，不肯假权于大臣。而其时高门大族，门户已成，令、仆、三司，可安流平进，不屑竭智尽心，以邀恩宠，且风流相尚，罕以物务关怀，人主遂不能藉以集事，于是不得不用寒人。人寒则希荣切而宣力勤，便于驱策，不觉倚之为心膂。”并参同书卷一二《齐制典签之权太重》及《江左世族无功臣》诸条。

〔18〕陈寅恪《唐代政治史述论稿》上篇《统治阶级之氏族及其升降》，见页一四。＊整理者按：陈氏该著初版为1943年，商务印书馆。

〔19〕武曌生于唐高祖武德七年，卒于中宗神龙元年，年八十二（624－705）。永徽六年册立为后，时年三十二；显庆五年高宗委以政事，其后渐为所制，时年三十七；弘道元年高宗崩后，大权咸秉于曌，时年六十；天授元年，革唐为周，时年六十七。盖曌称制七年，称帝十五年，前后专国政则达四十六年之久。

〔20〕赵翼《廿二史札记》卷十九《武后纳谏知人》条云：“用人行政之大端，则独握其纲，至老不稍挠撼。陆贽谓后收人心，擢才俊，当时称知人之明，累朝赖多士之用。李绛亦言后命官猥多，而开元中名臣，多出其选。《旧唐书·本纪赞》，谓后不惜官爵，宠豪杰以自助，有一言辄不次用，不称职，亦废黜不稍

假，务取实才真贤。”

〔21〕陈寅恪《唐代政治史述论稿》中篇《政治革命及党派分野》，第 53－57 页。

〔22〕参《旧唐书》卷一六五及《新唐书》卷一六三《柳公绰传》。

〔23〕（注文原缺）

〔24〕（注文原缺）

〔25〕《新唐书》二二五上《安禄山传》。

〔26〕《新唐书》卷二〇七《宦者传序》。

〔27〕赵翼《廿二史札记》卷二〇《唐宦官多闽广人》条。

〔28〕参桑原骘藏《隋唐时代住居中国之西域人考》，及蓝文徵《隋唐五代史》上册第一章总序（三）《隋唐之民族》。＊整理者按：桑原氏文载氏著《东洋文明史论略》，初版于 1934 年；蓝氏该著初版于 1946 年，商务印书馆。

〔29〕顾炎武《日知录》卷二三《通谱》条。

〔30〕《旧唐书》卷八二《李义府传》。

〔31〕《旧唐书》卷一八四《宦官李辅国传》。

〔32〕赵冀《廿二史札记》卷一五《财婚》。

〔33〕参张亮采《中国风俗史》第三编第二章，第十一节《婚娶》。＊整理者按：张氏该著初版于 1911 年，1935 年再版，商务印书馆。

〔34〕《隋书》卷三《高祖纪下》，开皇十六年六月，制工商不得仕进。《新唐书》卷三《高宗纪》亦谓：“工商杂类，无预仕伍。”又《资治通鉴》卷二〇七《唐纪》二三，记武后久视元年十月，张易之侍宴禁中，招蜀商人宋霸子等数人在座同侍，韦安石跪奏曰：“商贾贱类，不应预此会。”此皆见工商地位不及农人也。

〔35〕（原缺）……女、随身等。参黄现璠《唐代社会概略》，第 11－31 页。＊整理者按：黄氏此书初版于 1936 年，商务印书馆。

〔36〕《唐六典》卷六《尚书刑部都官》条。原注云："反逆家男女及奴婢没官，皆谓之官奴婢。男年十四岁以下者，配司农，十五岁已上者，以其年长，命远京邑，配岭南为城奴。"

〔37〕《旧唐书》卷一九上《高丽传》云："初攻辽东城，其有抗拒王师，应没为奴婢者一万四千人，并遣先集幽州，将分赏将士。太宗愍其父母妻子，一朝分散，令有司准其值，以布帛赎之，赦为百姓。"

〔38〕《新唐书》卷一一一《薛仁贵传》云："（仁贵）率兵击突厥，……大破之，斩首万级，获生口三万，牛马称是。"

〔39〕王谠《唐语林》卷二云："郭尚书元振始为梓州射洪尉，征求无厌，至掠部人为奴婢者甚众。"《新唐书》卷八三《诸公主列传》，谓安乐公主与长宁、安定三家厮台掠民子女为奴婢。同书卷七《顺宗纪》云："禁岭南、黔中、福建，掠买人为奴婢。"又《唐大诏令》卷五云："关畿之内，掠卖颇多，遂令黔首之徒被丹书之辱。"

〔40〕《唐会要》卷八六《奴婢》条云："大顺二年四月二十日敕，天下州府及在京诸军，或因收掳百姓男女，宜给内库银绢，委两军收赎，归返父母，其诸州府，委本道观察使取上供钱充赎，不得压良为贱。"

〔41〕《新唐书》卷二二〇《新罗传》云："后〔张〕保皋归新罗，谒其王曰：'遍中国以新罗人为奴婢，愿得镇清海，使贼不及掠人西去。'清海，海路之要也，王与保皋万人守之。自太和后，海上无鬻新罗人者"。

〔42〕宋敏求《唐大诏令》卷一〇九云："岭南诸州，居民与夷獠同俗，火耕水耨，昼乏暮饥。迫于征税，则货卖男女，奸人乘之，倍讨其利，以齿之幼壮，定估之高下，窘急求售，号哭踰时。为吏者，谓南方之俗，夙习为常，适然不怪，因亦自利。遂使居人男女与犀象杂物，俱为货财。"

〔43〕《唐会要》卷八六《奴婢》条云："大历十四年五月诏曰：邕府岁贡奴婢，使其离父母之乡，绝骨肉之恋，非仁也，宜罢之。"

〔44〕《新唐书》卷一九四《阳城传》云："（道）州产侏儒，岁贡诸朝。城哀其生离，无所进。帝使求之，城奏曰：'州民尽短，若以贡，不知何者可供?'自是罢。"

〔45〕以上俱见《新唐书》卷五二《食货志》。

〔46〕《新唐书》卷五六《刑法志》云："官奴婢隶司农，七十者免之。凡役，男子入于蔬圃，女子入于厨膳。"同书卷四八《百官志》云："官户奴婢有技能者配诸司，妇人入掖庭，以类相偶，行宫监牧及赐王公、公主皆取之。凡孳生鸡彘，以户奴婢课用。"

〔47〕《新唐书》卷一一〇《冯盎传》：谓盎平罗、窦诸洞叛獠，太宗赏予奴婢至万人。此战胜之酬庸也。同书《列传》卷二三《马周传》："赐奴婢杂物"。《列传》卷二九《张昌宗传》，有司"给奴婢、橐驼、马牛"。如此之例，不胜枚举。

〔48〕《新唐书》卷八八《裴寂传》："寂率家僮破贼。"同书卷一三三《郭虔瓘传》："家奴八人有战功。"又《唐会要》卷八六《奴婢》条云："万岁通天元年九月，敕士庶僮仆有骁勇者，官酬主直，并令讨击契丹。"

〔49〕势家蓄奴，朝廷虽亦明令限制数目，然未见彻底实行。《新唐书》卷八三《诸公主列传》，记太平公主"供帐声伎与天子等，侍儿曳纨縠者数百，奴伯妪监千人。"同书卷一一〇《李谨行传》："家童至数千，以赀自雄。"又卷一三七《郭子仪传》，谓子仪家人亦有三千。

〔50〕《唐会要》卷八六《奴婢》条云："会昌五年四月中书门下奏：天下诸寺奴婢，江淮人数至多。……或闻洪、潭管内，人数倍一千人以下五百人以上处，计必不少。"

〔51〕参黄现璠《唐代社会概略》第一章第一节（七）《贱民阶级之解放运动》。

〔52〕《唐律疏议》卷二四《斗讼》四云："诸部曲、奴婢告主，非谋反、

逆、叛者，皆绞。”是惟谋反，谋叛，谋大逆三大事，奴婢始有告主之权；然法律虽如此规定，其在承平之时，奴即以谋反逆之事告者，官官相护，奴受罪者多。《新唐书》卷九七《魏徵传》附《謩传》：“大理卿马曙有犀铠数十首，惧而瘗之。奴王庆以怨告曙藏有异谋，按之无他状，投曙岭外，庆免。议者谓奴诉主，法不听。謩引律固争，卒论庆死。”又《资治通鉴》……（原缺）。

〔53〕《新唐书》卷四四《选举志》上。

〔54〕《文献通考》卷二九《选举考二》载《唐登科记总目》，高祖时岁取进士不过六七人，太宗时岁取最少为四人，如贞观元年；最多为二十四人，如贞观十八年；余则每岁大体数人至十数人耳。

〔55〕《唐代政治史述论稿》上篇《统治阶级之氏族及其升降》，第16页。

〔56〕陈耀文《天中记》卷三八云：“进士杏园初会，谓之探花宴，以少俊二人为探花使，遍游名园，若他人先折得名花，则二人被罚。”

〔57〕《唐摭言》卷三云：“神龙以来，杏园宴后，皆于慈恩塔下题名。”李肇《国史补》亦谓：“既捷，列名于慈恩寺塔，谓之题名会。”

〔58〕《唐摭言》又云：“曲江大会，先牒教坊请奏，上御紫云楼垂帘观焉，公卿家率以是日择婿，车马填塞。”按曲江在长安城东南，为游乐之胜地。

〔59〕王谠《唐语林》卷四《企羡类》云：“宣宗爱羡进士，每对朝臣，问登第否？有以科名对者，必有喜，便问所试诗赋题，并主司姓名。或有人物优而不中第者，必叹息久之。尝于禁中题：‘乡贡进士李道龙。’”《北梦琐言》卷一亦记此事。

〔60〕见马端临《文献通考》卷二九《选举考》二，《旧唐书》卷一〇一及《新唐书》卷一一二《薛登传》。

〔61〕《文献通考》卷二九《选举考》二引。

〔62〕《唐摭言》卷九《恶得及第》条。

〔63〕《新唐书》卷一七九《舒元舆传》。

〔64〕《旧唐书》卷一七四《李德裕传》，谓德裕耻与诸生同乡贡，不喜科试。同书卷一八上《武宗纪》，会昌四年末载其言曰："臣无名第，不合言进士之非。然臣祖（李栖筠）天宝末以仕进无他岐，勉强随计，一举登第。自后不于家置《文选》，盖其祖尚浮华，不根艺实。然朝廷显官须是公卿子弟。何者？自小便习举业，目熟朝廷间事，台阁仪范班行准则，不教而自成。寒士纵有出人之才，登第之后始得一班一级，固不能熟习也。"德裕出赵郡李氏，所言正是代表当世门阀之见解。

〔65〕《旧唐书》卷一一九《杨绾传》，绾上疏条奏贡举之弊曰："祖习既深，奔竞为务，……投刺干谒，驱驰与要津，露才扬己，喧腾于当代。"又曰："今之取人令投牒自举，非经国之体也。望请依古制县令察孝廉，审知其乡闾有孝友信义廉耻之行，加以经业才堪策试者，以孝廉为名，荐之于州，刺史当以礼待之，试其所通之学，其通者送名于省，自县至省，不得令举人，辄自陈牒。"肃宗诏朝臣共议，李廙、李栖筠、贾至、严武等颇赞同其主张。

〔66〕《旧唐书》卷一七三《郑覃传》："覃虽精经义，不能为文，嫉进士浮华。开成初，奏礼部贡院宜罢进士科。初，紫宸对上，语及选士，覃曰：'南北朝多用文华，所以不治。士以才堪即用，何必文辞？'帝曰：'进士及第人已曾为州县官者，方镇奏署即可之，余即否。'覃曰：'此科率多轻薄，不必尽用。'帝曰：'轻薄敦厚，色色有之，未必独在进士，此科置已二百年，亦不可遽改。'覃曰：'亦不可过有崇树。'"

〔67〕《文献通考》卷三〇《选举考》三。

〔68〕宋代入仕之途，朝官子弟多由恩荫，此仍如唐制；惟恩荫远不逮进士及第之荣贵。王称《东都事略》卷三二《李宗谔传》，宗谔耻以父（昉）任为官，独由乡举以进士。其行为适与李德裕之耻以进士为官者相反，足觇世风之变，前后迥异矣。

〔69〕《文献通考》卷三〇《选举考》三。

〔70〕《宋史》卷一五五《选举志》一。

〔71〕王称《东都事略》卷二《本纪》二《太祖皇帝》二。

〔72〕王枺《燕翼诒谋录》卷一。

〔73〕《文献通考》卷三〇《选举考》三，及江少虞《皇朝类苑》卷二《祖宗圣训·太宗》条引《渑水燕谈》。

〔74〕《文献通考》卷三一《选举考》四。

〔75〕抑权势，进孤寒，为宋室所一贯注意；不徒科举，保任亦然。王辟之《渑水燕谈录》卷一云："仁宗朝，流内铨引改京官人李师锡，上览其荐者三十余人，问其族系，乃知使相王德用甥婿。上曰：'保任之法，欲以尽天下之才，今但荐势要，使孤寒何以进?'止与师锡循资。后翰林学士胡宿子宗尧磨勘，以保官多亦令循资。"

〔76〕《宋史》卷一五七《选举志》三；并分见刘昌诗《芦浦年记》卷三，吴曾《能改斋漫录》卷一，陆游《老学庵笔记》卷一，盛如梓《庶斋老学丛谈》卷下，及欧阳修《归田录》卷二。

〔77〕《文献通考》卷三一《选举考》四引。

〔78〕科举制度虽有其方法上之缺点，如科目范围太狭，专门注重文词之类，然施行此制之良好影响亦不少。钱穆先生《国史大纲》上册第286页云："在此制度下，可以根本消融社会阶级之存在；可以促进全社会文化之向上；可以培植全国人民对政治之兴味而提高其爱国心；可以团结全国各地域于一个中央之统治。" *整理者按：《国史大纲》初版于1940年，商务印书馆。

〔79〕参《文献通考》卷二九《选举考二·唐登科记总目》，卷三二《选举考》五《宋登科记总目》。唐每岁所取进士，人数极不一致，少则数人，最多一次为高宗咸亨四年，所取达七十九人。大抵晚唐以来，每岁所取常以三十人为率，通三岁所取，不过百人，而宋每科进士及第辄以四五百人计，则宋取士之数较唐增大约为五倍。

〔80〕《文献通考》卷二九《选举考》二，及《日知录》卷一七《出身授官》条。

〔81〕《宋史》卷一五五《选举志》一。

〔82〕《文献通考》卷三〇《选举考》三引洪迈《容斋随笔》曰："太宗雍熙二年、端拱元年，礼部放进士之后，虑有遗材至于再试再放，雍熙复试凡百七十六人，端拱复试诸科因此得官者至于七百，一时待士，又谓至矣。"

〔83〕《宋史》卷一五五《选举志》一。

〔84〕据《日知录》卷一七《出身授官》条引。

〔85〕欧阳修《欧阳文忠集》卷四二。

〔86〕洪迈《容斋随笔》卷九《高科得人》条云："国朝自太平兴国以来，以科举罗天下士，士之策名前列者，或不十年而至公辅。吕文穆公蒙正、张文定公齐贤之徒是也。及嘉祐以前，亦指日在清显。……观天圣初榜，宋郑公郊、叶清臣、郑文肃公戬、高文庄公若讷、曾鲁公公亮五人连名，二宰相、二执政、三司使。第二榜，王文忠公尧臣、韩魏公琦、赵康靖公概连名。第三榜，王宣徽拱辰、刘相沆、孙文懿公抃连名。杨寘榜，寘不幸即死，王岐公珪、韩康公绛、王荆公安石连名。刘煇榜，煇不显，胡右丞宗愈、安门下焘、刘忠肃公挚、章申公惇连名。其盛如此！治平以后，第一人作侍从，盖可数矣。"

〔87〕见苏轼《东坡集》卷二四《送章子平诗序》，《宋史》卷一五五《选举志》一所叙，即据轼文。

〔88〕王称《东都事略》卷一二一《梁师成传·论》。

〔89〕《柳宗元集》卷二六《四门助教所壁记》云："分其人而教育之，其有通经力学者，必于岁之杪，升于礼部，听简试焉。"

〔90〕《文献通考》卷四六《学校考》七云："唐制：京都学生八十人；大都督、中都督府、上州各六十人，下都督府、中州各五十人；下州四十人；京县五十人，上县四十人，中县、中下县各三十五人；下县二十人；州县学生，州县长

官补，长史主焉。每岁仲冬，州县馆监举其成者，送之尚书省。"

〔91〕《文献通考》卷四六《学校考》七云："不得辄使诸百姓，任立私学。"

〔92〕《宋史》卷一五七《选举志》三。宋之国子学，初以应荫子孙隶学受业，后亦渐行开放。开宝八年，国子监上言："生徒旧数七十人，奉诏分习五经，然系籍者，或久不至；而在京进士诸科，常赴讲席肄业，请以补监生之阙。"诏从之。景德间，许文武升朝官嫡亲附国学取解，而远乡久寓京师，其文艺可称，有本乡命官保任，监管验之，亦听附学充贡。见同书同卷。

〔93〕宋初书院颇盛，最著者为庐山白鹿洞书院、衡州石鼓书院、潭州岳麓书院、应天府书院，号四大书院。《文献通考》卷四六《学校考》七云："此外又有西京嵩阳书院，赐额于至道二年；江宁府茅山书院，赐田于天圣二年。嵩阳、茅山，后来无闻，独四书院之名著。是时未有州县之学，先有乡党之学。……乡党之学，贤士大夫留意斯文者所建也。故前规后随，皆务兴起。后来所至书院尤多，而其田土之锡，教养之规，往往过于州县学，盖皆仿四书院云。"

〔94〕《新唐书》卷五一《食货志》一。

〔95〕《唐六典》卷三及《旧唐书》卷四八《食货志》上。

〔96〕《新唐书》卷五一《食货志》一。

〔97〕《新唐书》卷五一《食货志》一。

〔98〕《新唐书》卷一四五《杨炎传》。

〔99〕《通典》卷七《食货志》七。

〔100〕《新唐书》卷一四六《李吉甫传》。

〔101〕《资治通鉴》卷二四八《唐纪》卷六四，会昌五年八月壬午条，记毁凡天下寺四千六百余区，归俗僧尼二十六万五百人，招提兰若四万余区，收良田数千万顷，奴婢十五万人。

〔102〕《资治通鉴》卷二九二《后周纪》三，显德二年敕天下寺院非敕额者悉废之，禁私度僧尼，及僧俗舍身、断手足、炼指、挂灯、带钳之类，幻惑流俗

者。令两京及诸州每岁造僧帐，有死亡归俗，皆随时开落。是岁天下寺院存者二千六百九十四，废者三万三百三十六，见僧四万二千四百四十四，尼一万八千七百五十六。

〔103〕李攸《宋朝事实》卷七，谓至真宗天禧末，天下僧三十九万七千六百一十五人，尼六万一千二百三十九人，而道士女冠当不在内。《宋史》卷二八四《宋祁传》，祁于仁宗宝元时，上书言僧道冗多，称："请断自今僧道已受戒具者姑如旧，其他悉罢还为民，可得耕夫织妇五十余万人。"则总数不止五十万亦可知。至寺院之数，赵令畤《侯鲭录》谓真宗景德时二万五千寺，仁宗嘉祐间则为三万九千寺。

〔104〕《新唐书》卷一六二《独孤及传》。

〔105〕《旧唐书》卷一二〇《郭子仪传》。

〔106〕《旧唐书》卷一三四《马燧传》。

〔107〕《旧唐书》卷一五一及《新唐书》卷一七〇《王锷传》。

〔108〕《新唐书》卷一五八《韩弘传》。

〔109〕《新唐书》卷一四五《元载传》。

〔110〕赵令畤《侯鲭录》卷六。

〔111〕参加藤繁《唐宋时代庄园组织及聚落之发达》。*整理者按：加藤氏原文发表于1928年《狩野教授还历纪念中国学论丛》。

〔112〕陆贽《陆宣公奏议》卷一二。

〔113〕元稹《长庆集》卷三八《同州奏均田状》。

〔114〕《资治通鉴》卷二九四《后周纪》五。

〔115〕《宋史》卷四七八《世家》一《南唐李氏》附《潘佑传》云："佑尝建议复井田，及依周礼置牛籍，……事行，百姓大挠。"则其事固无成。惟马令《南唐书》卷一九谓佑深抑豪民有买贫户田者，请即还之。僧文莹《湘山野录》亦谓南唐后主好古重农，佑请复井田之制，稍抑兼并。

〔116〕王称《东都事略》卷二六《赵普传》。

〔117〕赵翼《廿二史札记》卷二二《五代藩帅劫财之习》条。

〔118〕《宋史》卷二四九《王溥传》。

〔119〕《宋史》卷二四九《魏仁浦传》附《咸信传》。

〔120〕《宋史》卷二四九《范质传》附《晞传》。

〔121〕《宋史》卷二五〇《石守信传》附《保吉传》。

〔122〕《宋史》卷二五六《赵普传》。

〔123〕《宋史》卷二五五《张永德传》："永德在太原，尝令亲吏贩茶规利，阑出徼外市羊。"

〔124〕钱穆《国史大纲》上册，第288页。

〔125〕《通典》卷二《食货二》及卷七《食货》七。

〔126〕《宋会要辑稿》第三十七册《食货》一一之二六《户口杂录》。

〔127〕《宋史》卷一七三《食货志上》一。

〔128〕参森谷克已《中国社会经济史》（陈昌蔚译本）第五篇第三章第二节《庄园的所有者》，及第五篇第四章第一节《不输租地之增大》。*整理者按：森谷氏是书成于1934年，陈氏译本初版于1936年，商务印书馆。

〔129〕《宋史》卷一七三《食货志上》一。

〔130〕李心传《建炎以来朝野杂记·甲集》卷一七《本朝视汉唐户多丁少之弊》条。

〔131〕《宋史》卷一七三《食货志上》一。

〔132〕清乾隆《古今图书集成》卷五八引。*整理者按：该段文字见苏洵《嘉祐集》卷五《田制》。

〔133〕《新唐书》卷五四《食货志》。

〔134〕《宋史》卷一八五《食货志下七》。

〔135〕《宋史》卷二八四《陈尧佐传》："徙河东路，以地寒民贫，仰石炭以

为生，奏除其税。”熙宁间石炭始至汴京，苏轼作《石炭行》，言以之冶铁作兵器甚精。《宋史 · 食货志》称崇宁末官卖石炭增二十余场，天下市易务炭皆官自卖。朱弁《曲洧旧闻》卷四谓：“豫章出石可燃为薪，见《前汉书 · 地理志》，今西北处处用之，为利甚博，而豫章郡不复说也。”

〔136〕苏轼《徐州上皇帝书》，谓徐州东北七十里之利国监，自古为铁官、商贾所聚，其民富乐，凡三十六冶，冶户皆大家，藏镪巨万。并谓：“今三十六冶，冶各百余人，采矿代炭，多饥寒亡命，强力鸷忍之民也。”利国监即容工人至三四千之多，推之全国所吸收之游民当不少。

〔137〕《宋史》卷一七五《食货志上》三。

〔138〕“斑缬”即今日所谓印花布；初产南方，北销者甚少。王谠《唐语林》卷四，记玄宗柳婕妤妹，使工镂板为杂花，象之而为夹结，极为当时所珍秘。至宋各地多能制造，如开宝时洛阳贤相坊之李姓工人，能打装花襭，众谓之李装花，见《洛阳搢绅旧闻记》。至斑缬之制法，周去非《岭外代答》叙述颇详，谓猺人最优为之。“亳州轻纱”，陆游《老学庵笔记》卷六，谓亳州出轻纱，举之若无，裁以为衣，真若烟雾，一州惟两家能织，由唐至南宋已三百余年矣。又定州有“刻丝烟雾纱”，亦见同书。“霞样纱”，后唐庄宗见霞彩可人，命染院作霞样纱。平蜀，命蜀匠旋织十幅“无缝锦”为被材。又临川上饶之民，以新智创作“醒骨纱”，用纯丝蕉骨，相兼撚织。以上俱见陶谷《清异录》。

〔139〕李肇《国史补》下，谓唐中叶越人尚不工机杼，薛兼训为江东节度，募军中未有室者，厚给以赀，密令娶北地织妇以归，岁得数百人，由是越俗大化，绫纱妙称江左。又《资治通鉴》卷二七四后唐庄宗同光三年闰十二月条谓，湖南民不事桑蚕，马殷判官高郁命民输税者皆以帛代钱，未几民间机杼大盛。

〔140〕《文献通考》卷二五《国用考》三。

〔141〕徐兢《宣和奉使高丽图经》卷三四《客舟》条。

〔142〕吴自牧《梦粱录》卷一二《江海船舰》条。至唐末以下外商航乘华船

之事实及情形，桑原骘藏《蒲寿庚考》（陈裕菁译本）第二章注三十，考述颇详。

＊整理者按：桑原氏是书成于1923年，陈氏译本初版于1929年，中华书局。

〔143〕周去非《岭外代答》卷六《藤舟》条。

〔144〕宋真宗咸平三年八月戊申，造船务匠项绾等献“转海船式”，见王应麟《玉海》卷一四七。仁宗嘉祐中为外人修船，桅旧植船木上，不可动，工人为之造转轴，教其起倒之法，见沈括《梦溪笔谈》卷二四。又有“轮舟之制”，唐德宗建中时，李皋为洪州观察使，运心巧思为战舰，挟二轮踏之，鼓水急进，其疾若挂帆席，见《新唐书》卷八〇、《旧唐书》卷一三一及《册府元龟》卷九〇八。南宋初岳飞征洞庭湖盗，盗行轮舟，以轮激水，其行如飞，见《宋史》卷二六五《岳飞传》。又吴自牧《梦粱录》卷一二记西湖有车船之行驶。

〔145〕周煇《清波杂志》卷五谓，越上秘色器为钱氏有国日供奉之物，臣庶不得用，故云秘色。《侯鲭录》卷六引唐陆龟蒙越器诗，谓始自唐末。

〔146〕王士祯《五代诗话》卷一引《五杂俎》云：“陶器，柴窑最古，今人得其碎片，亦与金翠同价矣。盖色既鲜碧，而质复莹薄，可以装饰玩具，而成器者，杳不可复见矣。世传柴世宗时烧造，所司请其色，御批云：‘雨过青天云破处，这般颜色做将来。’”

〔147〕邵伯温《邵氏闻见前录》卷二云：“仁宗一日幸张贵妃阁，见定州红瓷器。”

〔148〕陶宗仪《辍耕录》卷二九引叶寘《坦斋笔衡》云：“本朝以定州白磁器有芒不堪用，遂命汝州造青窑器，故河北唐、邓、耀州悉有之，汝窑为魁。”《清波杂志》卷五谓：“汝窑，宫中禁烧，内有玛瑙末为油，唯供御拣退，方许出卖。”

〔149〕陆深《春风堂随笔》谓，宋时处州章生兄弟，主龙泉之琉田窑，弟所陶青器，纯粹如美玉，兄所陶者色淡，谓之哥窑。王世贞《宛委余编》卷一五则谓：“兄所作者视弟色稍白而断纹多，号白圾碎，故曰哥窑。”

〔150〕政和间自置窑烧造，名曰官窑，见《辍耕录》卷二九引叶寘说。

〔151〕《清波杂志》卷五谓，饶州景德镇所出陶器，于大观间窑变，色红如朱砂，比之定州红瓷器，色尤鲜明。施闰章《矩斋杂记》谓，宋时江西瓷器出庐陵永和市，其最有名者为舒娇所出，其炉瓮诸色，几与哥窑等价。至河北及唐、邓、耀、宿、泗诸处之产瓷，亦见《坦斋笔衡》《清波杂志》等书。

〔152〕南宋释志磐《佛祖统纪》卷四三。

〔153〕《宋史》卷四三一《儒林·邢昺传》。

〔154〕清乾隆《历代职官表》卷三四引《山堂考索》。

〔155〕沈括《梦溪笔谈》卷一八。

〔156〕何薳《春渚纪闻》卷八："黄山张处厚、高景修皆起灶作煤，制墨为世业。其用远烟鱼胶所制佳者，不减沈珪。……如沈珪、汪通辈，或不自入山，亦多即就二人买烟，令渠用胶，止各用印号耳。"墨上之印号，盖即今日之所谓商标，《纪闻》所云颇似近今之只卖商标而不组织工厂之资本家行为也。

〔157〕叶梦得《石林避暑录话》卷上："笔盖出于宣州，自唐惟诸葛一姓，世传其业，治平、嘉祐前，有得诸葛笔者，率以为珍玩，云一技可敌它笔数枝"。然品高则价昂，价昂难售，则资金呆滞，不易获利，故其后诸葛氏笔遂不复保持旧来标准。蔡絛《铁围山丛谈》卷五谓，大观间偶得诸葛笔，则已有"黄鲁直样""鲁公羊毫样"及"观文样"诸品，以投合时好，至与挈竹器，巡闾阎，货锥子及奴台手抄圭撮者，争先步武矣。政和后，诸葛氏之名于是顿息。

〔158〕小作坊破产，则社会增多小贩人物。吕祖谦《宋文鉴》卷一三三载石介《祭孔中丞文》，有"两街贩卖儿以数千"之语，北宋之所谓"勘宅者"，南宋之所谓"盘街者"，皆小贩之流亚。南宋临安之小经纪达百余种，极见营业专化之程度。周密《武林旧事》卷六载："见成皮鞣、鞣楦、鞣带、修皮鞣、帽儿、椅褥、风袋、鞣结底，……鼓炉钉铰、补锅子、泥灶。"又云："若夫儿戏之物，名件甚多，尤不可胜数，如相银杏、吹叫儿、打娇惜、千千车、轮盘儿；每一事，

率数十人，各专藉以为衣食之地。”

〔159〕自东汉灵帝中平元年（184）黄巾乱起，至唐玄宗天宝十四载（755）安禄山反止，凡五百七十一年，在社会经济进展上为一逆转时期，即由交换经济而回于自足经济。其详参全汉昇《中古自然经济》一文，载《中央研究院历史语言研究所集刊》第十本第一分。

〔160〕《册府元龟》卷四八七所述略同，谓系天宝八载事。《通典》卷六《食货》六注文云：“准令，布帛皆阔尺八寸、长四丈为匹，布五丈为端，绵六两为屯。”

〔161〕中央研究院《历史语言研究所集刊》第二十本（上），全汉昇《唐宋政府岁入与货币经济的关系》，1948年。

〔162〕李心传《建炎以来朝野杂记·甲集》卷一四《国初至绍熙天下岁收钱数》条云：“国初混一之初，天下岁入缗钱千六百余万，太宗皇帝以为极盛，两倍唐室矣。天禧之末，所入又增至二千六百五十余万缗。嘉祐间，又增至三千六百八十余万缗。其后月增岁广，至熙、丰间，合苗、役、税、易等钱，所入乃至六千余万。”

〔163〕据《宋史》卷一七九《食货志》《玉海》卷一八五，《文献通考》卷二四《国用考》二，治平二年岁入总额为一亿一千六百一十三万八千四百五。据陈襄《古灵先生文集》卷一八《论冗兵札子》，治平二年岁入钱数则为六千万。

〔164〕庆历年间岁铸钱三百余万贯，至熙宁六年其数倍增，见沈括《梦溪笔谈》卷一二、《宋会要辑稿·食货》一一、《玉海》卷一八〇，及《皇朝类苑》卷二一《岁铸钱数》条。元丰三年所铸钱数，较熙宁六年少五万余贯，见《玉海》卷一八〇。天宝年间岁铸钱数，见《通典》卷九《食货九》及《新唐书》卷五四《食货志》。

〔165〕桑原骘藏《蒲寿庚考》（第31-34页）谓金银铜铁输出之禁，唐代已有，但未生实效。宋代钱币外溢，东自日本，西至回教诸国，散布极广，而南洋

一带尤多，久而久之遂成彼地之通货。《宋史》卷一八〇《食货志》述张方平之言云：“边关重车而出，海舶饱载而回，……钱本中国宝货，今乃与四夷共用。”盖纪实也。

〔166〕李焘《续资治通鉴长编》卷九七。

〔167〕孙承泽《春明梦余录》卷三八：“唐宪宗时，令商贾委钱上诸路进奏院，以轻装趋四方，合券乃取之，号‘飞钱’，然犹钱与券为二也。张詠镇蜀，以铁钱重，不便贸易，设质剂之法，一交一缗，以三年为界而换之，谓之‘交子’。后官为置造，谓之交子务。”

〔168〕王溥《唐会要》卷八四《杂税》条。

〔169〕《文献通考》卷一四《征榷考》一。

〔170〕《宋史》卷一八六《食货志》下八。

〔171〕龚鼎臣《东原录》云：“士熙道管三司商税案，言天下商税钱，每岁二千二百万贯。”熙道为建中字，其人以学行著称于天圣、庆历时，全汉昇据此以推定上项商税收入之时间。李心传《朝野杂记·甲集》卷十四《景祐庆历绍兴盐酒税绢数条》则谓：“庆历中商税钱一千九百七十五万余缗。”

〔172〕《文献通考》卷一四《征榷考》一。

〔173〕见《新唐书》卷五四《食货志》四。按唐初不榷盐，天宝、至德间，盐价每斗仅十钱；及乾元元年，第五琦初变盐法，尽榷天下盐，其价遂增为一百一十钱。德宗贞元四年，江淮盐每斗为钱三百一十，其后复增六十，则每斗为钱三百七十。《食货志》且谓：“江淮豪贾射利，时或倍之，官收不能过半，则民始怨矣。”

〔174〕佚名《锦绣万花谷·前集》卷一五《唐宋岁入》及《群书考索后集》卷五六《榷盐》，均谓国朝盐利大率二千余万缗，《梦溪笔谈》卷一一记元丰元年盐利为二千二百余万缗。

〔175〕《旧唐书》卷四九《食货志》下。

〔176〕《宋史》卷一八三《食货志》下五。

〔177〕《文献通考》卷一七《征榷考》四。

〔178〕见《续资治通鉴长编》卷二〇九，及张方平《乐全集》卷二四《论国计书》。

〔179〕朱彧《萍洲可谈》卷二及《全唐文》卷七六七。

〔180〕《旧唐书》卷一九八《西戎传·波斯》条。

〔181〕见《通典》卷一九一及一九三。又当大食人大败高仙芝时，被掳唐人曾将亚洲西以所未谙之造纸工业输入石国（Samanband），见冯承钧译沙畹所著《中国之旅行家》。*整理者按：冯氏译本初版于1926年，商务印书馆。

〔182〕《旧唐书》卷一一〇《邓景山传》，及《新唐书》卷一四四《田神功传》。

〔183〕参《蒲寿庚考》第14－15页，张星烺《中世泉州状况》（载燕京大学《史学年报》第一期），及梁启超《中国历史研究法》第105页。按大食人阿布赛德哈散（Abu Said Idassan）所述黄巢杀人数目，系据由当时中国政府对外人按征税而计算之者，虽或有渲染，但外人留居广州甚多之基本事实则无可疑。*整理者按，经核对页码，《中国历史研究法》当为1933年再版本，商务印书馆。

〔184〕见日本《史学杂志》第四十五编九号，秋山谦藏《日唐贸易之发展》一文所引。

〔185〕唐于大食等国之来华通商者，初设互市监以掌诸蕃交易；嗣又设提举市舶司于沿海。《旧唐书》卷八《玄宗纪》，开元二年十二月，载有“右威卫中郎将周庆立为安南市舶使”之语。《唐会要》卷六二《谏诤》条作“岭南市舶司”。其事又见《册府元龟》卷五六及《新唐书》卷一一二《柳泽传》。

〔186〕参藤田丰八《宋代市舶司及市舶条例》，载《中国南海古代交通丛考》，何建民译。*整理者按：何氏译本初版于1936年，上海商务印书馆。

〔187〕《宋会要·总叙·市舶司条例》（《北平图书馆馆刊》第五卷第五号

《宋代提举市舶司资料》)，又参《宋史》卷一八六《食货志》下八。＊整理者按：所引《宋会要》文见徐松《宋会要辑稿》职官四四之一。

〔188〕《宋代提举市舶司资料》，及《宋史》卷一八六《食货志》下八。

〔189〕朱彧《萍洲可谈》卷二："广州蕃坊，海外诸国人聚居，置蕃长一人，管勾蕃坊公事，专切招邀蕃商。"《宋史》卷四九〇《外国传·大食》，载舶主蒲希密上表，云在本国，曾得广州蕃长寄书招谕，令入京贡奉，盛称皇帝圣德，布宽大之泽，诏下广南，宠绥蕃商，阜通远物云云。盖蕃长乃由我国所任命也。又朱书谓："蕃人有罪，诣广州鞫实，送蕃坊行遣。"此与近代专管租界情形颇相类似。至蕃坊有治外法权之例，具见《宋史》卷三〇三《张昷之传》，卷三四七《王涣之传》，卷四〇〇《汪大猷传》。

〔190〕市舶司之用大食人，颇似近时总税司任用英人之事，最著者为蒲寿庚其人。《宋史》卷四七《瀛国公本纪》云："初，寿庚提举泉州舶司，擅蕃舶利者三十年。"

〔191〕东京开封府前身之汴城，乃宣武军节度使之治所，为唐德宗建中二年李勉所开始营筑。

〔192〕隋唐之地方制度，县下置乡。至宋元丰时，分县为"乡""镇"二种，而南宋则增"市"之一种。大抵乡为农村之集，镇则近于小商业都市，市则较为繁荣，为完全之小商业都市。县以下镇市之增设，此又说明商业普遍兴起之一事实。参加藤繁《唐宋时代庄园组织及聚落之发达》一文。

〔193〕王存《元丰九域志》卷一《东京开封府·延津县》条，有草市镇之名称，其镇即由草市发展而成者。

〔194〕王溥《唐会要》卷七一河北道德州有灌家口之草市；《元和郡县志》卷二七江南道沔州汉川县有赤壁之草市；宋钱易《南部新书》有信州城西街之草市，张礼《游城南记》，京兆有东西门外之草市。

〔195〕徐坚《初学记》卷二四《居处部·宅》条。

〔196〕王溥《唐会要》卷八六《街巷》条。

〔197〕王溥《唐会要》卷八六《街巷》条载，义成军节度韦让前任宫苑使日，故违敕文，于怀贞坊西南角亭子西，侵街造舍九间，大中三年六月准右巡使奏，令即毁拆。

〔198〕俱见《玉海》一七四《城》条。总《玉海》所云新旧城内坊数计之，共为一百二十坊。熙宁中王瓘撰《北道刊误志》，记开封坊名为一百二十。

〔199〕张九龄等《唐六典》卷二〇。

〔200〕《全唐文》卷三十，玄宗《禁赁店干利诏》："南北卫百官等，如闻昭应县两市及近场处，广造店铺，出赁与人，干利商店，莫甚于此。自今以后，其所赁店铺，每间月估不得过五百文。"两市按即长安之东西两市。

〔201〕高彦休《唐阙史》卷下《王居士神丹》条，延寿坊有鬻金银珠玉者；孙棨《北里志·王团儿》条，宣阳坊有彩缬铺张氏；《北里志·张住住》条，平康坊南曲内有货草剉姜果之小铺席；沈既济《任氏传》，升平坊坊门旁有鬻饼之舍；段安节《乐府杂录》，崇仁坊有造卖乐器之赵家坊。上引诸书多出唐末，所言当属事实；而以上诸坊盖皆在东市或西市之近邻。参加藤繁《宋代都市之发达》一文。*整理者按：加藤繁该文载《桑原博士还历纪念东洋史论丛》，1931年。

〔202〕王溥《唐会要》卷八六《市》，开成五年十二月敕。

〔203〕王溥《五代会要》卷二六《城郭》。

〔204〕瓦子为群众会聚观艺及货鬻之场所，亦单称瓦，又或作瓦市，瓦肆，瓦舍等。《梦粱录》卷一九《瓦舍》条谓："瓦者谓其'来时瓦合，去时瓦解'之义，易聚易散也。"又《都城纪胜·瓦舍众伎》条亦谓："瓦者野合易散之义也，不知起于何时。"那波利贞谓瓦子乃由草市之演变而来，见日本新光社所出版之《宋元时代》。*整理者按：《宋元时代》为白鸟库吉监修的《世界文化史大系》第九卷。该卷为铃木良编，那波利贞执笔部分为《五代纷争与宋朝统一》，

东京，新光社出版于1935年。

〔205〕中世时代，宗教盛行，时人活动多在有同今日公园性质之寺院中。故寺院虽是有关精神信仰之组织，他方面亦复深切关系于日常世俗生活也。例证至多，于此不赘。钱易《南部新书》卷戊云：“长安戏场，多集于慈恩，小者在青龙，其次荐福、永寿。”宋代开封之相国寺，每月五次开放，货鬻演技，至为繁闹，见《东京梦华录》卷三《相国寺内万姓交易》条。上述之唐代三寺，当亦系开放时演戏，不必日日行之也。乐史《杨太真外传》卷上谓：“召两市杂戏，以娱贵妃。”刘宾客《嘉话录》云：“大司徒杜公在维扬也，尝召宾幕闲语：我致仕之后，必买一小驷八九千者，饱食讫而跨之，着一粗布襕衫，入市看盘铃傀儡足矣。”此为市中演戏之例。又有道路上表演技艺者，宋代称此类人曰路歧或歧路，即道路艺人之意也。

〔206〕江少虞《皇朝类苑》卷三三《街鼓》条，称出《倦游录》，所记与此略同。

〔207〕《宋元时代》第178页《宋代都市之特色》节，述北宋末期开封之酒楼，谓以遇仙酒楼、仁和酒楼、会仙酒楼为最著，次为平家、张家、清风楼、潘楼、看牛楼、铁屑楼、白礬楼、姜家宜城楼、忻乐楼、刘楼、杨楼、合乐楼、玉楼、薛楼、长庆楼、高阳楼、八仙楼、时楼、班楼、千春楼、中山园、银氏、蛮王园、朱宅园、邵宅园、张宅园、方宅园、梁宅园、郭小斋等酒楼数十处。《东京梦华录》卷二《酒楼》条下记“白礬楼”云：“白礬楼后改为丰乐楼，宣和间更修，三层相高，五楼相向，各有飞桥栏槛，明暗相通。珠帘绣额，灯烛晃耀。……内西楼后来禁人登眺，以第一层下视禁中”云云。可见酒楼壮丽之一般。

〔208〕自东晋元帝建武元年（317）起，至隋文帝开皇九年（589）平陈，凡二百七十二年。

〔209〕桑原骘藏有《晋室南渡与南方开发》（载大正三年十月《艺文》第五年第十号）一文，据颜之推《颜氏家训》《南史》《北史》等书，综述南北风尚

之殊曰："南方饮茗食鱼，北方饮酪茹肉；南人崇尚老庄，耽嗜室内之清谈，而北人则好驰骋郊原，从事狩猎；南人华奢柔弱，北人质素刚健；南朝之官乘舆，偶有乘马者则受世间指弹，而北朝之人则皆乘马；北方儒生皆晓兵射，南方则否；北人女务织纴，男事农耕，颇尚勤俭，而南人非是，尤以贵族之恶劳好逸为然；南人忽视生计，多不善于筹算，而北人颇长数学，适与相反。"盖此将近三百年之分裂，使中国全部文化在其演进上，无处不显露其南北之差异现象：如言民族，南尚文而柔靡，北尚武而强劲；言风俗，南务华而重礼，北尚朴而多夷；言政治，南尚虚饰而条令繁缛，北重实行而文法简率；言经学，南简要得其精华，北繁缛得其枝叶；言文学，南精深而体多俪，北粗浅而体散直；言书法，南重帖而体尚圆媚，北多碑而尚方劲；言音乐，南啴缓而多哀怨，北粗躁而多杀伐；言音韵，南轻洁而分四声平仄，北重浊不分平仄。此其大较也。双方有此差异，于是不免互诋，如《魏书》称刘宋为岛夷，《宋书》则谓元魏为索虏也。*整理者按：桑原氏原文发表于1914年（大正三年），收入氏著《东洋史说苑》，东京弘文堂书房1927年，吴天墀先生中译本载《前进》第六期，1937年。

〔210〕颜之推《颜氏家训》卷七《音辞篇》。

〔211〕《文献通考》卷十四《征榷考一》云："晋自过江，至于梁陈，凡货卖奴婢、马牛、田宅，有文券率钱一万，输估四百入官，卖者三百，买者一百。无文券者，随物所堪，亦百分收四，名为散估。历宋、齐、梁、陈，如此以为常。"同书又云："自东晋至陈，西有石头津，东有方山津，各置津主一人，贼曹一人，直水五人，以检查禁物及亡叛者，获炭鱼薪之类，小津并十分税一以入官。淮水北有市百余，小市十余所，备置官司。"《魏书》卷六五《甄琛传》，记琛于世宗时上表云："今伪弊相承，仍崇关鄽之税；大魏恢博，唯受谷帛之输。"据此即可见南北社会经济及国家财政之差异所在也。参陈寅恪《隋唐制度渊源略论稿》七《财政》。

〔212〕玄宗天宝八年前，诸道米粟最盛者首推河南、河北，次为关内、河

东，再次为江南、淮南。故隋唐粮食之取给，其初尚不倚赖南方。安史乱后，河北、山东为藩镇所割据，租税不入中央，始专仰长江一带财赋以立国。说见钱穆《国史大纲》下册，第495－497页。

〔213〕据徐益棠《中国南北人口之升降》，载《中国文化汇刊》第七卷。＊整理者按：华西、金陵大学《中国文化汇刊》第七卷，1947年。

〔214〕《旧唐书》卷九八《裴耀卿传》，及同书卷四九《食货志》下。

〔215〕《新唐书》卷五三《食货志》三，《资治通鉴》卷二一四《唐纪》三〇开元二十五年九月条。又俞大纲《读高力士外传论变造和籴之法》（《中央研究院史语所集刊》第五本一分），足供参考。

〔216〕《旧唐书》卷一〇五及《新唐书》卷一三四《韦坚传》

〔217〕《资治通鉴》卷二一六《唐纪》三二天宝十二载以哥舒翰兼河西节度使条，《资治通鉴》此条乃采自郑处诲《明皇杂录》。

〔218〕《资治通鉴》卷二三二《唐纪》四八。

〔219〕《资治通鉴》卷二三七《唐纪》五二元和二年十二月条。按天宝总户为九百六十一万九千二百五十四，应课户为五百三十四万九千二百八，除应课户外，余皆不应课户。＊整理者按：此户数见《文献通考》卷十《户口考一》，是为天宝十三载。

〔220〕此据钱穆《国史大纲》下册第522页所载之《自汉迄明南北户口增减简表》，钱氏自谓："表中数字难尽精确，然取明大体之升降。"并参徐益棠《中国南北人口之升降》。

〔221〕杜佑《通典》卷七《食货七》。

〔222〕五代合计五十四年。至南方九国，吴越五主八十四年，南汉五主六十七年，楚六主五十七年，荆南五主五十七年，闽七主五十五年，吴四主四十六年，唐三主三十九年，前蜀二主三十五年，后蜀二主四十一年。

〔223〕例如吴徐知诰之好学礼士，轻徭薄赋；楚马殷之艺茶铸铁，修农惠

商；吴越钱鏐之大兴水利，创建海运，物阜民殷，迄宋犹为乐土；闽王审知之节俭省刑，选任良吏，与民休息，一境晏然；南汉刘岩不用武人为刺史，以防贪暴；后蜀孟昶之颁《官箴》以饬吏治，刻石经以兴文教等等，有为北方政权之所不逮者。

〔224〕《文献通考》卷一一《户口考》二。

〔225〕《宋史》卷八五《地理志》一。

〔226〕《文献通考》卷一一《户口考》二引《中书备对》。

〔227〕据《新唐书·宰相世系表》，其系出异族或汉人曾没入夷狄者，计河南刘氏（匈奴）一人，窦氏（鲜卑，托为窦武之后）六人，河南房氏（鲜卑，托为晋初房乾之后）三人，宇文（匈奴）三人，李氏（托为李陵之后，后魏赐号丙氏）二人，于氏（后魏初称万纽于氏）三人，长孙氏（鲜卑）一人，豆卢氏（出慕容氏）一人，源氏（鲜卑，出秃发氏）一人，元氏（鲜卑，拓跋氏）一人，独孤氏（匈奴）一人，浑氏（匈奴）一人，计十二姓二十四人，此尚据史有明文者。近人考证，尚有其他蕃姓在内，如令狐氏、高氏、阎氏等是。又孙光宪《北梦琐言》卷五云："唐自大中至咸通，白中令入拜相，次毕相諴、曹相确、罗相劭，权使相也，继升岩廊，崔相慎猷曰：'可以归矣，近日中书尽是蕃人。'盖以毕、白、曹、罗为蕃姓也。"

〔228〕《资治通鉴》卷一〇八《晋纪》三〇，太元二十一年冬条下，胡氏注。

〔229〕江少虞《皇朝类苑》卷六《王冀公条》，出《湘山野录》。

〔230〕《宋史》卷四三一《儒林·孔维传》，《宋史》卷二九六《杜镐传》。

〔231〕《宋史》卷二八二《李沆传》。

〔232〕朱弁《曲洧旧闻》卷二，亦记其事，谓邵雍于仁宗末年洛中闻鸟声，惊曰："此越鸟也，孰为而来哉？"因以《易》占之，谓人曰："后二十年有一南方人作宰相，自此苍生无宁岁，君等志之。"按安石为相，上距仁宗末年，不过数年，所谓后二十年，显误。

〔233〕参刘咸炘《右书·史学述林·北宋政变考》。

〔234〕罗大经《鹤林玉露》卷一一。

〔235〕《宋朝事实》卷一六《兵刑》。

〔236〕《宋史》卷二八二《李沆传》。

〔237〕《宋史》卷二八二《王旦传》。

〔238〕《宋史》卷二八二《王旦传》云："契丹既受盟，寇准以为功，有自得之色，真宗亦自得也。王钦若忌准，欲倾之，从容言曰：'此《春秋》城下之盟也，诸侯犹耻之，而陛下以为功，臣窃不取。'帝愀然曰：'为之奈何?'钦若度帝厌兵，即谬曰：'陛下以兵取幽燕，乃可涤耻。'帝曰：'河朔生灵，始免兵革，朕安能为此? 可思其次。'钦若曰：'唯有封禅泰山，可以镇服四海，夸示外国。然自古封禅，当得天瑞希世绝端之事，然后可尔。'既而又曰：'天瑞安可必得，前代盖有以人力为之者，惟人主深信而崇之，以明示天下，则与天瑞无异也。'帝思久之乃可。"

〔239〕《宋史》卷八《真宗纪·赞》解释假造天书之用意，曰："他日修《辽史》，见契丹故俗，而后推求《宋史》之微言焉。宋自太宗幽州之败，恶言兵矣。契丹其主称天，其后称地，一岁祭天，不知其几，猎而手接飞雁，鸨自投地，皆称为天赐，祭告而夸耀之。意者宋之诸臣因知契丹之习，又见其君有厌兵之意，遂进神道设教之言，欲假是以动敌人之听闻，庶足以潜消其窥觎之志欤?"按，天书奉祀，恐其对内之用意尤多，盖国力不逮契丹，岁赂暴露弱点，为镇定人心，维固统治，遂采行此种愚民政策，且其时社会意识深于宗教，故崇祀玉皇，尊礼赵玄坛，隐示天命有归，祖宗荫佑。适与唐代帝室之封老子为玄元皇帝，用心如出一辙也。

〔240〕《宋史》卷二八二《王旦传》谓真宗欲崇祀天书而心惮王旦，招之饮，欢甚，赐以尊酒曰："此酒极佳，归与妻孥共之。"既归发之，皆珠也。由是凡天书封禅等事，旦不复异议。然旦为天书使，每有大礼辄奉天书以行，恒邑邑不乐。

故临终深为悔很。＊整理者按：《宋史·王旦传》未见遗命“削发披缁”的事，可参见《宋史全文》卷六，天禧元年九月己酉。

〔241〕《东都事略》卷七七《范镇传》，镇上疏言：“古者冢宰制国用，唐以宰相兼盐铁转运，或判户部度支。今中书主民，枢密主兵，三司主财，各不相知，故财已匮而枢密益兵无穷，民已困而三司取财不已，请使中书、枢密通知兵、民、财利大计，与三司同制国用。”又参钱穆《论宋代相权》，载《中国文化研究汇刊》第二卷。

〔242〕《宋史》卷一六一《职官志总叙》云：“台、省、寺、监，官无定员，无专职，悉皆出入分莅庶务。故三省、六曹、二十四司，类以他官主判，虽有正官，非别敕不治本司事，事之所寄，十亡二三。故中书令、侍中、尚书令不预朝政，侍郎、给事，不领省职，谏议无言责，起居不记注，中书常阙舍人，门下罕除常侍，司谏、正言，非特旨供职亦不任谏诤。至于仆射、尚书、丞、郎、员外，居其官不知其职者，十常八九。”又见《文献通考》卷四七《职官考一》。

〔243〕《东都事略》卷六二《王德用传》云：“宝元二年，罢为武宁军节度使。初，翰林学士苏绅尝疏德用宅枕乾冈，貌类艺祖者，既而御史中丞孔道辅又以绅之言劾奏之，降左千牛卫上将军，知随州。德用疏言：‘宅枕乾冈，陛下所赐；貌类艺祖，父母所生。’”

〔244〕《宋史》卷二九〇《狄青传》云：“青在枢密四年，每出，士卒辄指目以相矜夸。又言者以青家狗生角，且数有光怪，请出青于外，以保全之，不报。嘉祐中，京师大水，青避水徙家相国寺，行止殿上，人情颇疑。迺罢青为同中书门下平章事，出判陈州，明年二月疽发髭卒。”宋人笔记言狄青事者不少，或谓青之死即出于朝廷之阴谋。

〔245〕《东都事略》卷三六《赵昌言传》，李顺乱蜀，王继恩讨之无功。太宗遣昌言往督继恩战，自继恩以下并受节度，既行，或言其无嗣，鼻折山根，恐握兵难制。即以昌言知凤翔府，罢其入蜀之行。《涑水纪闻》卷二记寇准密上言曰：

“赵昌言素有重名，又无子息，不可征蜀，授以利柄。”太宗得疏大惊曰：“朝廷皆无忠臣，言莫及此，赖有寇准忧国家耳。”遂诏昌言行所至即止。

〔246〕《东都事略》卷六三《吴育传》：“山东盗起，仁宗遣中使察视，还言：‘盗不足虑也，兖州杜衍，郓州富弼，山东人甚尊爱之，臣以为忧。’仁宗欲徙二人者。育曰：‘盗贼无足畏，小人乘间以撼大臣，此可虑也。’议遂寝。”

〔247〕宋初文武大政，故使分立，互不为谋。太宗命曹彬取幽州，宰相李昉等不知；招置义军札配军分，赵普等亦不知。其伐辽独与枢密院计议，一日六召而中书不预闻。真宗时田锡上书谓：“枢密院公事，宰相不得预闻，中书政事，枢密使不得预议，以致兵谋未精，国计未善，此政化湮郁之大者。”仁宗庆历间，富弼知谏院，时西事方兴，力论边事系国家安危，不当专委枢密，谓宰相当知枢密院事。于是相臣皆加判枢密院，已而以判为太重，改兼枢密院使，然不久其制即废。仁宗尝自谓军国之务，当悉归中书，枢密非古官，然又未欲遽废，则其意可知。及神宗时，元丰正名，百司庶官，各还本职，而枢密兵政独不归兵部，议者以为言，帝曰：“祖宗不以兵柄归有司，故专命官以统之，互相维持，何可废也。”

〔248〕唐两省谏官，皆为中书门下之属官。入宋台谏地位独立，乃专以绳外朝，而非以谏内廷。明道中执政除其亲旧二人为正言、司谏，帝谓曰：“祖宗法制，台谏官须出自宸选，今不可坏弛祖宗法度；若台谏官由大臣自除，则大臣过失，无敢言者。”执政惶恐言死罪，悸汗浃背。庆历四年并有“今台谏毋得用见任辅臣所荐之人”之诏。苏轼谓：“建隆以来，未尝罪一言者，纵有薄责，旋即超升，许以风闻，而无官长。仁宗之世，议者讥宰相但奉行台谏风旨而已。”＊整理者按：以上分别参见李焘《续资治通鉴长编》卷一一三明道二年十二月丁未、卷一五一庆历四年八月戊未；苏轼《东坡奏议》卷一《上神宗皇帝书》，熙宁二年四月。

〔249〕《东都事略》卷七七《范镇传》：“文彦博、富弼入相，百官郊迎。时

两制不得诣宰相居第，百官不得间见。镇言隆之以虚礼，不若开之以至诚，乞罢郊迎而除谒禁，以通天下之情。”

〔250〕宋用文臣知州，复设通判以贰之。《宋史》卷一六七《职官志》七云：“乾德初下湖南，始置诸州通判，命刑部郎中贾玭等充。建隆四年，诏知府公事，并须长史、通判签议连书，方许行下。时大郡置二员，余置一员，州不及万户不置，武臣知州，小郡亦特置焉。其广南小州，有试秩通判兼知州者。职掌倅贰郡政，凡兵民、钱谷、户口、赋役、狱讼听断之事，可否裁决，与守臣通签书，施行所部，官有善否，及职事兼废，得刺举以闻。”

〔251〕《皇朝类苑》卷七三《伺察》条云：“李公素学士为京西漕运时，李君俞以大理评事知河南府福昌县。一日得漕牒令体量簿尉洎邑界巡检者，既而召三人者从容饮食，谓曰：‘监司牒令某奉诇同僚之失，某固知诸君无事，窃恐复遣他人来，幸各防慎也。’三人相顾而笑，乃怀中各出一牒，乃是令簿尉察知县、巡检廉县官也，俱笑而退。”

〔252〕宋初招诸藩镇人京师，各赐以第；分命朝臣，出守列郡，号为权知军州事，以后成为定制。诸府、州、军、监及县，皆用中朝官外补，由吏部考课，分别等差。此种高度之中央集权制，乃为前代之所未尝见。

〔253〕《欧阳文忠集》卷四八《问进士策》三首之一，亦见吕祖谦《宋文鉴》卷一二四。

〔254〕《皇朝类苑》卷六六《以长官为笑》条所记相同，谓出《东轩笔录》。《类苑》下云：“及范文正公仲淹乞令天下选人用三员保任，方得为县令，当时推行其言，自是县令得人，民政稍举矣。”

〔255〕吴曾《能改斋漫录》卷十三《欧阳公多谈吏事》条。

〔256〕《欧阳文忠集》卷二八《大理寺丞狄君墓志铭》。

〔257〕《东都事略》卷二六《赵普传》，并见《涑水记闻》卷一、邵伯温《邵氏闻见录》卷一。

〔258〕《东都事略》卷二七《曹彬传》。

〔259〕《宋史》卷一八七《兵志》一。

〔260〕陈襄《古灵先生文集》卷十八；又蔡襄《蔡忠惠公集》卷十八《强兵》亦同。

〔261〕《文献通考》卷一五二《兵考》四引。

〔262〕参陈安仁《中国近世文化史》第一章第四节《宋代之农业》，第43－46页。*整理者按：陈氏此著由商务印书馆1936年初版。

〔263〕《宋史》卷四四二《文苑·苏舜钦传》。

〔264〕《文献通考》卷一一《户口考》二引。

〔265〕吕祖谦《宋文鉴》卷一二四刘敞《策问》二首之一。

〔266〕张元、吴昊华州人（或记元为许州人），负气倜傥，有纵横才。天圣间累举进士不第，乃愤走西夏，教元昊叛宋。洪迈《容斋三笔》卷一一，陈鹄《耆旧续闻》卷六，及王定国《闻见近录》俱记其事。

〔267〕王栐《燕翼贻谋录》卷五云："旧制，殿试皆有黜落，临时取旨，或三人取一，或二人取一，或三人取二，故有累经省试取中，屡摈弃于殿试者，故张元以积忿降元昊，大为中国之患。……于是群臣建议，归咎于殿试黜落。嘉祐二年三月辛巳，诏进士与殿试者皆不黜落，迄今不改。"案亲试举人，免黜落始于嘉祐二年，亦载《宋史》卷一二《仁宗本纪》。

〔268〕《文献通考》卷一二《职役考》一。

〔269〕《新五代史》卷五四《冯道传》。

〔270〕《欧阳文忠集》卷四八《问进士策》四首之一。

〔271〕《皇朝类苑》卷四引《帝学》。

〔272〕冯琦《宋史纪事本末》卷四九《蔡京擅国》条。

〔273〕《皇朝类苑》卷四二引《笔谈》。

〔274〕《皇朝类苑》卷六〇引《倦游杂录》。

〔275〕《皇朝类苑》卷七〇《李定》条，谓庆历中苏舜钦提举进奏院，至秋赛神，例卖折封纸以充酒馔之费。当时预会者皆名士，李定未被纳，遂腾谤于都下。御史刘元瑜加以弹奏，事下穷治，舜钦以监主自盗论罪，削籍为民。按预会名士如江休复、吕溱、刘巽、宋敏求、王益柔、何中立等十余人并坐贬黜，《宋史》卷三二九有《定传》。

〔276〕《皇朝类苑》卷七〇《杨绘》条，谓绘无检操，居荆南日事游宴，一日出家妓延客夜饮，有选人胡师文预会，半醉狎侮绘之家妓，绘妻呼妓入内叱挞，师文遂奋拳殴绘，几至委顿。《宋史》卷三二二有《绘传》。

〔277〕《皇朝类苑》卷七〇《杨孜》条，杨孜襄阳人，后终于祠曹员外郎，集贤校理。

〔278〕《皇朝类苑》卷七一《饶餗》条，记餗为抚人，驰辩逞才，素行捭阖，以诳诈取利。同书卷七〇《史沆》条，沆以进士第为著作佐郎，累坐事，仕不得志，好持人长短，世以凶人目之。

〔279〕赵令畤《侯鲭录》卷七《曹苏哥风味天真》谓为颍妓曹苏哥，纪事略同。宛敏灏《二晏及其词》第八章《二晏年谱》，考订为仁宗景祐元年晏殊知亳州时事。＊整理者按：宛氏《二晏及其词》初版于1935年，商务印书馆。

〔280〕《皇朝类苑》卷六五《诬罔》条之五引。

民国三十八年五月十六日（一九四九年）初稿写成于川大。

整理后记：

在跟随吴天墀先生学习宋史期间的1986年春，有幸获读先生赐示的手书未刊稿《中唐以下三百年间之社会演变——庆历变革与近世社会之形成（上）》（下称“原稿”），依稀记得说是一部尚未完成的旧稿。学生习读时，随手抄录了一份以备学习之资（下称“钞件”），但偷懒有许多省略，特别是在注文中。2013年先生百年诞辰之际，拟将该文印出以资纪念，但原稿遍寻不得，以为可能已不复存在，只好依据学生的这份很不完美的钞件录出整理，补充了一些认为是“省略”的内容，并以“整理者按”的名义作了一些说明，分别收入罗志田教授主编的《名家治史》（中华书局2016年3月）和《吴天墀文史存稿（增补本）》（北京师范大学出版社2016年6月）。幸运的是，2017年，韦兵君在成都送仙桥旧书市场发现了吴先生手迹原稿，老板坚持不转让，但同意复印一册，以广流传。证据显示，论文内容在20世纪30年代后期开始酝酿撰写，落稿时间是1949年5月，其后有若干眉批和校改。

本次整理，据先生手迹原稿录出，注释番号一律照旧。同时作了如下处理：

一、如下几种情况不出注：少数残缺不清的文字，一律用“□”代之。原稿有少许脱漏，则据钞件补充。一般性的笔误，径直改正，如注4《段灼传》误作《晋灼传》等。所引古籍无卷数者，酌情予以补上，如注4所引《陔余丛考》，补上“卷十七”。原稿有若干出处不准确，酌情予以补上，如注47，引《新唐书》“卷二三《马周传》”，补“《列传》”为“《列传》卷二三”等。

二、如下情况，加注于页下：吴先生在完稿后曾多次用钢笔在原稿上进行修改或加眉批、夹页者，其内容皆存于页下，如《南方之开发》一节通过脚注补充了原稿中两张关于“（隋唐）内部经济情况的变化”“宋初中原之荒芜”的夹页内容。原稿有少数几例引用有误处，皆通过脚注进行说明。

三、如下情况，加说明于原尾注之后：原稿有若干转引，少数几处补以出处。如注132注为《图书集成》卷五八引，为便于阅读，在“整理者按”下补充“该段文字见苏洵《嘉祐集》卷五《田制》”。原稿引用的现代人的撰著，包括原注页码，仍旧照录。必要时，随原稿尾注以“整理者按”名义注明该著作的初版时间和论文的发表时间；原稿引用的国外学者的译著，注明汉译本的出版时间；或者注明该著的初刊发表或出版时间。

本次整理，川大历史文化学院本科2017级王朝鑫同学根据原稿作了详细勘对，谨此致谢！

整理中可能出现的失误，一概由我负责，希望读者不吝指教。

刘复生恭笔

二〇二〇年十一月

试论宋代道学家的思想特点

○吴天墀

一、前言

二程兄弟是宋代道学的奠基者。程颐（1033－1107）称程颢（1032－1085）生孔子千四百年后，“得不传之学于遗经”，使孔子之道“焕然复明于世”，“盖自孟子之后，一人而已”。（《宋史》卷四二七《程显传》）这正可说明宋代道学和孔、孟儒学有着密切的内在联系。我认为如果用“天人合德，反本创新”八个字，便可表明它们思想脉络的共通点。

孔子整理六经，自谓“述而不作”，实则是“以述为作”。孔子以前存世的文献都是“公言”，没有私人著书之事。（参章学诚《文史通义》卷二《言公》）他通过对六经的整理，既总结了我国上古政教文化的要义，同时也表达出他自己的观点和主张。我国远古社会，即有敬天的信仰习俗，三代以来的统治者都称受命于天，下御万民，商、周两代，莫不如此。(《诗经·商颂·玄鸟》及《小雅·生民》)孔子生于春秋之末，作为一个志切救世的思想家和杰出的历史学家，他关心现实，期求拨乱反治。其道既不行，则揭示民族文化传统精神，寄希望于未来。孔子在继承的方面，赞仰尧、舜、禹、汤、文、武、周公，他把这些被理想化了的圣人，奉为楷模。因为他认为这些治国抚民的人物，能本至公，上同天道。但孔子对于天的传统观念则作了重大的改变，他把作为人格神进行赏罚的天，扬弃了它的宗教迷信部分，而仍保留了崇敬天或天道的宗教精神。并常引申发挥，切合于人事，使人受到启瀹，成为奋勉的动力。例如他常从大自然的直接感受中，发抒出企求使人生向上的道德思想意识。“子在川上，曰：‘逝者如斯夫！不舍昼夜。’”(《论语·子罕第九》)又说：“天何言哉！四时行焉，百物生焉，天何言哉！”(《论语·阳货第十七》)他从川水的流逝，滔滔无歇；寒来暑往，时节如流；禽飞兽走，物类繁兴的自然景象中，深悟道体，足明天人之不二。《易·乾象》朗：“天行健，君子以自强不息。”人道取法天道，便成了儒学的根源。据《论语》所记，孔子是“罕言性与天道”(《公冶长第五》)的，而这个“性与天道”的问题，则成了后来宋代道学家全心探索的重点。从孔子的思想进行分析，他是认为人道（人生界）不能自外于天道（宇宙界），所以人应顺承和效法天则。《易传》说：“天地之大德曰生。”人和万物都由此孕育出来，大自然充沛着生命现象，延续、发展、变化，永无止息。儒家提倡的“仁”的学说，实际就是从大自然的生命现象体会出来的。他们认为天人同源，人性不异天性，孟子讲性善，根据在此。他们认为人性表现有不善，或由气质之偏，或由习俗所染，通过人的自觉努力，反之于初，便可契合天性。孟子说："尧、舜，性之也，汤、武，反之也。"程颐解释："性之者，生而知之者也，反之者，学而知之者也。"[1]人通过学习，乃能达到为善。这就是所谓"复性"，"复性"也就是"反本"。中国学者好言"复古"，与西方现代宣扬"进化"，着眼点有所不同。前者认为古代纯朴（实由当时社会生活范围狭小、血缘关系密切所致），后世则多机权变诈（当由物质文明大造，社会活动扩大，且贫富悬殊，争夺益甚所致），虽知识技术，后胜于前，从道德品质看，一般情况则是今不如古。四川学者刘咸炘曾畅发其义。他说："德性静本于先天，智力动起于后天。夫静故必逆而后得，动故以顺而愈推。德性前胜于后，智力后胜于前。"[2]他引清初学者唐铸万的话说："众人顺年，圣人逆年。知与年加，见与年加，闻与年加。知浚沉心，见博覆心，闻蓄忘心；三者根心，遂以戕心。"又说："男子溺于世而离于天，妇人不入于世且近于天；丈夫溺于世而远于天，孺子未入于世而近于天。"[3]这种智胜德衰说，和孟子重赤子之心，其理据是相同的。

儒家学派还认为，人性出于天性，天道虽善，倘人安于故常，无昕作为，人生界便不会进步，日臻于完善。因此，孔子：说："人能弘道，非道弘人。"（《论语·卫灵公第十五》）张载释曰："心能尽性，'人能弘道'也；性不知检其心，'非道弘人'也。"（《正蒙·诚明篇第六》）这是儒家倡导人文主义的原因。开启人文在于造成适宜人类发展的优良环境条件，使人更能把受自大自然的禀赋，充类至尽地表现出来，这样才会充实完成人格，达到"尽性"的目的。儒家学派认为这个“下学人事，上达天理”（《论语·宪问第十四》朱熹注语）的思想取向，是反本和创新的结合，反本为的去污存清，创新为的加速进步，“止于至善”。朱熹曾有诗曰：“问渠那得清如许，为有源头活水来。”反本就是为了接通“源头活水”，把潜藏在民族血液里的悠久文化意识发掘出来，为创新提供取之不尽、用之不竭的源泉动力。

宋代道学，是从北宋中期新儒学兴起中形成的。而道学之名约出现于宋神宗、哲宗相接之际。[4]就时代背景上看，中国前期封建社会经唐末五代的混乱而崩溃，辽、夏政权与中原的宋王朝相对立，南风不竞。因此宋代道学家的潜在意识中，既有文化民族主义的思想因素，也不无政治危机感。从学术的渊源说，道学家认为孔、孟儒学的真谛久已汩没不清，而隋、唐以下，佛、老之学风靡朝野，支配人心。所以《宋史·道学传·序》一则说：“两汉而下，儒者之论大道，察焉而弗精，语焉而弗详，异端邪说起而乘之，几至大坏。”再则颂美程，朱复兴孔、孟儒学之功，谓“颠错于秦火，支离于汉儒，幽沉于魏、晋、六朝者，至是皆焕然而大明，秩然而各得其所”。被指为“异端邪说”的佛、老，重点尤放在原由印度传入的佛教。佛学理论体系宏深缜密，思辨分析又极精微。道学家为了扶持儒学，对佛学采取了又排斥又吸收的态度，用佛学之长补儒学之短，找出《易传》《洪范》《大学》《中庸》等典籍来，强调中国文化传统亦早有对“性与天道”研究的高度造就。所有道学大师都对宇宙本体问题深感兴趣。例如周敦颐言太极，张载言太和，二程言天理，陆九渊言天心，皆是。他们由外向内，体证心性；从人到天，以探造化之源。他们阐明“一本万殊”之理，使孔、孟提倡的“仁”的学说，得到富有新意的发挥，把它建立在更坚实的基础之上。所谓孔、孟绝学复明，好比一株久已枯萎的老树，经过浇灌，重又开出似锦的繁花，宜乎引人注目！宋代道学家用巨大力气搞反本寻源的工作，抓住这个重心各申所见，互相质难，纷陈新义，这就打开了中国儒学哲学化的大门，使中国思想学术跃上了新的台阶。

二、宋代道学家的思想特点

以下论述五点，从中可以看出道学家们在思想上的创新和成就。

第一，尊重理性。

宋代道学家看重一个“理”字，评判是非得失就看它能不能合乎义理。汉、唐儒学着重训诂章句的解释，师门相传，视为教条，不敢轻加议论。宋代新儒风气，不特敢于怀疑经传，而且还要议经改经。陆游就曾注意到这一点：“唐及国初，学者不敢议孔安国、郑康成，况圣人乎！自庆历后，诸儒发明经旨，非前人所及；然排《系辞》、毁《周礼》、疑《孟子》、议《书》之《胤征》《顾命》、黜《诗》之序，不难于改经，况传注乎！”宋代道学家就是从这个风气中成长起来的，他们论究的中心又是关乎宇宙人生的哲学问题，前无蹊径可循，多靠深思独创，以此他们反对盲从迷信，不承认有不容许挑战的权威。他们无例外地都提倡怀疑深思。周敦颐说：“不思则不能通微，不睿则不能无不通。是则无不通生于通微，通微生于思，故思者圣功之本。”（《通书·思第九章》）张载则说：“不知疑者，只是不便实作；既实作则须有疑。必有不行处，是疑也。譬之通身会得一边，或理会一节未全，则须有疑，是问是学处也；无则只是未尝思虑来也。”（《宋元学案》卷十八《横渠学案下》）程颐讲学，强调此意更多，如说：“学者先要会疑”；“不深思则不能造于道，不深思而得者，其得易失”；“思则得之，不思则不得也。故《书》曰：‘思曰睿，睿作圣。’思所以睿，睿所以圣也”（均见《河南程氏遗书》卷二十五）；“人思如涌泉，汲之愈新”（同上书卷二十四）。他们提倡怀疑，不是否认一切，提倡虚无主义，而是通过怀疑的考验，最后建立起基础稳固的自信心。程颐说过：“信有二般：有信人者，有自信者。如七十子之于仲尼，得他言语，便终身守之，然未知道怎生是、怎生非也，此信于人者也。学者须要自信，既自信，怎生夺亦不得。”（《宋元学案》卷十五《伊川学案上》）朱熹就这个问题还作过现身说法：“某幼时用心甚苦，思量这道理，如过危木桥子，相去只在毫发之间，才失脚便欧下去。”（《宋元学案》卷四十八《晦翁学案上》）他指点学者，把疑以求信的经验过程，谈得亲切有味：“读书始读未知有疑，其次则渐渐有疑，中则节节是疑。过了一番后，疑渐渐解，以至融会贯通，都无所疑，方始是学。”（《晦翁学案上·语要》）朱熹还表示了“真理面前，人人平等”的宝贵意见，他说：“今世上有一般议论，成就后生懒惰，如云不敢轻议前辈，不敢妄立论之类，皆出怠惰者之意。前辈固不敢妄议，然论其行事之是非，何害？固不可凿空立论，然读书有疑有所见，自不容不立论，其不立论者，只是读书不到疑处耳。将诸家说相比，并以求其是，便有合辨处。”（同上）与朱熹同调的张栻，和朱熹讨论过“决疑存信”的问题，他回信说；

“所谓读书当虚心平气，以徐观义理之所在，如其可取，虽庸人之言，有所不废；如其可疑，虽或传以圣贤之言，亦须细加审择，斯言诚是。然虚心平气，岂独观书为然？某既已承命，因敢复以为献也。”（《宋元学案》卷五十《南轩学案》）又如永嘉学派的开创者薛季宣，曾师事二程门人袁溉，他向袁溉问及义理之辨，袁溉告诉他：“学者当自求之，他人之言，善非吾有。”（《宋元学案》卷五十二《艮斋学案》）倡明心学的陆九渊，他认为：“学问之功，切磋之始，必有自疑之兆，及其至也，必有自克之实。”又明白提示学者：“不可随人脚跟，学人言语。”（《宋元学案》卷五十八《象山学案》）

以上道学家的讲话，表明他们做学问是十分严肃认真的。吕大临撰《横渠先生行状》（见《张载集·附录》），把张载“志道精思”的专注精神加以刻画出来。他说张载辞官西归横渠故居后，生计艰困，而处之益安，“终日危坐一室，左右简编，俯而读，仰而思，有得则识之。或中夜起坐，取烛以书，其志道精思，未始须臾息，亦未尝须臾忘也”。他们创造出来的学术成果，既付出如是重大的代价，他们怎的不倍加珍视和信守呢？通观有宋一代风气，学者大多坚持独立思考，珍爱心得，有如保护自己的人格。道学家尊重理性，自然更走在前头。下面举出几个例子，当可增加一些对他们“争鸣”的体会：

（一）对《孟子》持赞成或否定态度的问题，争论十分热烈。宋以前统治阶级只尊崇周公、孔子，至于擡出孟子，与孔子并驾，还是道学家的一大创举。当时许多有名望的学术人物，是很不赞成的，司马光就写有《疑孟论》，李觏有《常语》，苏轼有《论语说》和《孟子辨》，郑友有《折中》，晁说之有《非孟》，都持异议。而且司马光还同儿子司马康闹别扭。姚福说："温公生平不喜《孟子》，以为伪书，出于东汉，因作《疑孟论》，而其子公休，乃曰《孟子》为书最善，直陈王道，尤所宜观。至疾甚革，犹为《孟子解》二卷。司马父子同在馆阁，而其好尚不同乃如此。然父子至亲，而不为苟同，亦异乎阿其所好者矣。"（《宋元学案》卷八《涑水学案下》）

（二）交谊深笃，无话不谈，在学术见解上，各守本位，绝不敷衍附和。陈忠肃《答杨游二公书》说："司马文正公最与康节善，然未尝及先天学。盖其学同而不同。"（《涑水学案下》）邵雍长住洛阳，与二程有深交。晁说之曾以邵雍专长的数学求问于程颐，颐答："某与尧夫同里巷居三十年余，世间事无所不问，惟未尝一字及数。"（《宋元学案》卷十《百源学案下》）这是因为邵雍以数言《易》，颐则一本于理。颐有《答张闳中书》说："有理而后有象，有象而后有数。《易》因象以明理，由象而知数，得其义，则象数在其中矣。必欲穷象之隐微，尽数之毫忽，乃寻流逐末，术家之所尚，非儒者之所务也。管辂、郭璞之徒是也。"（《河南程氏文集》卷九）这是因为程颐去数言理不与邵雍相同的缘故。

（三）属僚同长官论学，也略不敷衍奉承。《河南程氏遗书》载："谢师直为长安漕，明道为鄠县簿，论《易》及《春秋》。明道云：'运使《春秋》犹有所长，《易》则全理会不得。'师直一日说与先生。先生答曰：'据某所见，二公皆深知《易》者。'师直曰：'何故？'先生曰：'以运使能屈节问一主簿，以一主簿敢言运使不知《易》，非深知《易》者不能。'"[5]

总之，尊重理性，对任何人不作迁就，自己如此，也让别人如此。没有这个精神，言不由衷，随波逐浪，学术就难有真正的价值。道学家重视理性，让理性充分发挥作用，我认为这是宋代道学家的首要思想特点。

第二，追求理想。

宋代道学家怀有极高的理想，程颐宣称："志无大小。且莫道将第一等人让与别人，且做第二等。才如此说，便是自弃。虽与不能居仁由义者差等不同，其自小则一也。言学便以道为志，自谓不能者自贼者也；谓其君不能者，贼其君者也。"（《伊川学案上》）他们自称其学为"道学"，就是要深明宇宙人生的根本原理；人为万物之灵，而圣人则是人中之秀。要做圣人，就必须知道、行道、传道、宏道，这又是应有之义。所以了解一下道学家心目中的圣人，是有必要的。"北宋五子"中的周敦颐和邵雍二人，生平行迹都近隐逸：周敦颐做过小官，不爱社交，知其为人者甚少，邵雍以布衣终身，宋朝"国史"本来就把他列在"隐逸传"中。[6]像他们这种并不醉心权势的人，也都提出了要学圣人的要求。周敦颐在《通书·圣学》第二十章论圣人可学并指示其要说："一为要。一者，无欲也。无欲则静虚、动直。静虚则明，明则通；动直则公，公则溥。明通公溥，庶矣乎！"在《志学第十章》中，他自称"志伊尹之所志，学颜子之所学"，表示出力争上游的用世热忱。邵雍之学颇有取于道家，他也强调追踪圣人的必要："仲尼后禹千五百余年，今之后仲尼又千五百余年；虽不敢比仲尼上赞尧、舜，岂不敢比孟子上赞仲尼乎？"（《观物内篇》六）张载初喜谈兵，后来转向儒学，他向学者呐喊："学必如圣人而后已！以为知人而不知天，求为贤人而不求为圣人，此秦、汉以来学者之大蔽也！”（《宋史》卷四二七本传）又说：“学者以尧舜之事，须刻日月要得之，犹恐不至，有何愧而不为？”再看北宋道学的核心人物二程，程颢年仅十五六岁时，从学于周敦颐，便慨然有为圣贤之志，其后寝馈六经，以兴起斯文为己任，使孔、孟儒学复明于世，所以被称誉为孟子以后第一人。以上都是主张学做圣人的榜样，道学流行，自然也会在知识分子心灵中留下重大影响。

其次，在道学家心目中，圣人到底是什么样的人物呢？看来理解不尽相同。周敦颐认为：人的性行十足达到明通公溥的，就可以说是圣人。邵雍认为洞明宇宙之理，凡有措施无不妥当者，就是圣人。他说：“人亦物也，一物当兆物；圣亦人也，一人当兆人。是知人也者，物之至者也；圣人者，人之至者也。”所谓“人之至者”，是说圣人能以“一心观万心，一身观万身，一世观万世”。如是，则能“上识天时，下尽地理，中尽物情，通照人事”。这样便是合德于天，可以“心代天意，口代天言，手代天工，身代天事”[7]，成为圣人。程颢在其《定性书》[8]中说：“天地之常，以其心普万物而无心；圣人之常，以其情顺万事而无情。故君子之学莫若廓然而大公，物来而顺应。”又说：“圣人即天地也。天地中何物不有？天地岂尝有心拣别善恶，一切涵容覆载，但处之有道尔。若善者亲之，不善者远之，则物不与者多矣，安得为天地？故圣人之志，止欲‘老者安之，朋友信之，少者怀之’。”（《河南程氏遗书》卷二上）这是说圣人之行人道，乃与天道相符。程颐则说：“圣人，人伦之至也。……大抵尽人道者即是圣人，非圣人则不能尽得人道。”还补充说：“圣人与理为一，故无过不及，中而已矣。”儒家所指的人道就是仁道，而仁德流行也是天德的体现。所以在二程看来，用心行事完全合乎天理的人就是圣人。集理学大成的朱熹也很关心圣人是什么样人的问题。据钱穆先生说：“朱子乃以德行、聪明、才能、事业四者并重而称之为圣人，乃以传道治国与裁成辅相天地之道，继天地之志，述天地之事，而称之为圣人。”[9]这个标准无疑是很高的，所以他也认为难做。他说：“古时圣贤易做，后世圣贤难做。古时只是顺那自然做将去，而今大故费手。”（转引自《朱子新学案》上册，第四九页）朱熹务实，重客观，兼通史学，故认为做圣贤，后世要比古代难。但是他也有和程颐相同的一种想法，认为把圣人说得高不可企，会阻断人奋勉向上，甘于自弃，因此他们才又认为学圣人是又难又不难[10]。带有心学倾向的程颢则认为学做圣人乃关乎决心，并非难事。他向宋神宗造陈治道，神宗说：“此尧、舜之事，朕何敢当！”他即申辩说：“陛下此言非天下之福也。”并加解释道：“先圣后圣，若合符节，非传圣人之道，传圣人之心也；非传圣人之心也，传己之心也。己之心无异圣人之心，广大无垠，万善皆备。欲传圣人之道，扩充此心焉耳！”（《明道学案上》）

儒家讲五伦，君臣一伦列在首位。道学家希望上有圣君，下有良民，出现太平盛世，实现所谓“三代之治”。但是这个渺不可及的遥远时代，只若存若亡地展示出模糊的面影，而秦汉以下，史事详备，可见可触，其政治现实就不具有符合其理想的吸引力了，而“卑视汉、唐”的思想却在道学家的心中萌发。再深挖一下，应该说也是蕴含着对所处的政治现状的不满。宋人特别关心唐、五代历史，以其时间邻接，可为借鉴。程颐说：“唐有天下，如贞观、开元间，虽号治平，然亦有夷狄之风，三纲不正，无父子、君臣、夫妇，其原始于太宗也。故其后世子弟，皆不可使。玄宗才使肃宗，便篡。肃宗才使永王璘，便反。君不君，臣不臣，故藩镇不宾，权臣跋扈，陵夷有五代之乱。”（《河南程氏遗书》卷一八）朱熹同样认为秦、汉以下“无善治”，“以及本朝太宗真宗之朝，可以有为而不为”。（《朱子语类》卷一二七）又斥“唐太宗一切假仁借义，以行其私。”（同上书卷一三五）《论语·子路第十三》里记孔子适卫，冉子问为政之道，孔子告以“庶”“富”“教”的三字诀，朱熹注于此引胡氏曰：“天生斯民，立之司牧，而寄以三事。然自三代之后，能举此职者，百无一二。汉之文、明，唐之太宗，亦云庶且富矣，西京之教无闻焉。明帝尊师重傅，临雍拜老，宗戚子弟莫不受学；唐太宗大召名儒增广生员，教亦至矣，然而未知所以教也。三代之教，天子公卿躬行于上，言行政事皆可师法，彼三君者其能然乎?”

孔子称颂尧、舜、禹、汤、文、武、周公；宋代道学家便把这个道统和政统完全接受下来。周敦颐《通书·志学第十章》说：“圣希天，贤希圣，士希贤。”他们认为，大家争做圣人，就能实现“天人合德”的理想。因此，我们可以这样说，道学就是一种希圣希天之学。

第三，“就身上做工夫”。

所谓“就身上做工夫”，就是指的存养工夫。程门学者传述师说：“若不能存养，只是说话。”（《河南程氏遗书》卷一）说话意谓空谈，就是程颐所斥的：“今之学者，却做一场说话，务高而已。”（《伊川学案上·语录》）朱熹说过：“当初学者亦只是说不曾就身上做工夫，至伊川方教人就身上做工夫。”（《朱子语类》卷一二六）洛派道学的兴盛与此有关，也是宋代道学的一大特色。

道学家重视社会的治乱安危，认为修己与治人，工夫不能割断。所以张载说：“德未成而先以功业为事，是代大匠斲，希不伤手也。”朱熹也同样认为：“古人只是日夜皇皇汲汲，去理会这个身心；到得做事业时，只随自家分量以应之。”又说：“多只要求济事，而不知自身未立，事决不能成。人自心若一毫私意未尽，皆是败事。”道学家看学问有“道”“艺”之分，并肯定“道”高于“艺”，故谓其学曰“道学”。二程兄弟发挥此意尤切。程颢说：“学者先学文，鲜有能至道。如博观泛览，亦自有害。”故尝教谢良佐曰：“贤读书慎不要寻行数墨”；又见良佐昔录《五经》一册，即谓曰“玩物丧志”。（均见《明道学案下·附录》）程颐更进而分析说：“今之学者歧而为三：能文者谓之文士，谈经者谓之讲师，惟知道者乃儒学也。”（《河南程氏遗书》卷六）他并指明说：“学也者，使人求于内也。不求于内而求于外，非圣人之学也。何谓不求于内而求于外？以文为主者也。学也者，使人求于本也。不求于本而求于末，非圣人之学也。何谓不求于本而求于末？考详略、采同异者是也。是二者皆无益于身，君子弗学。”（《河南程氏遗书》卷二十五）从这里可以看到，道学家所说之学，不只是传授知识，而是重在培养德性成为社会界以至宇宙界都合格的人。因此朱熹所讲的“格物致知”，实际便具有认识论和伦理学双重意义，既是求知的方法，也是修养的方法。德性修养不能用口谈来表现，而必须在身上体证，在生活中实践，所谓“一掌一掴血，一步一脚印。”弄虚作假，是会越来越糟糕的。道学家排斥“异端”，朱熹就把一实一虚作为儒、释的区别。他说：“释氏只要空，圣人只要实。释氏所谓‘敬以直内’，只是空豁豁地，更无一物，却不会‘方外’。圣人所谓‘敬以直内’，则湛然虚明，万理具足，方能‘义以方外’。”（《朱子语类》卷一二六）清代朴学家把心思专注于考证，以道学谈心论性，诋为空疏，这是一大误会。当代学者柳诒徵辩驳说：“‘就身上做工夫’一语最妙，文、周、孔、孟皆是在身上做工夫者。自汉以来，惟解释其文字，考订其制度，转忽略其根本。其高者亦不过谨于言行，自勉为善，于原理无大发明。至宋儒始相率从身上做工夫，实证出一种道理；不知者则以为是虚诞空疏之学，反以考据训诂为实学，不知腹中虽贮书万卷，而不能实行一句，仍是虚而不实也。”（《中国文化史》第二编第十八章《宋儒之学》）

道学家怎样就身上做工夫呢？姑举一例：程门高弟谢良佐，英悟特达，造诣高深，黄宗羲、全祖望《宋元学案》列有《上蔡学案》。黄宗羲称其“英果明决”，在程门“为第一”；全祖望则誉为“洛学之魁”。他做学问重在深思自得，对内心省察，要求极严，还设置课簿，记录自己日常生活中的言、动、视、听，一一加以检核。他主张读儒经要在领会其精神实质，反对食古不化，株守训诂，昧于义理。他和他的老师程颐一样，是以实理来论诚的。他们认为，无诚就不能使天人相通，臻于“合德”的境界。程颐申论说：“诚之道在于信道笃，信道笃则行之果，行之果则守之固，仁义忠信不离乎心，造次必于是，颠沛必于是，出处语默必于是，久而弗失，则居之安，动容周旋中澧，而邪僻之心，无自生矣。”诚是实理，蹈虚不得。所以道学家把“就身上做工夫”看得极端重要，必须勤学深思，在实践中体证检验，乃能复其善性，完成人格。这也是宋代道学家所提倡的思想特点之一。

第四，乐天精神。

把人生观和宇宙观紧密结合起来，道学家明人性天性之一致，性便成为贯通天人的桥梁。性无不善。他们认定，倘能从形骸之私的小我解放出来，延伸到社会，融入于广大悉备的宇宙中去，则精神跃升，物我为一，浑然同体，无有隔阂。他们相信体现大自然生生不已的即是天心，而天心也即是仁心。程颢《识仁篇》说："仁者浑然与物同体。义、礼、智、信，皆仁也，识得此理，以诚敬存之而已，不须防检，不须穷索。……此道与物无对，大不足以明之。天地之用，皆我之用。孟子言'万物皆备于我'，须'反身而诚'乃为大乐。若反身未诚，犹是二物有对，以己合彼；终未有之，又安得乐?"（《河南程氏遗书》卷二上）

一般人对道学家颇有误会，认为道学家重道德践履，持身严正，必然板起面孔，规行矩步，生活枯槁，缺乏情味。实际恰恰相反，由于道学家洞明天人之理，修养淳厚，倒是善于领会人生的乐趣。这可从宋代几位道学家的日常生活来看，他们富于直觉情趣，把艺术欣赏和道德意识交融起来，便是寻常事物也能从它感到一片天机。例如：周敦颐"窗前草不除去，问之，云：'与自家意思一般'"，张载"观驴鸣，亦谓如此"。（《河南程氏遗书》卷三）程颢"书窗前有茂草覆砌，或劝之芟，曰：'不可。欲常见造物生意。'又置盆池畜小鱼数尾，时时观之，或问其故，曰：'欲观万物自得意。'"（《明道学案下·附录》引张横浦言）他也谈到"观鸡雏此可识仁"和"切脉最可体仁”。(《河南程氏遗书》卷三)就连性格方严的程颐,也说:“可观莫如万物之生意。”(张栻编:《河南程氏粹言》卷一《论学篇》)他作小皇帝宋哲宗的讲官,听说哲宗在宫中漱水避蚁,即加赞扬,请“推此心以及四海”;当看见哲宗戏折柳枝,便告诫:“方春发生,不可无故摧折。”(《伊川先生年谱》,载《河南程氏遗书·附录》)这是因为他们认为生命流行是仁德的显示,不特是至高的道德原则,同时也是伟大的艺术创造。况且人成为最高智慧生物,“鼎三才而立”,既为宇宙所生,也只有他才能认识和理解宇宙,这更是大自然的艺术杰作。道学家从以人合天的思路出发,体会到物我交感,本体为一的道理,便很容易体现出乐天精神。

道学家教人辨识圣贤气象,他们也有着自己的生活风格。周敦颐“人品甚高,胸怀洒落,如光风霁月。”(《宋史》卷四二七本传述黄庭坚语)二程曾受业于敦颐,颢有言:“自再见周茂叔后,吟风弄月以归,有‘吾与点也’之意。”(《宋史·周敦颐传》)邵雍一生未仕,居洛阳四十年。“初至洛,蓬筚环堵,不蔽风雨,躬樵爨以事父母。虽平居屡空,而怡然有所甚乐。……名其居曰‘安乐窝’,因自号‘安乐先生’。”“春秋时出游城中,风雨常不出,出则乘小车,一人挽之,惟意所适。士大夫家识其车音,争相迎候,童孺厮隶皆欢相谓曰:‘吾家先生至也。’不复称其姓字。”“雍德气粹然,望之知其贤,然不事表襮,不设防畛,群居燕笑终日,不为甚异。与人言,乐道其善而隐其恶。有就问学则答之,未尝强以语人。人无贵贱少长,一接以诚,故贤者悦其德,不贤者服其化。”(《宋史》卷四二七本传)雍有用世之才,程颢曾听其议论,诩为振古之豪杰,乃深于内圣外王之学者（《宋元学案》卷十《百源学案下》）。至于程颢，门人刘立之述其亲身经历，称颢“德性充完，粹和之气盎于面背，乐易多恕，终日怡悦。立之从先生三十年，未尝见其忿厉之容。接人温然，无贤不肖，皆使之款曲自尽。闻人一善，咨嗟奖劳，惟恐其不笃；人有不及，开导诱掖，惟恐其不至。故虽桀骜不恭，见先生，莫不感悦而化服。风格高迈，不事标饰，而自有畦畛。望其容色，听其言教，则放心邪气不复萌于心中”。（《河南程氏遗书》附录《门人朋友叙述》）程颐则称颢“充养有道，纯粹如精金，温润如良玉；宽而有制，和而不流；……视其色，其接物也，如春阳之温；听其言，其入人也，如时雨之润。胸怀洞然，彻视无间；测其蕴，则浩乎若沧溟之无际，极其德，美言盖不足以形容”。（《河南程氏文集》卷十一《明道先生行状》）此外，程门学者都把与程颢聚处称作“如坐春风”[11]，说明他在德性修养上的感染力是很突出的。

道学家们在生活中洋溢着乐天精神，主要是通过学养而成的。他们极重视“寻孔、颜乐处”的问题。二程以少年从学周敦颐，敦颐就命他们寻究孔子、颜渊的乐处，到底所乐何事？孔于自云：“饭蔬食，曲肱而枕之，乐亦在其中矣。”又说：“其为人也，好学不倦，乐以忘忧，不知老之将至云尔。”而颜渊则是“在陋巷，一箪食，一瓢饮，人不堪其忧，而回也不改其乐。”（引文均见《论语》）他们两位穷而能乐，原因是什么？其实周敦颐早已作出答案，他说：“夫富贵，人所爱也，颜子不爱不求，而乐乎贫者，独何心哉？天地间有至贵至富可爱可求，而异乎彼者，见其大而忘其小尔。见其大则心泰，心泰则无不足，无不足则富贵贫贱，处之一也。”（《通书·颜子第二十三章》）按照周敦颐的意见，人的快乐，见其大便能忘其小，这也是说“大我”的快乐要远远超过“小我”的快乐；其次，德者，得也；若能自足于己而无待于外，就能心安理得，自感其乐。道学家所富有的乐天精神，既蕴道义之善，兼含艺术之美，宜乎要远远胜过本能欲望之乐了。邵雍说过：“学不至于乐，不可谓之学。”又说：“学不际天人，不足以谓之乐。”（《百源学案上》引载《观物外篇》）明代王艮宣扬王门心学，著《乐学歌》，中云：“乐是乐此学，学是学此乐；不乐不是学，不学不是乐；乐便然后学，学便然后乐。”（《明儒学案》卷三十二《泰州学案》）实际是继承邵雍的观点。所强调的乐，即寻究孔、颜乐处之乐。这是宋代道学家的又一思想特点。

第五，经世致用。

道学家明义理，亦重经世致用。他们认为先须修已，然后才能治人，两种工夫结合起来，就是所谓“内圣外王之学”。“庆历三先生”之一的胡瑗，是卓越的教育家，也是道学的先驱。他先后在苏州、湖州及太学任教，“其教人之法，科条纤悉具备。立经义、治事二斋：经义则选择其心性疏通有器局可任大事者，使之讲明六经；治事则一人各治一事，又兼摄一事，如治民以安其生，讲武以御其寇，堰水以利田，算历以明数是也”。（《宋元学案》卷一《安定学案》）实用理论并重，收到很好的效果。程颐就是胡瑗在太学教的学生，颐撰《颜子所好何学论》，深受其赏识，处以学职。后来程颐创洛学，教学者特别提倡须做实事。他说：“学者不可不通世务，天下事譬如一家，非我为则彼为，非甲为则乙为。”（《河南程氏遗书》卷二十二下）再则说：“世事虽多，尽是人事，人事不教人做，更责谁做?”（《伊川学案上·语录》）可见道学家讲学，其目的乃是在于为社会做事，而且必须做好。宋代的道学家从事讲学，没有身当大任，但也承担过公务。据史传记载，都是很有成绩的。例如：周敦颐辨洪州分宁县冤狱，和任南安军司法参军，以去就力争，终于纠正了错案，深受称颂。（《宋史》卷四二七本传）程颢任职上元、晋城，民情亲附；签书镇宁军判官时防治水患；知扶沟县大除积弊等。（《宋史》卷四二七本传及《明道学案上·传略》）程颐在《明道先生行状》中谈到他在“为治”方面的表现是：“治恶以宽，处烦而裕。当法令繁密之际，未尝从众为应文逃责之事。人皆病于拘碍，而先生处之绰然；众忧以为甚难，而先生为之沛然。虽当仓促，不动声色。方监司竞为严急之时，其待先生，率皆宽厚，设施之际，有所赖焉。先生所为纲条法度，人可效而为也，至其道之而从，动之而和，不求物而物应，未施信而民信，则人不可及也。”范祖禹称赞程颢“勇于力行，不为空文”；“其为政，视民如子，惨怛教爱，出于至诚，建利除害，所欲必得。故先生所至，民赖之如父母，去久而思之不忘。先生尝言，县之政可达于天下，一邑者天下之式也”。（《河南程氏遗书》附录《门人朋友叙述》）朱熹为泉州同安县主簿，士民爱戴，历五考始罢，知南康军，逢岁不雨，讲求荒政，全活人民颇众；提举浙东常平茶盐，极著劳效；知漳州减除苛赋，知潭州抚安边人，使归宁靖。凡此皆政声卓著。（《宋史》卷四二九本传）陆九渊知荆门军，为治简易，除苛扰，厚风俗。其地属次边，与金邻近，安集劳来，政令严明，民心宴然。丞相周必大称之，以为躬行之效。（《宋史》卷四三四本传）可见道学家学而能用，言而能行，固有事实可证。

在新儒学思潮的鼓舞下，许多未出仕的知识分子，激发爱乡热情，踊跃参加地方服务，蔚为风气。如设立书院、学校，聚集图书，大大推进了文化教育事业。又自范仲淹在苏州创置义田以来，仿行其法者颇众，其他社会救济机构，如病坊、福田院、居养院，安济坊、漏泽园、善济院、广惠院、慈幼庄之类，纷纷出现，皆与兴起人文，志切救时有关。

儒学言治法，极重礼乐教化。张载讲学，尤重礼制，他“论定井田宅里发敛学校之法，皆欲条理成书，使可举而措诸事业”。（《宋史》卷四二七本传）他很赞赏孟子正经界的主张，认为：“仁政必自经界始。贫富不均，教养无法，虽欲言治，皆苟而已。”因此想在自己的家乡进行一次乡村建设的实验：“方与学者议古之法，共买田一方，画为数井，上不失公家之赋役；退以其私，正经界，分宅里，立敛法，广储蓄，兴学校，成礼俗，救灾恤患，敦本抑末。足以推先王之遗法，明当今之可行。”（吕大临《横渠先生行状》）蓝田吕氏兄弟（大忠、大防、大钧、大临）论学考礼，一本于古。大钧等执弟子礼于张载，依循张载的理想意图，在家乡搞起了“乡约”，设约正，“凡同约者，德业相劝，过失相规，礼俗相交，患难相恤，有善则书于籍，有过若违约者亦书之，三犯而行罚，不悛者绝之。”（《宋史》卷三四〇《吕大防传》）这个近乎乡村自治的创举，具有复古的愿望，与宋代许多儒学家热衷于恢复古礼相同。由于古今时代条件差异太大，难以翻版照办；但从另一个角度来看，对社会风俗仍不能不产生影响。我们应该看到：宋代国势衰弱，武力不竞，而民族文化得其宣扬，深浃人心，不特起着安定社会的作用，亦使人情敦厚，风俗善良，也是很有可取的。明代刘宗周说："考自来风义之教，莫如东汉；其次渊源之接，表自宋儒。"（《人谱类记》卷五）顾炎武也说："吾国自春秋之后，至于东汉，风俗得复古，自斯以降，则宋庆历、元祐之间为优。"（《日知录》卷一三《周末风俗》条）现代学者柳诒徵指出：据《元史·食货志》（按见卷九三《食货一·农桑》）所载，元代乡里立社，制度详备，举凡农田、水利、树艺、鱼畜、教育、劝惩，皆纳入一体，井然有序，颇裨民生安养。柳氏疑此为汉族儒者沿袭宋俗所设计，蒙古统治者遂采纳施行之。这也应是宋儒讲求义理，经世致用的一大实绩。（《中国文化史》第二编第二十一章《蒙古之文化》）

张载讲学，直抒其理想是："为天地立心，为生民立命，为往圣继绝学，为万世开太平。"[12]这样高远的理想目标，自然是不容易达到的；但宋代道学家有勇气发抒他们的抱负和憧憬，而且是在九百多年前说出的，我认为倒是很值得钦佩的。

三、余论

从宋代道学家的思想进行分析，可以肯定的地方还是不少的。时间迁流，今日之世已非昔日之世，如果用索疵寻瘢的做法，自然也有短缺之点，是无庸为讳的。当世学者，在这方面已谈得不少，不再赘述。这里仅就一些误解，略陈己见：

（一）一般往往把道学说成是宋代统治阶级的统治思想，这与事实很不相符，直到南宋末期它都还被定为"伪学"，视作镇压对象，在政治上哪能起到统治的作用?!宁宗嘉定以后虽被承认合法，也只是徒具形式。《宋史·道学传·序》就有这样一句："道学盛于宋，宋弗究于用，甚至有厉禁焉。"此可为明证。有人说理学（亦即道学）在我国封建社会后期有七百多年居于统治思想地位，看来有些夸大了。程、朱之学北传，渐流行元代，但蒙古统治集团崇喇嘛教、伊斯兰教，以至全真、大道、太一等道教，还远在儒学之上；元仁宗皇庆二年（1313）十月，议科举取士之法，次年施行。考试科目，《大学》《论语》《孟子》《中庸》并用朱熹章句集注，所考经义，"《诗》以朱氏为主，《尚书》以蔡氏为主，《周易》以程氏、朱氏为主，《春秋》用《三传》及胡氏《传》"（《元史》卷八一《选举志一》）。这是统治者以法令制度形式肯定程、朱派道学的特殊地位，如果以此作为道学成为统治思想的标志，下迄清代乾隆时期朴学兴起，也大约只有五百多年。

（二）道学家开创这个学派，由于他们既有真才实学，工夫也极深厚，终于博得了社会上的承认；南宋初年就有过假道学家的出现，至理宗朝权相贾似道当国，为保持权势，便利用道学装点门面。据周密所亲见，这些人"必愤愤冬烘，弊衣菲食，高巾破履，人望知为道学君子也。清班要路，莫不如此。"（《癸辛杂识续集》下）可见末流之弊，冒牌货充斥，封建官僚又玩弄权术，于是对道学虚伪无实的批评，也就缘此而起了。

中国封建社会后期是专制主义君权登峰造极的时期，许多人归罪道学，认为由于强调纲常伦理所造成，这是值得商榷的。孟子最重人伦，着眼于父子、君臣、夫妇、长幼、朋友的双方义务，并未主张单方面的绝对权威[13]；他是“民贵君轻”论者。而宋代道学家特别表彰孟子，我们能说他们与孟子认识截然不同，是特别拥护专制君权的吗？胡瑗、程颐二人先后对宋仁宗、哲宗两位皇帝讲书，都不遵守御名避讳的旧例，认为徒然养成皇帝自大的骄心[14]。道学家卑视汉、唐，也不满意当代的现实，劝皇帝要做尧、舜，绝非谀颂，实际是对皇帝施加压力。在道学家的著述中，对为君者不乏箴警之词。例如《论语·尧曰》有尧命舜之言：“四海困穷，天禄永终”。朱熹注曰：“四海之人困穷，则君禄亦绝矣，戒之也。”同篇引《商书·汤诰》之辞：“朕躬有罪，无以万方；万方有罪，罪在朕躬。”朱熹注曰：“言君有罪非民所致，民有罪实君所为，见其厚于责己薄于责人之意。”言为心声，在此等处如细心玩味，亦可看得出道学家对君权所持的态度。

宋代道学家“存天理，去人欲”的主张，受到后世非难最多。其实这个问题也不过与义利之辨和公私之辨的性质相同，也不能把它绝对化。道学家认为合理的人欲即是天理，这显然不能视为他们主张禁欲、绝欲。《孟子·梁惠王下》记孟子说齐宣王行王道，宣王直率坦白地说办不到，因自己好勇、好货又好色。孟子要他做到和百姓一样即可。朱熹就此发挥说：“愚谓……钟鼓、苑囿、游观之乐，与夫好勇、好货、好色之心，皆天理之所有，而人情之所不能无者。然天理人欲，同行异情。循理而公于天下者，圣贤之所以尽其性也；纵欲而私于一己者，众人之所以灭其天也。二者之间，不能以发，而其是非得失之归，相去远矣。故孟子因时君之间，而剖析于几微之际，皆所以遏人欲而存天理。其法似疏而实密，其事似易而实难。学者以身体之，则有以识其非曲学阿世之言，而知所以克己复礼之端矣。”（《孟子集注》卷二）有不少人认为道学家是用“存天理，去人欲”这个说教来为封建统治者搞攻心战，专门用来压迫控制劳动人民，这种持论看来颇难成立。程门再传弟子张九成（1092－1159）对天理人欲问题发表过极为精辟的议论，他说：“自义理而行，则以民为重；自人欲而行，则以宫室台榭陂池侈服为重。以民为重，则如汉文惜十家之产而罢营露台，以宫室至侈服为重，所以纣残害万姓营此不急之举而不恤也。吁！人欲其可畏哉！然人欲不行于茅屋衡门之间，而每行于四海九州之主。茅衡之下，衣弊履穿，羹藜饭糗，人欲何自而行乎？尊临四海，雄霸九州，号之则听，禁之则止，人欲恣行，无所忌惮，不足怪也。”（黄伦《尚书精义》卷二四）这在封建专制政体下是很不寻常的真知灼见，看来宋代道学家的天理人欲论，不见得就是为“尊君抑民”的意图而编造出来的。值得我们关注的是：清代朴学家戴震著《原善》《孟子字义疏证》，指责宋代道学，特别是程、朱学派是“以理杀人”，残忍到使人“无所逃于天地之间”的地步。他说：“人死于法，犹有怜之者，死于理，其谁怜之！”（《孟子字义疏证》卷上《理》）自此，这个议论流传下来，风行一世。现代著名学者章炳麟（太炎）曾作《释戴》一文，有所评议。他说：“震生雍正末（墀案实生于雍正元年），见其诏令谪人，颇摭取洛、闽儒言以相稽，觇伺隐微，罪及燕语。九服非不宽也，而树之以丛棘，令士民摇手触禁，其蠹伤深。震生长民间，自幼贾贩，转运千里，复具知民生隐曲，而上无一言之惠，故发愤著《原善》《孟子字义疏证》，专务平恕，为臣民愬上天，明死于法可救，死于理不可救。”由章氏之说，则戴震抨击道学的议论，是别有隐衷的，他慑于封建专制君权的威势，才把矛头转向程、朱，而程、朱便成了替罪羊。

大抵宋代道学在其萌生形成阶段，还没有得到封建君权青睐之时，是虎虎有生气，成就很突出。及其声誉大起，徒友势盛，尤其是封建统治者感到有加以“尊崇”的必要时，从此它就会变质和空枵起来。明代的太祖、成祖，清代的康熙、雍正两帝，都很“尊崇”道学，但同时也把道学作为统治工具，变成了皇权的婢仆。从中国的全部历史看，一种有影响的思想学术，往往都会被利用来为现实的政治服务，因而不免原意走失，结果便丧失其精彩。评价宋代道学，为求符合客观存在的史实，我认为似须注意考虑到两点：一是封建统治者的利用，二是末流（甚至是冒牌货）之失。倘能拣择分别开来，庶可窥见其原貌本质。

（一九九一年七月草成，八月修订）

原载《国际宋代文化研讨会论文集》，四川大学出版社，一九九一年。

注释：

〔1〕《河南程氏文集》卷八《颜子所好何学论》。又《河南程氏遗书》卷二上，《二程语录》：“孟子言性之反之，自古无人如此说，只孟子分别出来，便知得尧、舜是生而知之，汤、武是学而能之。……要之皆是圣人。”

〔2〕刘咸炘（1896－1932）字鉴泉，双流县人，曾任成都大学教授，享年仅三十六岁。著述甚富，总名《推十书》。此见《内书》卷五《三宝书·反复》。

〔3〕《内书》卷一上《人道》记：“明末苏州武之烈自检甚严，尝指天而自

问曰：‘性命形骸皆主人翁予我者，敢效贾客之营利而忘本耶！’”刘氏申其义曰：“孔、孟之教，尽性合天，是谓事天。事天以全归为终。此为《礼》之所谓‘反本复始’。”

〔4〕周密《癸辛杂识续集》下，谓闻之吴兴老儒沈仲固云，道学之名，起于元祐（1086－1093），盛于淳熙（1174－1189）。按《河南程氏文集》第十二卷，有程颐撰《明道先生门人朋友叙述序》《祭李端伯文》《祭朱公文》，皆涉及“道学”一词。而《叙述序》言程颢葬后，“既而门人朋友……述其道学者甚众。”颢卒元丰八年（1085）六月，是于此年前后即有道学之名出现。

〔5〕《河南程氏遗书》卷十九“伊川先生语五”。《宋元学案·明道学案下·附录》亦载，惟以程颢时为上元主簿，而非鄠县，当以《遗书》为正。

〔6〕《宋史》卷四二七《道学传·序》：“邵雍高明英悟，程氏实推重之，旧史列之隐逸，未当，今置张载后。”

〔7〕引文俱见《观物内篇》；并参吕思勉《理学纲要》，上海书店，1989年影印版，第54页。

〔8〕见《河南程氏文集》卷二《答横渠张子厚先生书》。

〔9〕《朱子新学案》上册，巴蜀书社，1986年，第50页。

〔10〕《河南程氏遗书》卷二十二上，记程颐语：“世间有三件事至难，可以夺造化之力：为国而至于祈天永命，养形而至于长生，学而至于圣人。”但又下一转语：“人力可胜造化，自是人不为耳。”在《河南程氏粹言》卷二《人物篇》中，程颐对“圣人之道”发表如下意见：“圣人未尝言易以骄人之志，亦未尝言难以阻人之进，盖曰：‘未之思也，夫何远之有？’是言也，涵蓄无穷之旨，学者宜深思也。”朱熹既说了圣人难为，但又说：“不要说高了圣人，高后，学者如何企及。越说得圣人低，越有意思。”（《朱子新学案》上册转引，第50页）

〔11〕《明道学案下·附录》载：侯仲良曰：“朱公掞见明道于汝州，归谓人曰：‘某在春风中坐了一月。’”同书附录又载张横浦曰：“游定夫访龟山，龟山

曰：'公适从何来？'定夫曰：'某在春风和气中坐三月而来。'龟山问其所之，乃自明道处来也。试涵泳'春风和气'之言，则仁义礼智之人，其发达于声容色理者，如在吾目中矣。"

〔12〕此据《宋元学案·横渠学案》下《近思录拾遗》。中华书局1978年版《张载集》，其《张子语录》所记，作："为天地立志，为生民立道，为去圣继绝学，为万世开太平。"

〔13〕《孟子·滕文公》："契为司徒，教以人伦：父子有亲，君臣有义，夫妇有别，长幼有序，朋友有信。"皆就互相义务而言，人伦之道，目的在于搞好家庭及社会关系而已。持民主开放见解的蔡元培氏尝为三纲五伦辩护，"纲者，目之对，三纲，为治事言之也。国有君主，则君为纲，臣为目；家有户主，则夫父为纲，而妇子为目。此为统一事权起见，与彼此待遇之道无关也。互相待遇之道，则有五伦。故君仁，臣忠，非谓臣当忠而君可以不仁也。父慈，子孝，非谓子当孝而父可以不慈也。夫义，妇顺，非谓妇当顺而夫可以不义也。"（见黄世晖：《蔡元培口述传略（上）》，载《蔡元培先生纪念集》，中华书局，1984年。）

〔14〕《道山清话》载：庆历时，胡瑗以白衣召对，尝为仁宗赵祯讲《易》，读元、亨、利，贞，不避御讳，仁宗与左右皆失色。瑗曰："临文不讳。"《邵氏闻见录》载元祐初，程颐为崇政殿说书，为哲宗赵煦进讲，书中有"容"字，为赵煦即位前嫌名，左右宦官用黄绫遮掩。程颐讲完书，便说："人主之势，不患不尊，患臣下尊之过甚，而骄心生耳。此皆近习养成之，不可以不戒。请自今旧名嫌名各皆无复避。"又请复坐讲之礼，以重师道。前书又记：程颐为哲宗讲书，"色甚庄，继以讽谏"，颇使小皇帝感到畏怯。元老重臣文彦博以九十高龄，尝终日侍帝侧，恭立不去。有人问程颐说："君之倨，视潞公之恭，外间颇有议论，究竟谁是？"颐答："潞公三朝大臣，事幼主不得不恭，吾以布衣为上师傅，其敢不自重！吾与潞公所以不同也。"

任乃强（1894－1989），四川南充人。1920年毕业于北京农业专门学堂，在张澜创办的南充中学任教务主任兼史地教员；1929年赴西康省考察，曾任西康省通志馆筹备主任；1943年以后，先后任华西协合大学教授、华西边疆研究所研究员、重庆大学教授、四川大学教授等职。发起组织国内第一个藏学研究的“康藏研究社”，创办《康藏研究月刊》，在推动康藏研究、西南史地和民族史研究等方面贡献卓著。注重实地考察。提倡经世致用。1928年出版的《四川史地》（《乡土史讲》）是巴蜀史地的开创之作。后来相继撰成多篇（部）关于康藏的考察报告，1932年开始陆续刊布的《西康图经》尤具影响，创康藏研究之先河。撰有《康藏史地大纲》等书，其所绘制百万分之一康藏地图填社了地学上的空白。深入发掘藏传大型史诗《格萨尔》，是“格萨尔学”的创始者。治学宽广，还撰有《羌族源流探索》以及国内最早的《中国农业史》等著作。先生集历代《华阳国志》研究之大成、积数十年之功撰成的《华阳国志校补图注》（1987年出版），成为西南古代史地研究的代表性著作。

"藏三国"的初步介绍[1]（1944年）

○ 任乃强

一、何谓"藏三国"

藏族僧民，以至任何使用藏文，或信奉喇嘛教之民族，脑海中都莫不有唯一超胜的英雄——格萨尔王。他是西康古国名"林"国的王族，故又通称为"林格萨尔"。记载林格萨尔事迹之书，汉人叫作"藏三国"，藏语曰"格萨尔郎特"，译为《格萨尔传》。或译《格萨尔诗史》，因其全部多用诗歌叙述，有似我国之宣卷弹词也。

余于民国17年入康考察时，即沃闻"藏三国"为蕃人家弦户诵之书。渴欲知其内容，是否即三国演义之译本，抑是模拟三国故事之作？当时通译人才缺乏，莫能告其究竟。在炉霍格聪活佛私寺中，见此故事壁画一巨幅：楼窗内有男妇相逼，一红脸武士导人援梯而上，似欲争之。通事依格聪活佛指，孰为藏曹操，孰为藏关公，谓关公之妻为曹操所夺，关公往夺回也。此其事与古今本《三国演义》皆不合，故知其书非译三国故事。

最近入康考察，由多种因缘，获悉此书内容，乃知其与《三国》故事，毫无关系。顾人必呼之为“藏三国”者，亦自有故。

一、此书在藏族社会中，脍炙人口，任何人皆能道其一二，有似《三国演义》在汉族社会中之成为普及读物。汉人闲话。必指奸人为曹操，鲁莽人为张飞。故俗谓闲谈为“说三国”。藏人闲话，必涉格萨尔故事，故亦呼之为“说藏三国”。

二、历史小说，例必描写最忠最奸、最智最愚、最精最粗者各一人。《三国演义》如此，《格萨尔传》亦然。最初听说格萨尔故事之汉人，就其人物性情，随意比附，遂谓格萨尔为藏关公，贾察为藏关平，超同为藏周仓，格噶为藏曹操……曾在八邦寺见关帝、关平、周仓三小雕像（自中原运入者），喇嘛指关帝云“贾格萨”（贾察为汉人），指关平曰“贾贾察”，周仓曰“贾超同”。易地则皆然也。使藏人粗解《三国演义》，或亦将呼之为“贾格萨郎特”矣。

三、格萨尔传叙事，以平定霍尔三国为中坚，此亦为被呼作藏三国之一原因。霍尔三国者：霍尔格拿，义为黑帐房胡人；霍尔格噶，义为白帐房胡人；霍尔格鲁，义为黄帐房胡人。

或谓西藏拉萨之关帝庙所祀神为林格萨尔，是则不然。拉萨关帝庙，为乾隆时满汉官员所建，清初朝野皆崇拜关羽，谓其随处显灵护国，故所在建立关帝庙。其时汉人尚不知格萨尔为何如人也。真正之塑格萨尔像，在拉萨大昭寺内，虽至今日，汉人尚不识之，只藏僧能辨其为格萨尔耳。

二、普遍流传的禁书

西藏政府，虽承认格萨尔为喇嘛教一大护法，供塑像于大昭寺内；但对于叙述格萨尔史事之“藏三国”，则禁止刊行。黄教寺院，并禁止僧侣阅读此书。惟在寺外偷看，亦不严稽。今日康藏寺院，十分之八皆属黄教，故向喇嘛寺寻访此书，僧侣皆愠而不对，惟花教寺院（藏云萨迦巴）则不禁。德格更庆寺经版中，有巨幅之格萨尔雕像，供各地嗜《格萨尔传》者购印供奉。但无《格萨尔传》文之雕版。康、藏、蒙、印各地所流行之《格萨尔传》全属写本。有若干花教寺僧，藏有其全部底本，即以替人抄写此书为业。余此次入康，所见此书抄本甚多，有书写甚恭楷者，亦有颇潦草者。书页大小，装璜精粗亦不一，有全用墨抄者，亦有夹书红字或金银字者，又有正楷与行书夹抄者。大抵神名用红字，散文用行书，诗歌作楷写。抄此书者，盖亦视之如经典，工作甚为庄严，非抄小说、剧本可比。

格萨尔全传，今有二十余部，每部皆在一百藏页左右。甘孜夺拖寺（花教）有一僧，能抄全部，工料各费，约需法币十余万元。常人购抄，率不过二三部，或仅一部。其此一部，属于何卷，则由喇嘛率意付与。故各地所见之“藏三国”，内容各不相同，竟鲜有知其全书之一贯的内容者。又西藏拉达克地方之流行本，与西康流行本内容亦互有出入。盖抄书之喇嘛，颇有迁就本地风光，意为修改之处也。

无论何种抄本，是何卷帙，皆有绝大魔力，引人入胜，使读者津津有味，听者眉飞色舞，直有废寝忘食，欲罢不能之势。以中原小说比拟，则兼有《三国演义》《封神榜》《西游记》《水浒传》《儒林外史》《绿野仙踪》之长。诙谐奇诡，深合藏族心理。而旨趣，则在勉人为善奉佛，兼有灌输常识之长。实可称为西藏第一部文学著作。无怪喇嘛寺虽禁读，僧侣则无不读之。政府虽禁刊，民间自流行也。

黄教政府（现之西藏地方政府）所以禁刊此书之原因，据查理·贝尔之解释，谓因史书趣味丰富，经书内容苦涩，教皇惧僧侣因治史学而废经典，故一体禁读史书。甘孜人传说，则谓黄教某大护法神，为格萨尔诛杀，见于此书，畏读此书干彼神怒。黑教徒则谓格萨尔信奉黑教，故黄教徒传其故事。红教徒则谓格萨尔信奉红教，故为黄教所排。

前述之格聪活佛系黄教徒，室中有格萨尔故事壁画。又拉萨大昭寺，在黄教势力掌握之下，而护法像中仍有格萨尔。此为黄教徒不能自禁其僧阅读此书之明证。八邦寺为白教传法祖寺。余于其寺主室中，见供有甚精之格萨尔绘像，此与德格之有格萨尔像雕版，同为白教徒花教徒崇信格萨尔之明证。至于黑教、红教，更无待言。

余初见此书于民国 17 年，在瞻化蕃戚家，曾请人段读，令通事译告。环听者如山，喜笑悦乐，或慢或噱，万态毕呈，恍如灵魂为书声所夺。去年入康，过甘孜贡陇村，待换乌拉，见保正家有书，询为《藏三国》，令试讲述。其人诵习如流，乌拉已齐，催行再四，彼尤苦读不止，未尝念及听众之当别去。后至桑珠寺夜宿无聊，嘱杂科保正觅此书。其人即有全部写本而读之烂熟者，闻余等嗜此，甚喜，归取书，遂披被来，拟作长夜讲述。县府谢科员任翻译，亦素嗜此书者。二人讲述已半夜，余等倦眼欲合，讽以辍讲，彼如酒徒临饮，期期不肯止。直至余等已入梦，始自罢辍。藏民嗜好此书之情状，于此可见一斑。

三、卷帙概略

据谢科员说，此书共十八部，夺拖寺喇嘛藏有，自己实未全见。据杂科保正说，为十九部，并列举其名称云：

一、诸天会议　叙述一怨诟佛法之妇人发愿转世为魔，摧毁佛法。莲花佛知由此愿力，将产生三个力能摧毁佛法之子，为霍尔三王（见前）。召集诸天神佛会商，推举一神下凡，转生为摧破魔国之人，即格萨尔也。

二、降生　叙述此神投胎、生产与幼时生活情形。谓其为林国王私通女奴所生之子。初甚贱视，名为觉如。觉如义为“苦孩子”或“滥娃娃”。但觉如能以卫自立。

三、赛马　叙林国王将以赛马获胜者承袭王位。觉如与诸世族子竞赛，遭受种种扼抑欺弄，终能以术解脱，卒获冠军，遂即王位。格萨尔之名由此而得。

四、林与中华　叙中原皇帝得一魔妇，多方摧毁佛法。其公主五人，皆度母化身，以隐语召格萨尔来。用种种方法破毁魔妇之术，卒宏佛法。

五、底纳折　以魔王名为题。叙首章发愿摧毁佛法之妇人，转生后，产育三魔子之事情。

六、霍尔侵入　叙述霍尔格噶设法秽灭格萨尔灵智，攻入林国，劫去其爱妻珠牡，迫为配偶事。

七、攻克霍尔　叙述格萨尔清醒后，备历艰苦，召集党徒，巧袭霍尔，夺回爱妻，斩除三魔酋事。

八、觉林　叙觉阿撒旦甲波与淋·格萨尔争斗，及其子叶拉投降格萨尔事。相传其国在巴塘南。

九、喜折　叙平喜折王国事。

十、挞惹　叙征服大食国事。

十一、林与索布上　叙征服西部蒙古。

十二、林与索布下　叙征服东部蒙古。

十三、昔日　昔日北方国名。此叙格萨尔征服其国事。

十四、卡契　藏人谓印度回教徒为卡契。此述格萨尔自卡契取宝石事。

十五、朱古　叙格萨尔夺取海外器事（朱古国在印度之外）。

十六、白热　叙征服白热国事或谓白热即白布国，在波密之南，即白马冈；或谓即西康之白利。

十七、日勒得通好　日勒得为西方女国。此叙通好之事，谓藏俗执贽必衬哈达（丝织之长巾）始于此。

十八、取九眼珠　九眼珠为石理自成图案文之宝石，价昂于黄金数倍，此叙格萨尔求取事。

十九、林与地狱　此叙格萨尔入地狱救其妻事，与汉区所传目莲救母事仿佛。

李鉴明云：格萨尔诗史，原作只有五部，后经藏中文学家模拟其体，陆续增修，已至二十三部。近世某花教僧续撰一部，为二十四部。近年热振呼图克图执政时，赏某白教僧文学，复命其续撰一部。已二十五部矣。

法国女子大卫·尼尔，与其义子藏人雍登活佛合力研究藏俗，注意此书，自以英文翻译，成书发行，名《林格萨尔之超人生活》。华西大学边疆研究所陈宗祥君曾译成汉文。其书又只九部，首部亦为天神会议，大体与杂科保正所传前半部各章内容相同。

最近承庄学本君自印度购寄拉达克流行之《格萨尔传》，系藏英文对照本。于其序中，知此书德、法、英文皆有译本。我国尚无汉文译本，且尚不知其内容梗概，岂不可慨。

拉达克本只有七部，首部非诸天会议，乃叙林国十八位英雄之出生。第二部，为格萨尔之出生。第三部，格萨尔与珠牡结婚。第四部，格萨尔到中华。第五部，格萨尔降魔。第六部，霍尔劫去珠牡。第七部，格萨尔平服霍尔。中惟格萨尔与中华、霍尔侵入、攻克霍尔标目略同，内容有无小异，尚未详译。

于此可知格萨尔故事，原作只有出生、娶珠牡及到中原，征服三霍尔部落之铺叙。余皆后人所续增。原作何人，撰于何时，因其久为禁书，抄写者未录序跋，故不可考。传说邓柯县林葱土司有雕版三部，青海之隆庆土司（囊谦）家有十九部。余等在德格，知林葱、隆庆两土妇皆德格家女，故向德格土妇转求，土妇坚云未闻。时隆庆土妇尚在此，延见询之，亦云未闻，又托德格土司家专函向林葱代求印本，迄今未至。大约所传林葱有雕版者亦不实，但只有三部抄本耳。

四、格萨尔确有其人

李鉴明云：林葱安抚司自称为格萨尔之后。土司驻地，今云俄兹，在邓柯县东两站。土署与新、旧两花教寺共绕一大围墙，俨如一城，旧寺地名松竹达则，义为狮龙虎峰，即格萨尔奠都之处，著在传记。明代因地震倒塌，乃建新署新寺。格萨尔生地，在石渠县东界外，雅砻江西岸，地名雄坝。今尚为林葱土司辖境。林葱土司建一神殿于此，奉为家祠。相传格萨尔诞生处，有草四时长青，今于其处立坛，即在祠内。词内又尚保存有格萨尔所用之武器，与象牙图章。此外大部古物，则被一神通喇嘛运藏于隆庆之香达纳。又云：依藏历推算，格萨尔降生距今为九百年。林葱土司之老相臣云：格萨尔生在阿底夏之前，莲花生之后。李君于民国30年赴德格各地考察，足迹甚广，其后赴德格祝庆寺学法，今已三年，为该寺大喇嘛之一。此其所说，当非道听途说者比。

余考格萨尔，确为林葱土司之先祖，即《宋史·吐蕃传》之唃厮罗也。《宋史》云：

唃厮罗者，绪出赞普之后。本名欺南陵温籛逋。籛逋，犹赞普也。羌语讹为籛逋。生高昌磨榆国。既十二岁，河州羌何郎业贤客高昌，见厮罗貌奇伟，挈以归，置𢄂心城。而大姓耸昌厮均，又以厮罗居移公城，欲于河州立文法。河州人谓佛“唃”，谓儿子“厮罗”。自此名唃厮罗。

此段，说其出身本微，因相貌奇伟，为河州羌所重，拟奉立之。唃厮罗乃河州羌语佛儿子之义。与《格萨尔传》出身卑微，初名“觉如”之文仿佛可合。不过汉人解为佛儿子，藏人解为苦儿子，不同。藏文同音异义之字甚多，此不过由传述者信口解释，遂不同耳（河州羌自晚唐时皆用藏文）。“觉如”与“唃厮”，固原是一字也。

于是宗哥僧李立遵，邈川大酋温逋哥，略取厮罗如廓州，尊立之。部族寖强，乃徙居宗哥城，立遵为伦逋佐之……论逋者相也。立遵贪，且喜杀戮，国人不附……厮罗遂与立遵不协，更徙邈川，以温逋哥为伦逋。有胜兵六七万。与赵德明（西夏将）相抗……

此段，说唃厮罗骤贵，此与赛马登位情形仿佛。其反复无常，贪而好杀之李立遵，颇似超同。世虽呼超同为“藏周仓”，不过由其面黑多髯，常在格萨尔左右而已。传中所记，乃系一反复奸险之人，微似《说唐传》之程咬金，《封神榜》之申公豹，实与《三国演义》之周仓，不甚相似。

大中祥符八年，厮罗遣使来贡，诏赐锦袍、金带、器币、供帐、什物、茶、药有差。凡中金七千两，他物称是。其年厮罗立文法，聚众数十万，请讨西夏以自效……

此段，说唃厮罗，朝贡中华，大得赏赐。《格萨尔传》于其建国之后，首叙入中原，次叙其与霍尔攻战，与此时次皆合，霍尔，为藏人对北方部落之通称，三霍尔国，盖指西夏之三属部，或三路将领言之耳。

已而逋哥为乱，囚厮罗，置井中。出收不附己者。守井人间出之，厮罗集兵杀逋哥。徙居青唐……

此次逋哥之乱，当由潜附西夏故。与《格萨尔传》霍尔侵入，格萨尔被秽懵昧，情致相合。逋哥应即霍尔格噶（藏曹操）传固云格噶系格萨尔同母弟，为霍尔人所养。盖以喻逋哥与唃厮罗原为一家，后乃成仇也。青唐，疑即今之俄兹。

数以奇计破元昊。遂不敢窥其境……嘉佑三年，擦罗部阿作等叛厮罗，归谅祚。谅祚乘此引兵攻掠境上，厮罗与战败之。获酋豪六人，收橐驼战马颇众。因降陇逋、公立、马颇三大族。会契丹遣使送女妻其少于董毡，乃罢兵归。

是唃厮罗既屡与西夏元昊攻战，又曾与谅祚战，谅祚附契丹，是役或亦有契丹兵加入。又疑三霍尔王，其一指元昊，一当为谅祚。尚待译出全文后，再以西夏史参证。

治平二年……厮罗其年冬死，年六十九……

以此推知唃厮罗生于宋太宗至道三年（997），与林葱家臣所云莲花生后，阿底夏前合。莲花生与唐肃、代二宗同时，阿底夏于宋仁宗时入藏。唃厮罗适当其间。

> 厮罗三妻，乔氏有色，居历精城。所部可六七万人。号令明，人惮服之……其二妻皆李立遵女也……

此与《格萨尔传》所云龙女情形相合。李立遵本为僧，而有二女嫁唃厮罗，足为当时其境信奉黑教之证。

> 其国，大抵吐蕃遗俗也。……尊释氏……信咒诅……

此亦为信奉黑教之证。林葱原系康北大国，信奉黑教。国名只一“林”字，“葱”字之义为族，乃与中原交通时行文上所追加。其在宋代，版图尚宽。元时始改奉花教。明代尚为康北第一土司，即尕甘卫都指挥使。宣德时诰敕，今尚保存。入清以后，始渐衰小。

《德格世谱》亦明载其地原属林国。林国设有疆臣分地而治。龚垭与麦宿两地，尚存林国疆臣所住碉堡之遗址。相传龚垭为“藏关平”贾察驻地。麦宿为格萨尔大将某人驻地（格萨尔有大将三十员）。道孚对岸之特日出，为古大食王都城，即格萨尔征服之大食国。又传格萨尔向朱古盗大鹏卵地，即今瞻化通宵村之格萨尔穷错神山。如此传说甚多，不尽可信。大抵格萨尔国境，东抵道孚，南至巴塘，西包隆庆，北逾青海与西夏接壤。其一生事业，在连中原以拒西夏。

其与中原往来，道皆出自河州，国史遂以河州羌目之。对其所居河州附近地名如宗哥城，如邈川，记之较详。对其所经营之国都青唐，记之较略，以道远未能详悉故也。

五、引人入胜之点

此书引人入胜之点，据一般称说，皆云文字优美。文字优美到如何程度？非深通藏文者无由欣赏。余所感觉到的，只他那种布局，已经超过俗手了。例如西康本的头段：

> 夕阳将坠，草原里一望苍茫，老太婆驱遣她的羊群，听它们不规则地前进，有似一顷柔浪，滚滚向前移转。转过浅冈，望见山侧金碧辉煌的喇嘛寺，反映夕阳，显得分外的鲜艳华美，仿佛有万道毫光，非常锐利地排开宇宙的阴霾，把她微弱而愉快的心脏，很亲蜜甜美地把握住。她忘记了羊群，不知不觉地下拜了。下意识使她喃喃不绝地诵着皈依三宝……

由此说到她弃家朝佛，道死野葬。其媳遭运不顺，诅诟佛法，引起全部书的事迹。单只这段，把牧场风趣，牧妇心理与喇嘛寺的吸引力，都写得情致如画。纵不解其文，但聆此意，亦当感其不凡。

第二优点，是他设想诡奇，深能把握藏人心理。比如他说霍尔格噶，劫去格萨尔之妻珠牡，强逼同宿。珠牡千变万化，多方拒绝。格噶亦千变万化，与她纠缠。最后珠牡变一枚针，隐在僻处，格噶变一根线，作龙蛇蜒婉，在室中寻觅。将相遇时，针向满室飞舞，线亦满室跟追。他们宛转追逐，绕流如电。结果竟被这线穿进针孔去了。珠牡服了，他们成为夫妇。似此奇想，岂不较《西游记》的灌口二郎斗法高雅几倍。

第三优点，是他常有诙谐插句，随处博人笑乐。尽管在极紧张的场面里，听众惊心动魄，爪卷趾缩的时候，他偏从容闲暇，来几句幽默插科。恰与《儿女英雄传》中安公子临到开肠破肚时，却慢慢叙述飞来的那颗弹子有同样的风趣。似此安插的诙谐语句，几乎每页皆有。

第四优点，是他灌输康藏人的常识甚多，而插叙非常自然，非常轻松。使人不知不觉，增长了知识，而且开拓了心灵。比如，他灌输鸟类常识，在叙述霍尔格萨尔劫取龙女前，召集各种鸟类，商量如何去引诱龙女出室。善鸟如凤凰、孔雀、野鸽、金鸡、雁鹅等等，各各发言反对。恶鸟如夜鹰、乌鸦、老雕、老鹳等等，各各发言赞成。其各所言，善时所表姿态，皆能绘出各鸟之个性，仿佛今世流行之童话，亦可谓巧（结果乌鸦自告奋勇，去诱龙女出来）。其他草木、虫鱼、仙佛、山水以及一切事物品类都能随缘，编入书中。

第五优点，是他充满了教育的意义，譬如说，格萨尔既属天神下界，俗手为之，必云一往顺利。他却从卑贱的苦孩子叙起，说到赛马即位，无形中给许多自弃的人一种鼓励。格萨尔既然富有神通，英雄无敌，又得天神护，宝马与三十员神将扶助，应可无失败了，但他却叙到格萨尔一败涂地，爱妻被掳，神马饿乏，国破民散，再历多种艰苦，方获复兴。深合我国忧劳豫逸之诫。至于诱导观众崇信佛法，那更是西藏作家天赋的本领了。

还有第六个优点，是他把西藏一切情俗，描写得淋漓酣畅。使人如睹影片，有似卧游。欲图了解藏俗的人，与其读民俗记，莫如迳阅此书。无怪乎英法德文早已有本也。

这书却亦多有弱点。第一是布局单调，叙事只有点与线的连缀，不如《三国演义》《红楼梦》等纵横成网，头头是道。除林与霍尔几部外，其余更是一段一段，生接成的，就结构说，不算上等。第二，是每到势迫计穷，设想已绝时，即有莲花佛出为援救，颇似《西游记》之有观音菩萨。就玄想力说，较《封神榜》之奇变无穷，便差一等。第三，是藏人对于域外知识所得甚少，而此书各作者偏喜叙述域外事情。除霍尔三国之部，皆属藏中固有风光，特能字字落实外，他如中华、大食、朱古、白热等部一律皆用西藏情俗描写，不通之处甚多。使其国之人读之，随处皆可喷饭。例如谓中原皇帝朝五台山，舟行海中，发现浮海美人，纳以为妃。妃自深闭宫中，如百日不与外人见面，佛法即毁。如有外人见面，则妃必死。格萨尔变一乞丐，在妃宫墙下叫唤，妃不觉开窗呵之，于是遂死。将死又嘱皇帝闭尸暗室中，如百日不见阳光可以复活。格萨尔于皇帝前献技，跑马射箭，箭射达此暗室，破窗通光，女妖遂化白骨。著者盖未知中原皇宫之制度，漫以藏式宫殿拟之，以为乞丐可至宫下，窗前可以驰射也。

六、何以叫“藏关公”

藏人绘塑神像，各有定型，万手一致，入目可辨其为何神。格萨尔像，皆骑马，左手仗戟，右手扬鞭。马现侧面。人首与胸正面，甚英武。盔上有四旗，顶缨为幢形。著甲与靴，皆同汉式。臂上腰间，复有袍与袖。戟缨下有长旗与风带。盔白色，帽旗红地绿缘。脸暗红色，甲金红色，绿腰围，袖袍绿色，白裤，绿靴。马赤色，蓝鬃白腹。是为定式。与我国关帝造像相较，赤脸、绿袍、赤马、金甲、绿靴，皆全吻合，但盔与武器异耳。“藏关公”之名，由此而得。若其一生事迹，则与汉关羽殆无同点。即“藏曹操”“藏关平”“藏周仓”等名称，亦皆“藏关公”三字引申而得，比较其行事，并无似处。

关羽在历史上，并非如何特殊人物，经罗贯中演义，特笔描写，大受清朝皇帝崇拜，列入祀典。提倡哥老会者，亦复借题发挥，推为圣人。死后尊荣，实出小说家力。格萨尔在西藏，亦不过中古时代若干大酋长之一员，连宋拒夏，足以安定疆土，成名一时。在吐蕃史中，不过尚恐热一流，并非卓绝。一经文学家特笔描写，遂获成为家尸户祝，禁不可止之神。佞佛者亦复借题发挥，推为首屈之大护法。其在藏族中之地位，正与关羽在汉族中之地位相当，死后成名之途径，亦出一轨。人马腹色又不约而同。此无怪汉人呼格萨尔为藏关公，藏人呼关羽为贾格萨也。

附：关于“藏三国”[2]（1945年）

脍炙康藏人口之格萨尔故事，俗称“藏三国”。共凡二十五函，二千余藏页，记叙格萨尔王因卫护佛法，与白、黑、黄三种幕属胡人及其蕃国争战事。全部属于宗教神话，穿插奇诡，谐趣流溢，极投藏人嗜尚。原作者谁？成书何时？何地刊印？今皆无考。余曾见印本一函，写本数函。庄学本君曾购得抄本一函，李鉴铭君曾见七函，为最多矣。大低其书绝版已久，旧刻散佚民间，鳞爪零乱，固无克窥其全文者。相传德格土司与林葱土司家各有写本一部，秘不示人。余去岁入康，知甘孜之夺拖寺僧能写全部，曾拟购写，究以费巨，愿未克偿。

格萨尔后裔，为今邓柯县之林葱安抚司。其故宫在今邓柯县第三区，属金沙江流域，当祝靖、邓柯往来一道间，有俄支、绒果二寺。俄支寺为格萨尔故都，林葱土司原即治此。明代地震，官殿圮塌，乃徙治绒果，仍建陪官于俄支。今林葱土司辖地，尚有邓柯县第五区，属雅砻江流域，在上杂科与石渠县间，地名雄坝。据传格萨尔生地，在此区察察寺山，自诞格萨尔后，其土长草，四时常青（此系神殿，与中杂科之黄教格萨尔寺有别）。寺中有格萨尔常用之军器，及象牙章各一，由察察寺派二僧常住诵经。又传格萨尔大部遗物，被一神通喇嘛，移运保存于青海囊谦（隆庆）县之香达纳。又传格萨尔派其大将该喷建碉于白玉县之甄科，世呼为林·该喷碉，今遗址尚存。其西之登龙、麦宿，亦皆有格萨尔建碉遗址。又传德格龚垭，为格萨尔大将贾察驻防之地。如此传说，在德、邓、石三县境内，极其流行。林葱土司自称为格萨尔后裔，其臣民相信此诸传说尤笃。询所依据，亦即仅此二十五函之格萨尔故事而已。然此故事荒诞不经，显然非属信史。大抵格萨尔实有其人，曾于金沙江上游建设拥护佛法之国家，而与摧残佛法之胡人部落力战，获得胜利，为西藏民族所称颂。其僧假借其名，影附其事，写为弘扬佛法之理想小说，亦如因玄奘求法而演《西游记》，因武王伐纣而演为《封神榜》耳。

余曩曾拟为格萨尔全史作一考证，仓促未就，兹不妨介绍其大略。格萨尔者党项之遗裔也。党项与西藏同族，均自称神猴苗裔。吐蕃盛时，奄有其地，除一部分奔投唐外，大部降附吐蕃，奉行佛法。吐蕃因其酋而用之，比于附庸。唐末吐蕃崩溃，各部复自独立，或拥佛法，或毁佛法，由是相互攻击，亘数百年。拥法诸酋长中，格萨尔最著烈。其生当北宋初期，其所建国，当今邓柯、德格、石渠三县地。势力盛时，似曾统一理塘、昌都、玉树二十五族，与康、道、炉、甘等县地，足以传承吐蕃正统之乌斯藏比肩。格萨尔殁后，境土崩裂为若干部落，其嫡裔为林葱政府，支裔为德格政府。元代建置土司，以林葱为朵甘思、哈达、李唐、鱼通等处钱粮总管府，德格为朵甘思管军民万户府。明太祖授林葱酋为朵甘卫都指挥使司，与传承吐蕃正统之乌斯藏卫都指挥达故。转入清代，德格勃兴，林国衰弱，降为林葱安抚司。今林葱官寨尚保存明清两代印信号纸与诰命也。总之，康藏土酋势力，唐迄明清均以拉萨与林葱两政府为巨擘，二者力敌势均，无所轩轾，拉萨袭吐蕃之余荫，林葱承格萨尔之余荫，德格承林葱之余荫，故能成两大势力。康、藏两地各之能对立，德格之能成为康区文化中心，皆为格萨尔功烈之副产品。今拉萨大昭寺护法神中供有格萨尔，其他各寺庙，亦有奉祀者，而俄支专祀格萨尔之殿，司称为家庙焉。

关于“藏三国”，似为元代萨迦派僧侣所作，其人生于福幢前，故福幢《政教史鉴》迎娶文成公主章，曾以格萨武王与印度法王、波斯富王、突厥胡王并称，颇似格萨尔之国尚武，唐初即已知名，然僧人时代观念甚谬，不足凭也。萨迦派僧侣，喜以史事宣扬佛法。黄教当政后，则禁僧侣习史，对此记叙荒唐之史籍，似曾毁版严禁。故其故事虽脍炙人口，而书版终不可得。嫡裔林葱土司，仅能保存抄本一部，西藏西境外之拉达克，则尚有此书流行，曾有西人转译为法文与西班牙文本。拉达克在西藏政府势力以外，故能保存此版也。

法国贞女大卫·尼尔，游行探险于康青藏者，阅数十年，兼通法、英、印、藏、拉丁文字。更藉其义子雍登喇嘛之助，研究康藏情俗，与喇嘛教义，并极精透。著有《拉萨游记》《康甘青游记》《西藏之灌顶》《西藏之巫术》《佛教与格萨尔王传》等书，其《格萨尔王传》系民国25年时，彼亲赴林葱土司家，借得《藏三国》抄本，雇一熟读此书之人，分段讲诵，手自以英文译记之，三凡阅四十余日，始讫。乃参考拉达克译本，撰为此书。原题为《林格萨尔之超人生活》（*The Super Human Life of Gesar of Ling*），凡十四章，都二百余页，关于佛学术语与藏人特用各词皆附注释。又藏文原书，多有韵文与意义重复之处，女士亦予删去，仅存诗歌数则，以示一斑。而于原书叙事之部略无删者，原书诙谐之趣，亦能保存。是皆其优点也。今无论藏文《格萨尔传》版本已毁，抄本难得，即使能得完整之抄本，亦非藏文造诣极深者不能读之。即能读之，反复歌咏，再三重复，亦将等于耗时太多，如大卫·尼尔女士作，可谓有功于世之欲知《藏三国》内容者也。

宁波陈宗祥先生擅西文，喜治史，尤喜研究康藏书录，每得西人新著，浏阅余暇，恒取其有价值者译之。兹译大卫·尼尔女士之格萨尔王传成，以示余，余旧曾听藏人讲述此书，又曾于喇嘛寺见此壁画，演唱者与导观者口讲指画，津津然不忍自辍。从予叩听者眉飞色舞，懵懵然化入书中。窃叹其感人之深，因而佩彼作者诱导藏人沉迷佛法之技术。每欲聆取全传，若未能得，兹阅此译，一旦解脱历年渴想之苦。念世之欲闻《藏三国》内容者多矣，故亟怂恿《康导》征入，分期登载之，并为之介绍于此。

注释：

〔1〕本文原载《边政公论》第4卷第4、5、6合期，1944年。

〔2〕本文原载《康导月刊》第6卷第9、10期，1945年。

冯汉骥（1899－1977），冯汉骥先生是我国著名的人类学家和考古学家，1931年赴美留学，先后在哈佛大学研究院人类学系、宾夕法尼亚大学人类学系学习，1936年获人类学哲学博士学位。1937年春应当时中央博物院筹备主任李济先生之邀回国，同年11月抵达成都，任四川大学史学系教授，同时在华西大学兼课，先后执教四十余载。冯汉骥先生并先后兼任四川省博物馆馆长、四川大学历史系考古教研室主任等职，是四川大学考古专业的创始人。他曾主持过岷江上游石棺葬调查、前蜀王建墓发掘等多项四川地区重要的田野考古工作，其研究特点是将考古学研究与历史学、人类学、民族学等学科紧密结合，在治学方法上博采众家之长，考证考古材料时旁征博引、纵横联系，务求翔实，尤其注重将其置还于当时的历史背景之下加以考察。其重要的学术成果有英文发表的《中国亲属制》（博士论文）、《前蜀王建墓发掘报告》等专著和多篇学术论文。本集选出的《王建墓内出土“大带”考》《云南晋宁石寨山出土铜器研究》两文，颇能体现出其治史特点与学术渊源。

王建墓内出土“大带”考

○ 冯汉骥

王建墓内发现玉大带一条[1]，发现时在中室棺中与银钵、银盒（二个）、银猪等放置在一起。此大带、银盒及银猪等，大概均系棺中殉葬之物，盗墓者收集起来准备携走者。其未带出的原因，不甚明了，或者所取之物过多，一时忘却，或者外面有警，慌忙中未及带走。不过此皆系揣测。

大带只余銙七块，铊尾一方，银扣二。鞓（即皮带）已全腐，仅余少数痕迹附着于銙及铊尾之上。但鞓虽已全腐，由其所存的部分，结合出土的情况，尚可推见玉大带的原来的形制，由之亦可推见唐代玉带制度的形状，因为革带自战国以后以迄元明，为男子服装上所不可少之物，亦为封建社会中区别官阶品级的一种重要装饰。

铊尾及銙的玉质洁白温润，上均刻龙，工制极精。铊尾（亦称獭尾）全长19.5厘米、宽6.9厘米。玉銙七方，约7.4×8.2厘米，因系手工所制，故大小不能一律。銙尾背面刻铭文，记制玉带的缘由

（图三一、三二）。

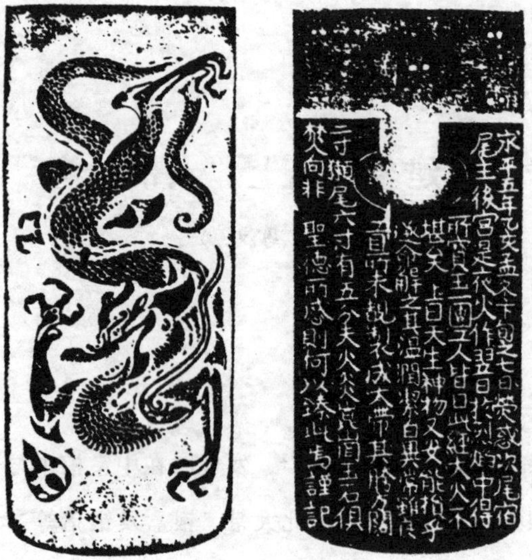

图三一　大带铊铭文及龙纹拓片

永平五年乙亥，孟冬下旬之七日，荧惑次尾宿。尾主后宫，是夜火作，翌日于烈焰中得所宝玉一团。工人皆曰：此经大火不堪矣。上曰：天生神物，又安能损乎！遂命解之，其温润洁白异常，虽良工目所未睹。制成大带，其胯方阔二寸，獭尾六寸有五分。夫火炎崑岗，玉石俱焚，向非□圣德所感，则何以臻此焉！谨记。

此铭文是王建墓内谥宝、谥册和哀册外，惟一的文字记录，除记录制带之原委外，记载大火及銙的尺寸。大火之事当详后。至于尺寸，可知当时的尺较现在市尺相去不远。如“獭尾六寸有五分”，合现存的市尺五寸九分。“胯方阔二寸”，合现在的市尺二寸二分以上。或者当时亦仅约略言之而已。

铊尾的背面（有铭文的一面）首部钻小孔五，但不钻透，用小银钉将铊尾钉于鞓的尾端。尾端再出如意头约寸许，再用银钉钉上。銙的背面亦各钻小孔四，用银钉钉于鞓上。

大带的铊分两节，有銙饰的一节，两端有银扣各一，亦系用银钉钉上者。有铊尾的一节无扣，只两端打小孔若干。整个大带的形制，复原如图三三。

按唐、五代及北宋的革带均系如此，仅有銙的质料和数目因品级高下，或因时代的推移，而有所不同。陕西、河南所出土的唐代陶俑，敦煌唐代供养人画像，五代后蜀宋琳墓所出陶俑等，凡是男俑束带者，其带均无不如此。由此可见古玉图谱中所收之所谓唐代“朝带”者，不仅不是唐制，而且亦非宋制。自其玉銙的制作观之，则均系明代之物[2]。

图三二　玉銙上的龙纹拓片

图三三　王建墓出土的大带

按革带之制，本为胡服，宋沈括《梦溪笔谈》（卷1）说：

中国衣冠，自北齐以来，乃全用胡服。窄袖绯绿，短衣，长靿靴，有鞢韄带，皆胡服也……带衣所垂蹀躞，盖欲佩带弓剑、帉帨、算囊、刀砺之类。自后虽去蹀躞，而犹存其环，环所以衔蹀躞。如马之鞦根，即今之带銙也。天子必以十三环为节，唐武德贞观时犹尔，开元之后，虽仍旧俗，而稍褒博矣。然带钩尚穿带本为孔，本朝加顺折，茂人文也。

《笔谈》所载甚明，銙者原所以附銙以受环，环则衔蹀躞以悬物，然皆本为马带上之饰，故在前亦名曰校，其后因去其蹀躞而独留环，故称曰环，其后又连环亦去之，只留附鞓之饰，故曰銙。《旧唐书·柳浑传》：

时上命玉工为带，坠环一銙，乃私市以补。及献，上指曰：此何不相类？工人伏罪……

由此可知在唐时已通称为銙了。銙之原来用途，在于受环，环则所以悬物，而物均悬在背后，故带銙均在带后，系带而不能自见其銙，此于王旦传言之甚明。《宋史·王旦传》：

有货玉带者，弟以为佳，呈旦。旦命系之，曰：还见佳否？弟曰：“系之安得自见！旦曰：自负重而使观者称好，无乃劳乎！

系带而不能自见其玉饰，正以銙在背后而不能自见，今观王建造象上之玉带正是如此。在北周、隋之时，天子之带以十三环（后来之銙）为节，《隋书·李穆传》：

高祖作相……乃奉十三环金带于高祖，盖天子服也。

《旧唐书·舆服志》：

隋代帝王贵臣，多服黄文绫袍，乌纱帽。九环带，乌皮六合靴。百官常服。同于匹庶，皆著黄袍，出入殿省。天子朝服亦如之，唯带加十三环，以为差异。

按唐时以带銙之多少及质料，为别品级高下的服饰之一，《新唐书·车服志》：

其后（按指高宗显庆以后）以紫为三品之服，金玉带，銙十三。绯为四品之服，金带，銙十一。浅绯为五品之服，金带，銙十。深绿为六品之服，浅绿为七品之服，皆银带，銙九。深青为八品之服，浅青为九品之服，皆銙石带，銙八。黄为流外官及庶人之服，铜铁带，銙七。

今王建墓内大带玉銙之数，仅有七，而无十三之数，或者至晚唐五代之时，銙的形制则增大，数则减少了。如《笔谈》所言，开元后虽仍旧俗，而稍褒博，似在开元以后，颇有变革，倘銙的形制增大，数则必须减少，因腰围有限制，不能随銙之增大而加大。墓内王建石造像上所服之带，似亦仅七銙，故可认七銙为自晚唐、五代以后大带上之数。

尾（亦写作獭尾）为鞓端之饰，束带时尾垂于左方肋下以为饰。《新唐书·车服志》说：

腰带者，搢垂头以下，名曰铊，取顺下之义。

尾的原来意义，似乎为保护鞓端的一种设施，后来渐变而为装饰，在敦煌的唐末、五代画像中，往往有将铊尾用链悬于带的左方的，这就全为一种装饰品了。王建墓中大带的铊尾，特别博大，不能从银扣中穿过，故亦为一种纯粹装饰。

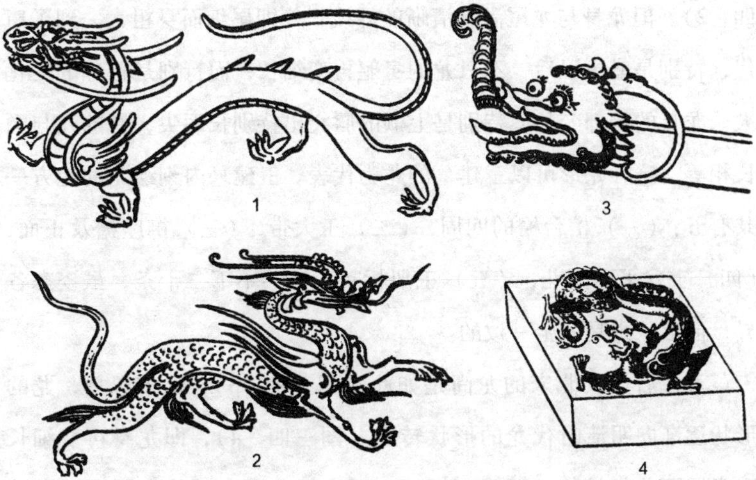

图三四　龙纹

大带上玉銙和铊尾上的雕刻，仅龙一种。按龙在神话及传说中，为四灵之首，汉以后为封建天子的专用象征，它在历代装饰艺术上是一种极重要的题材，其形状亦随时代的推移而各为不同，可作为考古中决定时代的一种参考。

汉以前的龙，在形态的表现上亦甚多，但多图案化，绝大部分表现在铜器的装饰上，与汉以后在龙的形状上的统一化颇为不同，故暂存而不论。西汉时期的龙的形状，因为发现得尚不多，所以尚不甚清楚。到了东汉时期，龙的形状渐趋于统一，这在当时各种画像石上均可见之。此时期的龙，在形状上大体与当时所绘的虎相类似，所谓“青龙白虎”。而龙与虎的区别，仅在龙首有角及身有麟甲（图三四，1）。这种形状一直保存至南北朝时期，但在身躯上和龙首的颚部都逐渐变成细长，愈晚者愈甚。上颚上逐渐其有突出的尖形上唇（图三四，2）。但龙身与龙尾尚有清晰的界线——即尾细而身粗大。到了唐代，特别是盛唐以后，不只龙的身躯再变细长，而特别是首部的变化大。龙首的颚部变长，特别是上颚的唇突出特别长而尖，有的几与颚长相等，这种龙形可以王建墓的龙为代表。王建墓内刻绘龙的地方一共有五：（一）棺台檐的四周，（二）玉大带，（三）御座檐及正面，（四）宝盆平面团花，（五）玉册标首，一共不下二十条，虽姿态各异，但形状则是完全一致的。

五代后期及北宋的龙尚是如此（图三四，3），北宋以后，龙的形状逐渐向明清时代龙的形状转变（图三四，4），即龙身再变细长致身尾不分如蛇体，腿足变短细，而头部上颚突出的尖唇则逐渐消失。此则为龙的形状自东汉至明清演变的大概。而此大带上所刻的龙可认为是唐五代时期的一般龙形。

永平五年大火之事，在当时想系一重大事件，各书中均有记载，且有附会之者。五代史记前蜀世家说：

> （永平）五年，起寿昌殿于龙兴宫，画建像于壁。又起扶天阁，画诸功臣像。十一月大火，焚其宫室。

又如《北梦琐言》说：

> 伪蜀王先主时，有军校黄承真，就粮于广汉绵竹县，遇一叟曰郑山古，谓黄曰：此国于五行中少金气，有剥金之号，曰金煬鬼，此年蜀宫大火，至甲申乙酉则杀人无数。我授汝秘术。诣朝

堂陈之，傥行吾教以禳镇，庶几减于杀伐。救活之功，道家所重，延生试于我而取之。然三陈此术，如不允行，则子亦不免，盖泄于阴机也。子能从我乎？黄亦好奇，乃曰：苟禀至言，死生以之。乃赍秘文诣蜀，三上不达，乃呕血而死。其大火，与乙酉忘国杀戮之事果验。

《琐言》所记，自属附会，但亦足证此事传播之广而被重视。《新五代史》言大火为“十一月”，铊属铭文上则言“孟冬下旬之七日”，所记尤详。按“孟冬下旬之七日”，当为是年“十月二十七日”，虽与“十一月”相去仅四五日，要当以铭文所记者为正确。

原载《考古》一九五九年八期。

注释：

〔1〕“大带”系根据铊尾上的自名。

〔2〕《古玉图谱》一百卷，题宋龙大渊等奉敕撰。《四库总目提要》根据历代著录，修撰者的时代及衔名，举出可疑之点十二，证明其为后人假托宋时官本，这是正确的，但未从内容上说明其为何时人所假托。按《图谱》（卷五十二）列朝带六，其中有五定为唐代，其一未说明时代，或者以为较唐更早。六条玉带的制作均系一致。由现在我们所知道的唐、宋及明代玉带制度来看，此六带均系明代的制作。由此可知此书假托的时代，不出明末或清初，而最可能是明末，因明代造伪之风是极盛的。

在另一方面，资产阶级的所谓学者如布希尔（S. W. Bushell）认为此书确为宋代所编，并认为提要的批评为不当，将其序译成英文收入毕西卜所著之《玉的考察及研究》一书中（H. R. Bishop：*Investi-gations and Studies in Jade*，1906，卷1，第32页）。劳弗尔作《玉器图录》（B. Laufe：*Jade*，1912）时多根据此书。其言玉带部分即在图谱中取五带，均认为系唐制（见《玉器图录》第286－293页）。由此可见资产阶级的所谓学者所得出之结论，是如何可笑了。

云南晋宁石寨山出土文物的族属问题试探

○ 冯汉骥

云南晋宁石寨山西汉墓所出的一批文物，从其数量性质语之，均是十年来考古学上最重要的发现之一，是研究当时滇池区域的文化及其民族的最真实的资料[1]。这一批精美青铜器和其他器物的主人，以及他们属于当时的哪一种民族，应该是研究这一批文物首先要解决的问题之一。作者于 1958 年冬承云南省文化局之约，曾短时期参加过晋宁的发掘，1959 年 6－7 月，又承云南省少数民族社会历史研究所之约，对于这批文物作了一些初步分析。兹将个人所能观察到的，发表于此，以供研究者和关心这一批重要文物者的参考。因为仅仅是对这一问题的初步分析，故称之为“试探”，还望读者予以严正驳正。再者，在研究这些文物时，承云南省文化局陆万美局长及云南省少数民族社会历史研究所侯方岳副所长多方面的鼓励及指导，和云南省博物馆许多同志的热诚协助，并许发表，特此表示谢意。

在探索考古学上所发现的文物的族属问题时（指无文字发现者而

言），可从许多方面入手，最普通者，乃根据出土文物的性质、样式、花纹等特征，与已知的古代或现代民族的文化特征相对勘，从而找出其族属关系。但是，这种方法局限性很大。因为文化特征往往可以离开民族的本身而独立传播，除非各种特征相同的幅度甚大，不然，所得出的结论往往是不甚可靠的，或者仅能证明他们之间有着历史的接触关系而已。如果其中有人物图像发现时，则可以根据人物的形象、头髻和衣饰的样式等等来探索其族属关系。这虽然比前者的可靠性较大，倘用之不慎，亦易引入歧途。不同的民族，亦可能有相似的服饰，特别是表现在相近的民族之中；在同一民族中，其间也可能有稍为不同的服饰，尤其是人口众多、分布区较广的民族。并且同一民族的服饰在时代的推移上是要变动的，虽然在古代及较原始的民族中其变动较为缓慢，但演变是必有的。

利用人物图像来探索他们的族属关系，在方法上虽然有它很大的局限性，但在研究晋宁出土文物的族属关系上，却有着它的许多长处。因为晋宁出土的文物，其中有很多的人物图像，包括高至30厘米－40厘米的铜俑，小至2厘米－3厘米的铜铸像和在各种铜器上镌刻的人物图像，约略计之，不下二三百个。这些大大小小的图像，在造型艺术的造诣上都是很高的，往往能重点突出，把所要表达的特点活现出来。特别是这些图像都在各种不同活动场面中出现，这就更增加了他们的真实感。像这样的材料，在考古学的发现中是少有的。它们若能得到正确的解释，对于阐明当时的社会性质及民族情况，其准确性当不下于文字。而且，正因为它们是图像，更具有文字所不能表达的真实感。

利用这种方法来研究晋宁出土文物的族属问题时，还另外有一种长处，即可以用来与古籍中的记载相对勘。因为在古籍的记载中，往往以髻式和服装的样式来区别当时不同的民族，如“椎结”“编发”“左衽”等等。这种描述虽然太简略而且不甚准确，但如能得到当时真实图像来加以对照，那就更为具体了。

利用服饰头饰来区分民族，虽然不一定可靠，更非唯一的方法，但也有它的实际用处，因为每一民族都有它特殊的头饰和服装，以自别于其他的民族。选种情况，特别表现在古代的民族和比较后进的民族中，是一望而知的。这也是在古籍记载中往往以此来区别不同民族的原因之一。

所以，根据晋宁文物的特点，先从其人物图像分析出有几类不同形象的人物，何者是主要的，何者是从属的。将各种类型确定之后，再从各种活动场面中来加以核对，以视能否构成一种族属，最后再推论它可能是当时的某一种民族，及其相互间的关系。

据初步分析的结果，其中除此一文化的主要民族而外，至少尚有七种族属。兹将其男性者分为七组，用拉丁字母代表之；女性者分为七式，用罗马数字代表之。

一、“滇族”

晋宁文化中的主要民族，在服装上和在各种活动中，是表现得非常清楚的。由于现在还不能将其与古代当时的某一民族或者是现代的某一民族相比合，所以暂称为“滇族”；因为在汉代称此一区域为

“滇国”，在墓葬中又有“滇王之印”发现，所以这些文物是当时“滇国”的东西；更确切些说，是属于当时“滇王族”的东西，这是无可置疑的。

《史记》称当时滇池附近的一些民族为“靡莫”，而“滇”为其中之一。《西南夷列传》说：“西南夷君长以什数，夜郎最大；其西靡莫之属以什数，滇最大。”从《史记》的文义推之，“靡莫”似乎是一种民族的名称，而滇则为其中的一个国名，或者君长之名[2]。《华阳国志》称此地区的民族为滇或滇濮。故说者以为滇为濮人中之一种[3]。按靡莫自西汉以后即无闻，不知其为何种民族。而濮人之说古今以来更是众说纷纭[4]，今若称晋宁文化中的主要民族为靡莫，或者为濮，则不如称之为滇，似属更为有据。

从晋宁出土的许多铜俑及镌刻的人物上来看，古滇族与其四周的民族在服饰上及风俗上是有着显著区别的。又从晋宁的各种人物图像场面中，所描写的对象，都是滇族的一些主要活动，或者是与滇族有关的其他族的一些活动。从服饰而论，滇族的服饰是相当统一的，而特别以女子为然。滇族女子的头髻，与其他族的迥然不同。将发于额前中分而全部向后梳掠，于后颈上将发重叠而从中束之，成一在《云南晋宁石寨山古墓群发掘报告》（以下简称《报告》）中所谓“银锭式”的长髻（见《报告》第82页，大铜俑，图版陆玖，1）。在髻的中部系带时可使上部稍宽而高，下部稍狭而短。有的髻可下垂至于背上，大概贵族阶级的髻多系如此。有的于额前留发一小撮如“刘海”式，而后垂之髻则相同。头上及髻上均不戴其他饰品。此种髻式，因其拖垂于后，今姑名之为“垂髻”。“垂髻”为滇族妇女贵贱之通式，如乘肩舆者（见《报告》图版伍柒），坐而指挥者（图四○，9之中坐者），劳动操作者（图三七，3），舞蹈者（图三七，1），无不作此种髻式，亦为此一群人物中最多的一种髻式。

再有一种发式，即将发总掠而披于背后，于后颈以下用带宽束之。此种发式，骤视之可能认为系另一种民族者，但其装束则与滇族妇女完全一致，可能为滇族女子的另一种发式。因自正面视之，与梳垂髻者完全无异，惟后垂之发有挽髻与不挽髻的不同。此种发式不多，仅见一枚头俑上（原编号M14：9）和“杀人祭铜柱场面盖虎耳细腰铜贮贝器”上有三四俑作此式[5]。再者，此种妇女髻式上的区别，可能与妇女的社会地位和已婚、未婚、已寡等有关，或与个人的嗜好与时髦性有关。其究系如何，须待更多的资料发现，方能决定。

滇族妇女的服装也是很统一的。无论贵贱皆服一宽大对襟式外衣，衣长仅及膝下，袖宽大而短，长仅及肘。衣领及缘边皆有数道线条纹，衣上有垂直线条作饰。着时不系不扣，使前胸之内衣微露。内衣因大部分均为外衣所掩盖，故样式不甚明了。其样式大概紧称身躯而较外衣略短、圆领，领边及衣的下脚均有线条作饰。此种内衣是否为贯领式或另有衽，亦不得而知（图三七，1、2）。膝以下无饰，跣足。上层阶级与贵族妇女的外衣亦均如此，惟衣上加各种纹饰，袖亦较长，此于几个较大的铜俑上可以见之。耳皆戴环，环有两式：一种仅为一小圈，大概为常人所戴（见《报告》图版壹壹肆，3）。再一种为“叠片式”，大概为贵族所用（见《报告》图版壹壹肆，1）[6]。再者，贵族妇女下臂上戴扁形镯四五道，亦有很多实物发现[7]，几将整个下臂笼罩。有的腕上还戴一璧形的玉环（见《报告》图版壹壹贰，4－7）。

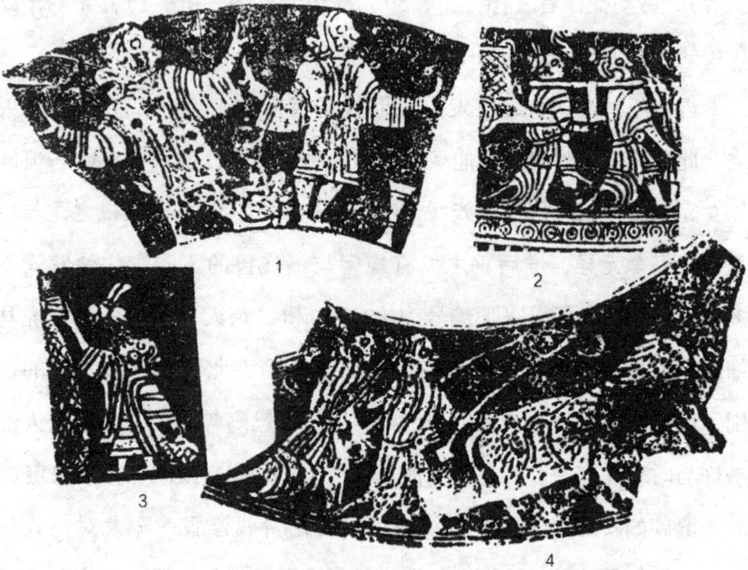

图三七　晋宁铜器上的纹饰

图三八　晋宁铜器上的纹饰

作以上所述装束的，又何以知其为滇族妇女？这于他们的生产活动和社会活动中可以见之。滇族的农业生产，大概主要系由女子任之，男子仅从事牲畜、狩猎和战争。此或为当时的一种男女分工。所以有关农业活动，或有关农业活动的祭祀中，均以女性为主体，而男性副之。又在许多社会活动中，如原编号 M6：41（斗牛）[8]和 M3：140（见《报告》图版叁柒，3）两铜扣饰上，她们往往与滇族的男子并列杂坐。再者，滇族的若干服饰是男女相通的，如叠片式耳饰、璧形玉臂环等。由以上诸端，我们可以肯定凡是作此种装束者，均系滇族的妇女。

滇族男子的头髻，将发总掠干顶（有的稍后）而叠成长形，从中以带束之，有的将带两端突于后（少数突于前）以作饰。此种发髻，从各种图像中看，为一般的通式，上下贵贱得通用之。从另一方面看，男子的头髻是比较复杂的，往往在不同的场合中，则有不同的髻式，但皆是从此种基本形式稍加变异而来的。大概滇族无冠，故在不同的仪式中或者用不同的发髻来表示之。例如，有一种髻，将发向上梳掠而总结于顶，样式特别松大，亦从髻中束之，髻根甚大而以发或窄带盘于根际。如执盖铜俑[9]、铜舞俑等[10]，均作此种髻式，此或为青年或贵族的一种髻式。再者有一种高髻，髻根高出于头顶五六寸，形如圆桶，再于上面结一如上式的髻。此种髻式，发中必实有物，否则绝不能如此高大。在所有滇族人物中梳此种髻者甚少，仅“杀人祭铜柱场面盖虎耳细腰铜贮贝器”上所铸平者台上正中高坐（垂足坐）者一人，台下执事数人（但不如前者之高，二者均见《报告》图版伍贰），以及一“铜戈銎”上一乘马者（可能系滇王）等数铜俑而已。梳此种发髻或仅系少数人的特权，或仅在重要的仪式中用之，详情尚不明了。以上滇族男子的几种髻式，骤视之似均不同，但基本上是相同的，不同之点仅在髻根的大小与高矮，其顶上之髻则无不从中以带束之。以带从发髻的中部束之，男女相同，不过男子的髻在头顶上，女子的髻拖在颈后而已。此亦可能是古代汉族中所谓束发。滇族男子中亦有梳椎髻的（参见《报告》图版柒玖，2）[11]，但为数不多。

滇族男子的服装，其外衣基本上与女子的略似，但衣袖甚短，男子则腰中束带，前有一大圆形带扣。外衣内尚着有内衣，但均为外衣所掩盖，不知其详（图三八，1），滇族男女似不着裤，由少数半裸的铜俑视之，男子胯下仅系一宽带，而上束于腰际（见《报告》图版陆陆，舞俑）。膝以下裸露、跣足。耳皆戴环，环式如女子所戴者。

以上不过为最基本及一般人所通用的服装。此外，似乎尚有阶级、仪式、舞蹈上的附加服饰，形式颇为繁缛复杂[12]。例如有一种人着上述之服装，而腿后拖一长幅，幅下端作三叉形尾饰。自抬肩舆、仪式中执事者以上，牧畜者，多如此（图三七，3、4），仅劳动者后幅短，而其他者则曳于地[13]。至于舞装，此后幅更为繁缛华丽（见《报告》图版陆陆，舞俑）。

有的在肩背上加一帔巾，前用带系于当胸，后面复于背，而于尻上突起[14]。帔巾上往往饰有极细的花纹。着此种帔巾者大概仅限于少数的统治阶级。如系乘马，肩上亦披毡，有如现在的彝族（图三八，2）。

贵族的耳上戴“叠片式”耳饰向两旁突出，腹前垂一大圆形带釦。此种釦饰的实物发现甚多，铜制鎏金，上镶各种宝石，精工华丽[15]。两下臂上戴扁形铜镯四、五道，致将整个下臂罩住。腕上亦戴璧形玉环，有双腕皆戴者，亦有仅一腕戴者[16]。如佩短剑，则悬于左。但无论如何盛装，皆跣其双足。如系舞装或在仪式中，膝下胫上往往系缨带以作饰[17]。

男子的服装在不同的场合中，虽有各种不同的附加服饰，但其基本形式在仔细地观察下，是不难看出的。

作以上装束的男女，在出土的铜俑和各种镌刻的人物中，均占多数。如系在活动的场面中，则皆居于主导地位，故认为他们是这一文化的主要民族，即滇族。他们的服装，轻便而美观。富有民族色彩，既不同于当时汉族的服装，也不同于其他铜俑所表现的不同民族的服装。从其式样看，宽大而称体，是适合于当地的气候的。

二、滇族所统属下的各族

滇族的男女，在各种人物的图像中虽极易辨识，但除滇族以外尚有其他何种民族，则必须先找出一个大概轮廓。然后再从各种图像加以核对。我们可先从 M13：2 贮贝器中所铸的人物开始[18]。此贮贝器为两铜鼓相叠的形式，下大上小，两鼓之间铸有立体人物一周，人物高约 9 厘米 - 10. 4 厘米，作牵牛马负物之状，制作极为精工逼真，为晋宁出土的贮贝器上面塑铸人物最精美的一件。所可惜者其盖部已经失去，不知其作何图景。

在《报告》中称之为“赶集场面”，这是与实际情况不相合的。

按贮贝器为滇王族的重器，其上若铸有图像的话，都是表现滇族的重大事件的，如战争、祭祀等，若将赶集的情况铸在上面，则失其意义了[19]。此一群人物，很清楚地表现出七种不同装饰及姿势的人物。每一种中最多者四人，最少者二人。每一种中为首之人皆盛装带剑或披毡，其后随者各牵牛马或作负物之状。从其所表现的情况观之，当系滇王统率下的各种不同的民族（或部落）来向滇王进贡或献纳的图景，正如《华阳国志》所谓“牵牛负酒，赍金宝诣之”的图像。对滇王来说，这是一件重大的事件，故将其形象铸于“国之重器”的贮贝器上，有如中国所谓“王会图”[20]。可惜此器的上部已不存在，如其存在的话，此种意义可能更为明显。此图景的各群人物中为首之人，想系《汉书》中所说的“邑君”之流。如在成帝时陈立为牂柯太守，“乃从吏数十出行县，至兴（夜郎王兴）国且同亭，召兴。兴将为数千人往至亭，从邑君数十人人见立，立数责，因断头。邑君曰：将军诛亡状为民除害，愿出晓上众……”按当时夜郎王、钩町王、滇王等为南中较大的王国，其下的“邑君”实相当于各族的酋长。而此图景所表现者，当是来“进献”的，其为首之人的穿着，应能充分代表该族服装的特点。所以这一图景中的人物对分析当时的民族，具有特别重要的意义。这也应是“滇工”统治下的各民族最具体的表现。

此一群人物，依其发髻、服饰的样式，及进行的行列，可分为七组，因尚不能与记载中当时各族的名称相比合，故暂用拉丁字母以代表之。兹由其服饰、动作及地位，分述于后。

图三九　男子各组

（一）A 组（图三九，1）

此一组共四人。首二人皆挽长形髻直贴于脑后，头顶髻上叠带为饰，并以窄带系于颌下。第一人短须，着短窄称身之衣，窄袖长过手，窄裤长至足背。衣上有半圆形纹饰，裤上饰斜方块纹。右手持杖（杖已失去）；左带长剑（剑的下半段已断失），剑以带负于右肩。第二人须长过腹，服装同于第一人，惟上衣饰斜方格纹，裤饰半圆形纹。亦佩长剑持杖（杖的上半段已断失）。此二人应为酋长或邑君之类。

第三人短须，头髻装束与前二人同，惟发顶无带饰，不带剑。背负一筐而以带承于额，筐内另贮一箱。此人之地位低于前二者，应为随从之类。

第四人挽长尖形髻凸于脑后，无髻饰，无须，身裸无裤，仅以宽带系于胯下，跣足。左悬布袋以带负于右肩，袋中有物，但不识为何种物。左手执绳，右手牵一高峰牛，牛不穿鼻，以绳系于项，此人似为牧奴。

此种（前三人）服饰的铜俑，亦见于同墓出土的鎏金扣饰上（原编号 M13：38，见《报告》图版陆捌，1）。此扣饰上二人双手各执盘而舞，服装与所佩长剑和上述前二人相同，应为一种民族。

（二）B 组（图三九，3）

第一人髻挽于顶，缠帕，右前方伸出一段帕端为饰。左耳有环。衣长下及股半，窄袖及腕。短裤及膝下。肩着帔巾，前系于右肩，中束于腰际，其后曳于地。左佩剑而以带负于右肩，剑长中等，稍宽，似为铜柄铁剑。跣足。此人应为邑君之类。

后随二人，均髻挽于顶，缠帕，衣长及膝，似不着裤，或裤甚短。腰束带，腹前有圆形带钔。二人右肩共抬一物（杠与物已失落），各以右手作扶杠状。此二人应为随从或奴隶之类。此族与滇族的关系是很密切的，如滇族之男子乘马时，往往有缠如以上第一人之头帕者，腰间之圆形带钔亦大体相似，但衣式不同，头髻亦异。而作后二人之装束者，亦往往于其他场合中的服役者见之，如有些为滇族女奴隶主抬肩舆者，似亦为此种人（参见《报告》图版伍柒）。他们可能是构成滇族中的一种，而同时又与彝族有关。

（三）C组（图三九，2）

前一人髻挽于顶，双层，下大上小，甚高，左右有两股小发下垂为饰。衣长及膝，肩着帔巾，巾前以带系下胸前，腰际束于带内，其后下垂但不曳地。剑佩于左，短而宽。这类剑的实物发现很多，亦为滇族所常佩的一种。如《报告》43－45页，插图九，8、9、15、16各短剑上镌刻之裸体持剑搏兽之男子，自头髻上看，应均为此族。其下臂上所戴之钏及环，亦大体上与滇族者相同（见上引插图九，15、16）。此族或者为长于狩猎的民族，除剑上所刻的裸身搏猛兽外，M17：14“八人猎虎镂花铜饰物”（《报告》图版壹，1）所铸之八人，自其头髻、服装上看，亦当为此一族。

后随一人，发髻略如前状，但无双股下垂之发。衣长及膝，似不着袴。右肩有带，故左腰部原来似悬有物，但已失。右腕戴钏、衣袖甚短。背负筐而以带承于额。筐为小底大口（与A组之筐形式不同），筐中置猪腿一支。

以上第一人应为酋长，其后为随从或奴隶。

滇族之男子在举行仪式时亦往往梳类似此式的高髻，但又有不同，如无下垂的双股小发和无髻根等。所以他们应与滇族有一定的关系，也可能与当时的彝族有关。

（四）D组（图三九，5）

前一人梳双辫垂于背后，额系带一周，额前带内有平突之饰，亦可能系一种发式。耳戴环，衣长及膝，袖长及手，腰束带。衣上以垂直纹作饰，衣脚另接一段。不着袴，胫上似有裹腿。刀佩于左而以带负于右肩。

后随一人，发髻如前，衣亦略如前人，惟较简，无胫上之裹腿。不佩刀，双手执一鞭，后牵一无峰垂角牛。

此类民族少见于其他场合之中，故与滇族的关系似乎不太密切。他们应为如《史记》所称的一种“编发”民族，可能为当时云南西部的游牧民族中的一种。

（五）E组（图三九，4）

前一人的发分梳为两辫垂于背后，另分两股短发垂于耳前如鬓，顶又有小髻。左耳戴大环垂于肩上。衣宽大，长过膝以下，左衽、袖短而小，衣的下方另有一节，均以垂直纹为饰。左袒。腰间系窄带。剑佩于左，以辫形带负于右肩。

后随一人，发辫亦如前，惟无顶上之小髻。衣为圆桶式，长仅及膝，无袖。其衣因无下方的另一节，故短。双手捧盾负于右肩，盾为上圆下方的长形，盾中有一脊，两边各有二圆形牌，以长钉钉于盾上。此类形式的盾，于战斗场面中往往见之。

这种民族与滇族的关系是疏远的，并且是滇族战斗和虏掠的对象。

此一“献纳图景”中虽然有他们，或者仅是被滇族征服的一部分，其中的大部分，滇族不能加以役使，而仅是作为战斗和虏掠的对象。

（六）F组（图三九，6）

第一人发挽于顶作圆形髻，额以上束带一周，故髻露于顶上。衣仅及股下，着短裤。衣上饰垂直纹。肩披长巾，上端以带系于胸前，巾的下端为方角而曳于地。左佩短剑而以带悬于右肩。

后随一人，发挽于顶作圆髻，但无带饰。身所着者似为“贯头衣”、无袖，似亦不着袴。双臂前伸与胸平，作捧物之状，但双手及所捧之物已失。

前一人应为酋长，后一人应为随从捧物的奴隶。

作第一人的装束者于其他活动场合中亦往往见之，但多不着帔巾[21]，例如在祭铜柱及祭铜鼓中的抬肩舆者，似为此种民族。他们可能是滇国附近役属于滇族的民族之一。

（七）G组（图三九，7）

前一人头戴一圈形帽，帽前窄后宽而无顶，正中有一绳形梁，帽巾有“人”字纹三道，似为编织而成。帽前当额处有一大扁桃形饰片，帽圈的左边内面有一片突起的饰片。双耳戴大环。衣长及胫，衣下脚有线纹一道，线纹上又有回纹一道。跣足、无袴。左悬铜剑而以带负于右肩。右手下垂似握一带形物横于腹间。

后随一人戴帽如前，惟梁特高，而帽左无突出之饰。衣仅及膝而无下脚的饰纹。跣足，无袴。佩剑如前，腹前亦有一带形物。右手执鞭，左手牵马，马后随一高峰牛。此一人应为前一人之随从而非奴隶。

此类民族于其他的活动场面中虽亦见之，但不甚多（见《报告》图版捌贰，1之骑上）。他们既非居于显著地位，亦非执役者。亦有时与滇王（?）并骑。他们大概是滇族统属下的民族之一，地位亦不甚下。从他们的服装上看，亦可能与彝族有关。

此一图景上所表现的人物，均系来向滇王"献纳"或"朝觐"者。其领导人所服的服饰，应系该族的一种正式服装，在样式上可能代表该族的特点。又从其随从人员或奴隶的服装上，不仅可以看出每一族在服装上的等级差别，亦可看出他们的服装上的变异。在其他的场合中所表现的人物，虽然在服装上或小有不同，但某者可能系同族，某者可能不同族，是不难决定的。

在此图景中的酋长皆佩剑，其随从人员则否。所佩的剑虽各有样式及长短之差，但皆悬于左。在骑乘之中有极少数将剑悬于右者，或剑者出于右者，此或与乘马有关。而非民族的不同。因古代乘马无足镫，若剑悬于左，上马则不便。

以上所描写的七种不同装束的人物，均系男子，至于女子，我们可先从"奴隶生产俑贮贝器盖"上的人物开始[22]，然后再推测他们之间的关系。

此贮贝器发现于墓1中，系最早的一个发现。墓1为西汉中期以后的一个墓葬，大体上与墓13约为同时。

此贮贝器盖上所铸的铜俑共有十八人，均属女性，系一家庭奴隶生产最生动的场面。此中滇族的女子占七八人，发式服装皆一律。女奴隶主（滇族）坐于盖的上首矮榻上，较其他各俑为大，且通体镀金。发式及衣着皆为滇族的标准样式。其他各俑（除其后为之执

“伞盖”者而外)，均向之而坐。此中除作滇族女子的装束者之外，其他尚有七式。

1. I式（右侧面） 2. 同前（左侧面） 3. II式 4. III式

5. IV式（正面） 6. IV式（背面） 7. V式 8. VI式

9. Ⅶ式 中座者为滇族女奴隶主，其右捧巾者为滇族妇女，其前之捧盘及其后之执伞盖者（伞盖的上部已断落），为Ⅶ式妇女

图四〇 女子各式

Ⅰ式（图四〇，1、2）：发分梳成两辫拖于背后，另有二小股垂于耳前。衣左衽，左袒。下臂戴钏，端坐于器盖右前，其右置一袋，双手撚线。

Ⅱ式（图四〇，3）：发挽成螺髻于顶后，双耳戴大环，衣长及膝，自衣上所刻的纹样看，似为对襟，但为织机所掩，情况不大明了。此人箕坐于前者之右而面对女奴隶主，以足蹈腰机而织。

Ⅲ式（图四〇，4）：发于脑后挽成一髻，肩上披巾而垂于后，将背露出。衣的样式不明，但长及膝下。衣的下脚刻有横线纹三道。箕坐而织如前（坐于前者之右），右手执扣，左手执断线至口以津润之，作接线之状。

Ⅳ式（图四〇，5、6）：发梳髻垂于右耳上，肩上披半月式之巾，垂于后而露背，巾前以带系于颈。衣长过膝，但式样不明。箕坐而织，双手执扣。

Ⅴ（图四〇，7）：髻挽于额前成尖角状，甚高，余发则披于后。此种高角髻似为一种假髻，其中似实有物。衣过膝而腰束带，背后之衣以上凸出，如其中实有物然。箕坐而织如前。此种发髻为此一群铜俑中之最显著者。又在M12：26贮贝器盖上的图景中亦有梳此种髻者三四人，但其民族成分则不明了（《报告》图版伍叁，右）。

Ⅵ（图四〇，8）：将发结于后而扭成绳形，挽盘髻于脑后，余一节垂下至腰际。短衣，长裙。裙似为布一幅围于腰际而以宽带束之，裙幅后部出两角尖而曳于后，此人立于器盖前首中部，双手捧盘于胸前，盘中所盛者似为鸟类二只。

M12：26贮贝器盖上图景中亦有同样装束的一人，又M6：13之乘马者亦作此种装束（见《报告》图版捌贰，2）。此类俑因数量过少，其民族成分亦不能明了，其为滇族以外之民族则可知。

Ⅶ（图四〇，9）：发挽椎结于顶际，额缠帕一周，项戴珠圈。衣仅及膝而腰束带。衣上刻垂直线纹，衣的襟式不明。端坐于女奴隶主之后，双手所执者似为铜繖盖，但其上部已断失，故不明。此种铜繖盖发现有实物（见《报告》图版陆玖，1铜俑之所执者）。又女奴隶主之前右端坐一人，双手捧一长形盘以进，盘中盛一鹅。此人之头髻及装束与上者略同，当为同族。

以上是这一场面中所表现的妇女主要人物，除了滇族的而外，尚表现有七式不同头髻及装束的女子，每式一人（仅Ⅶ式有二人），想这仅是象征式的，因在此种“器盖”面积的限制下，不可能将每一式铸成很多的人物来代表。每一人即可象征着其所统辖的族属在为奴隶主服役。如果这一推测有可能的话，那么，问题是她们与“献纳图景”上所表现的七组民族是否有关系，或者能将其等同起来。在两者之上所表现的均为七种，这不仅是一种偶合，或者在滇族当时所统治或役属之下的，主要的有七种民族，也是极有可能的。

其中的E组与Ⅰ式，可以大体上断定他们是同族的，不仅他们在发辫上相同，而在服装上亦大体相似，并且均系左袒。所不同者，仅男子耳戴大环而女子无之。女子则下臂戴钏，上臂有珠圈，而男子则无之。在原始社会中，男子与女子的服饰大体上相似者，亦往往有之，但为例是不多的。E组与Ⅰ式的服饰大同而小异，所以可能是同族属的。如果此一假定可以成立的话，那么这一女子当系被掳掠而来的奴隶，因为从几个战斗及掳掠图景中，此编发民族系滇族战斗及掳掠的主要对象。亦可说明此一场面中的服役者均系女奴隶。

其他各组的男子与各式的女子之间，因资料不足，尚无法比附。不过在这里不妨先提出一种意见，以备研究参考。

B组与Ⅶ式

C组与Ⅳ式

D组与Ⅴ式

F组与Ⅲ式

G组与Ⅱ式

A组与Ⅵ式

以上每列组合，可能系同族。

这种各族间男女的互相比附，是非常牵强的，不过也是经过了一番仔细地考虑，根据各种情况，而暂时加以拟定的。例如，在前面曾认为B组这一族与滇族的关系是很密切的，此Ⅶ式的女子则系为滇族女奴隶主个人服役的，一人为女奴隶主执铜繖盖，一则进食（双手捧盘），并且杂在滇族妇女之间，其与滇族的关系比较密切，是可以想见的。再则两者在服饰上也有相同的地方，例如：皆顶挽椎髻，缠帕，腰束带，衣上的纹饰也大致相类似。所以，照上面情况，暂定他们系同族。其他可以类推，并在“推论”中再加以详述。

我们回转来用以上所定的“滇族”以及其他的“七组（男）”“七式（女）”来观察晋宁出土文物上所有的人物图像，则很少有溢出以上所举的种类之外的。无论他们在服装上如何变异，每一种类的最基本的形式，在仔细地观察之下，是不难看出的。这些人物图像有的虽然极小（最小者不到2厘米），但其造型艺术很高，表现力也甚强，这就给我们在研究上提供了很大的方便。

三、推　论

我们从晋宁出土的文物上所雕刻的各种人物活动场面上看，滇族是他们所要表现的主要对象，其他各族都不过处于从属地位。从滇王族的墓葬群中所出土的文物上所表现的此种特点，应该是正常的，也是预料中的现象。

“滇族”有它独特的高度的青铜器文化及其别具风格的服装，这种服装既不同于当时的汉族，也不同于在铜器上所表现的其他各族。这种服装，显然与滇池区域的气候相适应（无严寒酷暑），虽可以说它主要的是由滇族自己所发展的，但也不能说不受到当时其他邻近各族的影响，特别是汉族，因骤视之，其服装稍具有一些汉族的风格之感。

关于“滇王”的来源，《史记》言之颇详。《西南夷列传》中说：“始，楚威王时，使将军庄蹻将兵循江上，略巴、蜀、黔中以西。庄蹻者，楚庄王苗裔也。蹻至滇池，地方三百里，旁平地肥饶数千里，以兵威定属楚。欲归报，会秦出夺楚巴、黔中郡，道塞不通。因还，以其众王滇，变服从其俗以长之。”按“庄蹻王滇”之说，开始于《史记》的这一段记载，后来言滇事者，无不以此为本。司马迁是到过当时的南中的，不与其他得诸传闻者可比，其言当不尽诬[23]。而他在《西南夷列传》中记滇事亦最详，最后更在赞论中说：“楚之先岂有天禄哉?！在周为文王师，封楚；及周之衰，地称五千里；秦灭诸侯，唯楚苗裔尚有滇王；汉诛西南夷，国多灭矣，唯滇复为宠王。”司马迁对于“庄蹻王滇”之说如此重视，想当时在滇族中必系一种很普遍的传说。

虽然这一段记载中有若干问题，后来有不同的说法，例如，庄蹻入滇的路线，《史记》言“循江上……”此所谓“江”，当系指大江而言。而《华阳国志》则以为系“沂沅水，出且兰”。又如庄蹻入滇的时代，《史记》以为系在楚威王时（公元前339年－公元前329年），而《后汉书》则改为楚顷襄王时（公元前298年－公元前263年），俾与秦攻夺楚巫、黔中郡的年代（公元前277年）相吻合。像这些记载上的错乱，虽然削弱了它的史实性，但“庄蹻王滇”这一史实，从各方面来看，则当是可信的。如果我们从晋宁出土的文物所表现的情况来看，庄蹻王滇之事似乎对当时滇东北区的文化发展上，还起了一定的作用，并且对“滇族”的形成，想亦不无关系。

按庄蹻从楚行数千里而征滇，并且能以“兵威”临之，其人数当不至过少。以两汉时期每次征滇所用的兵力推之，庄蹻所带的人数，至少也当在几千人或者万人以上，“食重”者或尚不在内。庄蹻的本意是原欲“归报”于楚的，后来因为不得已而留滇，其所带领者应尽是有战斗力的男子。以这样众多而具有当时楚国文化的男子，在当时的一个少数民族地区住留下来，娶妻生子，其所发生的影响一定是很大的。其所娶的女子，想绝不都从同一个民族中而来的，因为以当时边区少数民族人口的情况而言（《史记》称滇王有众数万人），除非将一族中的青年男子尽行屠戮而夺其女子外，一时之间或者找不出这样多的未婚女子。从这样众多的男子而娶其当地和四周的不同族的女子，其下一代必定会形成民族上和文化上的融合，其于风俗习惯和物质文化上所保留者，也不一定是属于哪一个民族的，或者其女子所属的各族皆有之，而演成一种新的风俗和服装。这些人都是属于统治阶级的，其所直接统治各族或者将起而效之。这样就可能在当地演成一种与前不同的更进步的文化。我们观于晋宁出土的文物所表现的高度文化，想象这样的现象是可能出现的。所以庄蹻之从其俗而王滇，也许不是从某一个民族的风俗，而是所取者广，其中不仅有“楚”的成分，也有当地各族的成分。这种文化的混合，或者在当时滇池附近的生产及文化上也起了推动作用。我们试观滇族别具风格的男女服装，以及其地方性特别强烈，但仍在汉族文化基本范围以内的高度的青铜器文化，这种推测似乎是可以成立的。

我们再以滇族的服饰来说，滇族中无论男女皆系赤胫跣足，这完全是西南少数民族从古到今的习惯，即使到了唐代，南诏中的清平官以及大将军等皆跣足，可见这一习惯在西南民族中的久恒〔24〕。滇族在足下所表现的，虽完全是“西南夷”的习俗，但其发髻则颇具汉族的风格。

前面已经言及，滇族的男女皆束发，而不同于其他的“椎髻”或“编发”。而汉族在古代亦系束发，也是汉族在古代所以自别于其他的“编发”和“椎髻”的民族的〔25〕。但古代汉族的发如何束法，今虽不能知其详，但我们若看湖南长沙陈大山战国墓出土的帛画上女子的发髻，其样式和滇族的女子的头髻是有些相似的，均系以条组束发，仅比之稍上而滇族者更下垂而已〔26〕。关于滇族男子一般的发式，在中原出土的一些人物图像上也有类似的情况。如河南辉县赵固镇战国墓出土的宴乐射猎纹铜鉴上所刻的人物，有的发束于顶使两端翘起，脑后拖一“三角形”纽带，样式甚为奇特[27]，而滇族男子的一般头髻均系将发束于顶，使两带拖于后。所不同者，两带之间不相连结成三角形而已。大概在战国时期，汉族的男女或者有类乎滇族男女的髻式，而滇族的此种发式，可能是由庄蹻带去的楚发式演变而来的。关于战国时期这一类的材料发现尚不多，所以比较是很困难的。

总之，从服装上言，以及从人物图像的各种活动上言，滇族的人物形象是特别突出的，他们是这一文化的主人，是这一文化的创造者。

按滇族是当时南中文化最高的民族，以一般的情况而论，除非有强迫性的迁徙，是不会在短时期内就从当地消灭的。那么，滇族属于后来历史中的哪一种属，在这里也不妨略加以推测，作为我们研究这一问题的参考。

我们知道，在南诏奴隶王国兴起以前，南中各民族间的迁徙变动是不大的。当然，其中也有少数的移动，如蜀汉时“李恢迁濮民数千落于云南建宁界以实二郡”，以及少数汉族移入和汉文化影响的加强等等，但其中的主要各族，尚保持其原来区域，即使一些比较后进的民族如青蛉、弄栋、昆明等，自西汉时迄隋唐，均大体住在他们原来的地段，并且在载籍中班班可考。至南诏兴起以后，始将云南境内的各族大量迁动，以便于统治。所以，我们推测，滇族自两汉以至隋唐之间，除有少数的向外发展之外，其中绝大部分仍旧在滇池区域，而这一带也正是南北朝末期及隋唐之间所称为“西爨白蛮”的地区。

自西汉而后，记载南中之事者，均不如《史记》《汉书》之言其地的王侯的活动事实。《后汉书》虽为滇王立传，但除了追述庄蹻王滇的来由以外，并未提及当时的滇王的事迹，所言者均为整个南中的活动。大概自西汉而后，汉人在此一地区的统治力量加强，以前所谓侯王者均已式微，或仅保持虚名；其起而代之者，则为所谓“渠帅”“大姓”。例如蜀汉时“先主薨后，越巂叟帅高定元杀郡将军焦璜，举郡称王以叛”。益州大姓雍闿为高定元部曲所杀，孟获则代之而起，而雍、孟则为益州的“大姓”。诸葛亮平南中后，“分其羸弱配大姓焦、雍、娄、爨、孟、董、毛、李为部曲”，此时并不言有滇王或夜郎王，而爨氏亦开始见于此。爨习在蜀汉曾官至领军。两晋南北朝之间，爨氏中之为南中郡守刺史者接踵相望，而当时在势力上能与爨氏相抗者，唯有孟、霍两大姓。东晋孝武帝时，两姓互閧，公元378年孟彦执霍彪送往广州，而孟彦亦死于丹州，两姓之势力大减。至梁侯景之乱时，已经很微弱的汉族势力，亦不得不最后撤出，南中为爨氏所独据。

爨氏的郡望，皆称建宁，亦即古滇国故地，而爨氏可能为滇族，但无论如何，其所统治下的人民当为滇族。因此时去滇王国未久，亦未闻其后有人民他徙的记载。

东爨的地域原属汉晋间建宁郡的东境及其附近地区，历来为爨氏所统辖的地方，但其人民的语言、服装以及风俗习惯均与西爨大异[28]。其中之主要成分大概为彝族。到了隋代前后，大概由于爨内部的分裂以及民族的不同，西爨对于东爨失去了统属能力，但其统治者仍为爨氏，故在汉人的记载中仍称为爨，因其居于原来爨氏统辖的东境，故称东爨。但西爨仍为当时南中的主要民族，西爨的首领例以汉人的官爵自称，或称“西爨王”，而隋时史万岁所征讨者亦主要为西爨，并未涉及东爨[29]。南诏强迫西爨迁徙时，东爨以言语不通，多散林谷，亦得不徙。东爨统治下的人民，大概因其为彝族之故，其首领一般均称“鬼主”。

“爨”本为当时此一地区的统治者的姓氏，以统治者姓氏为族名或部落名，这在历史上和在原始部落中是极常见的事[30]。因为有些原始部落本来就没有一个固定的名号，其四周的外族往往以其统治者的姓氏称之，久而久之，统治者的姓氏遂变为族名或部落的名称了。《蛮书·名类》第四中说：“风俗名爨也”，此即是说，爨本为姓氏的爨，后来变为风土或地域的爨了。爨虽然是从姓氏的爨逐渐变而为“风土”的爨，但爨人中所包括的民族，应与以其前在此一地区的民族有承袭的关系，除非我们能够证明爨氏所统属的人民是在两晋南北朝之间由外面迁徙而来的，不过这在历史之中是找不出这种记载的。所以我们推测，西爨区域，亦即古滇王国的区域，其中的人民，除了有不同程度的汉化及少数变动而外，应与两汉魏晋时期的古滇国的人民不殊。至于东爨，自两汉以来即为古代爨族聚居的地方，后来曾为爨氏所统治，其中之绝大部分应当仍为彝族，此于樊绰在《蛮书》中，对于东爨乌蛮及西爨白蛮的记载，是可以很清楚地看出的。

关于乌蛮与白蛮的问题，讨论者颇多，有的以为从其汉化的程度而言，有的以为从其中的贵贱之分，有如后来彝族中的黑彝与白彝，但皆无由证实。按乌蛮、白蛮之说，开始于樊绰的《蛮书》。在《蛮书·名类》第四中，对于当时云南的各民族有较全面的叙述，其中言为白蛮者有西爨、弄栋、青蛉等；乌蛮有东爨、独锦、长裈、施蛮、顺蛮、磨蛮、六诏等族。对于其他各族，均未言其为“乌”或“白”，有的仅称为“杂种”。樊绰对于乌、白二蛮的分类，并未给予任何说明，从其所记载中亦看不出有贵贱之分，如青蛉蛮中的首领尹辅酋、尹宽求，曾作过南诏的清平官，而唐亦拜宽求为左散骑常侍，封高溪郡王[31]。不过《蛮书》在后面曾有这样的记载：“粟栗两姓蛮、雷蛮、梦蛮皆在茫部台登城东西散居，皆乌蛮、白蛮之种族。丈夫妇人以黑缯为衣，其长曳地。又东有白蛮，丈夫妇人以白缯为衣，下不过膝。”又在《云南界内途程》第一中说：“邛部东南三百五十里至勿邓部大鬼主梦冲地方，阔千里，邛部一姓白蛮、五姓乌蛮。初止五姓，在邛部台登中间，皆乌蛮也。妇人以黑缯为衣，其长曳地。”从上面所引，似乎明说乌蛮、白蛮系以其所衣的颜色而分，乌蛮衣黑缯，白蛮衣白缯。

不过，此亦不尽然，如“青蛉蛮，亦白蛮苗裔也”，但衣服语言与蒙舍略同。而蒙舍（南诏）为六诏之一，据《蛮书》则应为乌蛮，而此则言乌蛮与白蛮之语言服饰略同，或其间有混合情况，故樊绰称之为“白蛮苗裔”，而不直言其为“白蛮”。《蛮书》叙述南诏的衣饰特详，但亦不尽为黑、白，或者南诏跃为统治者以后，或模仿汉族，在服饰上有所改变，如剑川石窟所凿南诏王者像，其服饰虽具地方色彩，但大体上则系模仿汉族。总之，此一问题，须待进一步的资料发现，才能解决。

《蛮书》对唐时的云南民族中明言为白蛮者，除西爨外，仅有青蛉和弄栋二族。青蛉、弄栋自两汉以至隋唐皆居于滇族的西北边境，他们可能系与滇族有关的民族，也可能系受滇族文化影响最深的民族，因此樊绰称他们为“白蛮苗裔”，而非纯粹的白蛮。

关于爨氏应属于古滇族的苗裔一问题，也可以另有一些旁证。据《爨龙颜碑》，自谓系楚令尹子文之后，寄居河东，食邑于爨，因以为姓。此或系汉化后的一种依托，然其假托于楚，亦必有出，或与庄蹻王滇之事有关，即为夷化了的楚人。按滇族地区在两汉时期为汉族统治者在南中推行汉化的中心，如西汉末季时文齐为益州太守，“造起陂池，开通灌溉，垦田二千余顷”，引入汉人的先进生产技术，东汉肃宗时王阜为太守，则“兴起学校，渐迁其俗”，来推行汉化。是则滇族的子弟必有读汉文书籍者。爨氏既为滇族中的大姓，而且跻于高级统治者之列，其汉化必然更速。如文体书法，均被誉为系汉晋正传的《爨龙颜碑》，其作者即为爨氏之中的爨道庆，亦可见爨氏中汉化的程度了。

前已言过，爨氏的郡望，皆称建宁。《华阳国志》建宁郡同乐县下有“大姓爨氏”。按东晋时的建宁郡，仅为蜀汉和西晋时建宁郡的东部，爨氏郡望之称建宁，大概是指蜀汉及西晋时的建宁而言。因自东晋以后，爨氏的驻牧地并不在当时的建宁，而实在晋宁郡的滇池县，即今晋宁县。《蛮书·云南城镇》第六说：“晋宁州，汉滇河故地也，在柘东城南八十里。晋平川幅员数百里，西爨王墓累累相望。”这些西爨王墓现尚未有发现。明李元阳《云南通志》载：“爨王墓碑在昆明县东十五里，题曰：大周昆明隋西爨王之碑。”但现已不存[32]。樊绰所记是否与此有关，不得而知，将来这些墓葬若有发现的话，对于爨氏族问题当便于阐明。我们知道樊绰记事是相当精确的，其言当不虚。

依照前面的推测，西爨下的人民为古滇族的苗裔，而爨氏是其中的大姓，后来又因其统治者之姓氏，以称其民族。因为爨氏所统治下的地方有东部彝族，故别之为东爨。而西爨实为爨氏统治的中心，东爨在经济上、政治上和文化上不过处于从属的地位。

到了唐天宝年间，爨氏中各酋内閧，遂为蒙氏所灭，并徙西爨二十余万户于永昌城。此一强迫的迁徙，其人数之众，在西南的历史上是少有的。而此二十余万户人民的下落，亦当为研究西南民族史应当解决的问题。前已屡言，西爨在当时南民族中是汉化最深的民族，以如此之众，任其迁徙到什么地方，绝不会于短期内就同化于其他的民族，相反的只有其他民族同化于他们之中。现永昌平原均为汉族，较远则为其他兄弟民族。在文化方面，除汉族外，似未有能与西爨相比拟者。因此问题未获得解决，有人以为西爨原为傣族，今德宏区域的傣族，即西爨的苗裔。这完全是不可能的。我们知道，现在爨族的文化与隋唐时西爨的文化，是完全不同的，这在《蛮书》中叙述得是很清楚的。

据我个人的看法，徙于永昌城者大概仅为西爨的统治家族，故《蛮书》在西爨后说："（爨）日用子孙今立在永昌城界内。"但西爨中之大部分人民，可能并未徙往永昌，或仅泛指古代的永昌郡而言，即现在南华以西及大理白族自治州区域（两汉时永昌郡的东北部），亦即现在白族所聚居的区域。将被击败者的统治阶级与其人民分开，系古代统治者的一种策略，也是南诏所惯行的一种策略。他如南诏破浪穹、邆赕以后，皆迁其诏主于永昌；破施蛮后，迁其统治宗族于蒙舍；破顺蛮后，则迁其统治宗族于白崖，皆其例。所以南诏击灭西爨以后，想不至将其人民与共统治宗族迁于一处。

再者，西爨是当时西南民族中文化最高的民族，同时也是汉化最深的民族，南诏将他迁居于其国都的周围（大理周围）来为他的生产服务，也是古代统治者一种惯行的政策。所以南诏时期大理区域的文化和生产，很快地就超过了滇池区域，这种情况想不是无因的。我们认为现在的白族与西爨当有一定的关系，这于语言方面也可以得到一些线索。樊绰说："言语音白蛮最正，蒙舍蛮次之，诸部落不如也。"樊绰所谓"最正"，自是以汉语为标准，因白蛮的汉化程度最深，或其语言中接受汉语词汇为多，故从汉人来说，觉其语音"最正"。现代白语的词汇中，汉语词汇占一半以上，故白语中有"汉白楚江"或"汉白秋江"之语，意为汉语白语各为一半，可见白语受汉语影响之深且久，而这种影响想不始于近代，或者自"滇""爨"以来就不断进行着。我们又看《蛮书》中所记的少数白蛮词汇，其中均可在现在的白语中找到对音，而于现在云南其他种语言中则不能找到。此种词汇虽然是很少，想亦不会是偶然的。

白族语言的分类，历来是语言学上的一个问题，各人有各人的看法。但最近语言学家对白语研究的结果，认为白语语法与彝语比较接近，但此实不足为异。在前面已经讲过，大概古滇族是在古代彝族的基础上发展起来的，如果白语语法接近于彝语，则正是预料之中的。当然，此点并不能证明现在的白族即是隋唐时代的西爨，或西汉时期的"滇"，但至少在研究上是一些线索。

以上不过是比较合乎事实的推测，其证明则有待于将来考古学上的发现。

至于其他七组，A 组是其中最特殊的一组，从其服装的各方面来看，都与历来西南少数民族的习尚不合。长窄过手的袖，下及足背的长裤，均非西南民族的一般习惯，而可能与西北气候较寒地区的民族有关。特别是长须，在西南的少数民族中是少见的，一直到现在还是如此。例如在晋宁出土的这样多的人物图像中，除此一例而外，从未见有留须者。此组的首两人左悬长剑，自其样式观之，可能是铜柄铁剑，因青铜剑少有如此之狭而长者。此类铜柄铁剑在晋宁墓葬中出土甚多，有一墓多至十余柄者（如 M3 中共出 13 柄）〔33〕。根据晋宁墓葬中出土的各种文物来看，滇族在当时尚未掌握炼铁的技术，故此类的剑，当系自外族输入的，其中之精者，往往再加上滇族风格的华丽金鞘。这类剑的输入，也可能与此一组的民族有关。

按此种形式的铜柄铁剑，除在晋宁有大量的出土外，在四川岷江上游的汶川县和理县的石棺墓中亦有大量的发现〔34〕。两处所出的此类剑，形制完成相同，时代亦略相当，且同样大量的出土，其间想不无关系。不过在云南方面除昭通外，尚未发现有如岷江上游的石棺葬者。

从各方面看，A 组在服饰上所表现者，多与西北的游牧部落有关，他们在当时可能是云南西北的游牧部落之一。他们少见于其他活动之中，其与滇族的关系，可能是很疏远的。

Ⅵ式女子的服装，也同样是特殊的。西南少数民族妇女的一般服装，大半皆衣（或裙）仅及膝下，下则裸胫跣足。此则长裙及地，足上是否着有鞋或靴，因铸造不清，不得而知，此类装束，亦可能系一种游牧部落女子的装束，可能与 A 组为同族亦未可知。又观 M6：

13 的乘马女子，亦可作为旁证[35]。

A 组和Ⅵ式相当于当时记载中的何种民族，因材料过少，尚无法推断。

E 组和 D 组两组同为“编发”民族而有不同。特别是 E 组，是滇族战斗和掳掠的对象，如贮贝器 M6：1（《报告》图版肆捌、肆玖）、M13：356（《报告》图版伍拾、伍壹）盖上铸造的大规模战斗中，滇族的对方都是此种民族，而且都是被击败者。有头被割下用发辫系于马颈下者，有被俘获用绳索将双手捆住者。又如在一铜钔饰（M13：109《报告》图版捌叁，2）上铸有俘获的图像，前后有甲士二人，中间为所俘获的牛羊及俘虏二人，被俘虏者亦为此种民族。后一甲士手提一首级，即以手握其双辫。又如刻纹饰片（M13：67）所刻之戴枷者，双手被缚者，亦为此种民族（《报告》105 页，插图二六，1）。再者，此种民族很少出现于他种活动之中，纵有之，亦仅以旁观者的姿态出现[36]。Ⅰ式女子，因与此服装相同，当系同族。

D 组也是一种编发民族，与 E 组大概是相近的民族。又Ⅴ式的女子，可能与 D 组是同族，其衣饰虽男女不同，但具有类似的风格，又髻盘于额的发式，在古代滇西一带少数民族的妇女中是比较普遍的一种头髻，与苗、瑶妇女尖形髻基本上是不同的。

《史记》将云南当时北部以及西部的民族分成两大类：一种为“魋结，耕田有邑聚”的农业部落，其中包括夜郎、靡莫、滇、邛都等族；再一种为“编发，随畜迁徙毋常处，毋君长”的游牧民族。其中以“嶲、昆明”为代表。其所占据的地区，大概为自今四川会理以南，洱海以东一带。E 和 D 两组大概是属于此中的，他们是

“巂”还是“昆明”，则不得而知，也或者是属于“昆明”这一族属。昆明是当时云南西部的强悍民族，汉王朝的使者不能西通身毒，主要的是为昆明所阻。或者他们时常剽掠以东的农业部落，所以为当时滇族战斗的主要对象。他们的武装装备如兜鍪、甲、盾等，均与滇族者不大异，惟所佩的剑则形式不同，大概在战斗中所用的盔、甲等，当时在南中是各族相通的。昆明至唐时尚存在，除有时仍称昆明以外，又称为“昆弥”，以其居于西洱河区域，故又称“洱河蛮”，或简称“河蛮”。至南诏兴起后为蒙归义所败，迁其大部分于云南郡东北、柘东一带（即与西爨互易其地），此后就少见于记载中。说者或以为昆明与现代的白族有直接的血缘关系，则尚待考古材料的进一步证明。

B、C、F和G四组，大概系《史记》《汉书》中所称为“椎髻之民”的。他们头上或缠帕或不缠帕，或戴冠或不戴冠，但髻均挽于顶成椎（或作魋）状，其妇女的髻亦多如此。其中除G组而外，皆着披肩，披肩的样式虽各有小异，但大体则相似。女子中亦有二式着短帔巾（Ⅲ式、Ⅳ式）。服装的风格亦大体相类。他们大概为互相近似的民族，是可以一望而知的。

《史记》称滇以东北的各族为“靡莫之属”，或又称“劳浸靡莫”。他们与滇族为“同姓”，是十分近似的族类。《西南夷传》说：“其旁（指滇），东北有劳浸靡莫，皆同姓相扶。……”他们在当时已可能结成一种松懈的部落同盟，滇王未得到他们的同意以前，不敢单独降汉，直等到汉兵击灭他们以后，滇王才敢“举国降”。

虽然“劳浸靡莫”到西汉以后即无闻，而以上的四组及四式，也可能即是“靡莫之属”，或者与他们有关。这四组与滇族的关系是非常之密切的，可于各种活动场面中见之。滇王族的个人，也时常披上他们的一点服装。他们所佩的短剑，在晋宁的墓葬中，也发现有很多的实物。从服装上看，他们一方面可能与当时彝族有关（滇东北一带，为当时彝族活动的中心）；另一方面，滇族在开始时也可能是在他们的基础上发展起来的。

以上七组，归纳起来，可以合为以下三类：A 组自成一类，不与其他类同；E 和 D 两组为“编发”一类；B、C、F 及 G 为“椎髻”一类。证之以司马迁所记，晋宁出土文物中各种人物的图像，实可表现当时滇东北民族情况的大概。

原载《考古》一九六一年第九期。

注释：

〔1〕云南省博物馆：《云南晋宁石寨山古墓群发掘报告》，文物出版社，1959 年（以后简称《报告》）。

〔2〕在古代，国名与族名往往不分，如“巴”“蜀”等皆是。

〔3〕《南中志》说：“南中在昔盖夷、越之地，滇、濮、句町、夜郎、叶榆、桐蚰、嶲唐侯王国以十数……”有的将“滇濮”连读，并认为滇应该是濮人中的一种。按此种解释，不仅与《史记》所载不合，而与《华阳国志》本书中所载亦不合。在《南中志》中，凡言濮者，均为单用（加形容词者除外，如裸濮）。如在叙述永昌郡的民族时说：“有穿胸、儋耳、闽、越、濮、鸠獠，其渠帅皆曰王。”又说：“有闽、濮、鸠獠、僄越、裸濮、身毒之民。”三国时，“李恢迁濮民数千落于云南、建宁界。”晋时，“祥（吕祥）子元康末为永昌太守，值南夷作

乱，闽、濮反。”其所言之濮，均在永昌郡，想濮族是当时南中西南部的一种民族，与滇相去颇远。

〔4〕按濮人首先见于《尚书·牧誓》，孔传以为“在江汉之间”，濮又称“百濮”，《左传》文公十六年：“麇人率百濮聚于选，将伐楚。”疏谓：“建宁郡南有濮夷，无君长总统，各以邑落自聚，故称百濮。”按此建宁在今湖北省石首县南。此所谓濮或百濮，均距后来云南的濮甚远。关于濮人的族属问题，有的以为属壮、傣族系民族，有的以为属于彝族系统，有的以为与古代的“巴”有关。众说纷纭，未有定论。

〔5〕见《报告》图版伍贰及伍叁。

〔6〕用递相缩小的极薄玦形玉片相叠而成“蚌蛤”形，戴于耳上时则向两旁突出。这类的耳环是男女通用的。又在《报告》第123页列有“Ⅱ式”耳环（图版壹壹肆，2），形如野兽的尖形犬齿，但图像中未见有戴此种耳环者，亦或系我个人观察的疏略。

〔7〕见《报告》图版壹壹叁，2，和壹零肆，2。有金和玉两种，M20：40为金制，M11：17为玉制，但形制则大体相似，仅金制者更薄而已。

〔8〕按此一铜钔饰，《报告》中未载。

〔9〕《报告》图版陆捌，2、3；陆玖，3。在《报告》中将此等俑均认为系女性，但从他们的头髻、服装和所戴的饰物等来看，均为男性，绝不能认为系女性，说详后。

〔10〕《报告》图版陆陆，1—8。在《报告》中亦将此四个舞俑误为妇女（见80页）。此四俑“制作精细，造型优美”，且作舞蹈姿势，固极易误其为女性。若以滇族男女服装的差别来稍一仔细观察，其为男性是极为明显的。此种高大的发髻虽极易误其为女性者，但通观滇族的女子，绝不作此种发髻，凡作此种髻或者均为男子。从此四个舞俑的服装上看，如肩披帔巾，腰系皮带，带前有大钔，股后拖三叉形后幅，腰佩短剑等，则均为男子服饰，滇族女子绝不如是。此

虽系舞装，样式特别新颖巧丽，其为男性舞童，则一望而知。女子的舞装与此不同，一望仍知其为女，可参看《报告》图版壹贰叁，及本文图一，1。

〔11〕此虽系“椎髻”，但其服装则完全为滇族者，故仍认其为滇族。

〔12〕如《报告》图版陆柒所列之两铜饰物上所铸造之人物，应为巫觋在仪式中的服装。

〔13〕见《报告》图版壹贰零，畜牧者；图版壹贰贰，抬肩舆者；图版陆陆，舞装。此种后幅虽在极端诡异变异下，还是可以分辨的，如《报告》图版壹壹玖：“铜鼓形双盖铜贮贝器”第一层器盖上所刻的所谓“羽人”，即是一例。此上所刻绘者，大概为一种仪式中的舞蹈。

〔14〕如《报告》中图版陆陆；陆捌，2，3；陆玖，3等。其他如贮贝器M12：26上所铸造的人物，其中“执事者”亦着此种披肩，参看图版伍叁。

〔15〕《报告》图版柒拾、柒壹。此类带钔亦有作长方形者。见《报告》86－87页，图版柒贰，但在图象中少见于佩戴。

〔16〕参见《报告》图版壹贰叁，贮贝器M12：2面上所刻之坐于铜鼓旁之男子；他如图版陆捌，3，其下臂所戴者，亦清晰可见。

〔17〕少数劳动者亦作此饰，如《报告》图版壹贰零中之“畜牧者”，图版壹贰贰中之抬肩舆者，膝下亦均系缨带。

〔18〕此贮贝器出于第13号墓，据《报告》中的分类，属于“第二类型”，推定的年代约为公元前175年－公元前118年，大致上是可靠的（《报告》第14、133－134页）。

〔19〕见《报告》第74页；图版肆陆、肆柒。《报告》中关于此一场面的解释中，把“编发”者均释为妇女，以及在分组上均有可商榷之处。

〔20〕《新唐书》卷222下，东谢蛮：“贞观三年，其酋（谢）元深入朝……中书侍郎颜师古因是上言：昔周武王时远国来朝，太史次为王会篇。今蛮夷入朝，如元深冠服不同，可写为王会图。诏可。”

〔21〕如《报告》图版柒玖，1、2骑士狩猎铜饰之铸象，发髻、服装与此图同，惟无披肩。此二像可能有两种解释：一为F组的骑士，二为滇族中之作F组装束者，但以第一种解释为适当。他如《报告》图版伍捌M10：53贮贝器上之骑士，则可能为滇族之作F组装束者，亦竟可能为“滇王”之造像（?），M10与M13为同期的墓葬。

〔22〕云南省博物馆考古发掘工作组：《云南晋宁石寨山古遗址及墓葬》，《考古学报》1956年1期。在文中称此器为“鼓形飞鸟四耳器”。文中误其中的三人为男性，并误鹦鹉为鸡。见该文图版伍。

〔23〕《史记》卷130《太史公自序》：“……于是，迁仕为郎中，奉使西征巴、蜀以南，南略邛、笮、昆明，还报命。”司马迁之南游，正当平西南夷之后（元鼎六年），其对于南中的情况必甚为了解，此于《史记·西南夷列传》中所叙述者可以见之。按汉时昆明，略当现今洱海及其以东地带，故司马迁足迹所到，离滇池区域亦不远。也可能到过滇池，因其言“昆明”，可能是泛指南中而言。

〔24〕《蛮书》卷8《蛮夷风俗》：“俗皆跣足，虽清平官、大将军亦不以为耻。”清平官犹唐之宰相。《新唐书》卷222上《南蛮列传》：“官曰坦绰，曰布燮、曰久赞，谓之清平官，所以决国事轻重，犹唐宰相也。”

〔25〕按汉族古代的“束发”，颇多异称，如髻、鬠、括、髺……《说文》：“髺、絜发也。”段注：“絜发，指束发也。……《内则》丧服之‘总’，《深衣》之‘束发’，《士丧礼》之‘鬠’；同为一事。”按其他如“紒”“总”“鬠”“髻”等，均系指束发而言。《说文》：“鬠、总发也。”又说：“髻、总发也。”《释名》释首饰第十五：“总、束发也。总而束之也。”

〔26〕郑振铎：《伟大的艺术传统图录》第一辑，图版十二，又郭沫若：《关于晚周帛画的考察》一文中有较清晰的摹本，《人民文学》1953年11期。

〔27〕考古研究所：《辉县发掘报告》，第116页，图一三八，铜鉴1：73摹纹。又如山西长治所出的铜匜上刻者亦同，见《考古学报》1957年1期。他如河

南汲县山彪镇出土的水陆攻战纹鉴上所刻的人物，有一些也作此种式样。见郭宝钧：《山彪镇与琉璃阁》，图一〇、一一、一二。

〔28〕参见《蛮书》卷4《名类》、卷8《蛮夷风俗》。

〔29〕《隋书》卷53《史万岁传》。关于西爨与东爨的居住地域，可参见《蛮书》卷4《名类》。

〔30〕如唐时的东谢、西赵、茫蛮等，皆以其首领的姓氏为种号。

〔31〕《新唐书·南蛮传》的尹仇宽，当即《蛮书》中的尹宽求。

〔32〕《新编云南通志》卷85对此碑的考证颇详，碑题应为“大周昆州（刺史）隋西爨王之碑。”“昆明”应为“昆州”之误读，而“昆州”之下亦应有“刺史”，其说甚确。该志并以爨翫当之，亦颇近是。

〔33〕见《报告》，第108页。

〔34〕见拙著《岷江上游的石棺葬》，《成都工商导报》副刊《学林》10期，1951年5月20日。

〔35〕《报告》图版捌贰，2。在这样多的妇女图像中，除此而外，未见有乘马者。滇族的贵族女子则乘肩舆而不乘马。

〔36〕第1号墓中所出之“鼓形四耳器”上所铸造的祭祀场面中，有一作此种发式及服装者，其神态则全为旁观者，而非仪式中之活动人物（见《云南晋宁石寨山古遗址及墓葬》，《考古学报》1956年1期第55页，图版伍）。

卢剑波（1904－1991），原名卢廷杰，四川合江人。1928 年毕业于上海国民大学。卢剑波先生早年信仰无政府主义，曾编《时与潮》《民锋》等刊，活跃在上海文坛，与巴金情谊甚笃。1944 年担任四川大学历史系教授，由文入史，在希腊文化史和文艺复兴史的研究上卓有成就，为我国希腊文化史研究的奠基者之一，发表有《爱琴文明探源》《古希腊语的历史发展》《亚狄加（希腊）悲剧的起源》《伊索的智慧》等论著。卢剑波先生在外国语言上亦有过人造诣，尤精于古希腊语和古拉丁语，同时也是我国世界语的先驱。

古希腊语的历史发展

○ 卢剑波

一、从史前时期的希腊语、古典时期的希腊语到考伊尼希腊语[1]

考古发现使希腊历史的源头可远溯到没有文字记载的，历史上讲印欧语的希腊人到来以前。新石器时代（迄至公元前2500年）的人种至今尚不清楚，只假定和多瑙河流域的人有血缘关系。在青铜时代早期（约公元前2500年－公元前2000年），在大陆希腊的“早期希腊底克”（Early Helladic），在基克拉底（Cyclades）的“早期基克拉底克”（Early Cycladic），在克立特（Crete）的“早期米诺斯”（Early Minoan）时期[2]，我们有理由相信，其居民和小亚细亚的居民同族，构成所谓爱琴人。从这个时期留存下来的名称来看，如带有-νθ-的Tiρυνs，带有-υνθos的Kόρινθos，'Eρμανθos，都和小亚细亚许多带有-

nd的地名相似。

前希腊语的实际记载是在外围区域发现的。尚未译解的克立特文字（线形文字A）无疑是前希腊的，这种文字的一些样本已在大陆希腊发现。用希腊字母书写的东部克立特的三块“Eteocretan”[3]碑名，有两块是晚到公元前四世纪的，而一块林诺斯（Lemnos）的古碑铭具有伊达拉里亚（Etrurian）[4]形式。

希腊人的入侵是开始于公元前2000年即相当于早期和中期希腊底克之间的时期，还是更晚几个世纪，目前尚有争议。但从晚期希腊底克开始，即属于迈锡尼时期（约公元前1600年－公元前1200年），人口的主要成分是希腊人，这一点现在已经清楚，并且基本得到公认。历史时期以及后溯到史前时期的人口迁移可以根据希腊方言来推断。多利亚人的入侵（约公元前1200年），只是前希腊的希腊人入侵浪潮的最后一次，而在若干世纪以前必定有过希腊人的侵占。赫梯人的Anniyawā等同于ΑχαιFα[5]（比较ΑχαιFοι，拉丁语的Achīvī即由此来），公元前14和13世纪赫梯记载中其他专有名称之与希腊名称等同，都证实了这一结论。还有其他的理由使我们相信，小亚细亚的一些地区和塞浦路斯肯定被早期希腊人侵占过。

自从1780年威廉·琼斯（William Jones）爵士的梵语发现以来，学者们不久便证实：梵语、希腊语、拉丁语、哥特语（Gothic）、克尔特语（Celtic）、日耳曼语、立陶宛语（Lithuanian）、斯拉夫语、亚美尼亚语（Armenian）和阿尔巴尼亚语都来自同一个母语[6]，远古时期从印度到东欧都毫无疑问地使用，因而这些语支都属于印欧语系。梵语和古代琐罗亚斯德教的圣书《阿维斯塔》（Avesta）所使用的语言是这一语系最古的代表，以后便是希腊语。

就我们所知，希腊语的历史（从荷马史诗到现代希腊文学）已足有三十多个世纪，在这种语言的早期历史时期，方言众多。

希腊语较大的方言群的演变，可以回溯到希腊人进入希腊的远古时期。可是，所有希腊方言都具有许多共同的特点，由此推知有一个时期希腊语是相对一致的。在这些特点中，有一些古老的希腊语保留下来，另外一些有所改变或革新。后一种情况有许多专属于希腊语[7]。

关于外界对希腊语的影响，上文已讲过一些，例如带有-νθ-的地名原是早期爱琴人占领的遗迹。爱琴语的影响（至少在词汇方面）虽亦显著，但由于人们对爱琴语的知识太少，因此无法作出详备的证明。对一个希腊词的印欧语源没有足够的知识，不能证明它是不是出自印欧语；而只能猜测它或许是个借来的词。尽管如此，仍有一些共通的词，如在商业、植物名称和一些官衔（如 Τραννos，´αναξ，βισιλεùs）[8]中，它们也许都出自爱琴语。

腓尼基的影响，并不仅限于字母。商业的、衣着的和度量衡的许多词汇，都被采用了。但有些词为希腊语、拉丁语和腓尼基语所共通，如这些语言中的“酒”，可以说都出自爱琴语。

拉丁语的影响始于希腊化时期，其他语种的影响更晚，它们与古典希腊语没有关系。

荷马史诗中所描述的英雄时代的希腊人，讲的是以阿提卡—爱奥尼亚语（Attic-Ionic）、伊奥利亚语（Aeolic）和阿卡地亚—塞浦里亚语（Arcadian-Cyprian）方言为代表的“古希腊”（Old Hellenic）方言，其中后两者有共同的重要特征，从较广意义上说，它极可能代表一个和第一群或爱奥尼亚方言同等大小的方言群相区别。因为在更早时期，把这些方言群划归移民浪潮的一个特殊的连续系列，是有些臆测的。但倘若说最早的浪潮是爱奥尼亚人，他们覆盖了阿提卡和萨洛尼湾（Saronic Gulf），也许还有中希腊与伯罗奔尼撒的不少地区，这个假定仍然不无理由的。

在阿提卡以外，除开北希腊的西北角，都是伊奥利亚（Aeolic）方言地区——不仅包括帖萨利和彼奥提亚（Bectia），这里的伊奥利亚方言夹杂一些西希腊语，还有罗克里斯（Locris）、弗西斯（Phocis）和南埃托利亚（Southern Aetolia）（如传说所说的）等等，有迈锡尼的遗迹和一些语言学上的证据。伊奥利亚语也传播到列斯堡岛（Lesbos）和相邻的小亚细亚海岸，并以最纯粹的形式残存下来。

占据大部分伯罗奔尼撒的人们所讲的语言都残留下多利亚人侵入阿卡地亚（Arcadia）的痕迹。这种方言由伯罗奔尼撒向东传入塞浦路斯，而塞浦路斯与阿卡地亚方言的关系最为密切；它也传入潘菲利亚（Pamphylia）[9]；而且也传入罗德斯岛（Rhodes）、克立特岛、铁拉岛（Thera）等地，有一些零散的痕迹还残留在晚期多利亚语里。在拉哥尼亚（Laconia）和亚哥里斯（Argolis）也有一些多利亚语的残余。

讲西希腊语的部落，完全不在英雄时代描述的图景之外，他们可能住在西北地区。随之而来的多利亚人入侵，乃是希腊人扩张的一部分，它对北希腊的影响并不亚于伯罗奔尼撒，而且导致方言分布的巨大改变。弗西斯、罗克里斯和埃托利亚讲西希腊方言，而且在彼奥提亚和帖萨利方言中也混杂有不少西希腊方言。因此，这些方言除具有西希腊语的重要特征（特别如 δiδωπ = δiδωσι[10] 等）外，也保留了伊奥利亚方言的显著特征。混杂于彼奥提亚方言中的西希腊方言更甚于帖萨利。在伯罗奔尼撒的伊里斯（Elis）和亚加亚（Achaea）方言跟罗克里斯和弗西斯的西北希腊方言很接近。麦加拉、科林斯、亚哥里斯、拉哥尼亚和美塞尼亚（Messenia）变成多利亚方言区。多利亚语从亚哥里斯和拉哥尼亚传入罗德斯、铁拉、克立特等地和小亚细亚的南部；从科林斯传入科西拉（Cocyra）和阿卡那尼亚（Acarnanian）海岸，传到西西里等地。

多利亚方言与西北希腊方言之间的关系极其密切。事实上，整个多利亚方言的一般特点和西北希腊语是共通的。换言之，就是真正的西希腊语。

古典希腊语分类如下：

- 古典希腊语
  - 东希腊
    1. 阿提卡——爱奥尼亚方言
    2. 阿卡地亚——塞浦里亚方言
    3. 伊奥利亚方言：列斯堡、帖萨利、彼奥提亚
  - 西希腊
    1. 西北希腊语：罗克里斯、弗西斯、伊里斯
    2. 多利亚方言：拉哥尼亚、亚哥里斯、科林斯、克拉特，等等。

我们主要是从成千块碑铭较希腊文学更多地知道这些方言。但由于碑铭为数太小，还不能从中获得实际的语言学上的种种概念。因为

希腊在语言上，一如在政治上，是不统一的。反之，正因为政治上不统一，也就没有一种标准希腊语，而只有一系列的地方方言。不仅早期如此，即便在阿提卡方言已经成了文学的、散文的规范语言以后很久，希腊的大多数城邦在公私文书甚或在国与国之间的文书上，比如在不同的城邦之间的条约仲裁决定及外交往来等都各用各的方言。许多方言用到公元前200年，有的用到公元初，尽管或多或少地混杂了一些阿提卡语。它们在口语上尤其是在边区究竟沿用了多久，没有人能够确定。最后它们在书面或口语上都由考伊尼（Κοινλ）希腊语代替，由此而产生现代希腊语。例外的只有现在拉哥尼亚少数人讲的查孔尼亚（Tsaconian）方言，其中一部分是古代拉哥尼亚方言的“后代”。

文学方言（即用方言写的文学）主要是文学发展的结果。它们开始具有某种文学的特点，而它们的作用一经确定，选择此一或彼一，与其靠作者的本地方言，毋宁靠这一个因素。

荷马的语言是古爱奥尼亚语，但无疑混和了伊奥利亚语的形式。这只有当作较早时期的伊奥利亚短诗的残余来解释。在邻近伊奥利亚和爱奥尼亚边境地区，一如在开俄斯（Chios）地区，其方言的混杂实际上是可以肯定的。但在荷马史诗里的混杂和它们相比是极其不同的一种，也许不能把它看成任何自然方言口头上的反映。

后来的一切史诗都模仿荷马的语言，主要有希西阿德（Hesiod）以及悲歌（elegic）和短长格体（iambic）诗人如爱奥尼亚的阿奇洛卡斯（Archilochus），雅典的梭伦和麦加拉的提俄格尼斯（Theognis）等，他们或多或少对其后所有的希腊诗歌产生了影响。

阿尔开乌斯（Alcaeus）和萨福（Sappho）所使用的他们本地的列斯堡方言，具有一些史诗形式的痕迹。特奥克里图斯（Theocritus）在自己的三首田园诗里便仿效了他们的语言，而他们的列斯堡形式又被别的抒情诗人使用，甚至用在多利亚合唱抒情诗里。

合唱抒情诗的语言是多利亚语，不管诗人是彼奥提亚人如品达（Pindar），还是爱奥尼亚人如西摩尼底斯（Simonides）和拜库里底斯（Bacchylides）。可是，这种多利亚诗并不等于任何特别的多利亚方言，它毋宁是一种沿袭下来的多利亚语，一种人为的混合物，具有多利亚语的许多一般特征，而且淘汰了地方色彩，具有史诗的和列斯堡的混合形式。阿尔克曼（Alcman）的语言更是莱奥尼亚（Laeonian）方言。在伊庇卡穆斯（Epicharmus）和梭弗隆（Sophron）[11]的片断中发现一种西西里的多利亚文学语言，其后在特奥克里图斯的田园诗以及由大希腊作家写的多利亚语散文片段中也发现这种语言。

最早的散文作家是爱奥尼亚的哲学家和公元前6世纪的历史学家；在公元前5世纪，不只是希罗多德，还有科斯（Cos）的希波克拉特，后者虽是个多利人，也用爱奥尼亚语写作。当时由于雅典优雅的政治和文化地位，阿提卡语成了戏剧的公用语言，而公元前5世纪末的散文也是用阿提卡语写成的。最早的散文作家如修昔底德，像悲剧作家那样摈弃了某些有着阿提卡方言味的语调，例如不用本地的TT和ρρ（如πρ΄αTTω，ρρην），而用爱奥尼亚语的σσ和ρσ。阿提卡语成了确认的文学散文语言。雅典的伟大作家包括三大悲剧家，喜剧家阿里斯托芬；历史作家除提到过的修昔底德，还有塞诺芬；哲学家柏拉图和亚里士多德；演说家德摩斯提尼，都使用这种语言。一言以蔽之，古典希腊语就是阿提卡希腊语。

不过阿提卡方言本身也是变动的。塞诺芬的《长征记》(*Anabasis*)是阿提卡希腊语的上好范例。但是，当他写到居鲁士如何把来自希腊各地的希腊人编成一支大军时，这已经预示将有一种不可避免的公用语出现。而《长征记》本身及其含有的不同于阿提卡方言的成分，已经可以把它视为这种公用语的先行者了。

马其顿亚历山大自己接受的就是阿提卡希腊语的教育。由于他统治版图扩大，这种语言与种种不同的语言接触并受其影响，使之有了轻微改变，这就成了希腊化世界（亚历山大帝国）的公用方言(Κοινη διαλεκτος)，希腊语从而由古典时期（从荷马到亚历山大时期），进入考伊尼希腊语时期（从公元前330年到公元330年君士坦丁修建拜占庭）。

二、从考伊尼希腊语到现代希腊语

从考伊尼希腊语到现代希腊语的演变经历了拜占庭时期（从君士坦丁到1453年土耳其人攻占拜占庭）。

考伊尼希腊语是约公元前280年在亚历山大里亚，由70位学者翻译的《旧约全书》所用的语言，因而这个译本便叫作Septuagint[12]译本，而《新约全书》也同样是用这种语言（即所谓“圣经希腊语”）翻译的。在不到一个世纪以前，这两部书还是考伊尼希腊语主要的现存的纪念品，当时这种语言曾被视为古典希腊语的贬抑。但自从发现并出版了考伊尼希腊语时期的大量纸草文书（papyri）和碑铭，很快就把上述不正确的意见廓清了。A·T·罗伯特逊（Robertson，《希腊语新约语法》*A Grammar of the Greek New Testament* 的著者）所引的186个词，假定是“圣经希腊语”的，那么便可证明，在纸草文书和碑铭中已普遍使用这种语言了。

研究希腊语言的学者们证明，在希腊语历史上的每一个时期，都一方面用作文学的和正式的演说，他方面，也用作普通谈话、写书信等等的本土语言。古典希腊时期文学的乡土语言就有一种被保存下来。例如，阿里斯托芬的某些剧本里所用词语，在别的希腊文学作品里就找不到，而在非文学的考伊尼希腊语里才又见到。它们始终是乡土语。

考伊尼希腊语时期的作家依然倾心于纯粹的阿提卡文风。琉善（Lucian）[13]也许是最好的例子。历史学家波里比阿（Polybius）[14]用文学的考伊尼希腊语着书。新约的希腊语大部分是非文学的考伊尼希腊语即人民的日常用语。文体是质朴而生动的。经常用历史现在时，也特别喜欢用直接引语。

但是，部分地由于所有的活语言的自然发展（甚至在雅典也是如此），另一部分由于它在非阿提卡希腊人中流行，这种希腊化希腊语变得和古代阿提卡作家们所有的阿提卡语在不相同了。雅典式（Atticism）一词便是对变革的抗议，也是一种既牢牢地固守古阿提卡语的传统，又保持与伟大的作家们所用的语言一致的企图。他们曾经列过一些词表，把应该赞许的阿提卡词和应该反对的希腊化时期的词对比起来。在许多场合，希腊化词却是那些留存下来的词，正如被罗马语法家斥为俗语的词，恰恰是保存在罗曼司语言（Romance

Languages)[15]里的词那样。新约的语言是带有明显的俗语变动的希腊化时期的语言。

希腊化时期的语言是现代希腊语的源泉。许多拉丁语被采用，其中一些是在罗马统治时期，另外一些是在早期拜占庭时期，以后还假借了一些斯拉夫语和许多土耳其语。词汇的掺杂是大多数现代欧洲语言共有的情况；在发音、造句以至在词义上也有改变，欧洲语言也不例外。不言而喻，现代希腊语和古代希腊语很不相同，但它是后者的嫡传后裔，正如意大利语可以看成是一种拉丁语的现代形式那样。

一般说来，拜占庭希腊语只是考伊尼希腊语的简单继承，尽管有些作家仍然不合时宜地死抓着阿提卡文风。这些人当中的其中之一便是写查士丁尼时代历史的普罗科匹阿斯（Procopius of Caesarea，第518－610页），他把希罗多德和修昔底德奉为自己的模范。但是，教会神父们和古典作品的注疏家们的，以及“丛书编纂家”（或百科全书派）与历史学家的许许多多著作，绝大部分是用考伊尼希腊语写的。在拜占庭时期，学术活动在希腊本土殆已停止，只是在拜占庭、小亚细亚以及一个时期的亚历山大里亚还在继续研究希腊语言文学。

自1453年君士坦丁堡（原拜占庭）失陷以来，希腊语在东正教（Orthodox Church）里仍然使用。希腊人民也在口头讲，笔头写。这样，它还是一种非学者的俗语，但也是一种文学语。例如，希腊报纸就尽力固守“文学的希腊语”（ξκαCαρεουσα）。所谓考伊尼希腊语时期的倾向，在现代希腊语里继续表现出来。例如να[16]在非结果从句中的使用，就是这种倾向在现代希腊语中的标志。

发音的变化，长期以来是古文书学家们（Paleographers）所熟知的一件事情，因为他们在抄写古人的手稿时会不时发生错误。那样的现象之一是所谓 itacism 或 iotacism，意思是说，在发 iota 音时有一种倾向，给它加上另外的元音和双元音，如 η，υ，ει，οι。ρεις 和 μεις 都同样读成“emυες”[imis]，而“‘”便不发出来。

尽管像其他活用的语言里不断发生变化一样，但这种伟大的语言在今天却令人吃惊地和它古代的原型相像。罗伯特逊就说过，“人民大众讲的现代希腊语，实质上和拜占庭的希腊语没有不同。”〔17〕他还援引 G·N·哈齐达基思（G. N. Hatzidakis）教授的话说，“今天在市镇上讲的语言和波里比阿的考伊尼希腊语的差别，比起后者和荷马的语言的差别小得多”〔18〕。他援引 K. 布鲁格曼的话说：“从其历史的长时期的一切变化来看，古典的标准在书面文体上，直到现代，和荷马的没有大的不同，而当今希腊人的语言与希腊最早的碑铭上人民的语言非常相似。”〔19〕

我们认为，如果说希腊语是一种死了的语言，这是不正确的。希腊语的历史没有中断过。自然，发音、成语、造句法等，作为一种活语言讲，是经常有所演变的，这是毫无疑问的，而现代希腊语基本上是从古代的语言演变过来的。如果德摩斯提尼还活着，他阅读现在雅典出版的报刊也不会遇到多大的困难。

现代希腊的报刊、书籍上所有词汇，差不多百分之九十都出自古典希腊语。因之，一个熟谙古典希腊语的人，读起今天雅典出版的报纸，也不会不理解（当然，有些外来语，近现代科技文化方面的术语，是要靠词典来求解的）。

远在公元前 1000 年以前，希腊本土、爱琴诸岛包括克立特、小亚细亚西海岸、潘菲利亚和塞浦路斯的一部分都讲希腊语。公元前500年前西向殖民以后，南意大利和西西里的大部分是希腊人的；在北非海滨，在高卢与西班牙也同样繁荣着希腊殖民地；其他的殖民地也遍及爱琴海北岸和黑海沿岸。马其顿亚历山大的征服，在遥远的东方和叙利亚、巴勒斯坦（在基督时期，地方语言还是亚拉米语，Aramaic）和埃及，希腊语成为有文化的、受过教育的人的语言；甚至在罗马统治下，它也是官方用语。

直到基督纪元时期，在意大利和西西里，在高卢与西班牙的殖民地的罗马化才终于完成了。在阿拉伯征服之后，非洲的整个北部和东地中海，都是讲阿拉伯语的区域。斯拉夫人占领了许多从前希腊化了的色雷斯和马其顿。土耳其人的征服使小亚细亚都讲土耳其语，只有滨海的和一些散处内地的村社才是例外。

不难看出，现在讲希腊语的地区，除了丧失了小亚细亚海岸以外，实际上仍是西向殖民和马其顿征服以前的旧希腊世界。

注释：

〔1〕考伊尼希腊语是指公元前330年到公元330年普遍流行于希腊化世界的希腊语，“考伊尼”，希腊文为 kolvη，意为“普遍的”“普通的”，有的学者译为“希腊普通话”。

〔2〕参看《世界上古史纲》（下），人民出版社，1981年，第39页；又见R·W·哈特金逊：《史前克立特》（R. W. Hutchinson, *Prehistoric Crete*, 1968），第17页。

〔3〕Eteocretan 碑铭，待考。

〔4〕伊达拉里亚人（Etrurean），据希罗多德认为本是小亚细亚人，还有认为是东地中海的佩拉司吉人，后来移居意大利半岛，是非印欧语人或前印欧语人。

〔5〕Ahhiyawā 和 AxαιFα，E. 福勒（E. Forter）认为即希腊的亚加亚人（Achaeans）。参见 B·赫罗兹尼：《西亚、印度和克立特古代史》（Bedrich Hrozny, *Ancient History of Western Asia*, *India and Crete*），布拉格，第 130 页。

〔6〕印欧语系包括（1）印度语支，（2）埃兰语支，（3）斯拉夫语支，（4）波罗的语支，（5）日耳曼语支，（6）意大利语支，（7）克尔特语支，（8）希腊语支，（9）阿尔巴尼亚语支，（10）赫梯语，（11）吐火罗语，（12）亚美尼亚语。

〔7〕这些方言中都大量保存了古元音体系和古双元音，元音交替，音高音调以及关于其位置的特殊法则，还有在定动词中的逆行方式，等等。

〔8〕Tiραννos = Tραννos（Tyran），ναξ（主人，保卫者）= ναkTos，βασιλεs 三词都是王，军事领袖的称呼。

〔9〕潘菲利亚，小亚细亚南部沿海的狭长地带，居民的种族混杂，被称为 παμφυλοι，意即一切民族。

〔10〕διδωTι = διδωσι（赠予）。

〔11〕伊庇卡穆斯是多利亚人著名喜剧诗人。约生于公元前 540 年。梭弗隆，叙拉古人，乃是拟剧（μιμos，多利亚喜剧的一种）的主要作家。

〔12〕Septuagint，希腊语的旧约圣经名称，相传由 70 或 72 位译者在 72 日内译成。

〔13〕琉善（约 120 - 190），古罗马杰出的无神论哲学家。

〔14〕婆里比阿（约公元前 204 年 - 公元前 122 年），古希腊最著名的史学家，著有《通史》四十卷。

〔15〕罗曼司语是拉丁语系语言，包括法语、意大利语、葡萄牙语、西班牙

语和罗马尼亚语等。

〔16〕ἵνα（同古希腊语）意为“为了”。

〔17〕A·T·罗伯特逊：《希腊语新的语法》（A. T. Robertson，*A Grammar of the Greek New Testament*），第44页。

〔18〕同上引书，第23页。

〔19〕K·布鲁格曼：《希腊语法》（K. Brugmann，*Griechische Grammatik*），1900年，第三版，第13页。

赵卫邦（1908－1986），字子凡，又名子防，河北深县人。1933年毕业于北京大学外语系，1940年毕业于北平辅仁大学研究院史学部，获硕士学位，毕业后留校担任助教、讲师。1950年受聘为华西大学中文系教授、代理系主任和该校中国文化研究所研究员。1952年10月调任四川大学，历任历史系教授，学校图书馆馆长和南亚研究所研究员。赵卫邦先生学术造诣深厚，主要学术领域包括亚洲古代史、印度社会史和民族学比较研究，尤其对我国西南地区少数民族、南亚民族的社会文化变迁等问题的研究独到精深，见解新颖，其主要学术著作今收入两卷本的《赵卫邦文存》。

印度贱民处境在近代的变化

○ 赵卫邦

在印度有一部分人被视为贱民，一般称为“不可接触的人”或“失去种姓的人”，在官方文书中则称为“表列种姓”。他们在社会生活中遭受种种歧视，在经济上受着残酷的剥削，在政治上更是任人摆布。贱民问题，是印度的一个严重问题，由来已久。关于它的产生和在古代的情形，作者曾有短文[1]述及，这里不再重复。本文主要讨论与其现状有关的几个问题，着重说明贱民处境在近代发生变化的情形。

一、印度贱民的概况

贱民是印度种姓等级结构的低阶层。古代印度社会分为四个等级，称为瓦尔那，即婆罗门（祭司）、刹帝力（贵族、武士）、吠舍（平民）、首陀罗（为高等级服务的人）。贱民是四个瓦尔那以外的、比首陀罗地位更低的人。在古代文献中有时被称为“居住在村外的人”。与四个等级存在的同时，每个等级内，特别是吠舍和首陀罗内部还有若干以世袭职业为核心的集团，即所谓种姓[2]。随着社会经济的发展和分工的需要，种姓的数目越来越多，在社会结构中的作用也越来越突出，遂形成印度的所谓种姓制度。每个种姓各有自己的名称、自己的职业及特有的宗教习俗。各种姓互不通婚；一个人出生于哪个种姓就是哪个种姓的成员，不能改变。各种姓的社会地位不同，一个村社或相邻几个村社的种姓共同构成一个等级结构体系，贱民处于它的最低阶层。

每一村社有多少种姓，各地不同。约而言之，在印度西南部，如喀拉拉邦和卡尔纳塔克邦，种姓的等级比较多，一般都在 15 个以上，在北部平原，每村大约有 10 个左右的种姓，大村庄也有 20 个以上的；中部较少，一般每村有二三个地位高的种姓，下面有几个大的人口众多的种姓，总共有五六个种姓。有的地方至今仍把各种姓分别列入古代四个等级（瓦尔那）的格局以内；有的地方则只是高种姓——婆罗门还坚持这个格局，以下就只论种姓地位的高低，不分哪是刹帝力、吠舍或首陀罗了。贱民种姓[3]是各村都有的，少则一个，多则三四个。不论多少，他们在种姓等级结构中总是地位最低的阶层。在有两个以上贱民种姓的村社或地区，贱民种姓之间也有地位高低的不同。

印度全国共有多少种姓呢？印度古里（G. S. Ghurye）说：“在每个语言区大约有二百个不同名字的种姓集团”[4]，印度有十多个语言区，则共约有三千左右种姓。英人赫腾（J. H. Hutton）也说，在印度被认为约有三千个种姓[5]。其中有多少贱民种姓呢？在1961年的《印度人口普查报告》中列有各邦贱民种姓的数字如下表。

邦　名	贱民种姓	邦　名	贱民种姓
安得拉	60	奥里萨	94
阿萨姆	16	旁遮普	37
比哈尔	23	拉贾斯坦	114
古吉拉特	42	北方邦	66
查克什米尔	13	西孟加拉	63
喀拉拉	70	德里	36
中央邦	73	喜马偕尔	52
马德拉斯	79	曼尼普尔	7
马哈拉施特拉	77	特里普拉	37
达得拉		纳加兰	16
迈索尔	127		

资料来源：1961年《普查报告》Vol. I，V—A（ii）共计1122个。但各邦之间互有重复，同一种姓常是分散在几个邦，因而在统计中成为几个种姓。除去各邦间的重复，全国大约还是有几百个贱民种姓。

印度每十年一次的《普查报告》中载有贱民的人口数字。最近两次的普查数字是：1961年全国人口为439,072,552；中有贱民64,511,114，占14.69%。1971年全国人口是548,159,652；中有贱民82,480,251，占15.05%[6]。也就是说，在印度，贱民约占全人口的1/7左右，即大约每七个人中就有一个是贱民。这样大的比例可说是惊人的。贱民在各邦人口中占比例大小不同。最大的是北方邦。贱民占全邦人口的20.91%，其次是旁遮普，贱民占全邦人口的20.38%。

各贱民种姓的人口，更是多少不同。多者在千万以上，少者甚而只几十人。下表是在 1961 年和 1971 年两次《普查报告》中各邦贱民人口在全邦人口中所占的百分比：

邦　名	1961 年	1971 年
北方邦	20.91	21.00
西孟加拉	19.93	19.90
比哈尔	14.07	14.11
泰米尔纳德	18.01	17.76
安得拉邦	13.82	13.27
中央邦	13.14	13.09
旁遮普	20.38	24.71
拉贾斯坦	16.67	15.82
卡尔纳塔克	13.22	13.14
奥里萨	15.75	15.09
马哈拉施特拉	5.63	6.00
喀拉拉	8.94	8.30
古吉拉特	6.63	6.84
阿萨姆	6.17	6.10
查谟和克什米尔	7.98	8.26
喜马偕尔	—	—
特里普拉	10.48	12.39
曼尼普尔	1.71	1.53
哈里亚纳	—	18.89
梅加拉亚	—	0.38
纳加兰	0.03	–

资料来源：录自 N. g. Usha Rao, *Depressed Castes in Judia1981* ，P. 17 上表中的数字，与上文所言稍有出入。本文皆照录原资料，未作进一步查核。

二、对贱民的歧视、限制和迫害

贱民之所以是贱民，主要在于它在社会生活和宗教生活中受着种种歧视和限制，甚而遭受高种姓的迫害。在古代，《摩奴法典》说，旃陀罗（贱民种姓）要“住在村外”，他们的财产只有“狗和猴子”“要穿死人的衣裳”“用破盘子吃东西”“戴黑铁的首饰”“必须由一地流浪到另一地”“一个忠于宗教职责的人，不要与之来往；他们自相往来，与同等的人结婚”“夜间不许在村镇行走”；他们要“埋葬无主的尸首”“白日出门要按照国王的命令有个信号”；他们要“依法执行死刑，然后把犯人的衣服脱下来自己穿[7]”。《本生经》的故事中说，旃陀罗是鄙贱的没有种姓的人，应当住在村外，被他们看一眼都是“不洁”的[8]。法显在《佛国记》中说，他们“入城时击木自异”，以后唐玄奘的《大唐西域记》等书也都有相类记载[9]。印度文法家希马旃陀罗（Hemachandra）在他的书中也说，旃陀罗在手中要拿着一根棍，以告诉所遇到的人不要接触他[10]。足见自古以来贱民就遭受歧视和限制。他们的这种处境，直至近代，没有发生大的变化。下面是近代的两个较为突出的例[11]：

在马拉塔地区，一个不可接触的人的影子落在一个高种姓身上，也被认为足以造成污浊的传染。在马德拉斯，特别是在马拉巴，这种信条发展得更为复杂。某一种姓的人走路必须与一个婆罗门或其他高种姓的人保持一定距离。如一个沙那尔（泰米尔纳德邦造椰子酒的种姓）的人，如走近一个婆罗门在二十四步以内，就对后者传染污浊。在喀拉拉邦一个那亚尔人可以接近南布迪里·婆罗门，但不能接触他；而一个提延人必须距婆罗门三十六步远；一个普拉延人要离婆罗门九十六步以外。一个提延人可以接近一些非贱民种姓的人，但不能接触。一个普拉延人则不许走近任何一个种姓印度教徒。

那亚尔是一个低于婆罗门的种姓，不是贱民；提延和普拉延是两个贱民种姓，而普拉延的地位更低于提延，故作如上规定。另一例是[12]：

1932年12月24日《印度教徒报》的一篇报道说，在提尼韦利县有一个“不可以看的人”阶级，是一个洗衣服的种姓，名为普拉达·万南。他们为不可接触的种姓洗衣服，所以是双重传染污浊的种姓。他们必须在半夜至天明之间工作，在白天不许出门，因为只要看他一看就要受污浊的传染。

提尼韦利县在泰米尔纳德邦。近年来像上述这样极端的歧视和限制，无疑已有改变。但一般地说，他们所受的歧视和限制改变是不大的。

在1931年人口普查时，英国殖民政府曾对区分贱民与非贱民的标准做过一番调查研究，由此可以看出一般人是怎样对待贱民的[13]，其中说到：

（一）洁净婆罗门不为他们举行宗教仪式。

（二）一般理发的、担水的、裁缝等不为他们做活。

（三）他们与高种姓印度教徒接触或接近，对后者是一种亵渎（传染污浊）。

（四）种姓印度教徒不从他们手中接受饮水。

（五）不许他们走公共道路、过公共渡口、从公用水井汲水、进学校。

（六）不许他们进印度教庙宇。

（七）一个受过教育的贱民不能与有同等资历的高种姓受同样待遇。

（八）他们之处于卑贱地位并非只是由于无知、不识字、贫穷。

（九）他们之处于卑贱地位并不是由于职业的关系。

在近代，贱民的处境基本上还是这样。不过各地的情形并不完全一致。其中如不许用公共水井、不许进印度教的庙宇、一般人不与之共同进餐、必须在村外或指定的地方居住等，则大致是各地普遍存在的，特别是在广大农村。

表列种姓和表列部族专员的 20 次（1970—1971）报告中指出，事实上在全国不能找到任何一个村庄可以说是绝对废除了“不可接触”的恶习。又说，“我们机关在迈索尔邦那些因废除不可接触习俗而得到奖励的村庄去调查，在那里‘不可接触’的习俗还是存在的”[14]。下面举一些具体的报道以为例：

据70年代在浦那郭戈尔研究所（Gokhal Institute，Poona）指导下对卡尔纳塔克邦进行的一次调查，几乎有90%的贱民是居住在村庄边界以外；有50%的家庭不能从公用的水井里取水；有25%的家庭说他们是不许进饭馆的，即便许进饭馆，也不许与其他印度教徒同坐；在旅馆里他们的饮食用具要分开放，他们用过后要自己洗[15]。

在70年代公布的表列种姓和表列部族福利委员会的一个报告中说，在古吉拉特邦，几乎每一个县都存在不同形式的“不可接触者”。在苏拉特有40%的村庄不许他们在公用的井里取水。在巴罗达，贱民是被拒绝在一切合作社之外。在其他县，贱民儿童不许住在学生宿舍；贱民不许入旅馆。在波尔班达尔甚而不许在市办公处饮水[16]。据1974年的报道，在古吉拉特邦苏伦德拉的加县，兰马耳浦尔村因不许贱民用村中的井而发生斗殴，结果有两个贱民被打死[17]。

在中央邦404个村庄的调查，有182个村庄不许贱民在公用水井里汲水；有204个村庄的庙宇不许贱民进去；只有82个村庄当地的理发匠为他们理发；只有53个村庄的洗衣服的同意为他们洗衣服；只有281个村庄的村委会（潘查亚特）允许贱民成员参加。贱民的茅屋被焚毁、人被杀害、妇女被奸污的事件，有许多起见于报道[18]。

在迈索尔（今卡尔纳塔克邦）曼迪亚县的一个村庄（村名完加拉）的调查报告中说：这个村中的贱民种姓（原始卡尔纳塔克人）的社会地位，在过去几代没有改变，虽有新法律规定和经济机会要把他们从被卑鄙的地位中提高起来。直到现在，没有一个属于这个种姓的贱民敢于想到非贱民种姓的井中汲水。他们也不准许另一个地位更低的贱民种姓——名浮达的人从他们唯一的井中汲水。村人从哪个井中汲水就清楚地说明了他的社会地位。因此，表列种姓和表列部族专员的报告说："在某些地区，偏见是如此强烈，政府必须为居住在同一村中的不同等级的表列种姓凿不同的水井。"[19]

更残酷的事例是，在1972年8月12日，那格涌尔附近埃兰·噶昂的一个属于马哈尔贱民种姓的人，名叫拉姆达斯·纳尔纳奥尔被杀死用于祭神，因为相信这样可以使全村免遭霍乱[20]。

贱民之遭受迫害是经常发生的，尤以在社会发生动荡的时候为甚。在"土地改革"的初期，有的地区曾发生地主有组织地抢劫贱民、屠杀贱民的事。在1952－1953年，北方邦和中央邦都发生过这类事件，抢劫残杀贱民的都是拉其普特、塔库尔、古加尔等高种姓的人。当时《印度时报》的通讯记者曾说，这是"地主对贱民进行的阶级战争"[21]。近几年来由于农村阶级分化的发展、阶级矛盾的激化，对贱民的压迫奴役也加深，迫害加剧。在60年代后期，由于农村经济严重恐慌，贱民被残杀事件就骤增起来。1970年8月19日，内政部长米尔达（N. R. Mirdha）在人民院宣布，1967－1969年间被杀害的贱民共2117人[22]。这是官方宣布的数字，与实际还有相当距离。据1972年12月24日内政部公布，在1969－1970年间贱民被迫害的案件共1541件，以后逐年增加：1971年是2127件；1972年是2384件；1973年前六个月是1848件[23]。到了70年代中期以后，情形更为严重。历年迫害贱民案件的数字如下：

1974 年	8,860（件）	1977 年	10,879（件）
1975 年	7,781（件）	1978 年	15,059（件）
1976 年	5,160（件）	1979 年	13,184（件）（不完全，少几个月的数字）

迫害案件的性质，包括杀害、强奸、纵火、严重的伤害等。其中 70% 的案件发生在北方邦、中央邦、比哈尔[24]。

对于高种姓之迫害残杀贱民，政府机关是不深究的。例如，1968 年 12 月在泰米尔纳德邦坦焦尔县的一个村庄，有 42 个贱民被地主纵火烧死。但是被告在马德拉斯最高法院被宣判无罪，理由是：被告 23 人都是米拉斯达尔（地主），大多数是富人，有大量土地，并且为首的还有一辆汽车，“很难相信他们自己走到现场去把房子点燃”[25]。有的案件甚至就是官员、警察本人干的。表列种姓委员会 1971－1972 年和 1973－1974 年的《报告书》中说，分析的结果，“许多这类迫害贱民的事件是地主、政府官员（包括警察）或地方潘查亚特（村庄行政组织）的成员等做的”[26]。

三、对贱民的剥削和奴役

贱民的绝大部分是在农村。据 1961 年《普查报告》的统计，贱民中有 89% 在农村。印度村社的结构是以种姓制度为骨干。婆罗门、拉其普特等高种姓一般是地主，其次是商人、自耕农等种姓。下面的工匠（如铁匠、木匠等）、手艺人（如理发的、洗衣服的）和贱民不是村社的正式成员，他们是为村社服务的人。工匠和手艺人各以自己的技术为全村服务；贱民则是全村的仆役。他们没有土地，而是由村社拨给小片土地维持生活，或在收获季节由村社公粮中分给一定量的粮食。这是印度历史上长期以来的情形——把属于低种姓的工匠、手艺人特别是贱民束缚于村社，使其长期遭受剥削奴役。在印度村社制度还继续存在的前提下，他们的地位是难于改变的。至于少数在城市中的贱民，则是靠杀牲、卖肉、鞣皮、作清道夫、葬埋死人等类被视为贱民的职业生活。

关于贱民过去在村社中之处于仆役地位，可举莫卧儿王朝保留下来的资料为例。在北方的一个村庄，有两个贱民种姓：一个是查马尔，世袭职业是鞣皮，事实上还要在柴明达尔和富农的田里做工；另一个是担奴克，地位更低于查马尔，职业是为过路的人带路和背行李，在收获季节要为富人收割庄稼并从田里背回家中。据说当时不是没有多的土地，他们为什么不自己耕种土地呢？“这是当时种姓制度的规定。”[27]从英国殖民者进入印度后的记载来看，直到那时，这种情形还是普遍的。

在农村中存在的一种更残酷的剥削奴役关系，是在个别地区把贱民当奴隶买卖。例如南印度的西南海岸马拉巴地方，直到19世纪中叶有一大部分耕种土地的人是可以买卖的奴隶。其中有一个贱民种姓叫普拉亚，他们是主人的绝对财产，可以随土地买卖，也可以单独买卖。其生活之悲惨，甚而没有固定居住的地方，住在田边临时搭的小茅屋里，随着工作迁移。在1843年英国殖民政府禁止买卖奴隶以后，事实上他们的处境并没有改变。他们的这种状况一直延续到本世纪初[28]。至于贱民妇女之被买卖，则直到最近还存在。一个印度记者在1984年的报道中说：“尽管印度政府已经废除奴隶制度，但是印度中部至今仍有贩卖奴隶的市场，大批妇女惨遭买卖。”[29] 被买卖的妇女，即便不全是，也绝大多数是贱民。

随着印度封建经济关系的发展，在农村中更形成了一种低种姓和贱民对高种姓的人身依附关系——称为札吉曼尼制度（Jajmani system）。这是一种封建性的人身依附关系，低种姓特别是贱民各有自己的主人，平时为其家中做各种家务劳动，农忙时全家为其在田间工作，主人家按季节给予一定粮食，以维持其生活。由于他们在遇到困难时不免要向主人借债而又无力偿还，利息不断增加，因而必须长期（终身或世代）为主人家劳动。其性质有如古代的债务奴隶，一般称为“强制劳动”。这是现在还存在的[30]。

在经济上印度贱民之遭受剥削和奴役，近年来已发生变化，而且在这方面的突破较之在社会生活方面要大些。例如上面说的普拉亚等之被当作奴隶买卖，在本世纪已逐渐减少。贱民所受村社制度的束缚和被高种姓剥削，各地也有不同程度的改变。特别是由于近代都市和工业的发展，有一部分贱民进入城市当了工人，其经济生活得到改善。如在孟买、浦那的纺织工厂中有部分工人就是贱民。在工厂中，工人的工资并不因种姓而有差异。在农村，有的贱民也有了土地，甚而个别的成了地主。但总的说来，特别是在农村，贱民所遭受的剥削奴役，并没有发生根本性的变化。下面试就全部贱民的职业分布作一简单介绍，以见今昔的变化。

在 1961 年的《普查报告》[31] 中，贱民人口总数是 64,417,366。其中分为有工作的人和没有工作或不工作的人。前者的总数是 30,317,944，占 47.06%，后者的总数是 34,099,417，占 52.94%。在有工作的人中，又依职业分为以下四类：

（一）农民，共11,949,164人，占全部贱民的18.55%。

（二）农业工人（雇民），共10,453,656人，占16.23%；

（三）其他工人，共7,790,838人，占12.09%；

（四）从事传统职业者，共624,583人，占0.97%。

在上列四类中，所谓“农民”，包括自己有土地耕种和租佃土地耕种的农民。在过去，贱民是没有土地的，只是由村社拨给小片土地耕种，以维持生活。但是在近代，由于经济社会的变动，贱民中有的有了土地，甚至个别人有较多的土地，成了地主。不过绝大多数是只有五英亩以下的土地或没有土地的。下面是五个邦贱民占有土地数量的统计：

邦名	贱民农户总数	占地一英亩以下的农户	占地一至四点九英亩的农户	占有高额土地的农户： （a）三十至四十九点九英亩； （b）十五至二十九点九英亩； （c）五十英亩以上；
西孟加拉	130,515	23,196	75,167	（a）2,635　（b）208　（c）97
迈索尔	63,463	2,869	37,039	（a）3,796　（b）980　（c）244
喀拉拉	9,458	7,376	1,939	（a）4　（b）1　（c）0
喜马偕尔	11,289	3,126	7,330	（a）18　（b）2　（c）1
特里普拉	3,685	810	2,630	（a）5　（b）0　（c）0
共计	218,410	37,377	124,105	7,991
		161,482		

说明：（1）资料来源于1961年的《印度普查报告》，Vol. XVI（P.481）、XI（p.304）、VII（P.198）XX（P.239）、XXVI（P.331）；

（2）贱民农户总数内不包括无土地的农业工人；

（3）农户土地包括自己的土地和租佃的土地；

（4）耕种土地五至十四点九英亩者，未列入表内，只列入了耕种土地最少和最多者的户数；

（5）我校图书馆入藏的《普查报告》不全，只有表中所列五个邦的材料，并非特别选了这五个邦。

贱民之得有土地是近代的事。但从上表中可以看出：在自己有土地或租种土地耕种的农户中，有高额土地的农户只占3.6%；而有5英亩以下的农户则占73.94%。（其余22.4%是有土地5-14.9英亩者）。在印度，5英亩以下的土地一般是不足以维持一家人的生活的，这还不包括无土地的农民。

第二类农业工人，包括以货币或实物为工资的雇农和分成制的佃农。在印度，分成制不认为是租佃关系，故亦被列入此类。这类农民在全部贱民中占18%，占的比重似乎不大，但实际上第一类不足5英亩的农户同样要当雇工。

第三类被列为有工作的贱民中，除上面两类以外，还包括以下几种不同职业：

（1）从事采矿、采石、伐木、养家畜、渔猎，及在植物园、果园等工作的人，共859,562人，占2.84%。

（2）从事家庭工业，包括在自己家中从事家庭工业的人和被他人雇用从事家庭工业的人，共1,989,004人，占6.56%。

（3）工厂工人，包括从事各种生产、加工、修配等工作的人及其辅助人员。共833,499人，占2.75%。

(4) 建筑工人，包括从事房屋、公路、铁路、桥梁、电线、水道、水库等的建筑和修缮工作的人，共32，525人，占0.11%。

(5) 商人，包括在各种批发和零售商店、进出口商业机构、房地产公司、股票、保险、钱庄、银行工作的人，共346,222人，占1.14%。

(6) 从事交通、运输、仓库、邮电及广播事业的人，共290,218人，占0.96%。

(7) 此类包括:〔a〕，在供电、煤气、自来水和卫生等公共事业工作的人；〔b〕，在中央、邦、市政府行政部门工作的人员；〔c〕，有专门职业（如教师、律师等）的人；〔d〕，为私人服务的人；〔e〕，商会工会的工作人员；〔f〕，在娱乐场所服务的人，等等。

从事以上七种职业的人总计7,790,838人，占全部贱民的12.09%。

第四类是继续从事贱民传统职业的人，包括鞣皮和做清洁工，共624,583人，占0.97%。在上列四类之外，是没有工作的人或不工作的人，其中包括从事家务劳动没有收入的成年妇女、乞丐、靠养老金生活的人，有租金、红利等收入而不参加劳动的人等。这类没有工作的人员，共34,099,417人，占全部贱民的52.94%。

对于上述贱民职业分布情况，还有以下几点加以补充说明。

在所谓有工作的人中，原报告说，从事季节性工作，如耕作、养家畜、挤牛奶、家庭工业等，一人在全年工作季节的大部分时间里，每日经常有一小时以上的工作，就算是“有工作的人”。在任何一种商业、专门性职业、服务行业的雇用人员，一人如在调查登记前十五日内有一日被雇用，就算有工作的人。在这十五日内如果有工作而因病或其他原因未工作，也算有工作。照这样规定，多少处于失业或半失业状态的人，也都被列为有工作的人了。

在职业分布中，农民和农业工人占的比重最大，两类占全部贱民的34%，其中自已有土地或租种土地在五英亩以上的是少数，有一篇报刊论文指出，根据1971年的统计数，在耕种土地的农民（贱民）中，有35%的人是没有丝毫土地的[32]。而且贱民中的农业工人（雇工）与非贱民不同，他们不仅工资低、劳动条件差，常处于半失业状态，而且在许多地区还保留着前面说过的对高种姓地主富农的人身依附关系。有的地方还有为高种姓无偿劳动的惯例存在。至于因欠债而被迫为主人劳动则更普遍。1969年表列种姓委员会的《报告书》中说，“这种性质的强迫劳动是以残酷的形式在全国许多地方存在着”[33]。

前面说过，在贱民种姓中也有等级的区别，他们所受的剥削奴役也就不同。举例说，在北方邦的西部几个县，札塔夫是贱民中的“最高种姓”；其余最被卑鄙的贱民种姓统称为巴尔弥契。札塔夫多是从事技术性的职业，许多是瓦匠、木匠、开拖拉机的、打机井的，工资较高。而巴尔弥契则没有土地，他们在种姓印度教徒和札塔夫的土地上做工，很少得到应付的工资。在比杰劳尔等县，大部分贱民是分成制的佃农，分的多少，全看地主的意思。在穆札法纳加尔、萨哈兰普尔、密拉特等县，情形更坏。有许多合同工实际是根本不付工资，他们的工资是抵偿了不断增加的高利贷的利息[34]。

离开农村进入都市或居住在距都市较近的村庄的贱民是比较幸运些。他们可以到工厂当工人，但实际上这只是少数。多数离开了农村的贱民是在矿山、采石场、伐木场、交通仓库等需要重体力劳动的地方工作。在政府机关、商业机构工作的，多是当勤杂工人。

《普查报告》中的职业分类是很不科学的，贱民遭受剥削奴役的许多情形被掩盖了起来。如把租佃他人的人和仅有少量土地的人与有高额土地的地主列为一类，把乞丐和有租金或红利收入的人列为一类，使读者无从看出贱民的真实处境。不过从上述职业分布大致可以看出，贱民在职业上已不像过去受着严格的限制了。

四、政府为改变贱民处境采取的措施

独立后印度政府为了改变贱民的处境，采取了种种措施。其中主要的包括：

（一）在政治上，宪法中规定在人民院和各邦的邦议会中为其保留特别代表席位。这种席位的保留初定为在宪法实施后十年内，后又延长（宪法第330、332和334条）。

（二）政府在公职中为其保留一定职位（第16条和335条）。

（三）禁止公立或由政府资助的学校以任何理由拒收贱民学生（第29条）。

（四）为了改善贱民的处境，宪法规定废除“不可接触”的一切表现形式。废除在商店、旅馆、公共餐馆及娱乐场所对贱民的一切限制；废除在使用公共水井、池塘、浴池、道路及公共娱乐场所对贱民的限制（第15条）。在法律上规定不可接触的习俗是刑事犯罪。

（五）印度教的庙宇须对印度教徒的各阶级、各阶层开放（第25条）。

（六）禁止买卖人口和强迫劳动（第23条）。

（七）政府设表列种姓和表列部族专门委员会、负责调查研究一切关于贱民权益的规定和废除不可接触习俗的实施情况。此外还有为贱民办的各种福利事业，如在各级学校的助学金等。

宪法中的规定和措施，不能说不好或不完备，但是在贯彻执行上是有困难的。例如规定在各级政府的公职人员中为贱民保留一定名额，其实施结果，据表列种姓和表列部族委员会的第二十次《报告书》（1970－1971）说，到70年代初情形如下：

（一）贱民在联邦政府机构各类职工中占的百分比

政府机构	一类职	二类职	三类职	四类职
（一）中央政府	2.70%	4.41%	10.00%	13.09%
（二）铁道部门	3.82%	3.25%	8.68%	17.61% 清洁工人90.31%
（三）公营企业	202（人）	350（人）	26582（人）	10328（人）

（二）贱民在邦政府各类职工中占的百分比

邦　名	一类（%）	二类（%）	三类（%）	四类（%）
安德拉	3.6	7.7	5.0	10.3
古吉拉特	1.6	2.3	4.8	18.3
马哈拉施特拉	2.17	2.02	10.5	23.6
拉贾斯坦	4.13	5.13	13.95	24.69
迈索尔	3.54	3.6	6.88	17.11

续 表

邦　名	一类（%）	二类（%）	三类（%）	四类（%）
北方邦	2.40	-	5.99	6.77
西孟加拉	2.25	3.18	3.78	13.68

附注：原资料中只有上列七个邦的统计数字。

首先应当说，贱民在各级政府机构职工中得占有一定的比例，这是近代贱民社会地位提高和政府采取有关措施的结果。但在这里可以看出，越是高的职位，则贱民占的百分比越小，反之低的职位则贱民占的百分比比较大。铁道部门的清洁工，贱民占90%以上，这显然是与他们的传统职业有联系的。其次，据表列种姓委员会的报告书说，从1957－1971年的15年中，贱民在中央政府各部门人数的提高很小，一类职由0.71%提高到2.70%，二类职由2.01%提高到4.41%；三类职由7.03%提高到10%。这种情形，说明政府贯彻执行有关措施是不力的。

近年来，印度已有个别出身贱民的人进入统治阶层。例如安贝德卡（B. R. Ambedkar）曾在印度独立后任国大党政府的司法部长，是印度宪法的起草人；又如贾格吉凡·拉姆（Jagjvan Ram）曾任国大党主席、国防部长；再如泰米纳德邦的穆笃夫人（Mrs Sathyavani Muthu），从1949年起就是该邦的主要政党——德拉维达进步联盟的领导人之一，从1967起任邦政府的福利部长，至1974年才辞职，辞职后自己组织了政党“受压迫者联盟”。不过这些人之得以进入统治阶层，各有自己的背景，与政府之为提高贱民地位采取种种措施无关，而且这都是极个别的例。

贱民与非贱民虽有同样的选举权，但他们是难于行使他们的权利的。例如在一篇关于北方邦西部几县贱民处境的报道中说："听许多人说，在上次选举时，贱民不许进入投票处。在萨希兰浦尔县有若干贱民说，虽然没有用武力制止他们进入投票处，但他们不敢拂逆村中年长者的意思。少数人不顾村领导的指示，结果引起了麻烦。他们被通知说，发现他们有旧日的欠债，警察要他们到告诉他们怎样投票的那些人那里去改正错误，在密拉特县凯科拉村的一个六十岁的贱民用悲惨的语调说，'总之，我们是任村中的年老人们摆布'"〔35〕。

在过去，贱民完全被剥夺受教育的机会，近年来的情况有了不同。据1961年《普查报告》的统计，居住在城市的贱民总数是6,869,697，其中识字的人数是1,498,067，占22%，其余是文盲。在农村，贱民总数是57,547,699，识字的人数是5,118,136，占9%，其余是文盲。现将识字的人依所教育水平分城乡列表如下：

（一）城市

教育程度	人数	占城市贱民的百分比（%）
(1) 识字，但未达到受教育水平	966,459	14%
(2) 受过小学或初等教育者	457,447	6.7%
(3) 受过高等教育者	65,111	0.95%
(4) 获得技术学校证书而无学位者	1,089	0.02%
(5) 获得非技术学校证书而无学位者	1,654	0.02%
(6) 获得大学或研究生学位者（文理科）	5,662	0.08%
(7) 获得大学或研究生学位者（工科）	645	0.01%

（二）农村

教育程度	人数	约占农村贱民的百分比（%）
（1）识字，但未达到受教育水平	3,850,435	6.7%
（2）受过小学或初等基础教育行	1,165,369	2.0%
（3）高中毕业或改上者	102,332	0.2%

贱民的教育水平，自然是还不能与一般人相比的。据 1971 年的《普查报告》[36]，印度一般人中识字的人占 29.35%；而贱民中识字的人只占 14.71%，后者的百分比还不及前者的一半。而且贱民中识字的人，也如上表中所显示的，多只是进过小学的低年级。据 1960－1970 年贱民学生在校人数的统计，由一年继续到十一年级的还不及 6%[37]。

为贱民设立的福利，也常被高种姓所侵占。在关于北方邦西部贱民情况的同一篇报道中说，“巴格帕达附近村庄的工人抱怨说，地主把按低价分配工人买糖和布等卡片拿了去，因而他们没有得到这些东西。他因为要买煤油，去向地主要卡片，没有要到”。又说，“虽然政府供给贱民儿童免费的书籍，但他们很少得到。书籍给了非贱民儿童，或者放在教师那里。许可他们从这些书里抄，永远不许带回家去”[38]。在其他地方也是一样。

至于对贱民的歧视和限制的废除，则更困难。它有它的社会根源。正如表列种姓和表列部族专员办公室的人所说的，两千年来的社会实践，不是用一支笔就可以消灭掉的[39]。在 1973 年 7 月 19 日《印度时报》的一篇文中说，“如果相信若干世纪以来的社会禁忌和偏见可以在独立一世纪的四分之一时间内就消灭掉，这未免太天真了”[40]。

五、贱民解放运动

反种姓运动和贱民的反抗斗争，在历史上是不断发生的，到了近代其规模尤其壮大。早在1873年，在浦那就有“寻求真理者会”(Satyasgodhak Samaj）的成立。创始人是约提罗·布尔（Iyotirao Phulc)，一个出身于马里种姓（世袭职业是种菜）的人。他提出，人的价值与其种姓出身无关，反对婆罗门种姓的专横，主张非婆罗门种姓结婚不用婆罗门举行仪式。本世纪20年代，在马德拉斯又发生了“自尊运动”(Self-Respect movement)，主张一切人都是平等的，种姓制度应当废除。领导人奈克（E. V. Ramaswamy Nainker）在特拉凡哥尔地方开展了为贱民争取进入印度教庙宇的“坚持真理运动”。北方的“阿梨耶学会”（Arya Samaj）是一个提倡改革印度教的团体，它虽不主张废除四个等级的制度，但其中比较激进的人认为四个等级应当是按照每个人的行为而不是按出身划分。

在印度民族解放运动中，贱民运动成为它的一个支流，同时也成为一个在国内有争执的问题。它的领导人是前面已经说过的安贝德卡，他出身于贱民，由于一个封建王公的资助，曾经留学英美，研究政治、法律等。回国后他长期致力于贱民的解放事业。在20年代他领导过浦那、纳西克、安姆劳提等地贱民的解放斗争。他说，“种姓制度是印度的拦路虎，不杀死它，经济政治的改革都不可能”[41]。这话是很有道理的。

甘地并不主张废除种姓制度，他主张的是要回到古代四个瓦尔那的社会，但他主张废除贱民制度，认为贱民应当归纳到首陀罗等级内。他为贱民起了一个新的名称，叫哈里真（Harijan），意思是“神的儿女”。在1932年底，英国麦克唐纳（当时的首相）的英国自治体裁决书发表，规定在将来的议会中，为贱民保留一定席位，并且设立贱民的单独选区，选举自己的代表。这遭到了甘地的反对，他认为这是对印度教的统一的严重打击，是分裂印度教集团，因而绝食誓死反对。安德贝卡知道贱民在全国农村是孤立无援的，如果甘地因此致死，高种姓的愤怒将转移到对他们。结果他屈服了，双方成立了《浦那协定》，增加了贱民的席位，但实行混合选举。这样保证了贱民的不脱离印度教，甘地停止了绝食。在1933年5月，甘地又开始了一次绝食，据他自己说，这是“诚心为自己和我的同胞涤除罪恶而祈祷，以求对哈里真事业更大的警觉和注意”[42]。

由贱民组成的政党，最早的有“全印度表列种姓联盟”（All-India’s Scheduled Castes Federation）。它是在1942年英国克利浦斯调查团来印度前夕，安贝德卡组织的。据他说成员曾达到一百万人，得到全国贱民百分之六十的支持[43]。独立后印度举行第一次大选时，联盟是被国家选举委员会承认的全国性政党之一。但参加竞选结果得的席位不多。第二次大选（1957）时，它失去了全国政党的资格。但在安得拉、孟加拉国、迈索尔、中央邦、旁遮普等邦作为邦政党参加了竞选。在印度第一次大选时参加竞选的贱民政党还有：旁遮普被奴役阶级同盟（Punjab Depre-ssed classes leaguc）、海德拉巴德邦被奴役阶级联合会（Hyderabad State Depre-ssed Classes Association）、海德拉巴德的表列种姓联盟（Hyderabad Schedulcp castes Federation）、表列种姓全国联盟（Scheduled castes National Federation）等邦政党。它们也自言是贱民政党，但力量都不大，只是少数领导人想借以登上政治舞台而已，不久就不存在了。

在1956年，安贝德卡提出贱民改信佛教的运动。他说："在我亲自研究了世界上的各种宗教以后，得出了一个必然的结论，就是只有佛教才能使我们得到超度。"[44]结果有百万的贱民改信了佛教，被称为"新佛教运动"。这主要是发生在当时的马哈拉施特拉邦。据70年代的调查，在该邦八个县206个村庄的民族中有1700家是新佛教徒[45]。

在1956年印度举行第二次大选前夕，安贝德卡提出组织"印度共和党"（Republican Party of India），参加竞选，党员不限于贱民，而以贱民和低种姓为主。但不久他就死了。印度共和党成立后，在盖克瓦德（Dada aheb Gaikwad）的领导下，很重视组织无土地的农业工人（主要是贱民）的斗争，并取得了一定的胜利，迫使政府把沿铁路和运河的一部分荒地分配给了无土地的农民。在盖克瓦德死后，它渐失去了原来的性质。

贱民运动的另一方面的表现是，近年来在一些地方发生的反抗高种姓压迫的斗争。其中有的甚而发展成为与政府军警的冲突。不过这种反抗斗争还是处于分散的此起彼伏、时高时低的状态，并没有形成大规模的统一的有组织有领导的运动。下面举几个地方为例。

例一　喀拉拉邦是一个种姓制度最严格的地区，奴隶制保留得最久。在第一次世界大战后，在这里发生了贱民反对高种姓压迫的斗争。首先是由名为伊拉瓦的种姓开始的，这是一个人数较多、经济力量较强的贱民种姓。在取得一定胜利之后，其他贱民种姓也跟着起来了。其中特别值得一提的普拉亚——前面说过的长期处于奴隶地位的贱民种姓，也起来组织了自己的团体，产生了自己的领袖，为争取在公共道路上走路、儿童入学、反对“不可接触”而进行斗争。他们的斗争不可避免地遭到了高种姓（特别是属于地主阶级的纳亚尔）的残酷镇压。但他们斗争坚决，当时民族解放运动的政治环境对他们也是有利的，结果取得了一些胜利。他们的社会地位和生活有史以来第一次发生了变化〔46〕。

例二　在1950年左右，泰米尔纳德邦坦焦尔县东部12个相邻村庄的贱民种姓组织了起来，在共产党的领导下，反对他们的地主。1953年2月库姆巴皮泰村的帕兰（贱民）人在街上高举共产党的旗帜，拒绝为地主们打谷子，迫使地主们不得不答应为日工和债务工人增加工资。据1954年这里进行调查的人说，“在此县东部，在共产党小组中，特别是在原始达罗毗荼（贱民）中，种姓的限制已经完全去掉了。非婆罗门种姓（中间种姓）的共产党人随便出入原始达罗毗荼人的街道，同他们一起吃饭，在他们的茅屋里过夜”。“在我以前调查过的第二个村庄，属于帕兰和帕拉延两个贱民种姓的人五年来已完全捐弃了过去关于地位高下之争，在一起随便吃喝，在一起参加共产党的会，互相支持为提高工资而进行的斗争，并且共同调解村中人的债务等纠纷。”〔47〕

例三　古吉拉特南部苏拉特县的阶级矛盾，从1947年以来即日趋激化，到1973年11月至1974年4月发展成为“实质的阶级战争”。这里的贱民原名杜孛拉，因为含有污辱的意思，甘地为他们改名为哈力帕蒂（掌犁的人）。他们过去是一个农业奴隶种姓，世世代代为地主劳动，对主人有很强的人身隶属关系。独立后他们名义上自由了，但是近年来经济的变化，使他们的生活更困难了。古吉拉特邦是甘地的家乡，甘地主义者在20年代就提出要为杜孛拉建立“新社会”，曾在农村设立夜校。1947年甘地主义者的组织“萨尔渥达亚工作团”（Sarvodaya Workers），为杜孛拉成立了“哈力帕蒂服务协会”（Halpati seva Sangh）。但哈力帕蒂并不认为这是为他们的利益进行斗争的组织。在他们看来，这是一个性质模糊、与政府有联系的、代表外来利益的团体。

这里的地主阶级（称为凯杜特）是极其反动的，成立了反动组织“凯杜特协会”（Khedut Sang，1952）“凯杜特团”（Khedut mandal，1968），“凯杜特会”（Khedut Samaj，1973）等，用武力欺压农民。当这里的阶级关系越来越紧张的时候，萨尔渥达亚工作团的人要贱民忍耐，要他们坚持甘地的道路。但是地主们并不是这样。1974年1月在巴多利县，地主们毒打了哈力帕蒂协会的书记，烧毁了他家里的东西。显然，在他们看来，哈力帕蒂协会虽是个以甘地主义为主导思想的团体，还是有碍于他们破坏贱民的团结。

消息传到了哈力帕蒂人中，他们愤怒地破坏了地主的庄稼、拖拉机、机器、脚踏车、牛车，并且殴打了地主中的领导人。哈力帕蒂用斧头作武器，地主们用枪支。战斗并不只是在一个村庄发生。当时关于事件的一篇报道最后说：“事实上的阶级战斗是这个地区的现实。”“哈力帕蒂和地主们清楚地看出彼此是敌人。”又说，“阶级战斗并不是共产党制造的，因为这里没有共产党人”[48]。

例四　在近现代史上，孟买一直是一个贱民运动的中心。近来在这里发生了“困豹党”（Dalit Panthers）领导下的贱民运动。困豹党是由前面说过的共和党分出的一支新军。由于近年来反动的政党在农村中支持富农，在城市中资本家、搞投机倒把、做黑市生意的人任意横行，贱民生活较前更加困难，遭受迫害更加严重。共和党中的一部分贱民青年（有作家和诗人），以新佛教徒为基础，组成了这个组织，于1973年4月正式成立。它提出要联合一切受压迫的人改革旧制度，以暴力夺取政权。它以孟买为中心，传播到马哈拉施特拉的一些县。在1973年8月14日困豹党开始了它的第一次行动。当时马哈拉施特拉邦立法会议正在开会，游行的队伍闯入孟买政厅。1974年1月5日困豹党在孟买又举行集会，宣布抵制人民院代表的补选，说“当前一切政党都不能解决种姓问题”。参加集会的有一万二千人。同年1月10日又集会游行，抗议政府对他们的镇压。

困豹党领导下的贱民运动，是孟买地区过去贱民运动的继续发展。它摆脱了过去的种种束缚，以新的面貌进行斗争。困豹党的成员们是在安贝德卡号召下放弃印度教改信佛教的人。现在他们认识到，改信佛教以后，“还是被看作不可接触的人”，他们宣言说，“虽然有普勒和安贝德卡，被压迫阶级的命运没有得到改善，相反地是更坏了。”共和党领导们的背叛行为，更使他们感到愤怒，他们宣布与之“断绝关系”他们提出要“全面革命”，“部分的改革是不可能的”；他们说“社会制度的革命不能通过要求让步、选举或消极抵抗来实现”〔49〕。

以上是从喀拉拉、泰米尔纳德、古吉拉特和孟买四个地区举出的几处贱民反抗斗争的实例，由此可见一斑，其他地方的相类活动不再一一叙述。

六、贱民的处境在慢慢改变中

综合以上所述，贱民的处境是在改变中，而且已经发生了一些变化。前文所说贱民遭受的歧视和限制之最极端形式已渐不存在。贱民的大多数已不受他们传统职业的限制。古里教授说，有三种职业——农业、经商、当兵，是不分种姓的[50]。这主要是就一般处于中间地位的种姓而言，但在一定程度上，也适用于贱民。贱民之作农业工人（雇工）由来已久，而且在若干地区他们早已是农业生产上的主要力量。在英国殖民统治下，贱民是可以当兵的。不过贱民经商大概只是个别的，如造酒卖酒之类。有的贱民（即便是少数）有了土地，甚而成为地主，这也过去所没有的。总的看来，贱民在职业和经济生活中所受的限制已被突破，而且大于他们在社会生活和宗教生活中所受的歧视和限制的改变。一些由于传统“不可接触”观念所产生的对贱民的歧视和限制，仍然顽强地存在着，这常常是引起贱民与高种姓发生纠纷的原因。

为什么贱民的处境如此难于改变？这是最后要探讨的问题。

从印度的社会结构来看，贱民是与种姓制度和村社组织不能分开的。它们都是由原始社会向阶级社会过渡的过程中产生的。印度虽然也经过了奴隶社会和封建社会的历史阶段，但都没有消灭这种在前阶级社会产生的制度。相反的，在奴隶社会时期，它们成为奴隶社会的组成部分，在封建社会时期又成为封建社会的基层组织，因而得以长期保存下来。为什么会成为这种情形呢？这是印度历史发展的特点造成的。生产力的发展缓慢，是主要原因。每当历史的转变期间——不论由原始社会到奴隶社会，或由奴隶社会到封建社会，都没有发生激剧的变化。新的生产力没有冲破或者说没有完全冲破旧的生产关系以及建筑在它上面的意识形态。因而前一时期的制度得以保存下来，新的生产力反而是在它的内都逐渐发展起来的。种姓制度、村社组织和贱民之所以从二千年前保留到现在，这是根本原因。

印度社会之向资本主义社会过渡又是怎样呢？经过了二百年英国殖民统治，在全世界已进入帝国主义时期它才得到独立。资本主义的发展不但缓慢，而且是畸形的。资本主义经济主要在几个大城市得到发展，在广大农村则只有点点滴滴资本主义生产的因素慢慢在增长。在这种情形下，种姓制度的保留是必然的，贱民的处境更难于改变。而且广大农村的旧势力也会影响到少数大城市。

其次也还有两千年来形成的、以等级制度为基础的意识形态和习惯势力。且看印度是怎样从哲学上为种姓制度的等级体系辩护的[51]：

种姓产生于一种信念，即社会和宇宙的自然程序是有等级的，而平等的关系则是例外。种姓制度之唯一的最后的宗教的依据是：它是从上帝起通过众神、婆罗门、其他种姓和不可接触的人、直到生物和无生物这样一个连续的等级的体现。最高的种姓是最接近神圣的纯洁之源；种姓间关于接触和不可接触的规定，所表现的就是纯洁或精神实体和粗鄙或生物过程这一根本的相反性质。一个人或一个种姓之得以存在的价值，只在于它在这等级顺序中占有一定地位并遵守与之相当的道德规律。种姓主要不在于它是与外界隔离的，而在于是列入等级的。每一个种姓对整体来说都是必要的。一个种姓不能孤立存在，而民族是可以的。按照这种思想体系，每种工作（指各种姓的传统职业）都是必要的；你所适宜的工作，在原则上是你的等级的结果；并不是因为你做某种工作而列入某一等级。把这说成是劳动分工，就错了，去掉宗教的核心。同样的，种姓之行内婚制，乃因为是等级的，而不是别的原因。

以上是一篇论文作者的综述说明。他称之为“种姓的意识形态”，它是有一定代表性的。有不少人是在这种意识的支配下对待种姓制度和贱民的。

至于种姓制度的习惯势力，更难于克服。据说马拉维亚（Pandit Govinol malaviya）曾问尼赫鲁：“你能给我指出一个国大党人愿意同贱民一起饮食并且把他的女儿嫁给一个贱民吗？[52]”印度共产党（丹吉集团）的领导人也曾被指责把种姓的偏见带进了党内[53]。有人还说：“表列种姓专员办公处的成员本身也是实行现行制度的一部分，他们无力改变现行制度。”[54]这话不是没有道理的。这也是改变贱民处境，即便有法律上的规定，而不易成为现实的原因之一。而且这话也同样适用于其他官吏，包括法官和警察。

由于上述种种原因，印度贱民的处境只能是在慢慢地改变中。下面举几个地方的实例以见具体情况：

例一　一个种姓的地位的改变，主要指它在礼仪上也就是社会地位上的改变。只是经济生活的提高并不能改变其社会生活和宗教生活中的地位。一个低种姓要提高其社会、宗教生活上的地位，必须放弃它被认为属于低等级的生活习惯。而学习高种姓的生活习惯。但这在贱民，几乎是不可能的，即便改变了生活习惯也难于得到其他种姓的承认。

在北方邦马多浦尔村（madhopur）的查马尔人（贱民种姓）曾有下述情形：他们企图提高自己的种姓地位已非一日。这里的翟斯瓦拉·查马尔人（一个查马尔人的亚种姓），在过去有吃腐牛肉和用大车送粪到田里去的习俗。大约在30年前他们已改变了这两种被认为低贱的习俗，甚而对于吃牛肉的成员要开除种姓。为了模仿高种姓的生活习惯，他们还降低了子女的结婚年龄，由过去的12至16岁结婚改为5至7岁时结婚，婚礼又从1天改为3天。此外在宗教仪式方面也作了种种改变。但是这都没有能提高他们的社会地位。查马尔人中有的认为受教育重要，有利于提高地位。他们中有两个人入学校，后来当了小学教员。但是他们受到的待遇不同于高种姓中的小学教员。高种姓教员被称为master（教师），他们被称为munis（能写字的人）；高种姓的教员坐绳床或椅子，对他们只给个凳子坐，不过比以前坐在地上已经好了。

在马多浦尔村附近的其他低种姓也做了同样努力。在大约15年前，巴尔人为此停止了养猪，但仍被认为是不可接触的人。纳维亚人效法高种姓佩戴“圣带”，但曾因此遭到高种姓的殴打。他们的地位也都没有得到提高〔55〕。

例二 在卡尔纳塔克邦的工业城市布班加罗尔附近有一个村庄，名噶茹达浦拉（Garu-dapura）。它大约是在1800年左右建立的。当时村中居民主要是属于农民的种性，为班加罗尔市场生产粮食。直到五十年代，这个村庄已为班加罗尔市所包围，在附近建立起了一个烟厂，村中居民有些到厂里去作工；同时还有些田野和葡萄园，富裕的农民利用所得到的利益改作建筑的承包人、批发商和地主，他们的儿子在班加罗尔的学校受教育。战后班加罗尔的工业繁荣，设立了制造机械、汽车以及飞机的工厂。

据70年代初期的调查，班加罗尔市有人口约140万，这个村有居民约6800，村民中有一半是识字的。村民有18%信基督教，有少数是穆斯林，其余信仰印度教，分属于20个有不同名称的种姓和许多亚种姓。在上述形势下，可以想象种姓制度的变化是大的。种姓间的服务关系已经不存在了，只是在节日时作为一种仪式复活一下。例如理发的和洗衣服的，已改用现金计件取酬。有人家结婚时要有一个婆罗门做饭，常常是从村外请来，要给报酬。而本村的唯一婆罗门家（庙祝），则已在飞机工厂当工人。这个村中居最上层的是自称为“中等”的种姓。包括全村人口三分之一。在这一部分人中，除少数吃素食者外，男子都可以共同饮食的。妇女常是只同本种姓的人或亲戚同饮食。出了村，大多数人是可以同任何人饮食的。在饭店和小吃店，每个人都可以同饮食。少数开通的人已不知道种姓的规定，甚而也不遵守种姓内婚制。

虽然这些中等种姓的人大体上都是平等的，但处于等级结构最下层——低种姓的人（如理发的、洗衣的）和在他们下面的、居住在村外或村边的贱民，则还是与之有明显的区分。等级结构的中间种姓之孰高孰低已不重要，显然与之有区别的、难于改变的是两端的最高的和最低的种姓——婆罗门和不可接触的人[56]。

例三　在古吉拉特邦南部，安纳维尔·婆罗门是居支配地位的种姓，也是地主。那里的杜孛拉是一个地位低的半部族性的种姓（原是一个少数民族，已被纳入印度教种姓制的体系以内），他们为安纳维尔·婆罗门及其他种姓的地主干农活。以前杜孛拉种姓的人是在“犁人制度”下依附于安纳维尔·婆罗门地主的。每一家长期地（甚至世代的）为其充当仆人，做农活及其他各种家庭劳动；主人按惯例付以实物报酬。当他们年老有病残或其他困难时，主人有一种家长性的照顾义务。

现在这种关系已在发生变化。有的村庄的杜孛拉种姓的多数成员每年有一时期到孟买的砖厂当工人，其中一半以上是季节性的。他们与婆罗门地主的关系已由永久性的变为临时性的，只是每年在一定季节到主人家工作，工作已不包括各种杂务而变为只做农活，劳动报酬已改为付给工资。但是“犁人制度”下的主仆关系还继续存在，主人仍旧认为他们是处于依附地位的“卑残的仆人”[57]。

例四　拜力（F. G. Baily）曾于1952－1953年在奥理萨邦普尔巴尼县的一个村庄作调查。他发现有两个造酒的低种姓因卖酒致富。村里的土地原来都属于战士种姓所有；这两个造酒种姓因为富了，买了许多土地。1910年（开始禁酒之年）左右，他们其中之一成为土地最多的人。他们随即改变了自己的习惯、礼节和生活方式，使其“梵化”（Sanskrization）——接近高种姓婆罗门的习俗。经过这种过程，结果达到了提高其种地位的目的。在同一地方，另有一个贱民种姓，是因卖兽皮致富，也想提高其种姓地位，结果没有做到，遭到了其他种姓的反对，包括其他不可接触种姓的反对[58]。

从以上几处具体的事例可以看出，贱民种姓欲改变其社会地位是如何不易，种姓制度是随着印度经济发展而发生变化，但贱民地位的改变则是这一过程中最后的一环；种姓地位的改变，在其他低种姓是可能的时，在贱民则不可能。但总的看来，印度贱民的处境是在改变中，不过是很缓慢的。

注释：

〔1〕拙作《古代印度贱民的产生》，载《四川大学学报》（哲学社会科学版），1981 年第 2 期。

〔2〕在印度，古代的四个等级称为四个“瓦尔那”（Varna）；后面多等级的、内婚制的、各有自己世袭职业的集团，称为“查提”（jati）。“种姓”（caste）一词是外来语，非印度所固有，初用时指的是查提，因为西方殖民者初来印度时，所接触的是多重的种姓关系。在 1563 年葡萄牙人 Garcia de Orta 说，“没有人能不从事他父亲的职业，所有做鞋的同一种姓（caste）的人都是一样”。这是这一词的最初用法（见赫腾著《印度的种姓》第 47 页），指的是查提。后来含义扩大，亦用以指古代的瓦尔那。本文用的是它的初义，指查提。

〔3〕按照印度教的教义，严格说贱民是没有种姓的，但事实上他们也都分为各有自己名称和世袭职业的内婚制集团，因此各书中都认为他们是有种姓的。

〔4〕见所著《种姓、阶级和职业》（*Caste*、*class and Occupation*，4 th edition，1961），第 26 – 27 页。

〔5〕见所著《印度的种姓》（*Caste in India*，4 th edition，1965），第 2 页。

〔6〕1961 年的数字，系据该年《普查报告》第一卷，V—A（i）部分。1971 年的数字，据《印度年鉴》（*Indin*，*a Reference Annual*，1979），第 6 页、第 121 页。1981 年《普查报告》中数字，尚未见。

〔7〕引自《摩奴法典》的文字，见该书，第 51 - 56 页。

〔8〕引自古里著《种姓、阶级和职业》。

〔9〕见《佛国记》叙述中天竺部分，《大唐西域记》卷二。《翻译名义集》卷二。

〔10〕原书未见，引自古里《种姓、阶级和职业》第 220 页。

〔11〕同上，第 9 页。"种姓印度教徒"即非贱民。

〔12〕引自赫腾《印度的种姓》第 81 页。

〔13〕同上，第 195 页。

〔14〕引自 N. G. 戈悦《对贱民的迫害》，载《人民周刊》（*Janata*），1973 年 12 月 9 日。

〔15〕见《神之子成了虎豹》一文，载《经济和政治周刊》第 8 卷子 1 - 33 合期，1973 年 8 月。

〔16〕见《不可接触的人——独立后二十年》，载《主流》第 11 卷子 15 期，1972 年 12 月 9 日。

〔17〕见《经济和政治周刊》第 9 卷 8 期，1974 年 7 月 13 日。

〔18〕同注 16。

〔19〕见爱泼斯坦（T. Scarlett Epstein）《南印度的昨日、今日和明日》一书，1973 年，第 214 页。

〔20〕同注 16。

〔21〕见 1952 年 12 月 15 日《印度时报》。本文引自司里尼瓦斯（M. N. Srinivas 著《近代印度的种姓》（*Caste in modern India and other Essays*，1962）第 37 页。

〔22〕同注15。

〔23〕同注15。

〔24〕引自《迫害表列种姓罪行的》增长（特约通讯），载《经济和政治周刊》第15卷32期，1980年，第1335－1336页。

〔25〕关于这一迫害事件的经过，参看《地主被宣判无罪》，载《前线》（*Frontier*）周刊第6卷2期，1973年4月21日。

〔26〕S. D. 库尔卡尼《关于表列种姓和表列部族的问题和政策》，载《经济和政治周刊》第9卷42期，1974年，第1777页。

〔27〕此例引自哈比卜（Ivfan Habib）著《莫卧儿印度的土地制度》（*The Agraian Syrtem of mughal India*, 1556－1707），1963年，第119－121页。

〔28〕见《喀拉拉邦的普拉亚种姓》，载《主流》周刊，1973年2月10日。

〔29〕见1984年4月29日法新社新德里电讯。

〔30〕参看拙作《印度村社制度下的札吉冕尼关系》，载《南亚研究》1982年第2期。

〔31〕见第一册，表列种姓职业分类表，第3－167页。

〔32〕见拉哈（Sanat Raha）《工作和生产的不可接触的人》，载《主流》第12卷9期，1973年10月27日。

〔33〕同注15。

〔34〕见P. C. 甘地《贱民中的种姓区别》，载《印度时报》，1973年7月4日第六版。

〔35〕同注34。

〔36〕见第一卷表列种姓教育统计表，第321－392页。

〔37〕同注15。

〔38〕同注34。

〔39〕见菲施（Marqueriteg Fisher）《印度表列种姓专员办公处执行任务中的纲领》，载《西方政治季刊》（*Western Political Quaterly*）第23卷4期，1970年第四季。

〔40〕这篇文的题目是《贱民的遭遇——偏见与迫害》，见该报第六版。

〔41〕见所著《种姓的消灭》（*Annihilation of Caste*，1937），第36页。

〔42〕关于甘地和安县德卡对贱民运动意见的不同，参看姆维德（Gail Omuvedt）《甘地与印度民族革命的绥靖》，载《关心亚洲学者学报》第5卷1期，1973年7月。

〔43〕见《当代名人传记》（*Current Biographies*，1959），《安具德卡传》。

〔44〕同注43。

〔45〕同注15。

〔46〕同注28。

〔47〕见顾格（E. Kathleen Gongh），《在一个坦焦尔村社的社会结构》，见玛里贝特（Mckior Marriott）编的《农村印度》（*Village India*，1955）一书，第51页。

〔48〕《古吉拉特邦苏拉特县的地主和无土地农民的阶级斗争》（特约通讯），载《经济和政治周刊》第9卷25期，1974年6月22日。

〔49〕关于困豹党的性质和活动见《神之子变成了虎豹》（详见注15）温卡菲斯瓦兰（V. Venka-feswaran）《困豹党的兴起》，载《纽约时报》1974年1月24日；温劳勃（Bernard Weiraud）《美国黑人组织在孟买的相类活动》，载《纽约时报》1974年1月9日：拉纳德（P. V. Ranade）《马哈拉特施拉邦的困豹党》，载《主流》第12卷24期，1974年2月9日。

〔50〕见所著《种姓、阶级和职业》。

〔51〕见何尔斯特柔木（Mark Holmstrom）《在一个印度城市中的种姓地位》，载《经济和政治周刊》第7卷15期，1972年4月8日。

〔52〕同注40。

〔53〕见哈里森（Selig. S. Harrison）《最危险的十年》（*The most Dangerous Decades*，1940）。

〔54〕同注38。

〔55〕见科恩（Bernard. D. Cohn）《一个被奴役种姓的改变地位》，见《农村印度》第53－77页。

〔56〕同注51。

〔57〕详见博里曼（Jan Breman）著《荫庇与剥削：印度古吉拉特邦南部的土地关系》（*Patronage and Exploitation：Agrarian Relations in South Gujarat*，India 1974）。

〔58〕见司里尼瓦斯《近代印度的种姓》第17页。

谭英华（1917－1996），湖南长沙人。1944 年毕业于武汉大学，获历史学硕士学位，20 世纪 50 年代初期，受聘为四川大学历史系教授。谭英华先生多年来潜心于西方史学史研究，早在 20 世纪 60 年代，即编写出西方史学史教材，为该领域的研究作出了奠基性的贡献。1985 年，谭先生受教育部委托，担任《西方史学史》全国高校统编教材的副主编。其主要论著有《十九世纪历史学与历史学家》（校注）、《十六、十七世纪西方史学思想的更新》《试论马考莱的史学》以及《论卡莱尔的史学》。谭英华先生在唐史研究上亦是成就卓著，其《两唐书食货志校读记》在唐史学界影响甚巨。

十六至十七世纪西方历史思想的更新

○谭英华

近代西方史学导源于文艺复兴时代的人文主义史学，至18世纪启蒙运动时基本形成。对介于这两大运动之间的16世纪后期至17世纪的史学，在第二次世界大战前，研究者或将它称为“后期人文主义史学”，或归入启蒙运动时期的史学，也有突出这个时期古籍整理和研究的成就，称之为“博学时期”的史学[1]。近二三十年来，西方学者对这一阶段史学理论和方法及其影响进行探讨，提出了不少新的见解。我认为，16世纪后期至17世纪期间，西方（主要指西欧）史学在历史思维和史学方法的某些重要方面，既突破了人文主义传统的窠臼，又未达到启蒙运动全盛时期的水平，所取得的成果和导致的影响，实非“博学派”的工作所能概括。这是一个承先启后，继往开来的发展阶段。以下就这一时期史学理论的创新与历史认识的突破作些粗略的探索，借以说明这一时期史学变化的主要特征及其意义。

一

16 世纪后期至 17 世纪，正是西欧迅速由封建主义向资本主义，由旧世界向新世界过渡的时期。在此期间，作为新兴社会势力的资产阶级勇于探索，富有进取精神，渴望按照自己的世界观来改造一切和安排一切。

以意大利为代表的人文主义史学突破了基督教神学的牢笼，开拓了史学世俗化的道路。史学家们用人事的观点考察历史，试图从社会现象的因果联系上来解释过去，有的史学家如马基雅弗里还看到了财产关系对历史变化的影响。他们摈弃了基督教史学以上帝创世为起点的亚述——波斯——希腊——罗马四大王国的历史分期法，代之以前古代——中世纪——近代三阶段的分期法。某些史学家如瓦拉、比昂多具备一定的历史批判精神，排斥文献记载中的神话奇迹，开始重视原始资料和对史料真伪的考辨，他们改变了借历史宣扬教义的治史态度，用现实主义的态度看待历史，关心史学的社会功能。他们恢复古典时代遗留下来的历史叙述体，用以取代教会史学的年代纪和编年史。从那时起，历史研究和编纂不复为教会和封建社会上层人物所垄断。人文主义史学扭转了西方史学的发展方向，宣告了资产阶级史学的萌芽。

但是，人文主义作为早期启蒙思潮有其历史的局限性，随着岁月的流逝，这种局限性便日益突出。文艺复兴时代的意大利学者，除少数例外，“都不尊重科学”[2]。人文主义史学家普遍重视的是文学艺术、伦理学和政治学科，汲取的是单纯书本知识，很少留意自然现象以及自然与人类的关系。他们的历史观点建立在社会与自然隔绝的基础之上，没有通过认识自然来认识社会，也没有形成明确的关于历史发展的规律性概念。史学家改变了处理社会历史的方法，却未提出论证历史思维的方法和解决认识方法的问题，因而无人进行过创立社会历史基本理论体系的尝试。人文主义史学还没有完全摆脱神学史观，特别是古典哲学和史学的束缚。意大利的史学家们在以古典文化为武器来反对教会史学的过程中，形成了对古典权威的迷信和盲从，继承了旧史观中命运、机缘支配人事的观点和历史循环论[3]。他们废弃了神学的历史分期法，却从未展开对人类历史的全面研究。出于认识上的片面性和对古典崇拜，史学家认为中世纪是一个与古典传统割断了联系的愚昧与不幸的时代，忽视了历史和文化的连续性与继承性。在历史编纂中，意大利史学家刻意仿古，属辞比事，处处模拟古人，他们“把一切思想和一切叙述翻译成和装扮着西塞罗体的拉丁文”[4]。更有甚者，为了追求艺术效果，某些史学家甚至篡改历史，伪造史实，歪曲真相[5]。以追求个性解放为目标的人文主义者竟缘此而压抑、埋没了自己的个性，背离了古典史学的求真精神。

资本主义的发展，民族国家的巩固，社会矛盾的上升，“地理大发现”后世界形势的改变，西方史学面临着帮助人们重新认识过去和现在，探索未来，以及从历史中寻找经验教训，发现形成现状的原因，深化对现实的理解等一系列问题。这就要求史学研究不能停留于对历史事实的描述和铺叙，对古典文献的整理和诠释的过程，而必须明确历史学在社会变革中的地位和作用，发掘历史事实的内涵，探讨历史发展的动因和方向以及与现实的关系。如此错综复杂的任务，意味着摆脱传统约束，从历史认识、研究和编纂的兴趣，到内容、方法、体裁和文风的转变，首先是统帅一切的历史思维的更新。

近代自然科学和相关的人文学科的发展，为史学理论和方法的创新，提供了重大的启示。这就是以哥白尼的名字开始，牛顿的名字结束的科学革命，使自然科学逐渐在人类知识中取得领先地位，并揭开了“思想革命”的序幕。自然科学带来了理性思维，尊重事实和经验的客观态度，不迷信传统，不囿于成见的创新精神；改变了人对世界和自然的认识和考察方法。自然科学和自然哲学以自然对抗上帝，以科学反对神学，以物质力量来冲击超自然力量，以怀疑批判精神抨击迷信和盲从，从而拓宽了人文学者对自然和社会的认识视野，增强了人们探究事物本源，寻求合理解释的探索精神[6]。

自然科学建立在对自然现象的规律性和普遍秩序的认识之上。培根提出，科学的任务在于发现自然的规律，笛卡尔认为自然是有规律的机械运动。许多社会思想家相信人是宇宙整体的一部分，人类社会和个人心理活动也受到普遍的自然规律的制约，从而可以采用自然科学方法剖析社会的构成和变化，以发现其永恒的基本规律。由此而引起了关于历史运动规律的性质、特征及其作用，以及历史现象中的必然性与偶然性，多样性与一致性等一系列涉及历史本体和历史认识的根本性问题。通过社会历史学家的长期探讨，推动了历史思维的进步，奠定了西方历史哲学的基础。

长期以来，关于自然的知识和关于人的知识没有明显的区别，关于知识的来源、性质、结构、价值以及获得知识的方法等问题仍然受亚里士多德体系和经院哲学体系的支配。这时，培根和笛卡尔等先后提出了整理和重建人类知识的构想。培根认为，“真理是时间的女儿”[7]，知识只能来源于感觉，来源于经验。人类要获得知识必须从破除包括亚里士多德体系和经院哲学在内的假象开始。通过观察、实验，搜集典型材料，进行比较、分析、归纳和综合，得出科学的结论。他主张把经验同理性，周密的观察与正确的推理结合起来，以求从个别判断上升到一般的推理。培根还指出，经验方法不仅可用于物质世界，也适用于精神世界。这种合理性的科学态度和方法与古典史学名家修昔底德、波利比乌斯倡导的求真精神在本质上是一致的。而今，在自然科学的启发下，开始成为先进的史学工作者的指导思想。

大哲学家笛卡尔与培根一样，也反对古代权威，寻求新的方法和新的知识结构。不同的是，笛卡尔立足理性主义理论体系之上，认为与生俱来的理性是认识的源泉，思维出于天赋，人的命运不受上帝或权威的支配而为理性所掌握。他怀疑一切，包括经验过的事实，甚至一切可接触的外界实体，主张用理性来评价一切，审判一切，扫除一切传统偏见，指出只有凭借演绎推理和数学方法才能获得可靠的知识。

由笛卡尔所发动的怀疑主义思想，在他的信徒培尔（Pierre Bayle，1647－1703）所著的《历史批判词典》中续有发扬。他把理性与信仰截然分开，以史实为依据，颂扬理性的威力，揭露信仰的荒谬。此书系统地列举了各种欺骗、谬误的因素，提出了分辨和鉴别的标准，对天主教的《圣经》诠释学进行了深入的批判，成为启蒙思想的先驱。这种极端怀疑主义虽然失于片面，但在一定时期内却起到了动摇神学和权威，为理论更新清除道路的作用。

在自然科学对知识进行整理分类、系统化和科学化的影响下，按照自然科学模式创立关于人的科学——社会科学的意图逐渐萌生。出于时代的需要，博丹、格劳秀斯、霍布斯、洛克等思想家对古典时代以后受到冷落的人类社会领域开始进行探索，提出了社会、国家（当时这两个概念尚没有明确的区别）的起源，人和自然的关系，人类的“自然状态”，个人与社会、国家的关系，各种政体的优劣等一系列与历史科学密切相关的重大问题，有力地促进了历史思维的更新和创立历史科学的思想。

自16世纪后期以来，在社会政治背景和思想文化气氛方面，适合于开创史学新局面[8]的条件渐次成熟。

二

历史学在古典时代是文学，乃至修辞学的分支，在中世纪全盛时期是神学的附庸。古典史学含有合理的、科学的因素，修昔底德、波利比乌斯、卢善等人对史学性质、作用以及治史的原则和方法都作过卓有见地的论述，文艺复兴全盛时期也出现过讨论阅读和写作历史的方法与技巧的著作，但很少有人明确提出史学是一门有其特殊的内涵和体系的独立学科。到16世纪后半期，首先是法国的一些敏锐的思想家感觉到了神学史观和人文主义史学在理论和方法上已陷入困境，因而展开了一场对历史知识的认识论批判。他们在自然科学的影响下，结合古典史学的优秀传统，把注意力从记述事实转移到了史实的本身，从孤立的事件上升到史实的一般联系，把简单的描述提到理论的高度。他们主张史学应有自己的研究对象、论证原则和系统的考订方法，由此而形成了一种对待历史和史学的新认识和新态度，以及一系列建立新型史学理论和方法的设想。

早在1561年，法国的法学家、史学家、加尔文教的信徒博杜安（Francois Baudouin，1520－1573）就出版了《世界史的结构》一书，这也许是第一部具有近代意义的史学方法论著作。作者一反人文主义史学，特别是修辞学派混淆史学与文学的界限，忽视理论与方法的偏向，提出史学不同于其他文艺形式，应当重视的是事件而不是语言和文字。史学也有别于自然哲学，它更关心的是人事而非自然现象。历史不是一种文体，而是一门人文科学，史学研究和编纂乃是一种科学的事业，史学家的责任在于重建过去。博杜安认为，历史有实用价值，因为它不仅要说明事件，而且应当解释事件的原因，描述其后果和影响；但是，这种价值不是属于个人的，而是属于社会的，不是伦理的，而是政治的和法律的。他继承了古典史学和人文主义学者瓦拉的优秀传统，强调历史的真实性。在他看来，历史真相是可以了解的，真实性是“史学的首要法则”。博杜安还作出了“原始资料”和“间接资料”的区分，并制订了一系列鉴定史料的原则。他指出，史料的范围不应限于正规的记载，应包括重要人物的书简、法庭的证词、绘画、钱币、铭文、雕塑、法规、歌谣、史诗和教会年历等等，从而扩大了史料学的范围[9]。

继博杜安之后，法国的思想巨人博丹（Jean Badin，1530－1596）相继出版了《史学易解》《论政体六书》两部巨著[10]。博丹出身资产阶级之家，在政治上倾向“政治派”，在宗教上倾向加尔文教。他学识渊博，是一位百科全书式的通才。他的著作包罗万象，试图将全部人文知识融会贯通，构成自己的体系，代表了要创立一种综合性社会科学的最早倾向。书中逻辑的方法，深邃的思辨，大胆的推测与神学残余的印痕，纷然杂陈。他把历史分为人类史、自然史和神圣史（即宗教史）三个门类，并规定了各自的研究对象。博丹认为，历史位于一切知识之上，历史运动是一个普遍有序的过程，研究历史可以发现支配人类生活的一般规律。他提出，在三类历史中，人类史居于首位，研究的程序应当是从人类亲身经历的社会政治经验上升到复杂的自然现象，最后探索自然的奥秘。人类史的内容不仅应包括政治军事，也包括人们的社会政治生活，他尤其重视各民族的民族性，不同时期的制度、法律和风俗习惯。他认为，历史是解决现实问题的钥匙，研究历史可以从前人积累的经验中获得对现代事务的解释，从中接受教益，并可以预测未来〔11〕。博丹师法波利比乌斯，十分强调史学工作的求真精神，认为“历史非他，不过是真相的反映”〔12〕，记述真相是历史家的唯一职责，对史实进行褒贬与夺是哲学家的任务，而非史学家的任务。他提出的要在历史著作中消除价值判断，被认为是朗克史学原则的先声〔13〕。博丹认为，要促进史学发展必须对史料进行深入细致的考订，对史实作全面的分析与综合。他还提出了一系列鉴别史料和史实的原则，并对史家记事产生偏差的原因作了心理分析。博丹的史学方法和原则已由外形考订，达到对史料史实的解释和诠释，进入了对其内容鉴定的范围〔14〕。这在西方史学方法论上具有开拓的性质。

在人文主义传统和博丹的思想影响下，另一位法国史学家，即波贝利尼埃尔（Sieur de La Popelinière，1540－1608）提出了“完整的历史”的概念。他理想中的历史著作是全面的，有文采的，而又卓有见地的。他强调研究和撰述的真实性和准确性，认为历史的科学性必须建立在竭力发现历史的“自然原因”的基础之上。历史家的责任不是评断历史，而是根据时间和环境来理解历史。只要是忠实的记载，读者自能作出判断，而历史家应超越于党派之外。他试图探索各种艺术和科学的起源，提出了以历史地理为依据，研究人类文化的设想〔15〕。波贝利尼埃尔的史学思想表现了批判精神和敏锐的洞察力。有位当代学者称他的著作“可视为新型史学研究的宣言”〔16〕。

继博丹等人之后，史学家帕基埃（Etierme Pasguier，1529－1615）认为，人类创造了自己，只有研究他们聪明才智的创造，即社会文化才能获得自我意识。他第一次提出史学研究的主要对象是根据文化的内容与结构所表现的人类状况。他所理解的文化现象包括语言、法律、技艺等〔17〕。他的这一观点，为伏尔泰创立文明史体系的思想引导了方向。他还指出，历史学在理论上和实践上是一门独立的学科，是一种独立于人类任何行为之外的思想模式。这反映了学科分化和探讨历史认识的观点。

在当时，影响最广的应推作为史学家培根的观点和方法。作为新时代的先驱，他既反对经院哲学，也反对人文主义传统。他认为人文主义者盲从古典权威，一味因袭，阻碍了学术进步，因而应该与旧传统作彻底的决裂。培根率先宣称，历史属于科学领域，首倡史学应该科学化。他根据人的心灵活动的三种机能：记忆、想象和推理，把人文知识划分为历史、诗和哲学三科。“历史”一词的概念自来比较含糊，既指一切过去，又指有关过去的记载。培根指出了两者的区别，认为历史按其对象可分为自然史和市民史。市民史、教会史和学术技艺史是人类历史的主要内容。1622 年以后，培根提出了历史等于经验，历史研究是受时间与地点条件所制约的个人活动的观点。史学家主要应注意个别人物和事件，但不应局限于研究个别性。政治历史必须从经验材料入手，通过分析和归纳各种片段的史料来恢复和重建为时间所湮没了的对过去的回忆。从历史等于经验这一认识出发，他同意历史是以示范进行教育的哲学这一古老观点。但他更进一步指出，历史更是有助于了解人类社会的准确的知识，并有助于认识生活在社会中的人，指导人们的行动，所以史学的进步有益于知识的进步。培根号召史学家们创立一种新型的史学，以促进学术发展，社会进步〔18〕。

生活于 17 世纪后期的德国大哲学家、科学家和历史学家莱布尼茨（Gottfried Wihelm Leibniz，1646－1716）提出，“历史的用处在于认识起源所具有的愉快……在于建立历史的批判，而尤其是关于圣史的批判……在于那些榜样提供给我们的教训”〔19〕。他十分重视史学方法论，主张用自然科学的方法研究历史，用哲学思辨来探求历史的意义。他同样强调史学的真实性，认为应将作为见证的历史记录和历史记述加以区别，应认真研究记录者的心理状态，并用此方法追求历史记载的来源。同时也要看到，在大量不可信赖的史料，如神话和关于奇迹的传说中亦含有真实的成分，历史家有责任进行沙里淘金，从中发掘出零星的真实事实〔20〕。莱布尼茨还提出，历史的内容不仅应包括政治、谱系、传记等等，而且应重视文学、科学和宗教的发展，这一观点启示了后来的文化史、知识史和思想史的研究[21]。

在史学方法方面，除了上述诸家的观点之外，德国福斯（G. I. Voss）所著的《历史的艺术》（1623）一书，列举了种种避免错误，探究历史真相的原则，成为一段时期内历史编纂的典范[22]。更重要的是，在笛卡尔的“怀疑”批判哲学影响下，形成了以批判精神和新式考订原则为特征的笛卡尔派历史编纂学。法国“博学派”在文献整理上所取得的成就与笛卡尔的原理和方法的指引是分不开的[23]。

在“地理大发现”和科学革命所带来的关于自然和世界的知识迅速增长的条件下，与史学有关的其他学科，如法学、语言学、地理学、考古学等有了较大的发展。法国、德国和英国的一些学者还将法学、语言学同史学结合在一起进行研究[24]。博杜安、博丹、帕基埃以及英国的霍布斯、洛克等还开始了将欧洲与非欧地区历史、风俗、制度等相互比较的研究，从而为史学方法的更新开辟了道路。

从博杜安到莱布尼茨的一百多年时间里，这些先进的历史思想家对史学的性质、内容、作用以及治史原则提出了许多富有新意的见解。他们普遍强调史学在人类知识中的重要地位，写出了一些不乏创见的有关史学方法论的论著。他们的观点大多具有尊重理性的历史批判精神，并试图奠定历史知识的逻辑基础，使史学成为一门独立的学科。由于时代的局限，他们的愿望未能实现，但却为后代留下了一些可以遵循的理论原则和方向，为促进史学的近代化作出了贡献。

三

在历史认识方面，社会历史进步观念的出现，即把不断进步作为人类历史发展的规律，是历史认识史上一次具有重大意义的飞跃。

社会进步这一崭新的观念，是一种总结过去，评价现在和预测未来的思想，一种新的价值观念。历史进步观念不仅是对历史退化论和历史循环论的否定，更重要的是它反映了人类对历史进程的自觉的理解，鼓舞了人们不断奋发努力，掌握自己的命运，追求幸福的信心。它是16、17世纪特定历史环境的产物，是反映资本主义和资产阶级发展到较为成熟阶段时的意识形态。首先，作为16、17世纪最大成就的科学革命既是资产阶级学者和有资本主义倾向的学者们努力的成果，也是适应资产阶级需要的产物。到17世纪，荷兰和英国已经进行或正在进行革命，法国革命也在酝酿之中。资产阶级要求总结历史，预示未来，以论证自己事业的正义性与合理性。建立在新兴科学知识基础之上的社会进步论，既是他们用以反封建反神学的思想武器，又是借以制造舆论、召唤群众的口号，集中体现了资产阶级的政治理论和历史意识。

科学技术的实用性和社会效用与进步观念是密不可分的。对于广大社会，科学技术（包括17世纪开始使用的机器）带来的航海业和世界贸易的兴旺，国家财富的增值，以及一定限度内物质生活的改善，培养了人们今昔异同的直感。到17世纪末，科学家已经能够借助科学方法和仪器较正确地认识地球上几乎一切宏观物体，并开始探索光、电、热、气等自然现象[25]。于是，一种与宗教信仰相对立的信仰——对知识的信仰，从培根、洛克以来开始形成。这种新型的理论体系意味着：人类可以通过认识自然进而征服自然，利用自然，改善处境。还意味着人类有能力学习和掌握科学知识，知识和人类谋求幸福的潜力是无限的。从而，人类发现了不同于古代和中世纪认识的社会运动的动力，改变了对历史运动的动因、矛盾、方向等基本问题的观念。

指南针、印刷术、火药等发明最先震撼了16世纪人们的思想，引起了他们对社会历史发展问题的思考。博丹坚决反对人类历史从远古的黄金时代、白银的时代向后退化的学说，认为自己所处的时代完全不次于古代，今人在科学和艺术方面超过了以前任何时代[26]。另一位法国思想家勒卢阿（Louis Le Roy，1510－1577）坚信，丰富的自然界保证了今人一定要胜过古人，近代的优越性和独特的条件是古代所未曾具备的[27]。培根从“知识就是力量”的认识出发，指出，“我们从希腊人那里得来的智慧只不过像知识的童年，具有儿童的特性”[28]。我们的时代通过知识和技术的积累，所取得的进步已远远超过以往所达到的水平，并推动未来更大的进步[29]。自此，知识和社会进步的观念紧紧地联系起来了。

但是，直到17世纪末在法国文艺界兴起的一场关于古今优劣之争时，这一观点才得到较为广泛的传播和深入的发展。在这场由对比古今文学艺术扩大到一切知识领域的论战中，夏尔·佩罗（Charles Perrault，1628－1703）和丰特奈尔（Bernard de Fontenelle，1657－1737）是坚持进步论的主将。佩罗提出，古往今来，人性和气候大体相近，古今人类应无分高下，所不同者，在于知识。知识随时间与经验而增长，后代拥有前人的经验，又增添了新知，故能超越古人。他认为，近二三十年来，自然科学的发明已超过了全部古典时代，达到登峰造极之境。但同时他又承认，人类社会一遇和平富裕时代，知识和发明仍将继续增长[30]。

丰特奈尔对知识进步学说作了更透彻的阐述。他的理论从笛卡尔关于不变的人性原理出发，认为古今人的心智原无不同，导致差别的因素是时间、政治制度和国家局势，特别是今人从古人的成就和错误中可以得到启发，近代因而胜过了古代。丰特奈尔着重指出，束缚心灵，妨碍进步的阻力无过于极端崇拜古人。长期以来，人们拜倒于亚里士多德足下，而不向大自然寻求真理，所以社会难于前进。现在有了笛卡尔倡导的方法——方法本身便是科学，随着方法的改进，经验的积蓄，后代亦将超过今人。人类的智慧和知识的进步是永无止境的。他还指出，每一门科学只有在相关科学发展起来之后，才能得到发展[31]。丰特奈尔的知识进步观点为18世纪的启蒙思想家伏尔泰、杜若、孔多塞等人的历史进步学说奠定了基础；他的关于科学发展的观点，是19世纪孔德的科学发展程序理论的来源之一。

这场论战进行了几年，进步论逐渐得到了社会舆论的支持。到1701年，崇古派的主帅布瓦洛（Boileau）致书佩罗也承认路易十四时代超过了历史上的任何伟大时代。这场论战有力地打击了长期支配史学领域的神定论和循环论，宣告了一种新型史观的诞生。

在法国以外，约在1690－1702年间，英国出现了性质相似而规模较小、发生在持进步论的大哲学家本特莱（R. Bentley）与文豪绥夫特（J. Swift）之间的争议。在德国，莱布尼茨一贯宣扬社会进步学说。他认为，神所安排的人的社会地位目前远未达到完美的境界，他相信宇宙万物具有无限的潜力，能够不断改善和前进，人的处境必将上升到更高的水平。进步不是向着天堂式的终极目标，而是永无止境的。和法国思想家不同，他不是寄希望于科学和知识的发展，而是寄希望于贤君明主的统治[32]，这是德国资产阶级无力独立地实现自己理想的软弱性思想的表现。

历史地看，17 世纪的社会进步观念是不成熟的。但它正表明社会进步是历史的必然趋势，知识进步是社会进步的前提，进步是一个永恒的运动，并已涉及历史发展的方向、动力、前景等带根本性的问题。到 18 世纪，经过启蒙思想家的继承和发扬，进步观点终于形成一种社会思潮和信念，对西方世界的思维方式和行为方式产生了深远的影响，并成为自由主义史学传统的一项重要内容。

四

与社会历史进步论有密切联系的是新型的世界史整体观念的形成。

从古迄今，世界各地人民都有其对世界的认识。公元前 2 世纪左右，史学大师波利比乌斯在所著《通史》中提出了世界历史为一有机整体的观点，认为从个别的史实中不能获得关于世界整体的观念[33]。公元四五世纪时，基督教会中出现了一种“普世性”（ecumenical）的观念。基督教史学奠基者攸栖比乌斯写出了他所知的世界各国的综合编年史。但无论古代或中世纪的世界史观念在空间上并未包括客观存在的世界，在历史发展上是更谈不上一致性的。

在十六七世纪以前，人类世界各部分的相互联系和影响是非常微弱和不稳定的。

16世纪以来，资本主义商品经济把非欧地区和民族纳入了它的世界市场，使各国的社会经济渐次联结为相互依赖的整体，“历史也就在愈来愈大的程度上成为全世界的历史”[34]。非欧地区大量土特产不断输入，有关这些地区上至天文地理，下至风土民情的记载源源问世，空前地扩大了欧洲人的视野，开始改变着他们对于世界和人类历史的认识，初步形成了世界相通、环球一体的观念。这种观念与波利比乌斯的世界史观念，原始基督教的“天下一家”的教义，理性主义关于共同人类的学说相融合，构成了当时西方学者的世界史的整体观点，并引起了对人类历史进行新的概括和解释的意图。

上文提到的博杜安继承了波利比乌斯关于通史的整体性和联系性思想，倡导历史与地理的结合，认为对人类的过去不仅应从时间的角度来理解，而且应从空间的角度来理解，重视历史在时空和内容上的普遍性和联系性。指出，人类历史为一整体，不仅在空间上（包括“新发现”的世界）是世界性的，时间上也应是世界性的[35]。勒卢阿的世界史观念中包括了他所知的全部地区及其文化。他以为整个世界和所有的种族已被认知，他们之间可以进行商品交换，互通有无。世界人民如同居住一个城市，或同为“世界一家”的居民那样[36]。他的观点赋予了基督教“天下一家”的思想以新的含义。

博丹强调宇宙万事万物的整体性和联系性，主张采用由一般到特殊的研究方法，先研究世界史，然后研究各地区、各国的历史。他认为世界各族之间存在着共同的利益，各民族对人类整体福利都有贡献，研究世界史不仅要重视大国，也要留意小国[37]。从这一观念出发，博丹对历史发展的动力，历史分期体系进行了较之前人远为细致的探索，并试图从对各民族的比较研究和综合研究中发现人类历史的共同规律。

博丹认为，世界是多样性和差异性的统一体。各民族和国家的人民的体质、民性、风习、制度、文化的特长和缺陷迥然有别，而“气候”乃是构成种种差异的根源。他所用的“气候”一词含义十分广泛，除气温外，还包括湿度、干度、日照、风力，以及山脉、平原、河川、沼泽、距海的远近，乃至土壤、物产等等。他把赤道至北极之间的广袤地域分为北方、南方和中部三个地区、三种居民（不包括南半球）。由于地理条件的殊异而导致了三个地区从民族特性到历史发展道路的分歧。他认为，南方之民体质较弱而智力发达，明敏善思，笃信宗教，以哲学、神学、数学见长；北方之民体魄健壮，骁勇善战，狂热好动而机智不足，他们不断南下袭击，是历史上有名的入侵者；中部（地中海区域）之居民兼具南北之长，故得以创建伟大而卓有成就的帝国。博丹还指出，地理位置、地形、土壤等对民性产生同样的决定性作用。如滨海及通都大邑之民机智狡诈；沃壤之民致力农耕，生活优裕，秉性怯懦；瘠壤之民勤劳持重，擅长工艺、贸易等等。生活环境和民性又影响着政治制度的差异。南方盛行神权政治，北方恃武力维持统治，中部奉行平等正义的原则，流行共和制度。总之，三个地区有如人体的三个部位，各有短长，取长补短，相辅相成，便构成了完整的世界[38]。

博丹虽然强调地理因素的作用，但并不认为条件的影响是不可改变的。他承认政治制度、立法可以改变民性；坚持不懈的教育和训练也可以改变民族的习惯和观念；长时间的民族融合不仅影响民族性，而且还将改变民族的体质。他也注意到社会的因素，如社会内部的冲突把人们联系起来的因素对民族历史发展的影响[39]。

博丹对基督教史学的四大王国历史分期法提出了质疑。他指出，这种分期法来自《圣经·但以理书》[40]，于史无据，不可信从。他从地理位置、民族心理特征的角度结合史实，提出了新的历史发展三阶段的分期法：第一阶段，东南方民族居于领先地位，以独特的宗教与哲学为本时期的标志；第二阶段，地中海区域的中部民族执牛耳，以政治精神为特征；第三阶段，北方民族——日耳曼人推翻西罗马帝国成为文明的领袖，以战争与发明著称于世[41]。这种分期法自然不能反映人类历史发展的客观实际，而是一种摆脱神学世界史体系的尝试。

博丹是一位深受古典及中世纪文化传统熏陶，而又是在一定程度上超越时代的思想家。他的全部理论仍然从世界出于上帝的安排这一前提出发，不少见解缺乏科学根据，带有极大的推测性，甚至神秘成分[42]，而且体系紊乱，不乏自相矛盾之处。但从整体来看，博丹试图对全部社会的人文知识进行逻辑化和系统化，以史学为中心建立一门关于人的学科，最先提出了有关历史科学的系统理论——关于历史运动的规律性，世界历史的整体观念，批判地研究历史和史料的原则和方法等，反映了新一代的史学家要求挣脱古典和神学枷锁，走向自然主义的近代化倾向，这是人文主义史学家所不能企及的。

博丹的地理史观夸大了自然因素的作用，未看到人类社会对自然界的反作用，其立论依据和所举例证不乏牵强附会之处，这一理论体系基本上是错误的。就其思想渊源而言，古代希波克拉底、柏拉图、亚里士多德、波利比乌斯、斯特拉波等对自然和与人类的关系早有论列。博丹超越前人之处在于整理和发展了古人的思想遗产，成一家之言。值得称道的是，他所重视的并非处于自然状态的孤立的个人，而是社会群体和民族及其心理特质。他试图全面地把民族性和社会生活的各方面与地理环境结合起来，探索自然因素对民族性质、心态、生活方式和行为方式的影响。这种融合自然规律与历史规律的思想，含有近代人文地理学和人类学的因素，在当时尚属创见。博丹的思想为孟德斯鸠所继承，其影响绵延到年鉴派[43]，成为法国史学的传统。不少当代学者高度评价博丹对史学的贡献，称他为西方历史哲学的先驱[44]是有一定道理的。

应当指出，17 世纪西方的世界史整体的观念仍然是非客观的和非科学的。由于时代的局限，那时的人们对现今世界上不少地区，特别是非洲和澳洲内陆，太平洋西北部尚缺乏了解。更重要的是，研究者们理解的世界史不过是许多孤立的地区和国家历史的总和，缺乏内在的联系和史实的综合，甚至对许多重大历史事件的世界意义，世界历史运动的主流和趋势，也缺乏基本的认识。另一方面，我们也绝不能低估“地理大发现”对西方思想文化的意义和影响。与过去相比，十六七世纪欧洲人破天荒地获得了《圣经》和古代文献未曾记载过的，像美洲印第安人、南太平洋诸岛上许多部落的知识。这些与欧洲迥然不同的社会和文化激起了自然史、人类史、哲学和政治学研究者的浓厚兴趣。许多学者，如霍布斯、洛克等人的著作中引用了印第安人的材料。17世纪后期在西欧出现了诋毁非欧部族和赞美“高尚的野蛮人”[45]的两种看来似乎对立的观点，但无论歌颂或蔑视都涉及一个评价非欧地区社会和文化的标准问题，也是一个与欧洲社会历史进步论有密切联系的问题。持进步论观点者普遍从人性一致，同受自然规律支配，有共同的发展道路这一主观假设出发，把欧洲历史由低级到高级的上升过程看成人类历史发展的唯一模式，把欧洲文明当成人类文明的典范。对于欧洲以外的民族和部落，不问其各自经历的过程和特点，各自的文化传统及其与当地社会群体的适应程度，任意地把千差万别的历史和文化纳入欧洲发展的轨道，与欧洲历史文化进行比较对照，其结果是，只看到此时此刻西欧各国知识和科学领域的成就，欧洲民族和文化的优越性，看不到他族文化的光辉过去，从而认定今天的许多非欧地区的民族和历史属于人类历史的童年期，相当于欧洲历史的原始阶段。“野蛮人”的歌颂者看到的是类似欧洲氏族社会的纯朴的美德[46]；而批判者看到的是原始落后的一面[47]，这两种观点本质上是相通的。总之，在他们看来，在这些民族和部落面前只有一种选择，即走欧洲人的道路。

我们同意当代某些西方史学家所指出的，近代西方的世界史观念和社会进步观念从其开始便带有欧洲中心主义的性质[48]。欧洲中心主义，从人类学的角度来说，是一种扩大了的“我族中心主义”(enthnocentrism)。从文化学的角度来说，是一种西方文化中心主义。这种以欧洲（在当时指的是西欧）的价值观念为尺度，根据自己的理解所形成的世界史观念和人类进步观念，掩盖了有内在联系的客观历史的形象，并为欧洲侵略者在“传播文明”“促进开化”等口号的掩护下进行掠夺、屠杀乃至种族绝灭的暴行提供了论据。博丹的世界史体系虽未涉及美洲和太平洋群岛，也未曾公开抵毁非欧文化，但在所划分的人类群居的三个地区中，特别赞扬地中海区域，因而也就被公认是典型的欧洲中心主义的黑格尔三阶段（古代东方—希腊罗马—日耳曼）分期法的先声。可以说博丹的世界史观念已经不自觉地流露出了西欧中心思想的倾向。因此，在肯定十六十七世纪社会进步观念和世界整体观念的积极意义的同时，指出其先天的理论上的缺陷也是必要的。

综观十六十七世纪西方历史思想的变化，可以看出历史思维较之过去任何时代都活跃，对史学和历史现象的理解较前深化，历史视野较前开阔；不同于古代和中世纪的有关人类历史发展的自然规律性、进步性和整体性等基本观念逐渐萌芽。在理性主义、经验主义思想和方法的指导下，历史知识的真实性和准确性成为治史的普遍原则，由此而促进了对历史科学性质、任务认识的提高和编纂方法的改进。当然处于过渡时期的史学，是难免不染上新旧文化交错的印痕的。其最突出的表现是史学家没有摆脱文艺复兴时代柏拉图主义乃至神学世界观的影响。这种影响从博丹、培根到莱布尼茨的著作中随处可见。其次是强调社会作为自然历史过程的性质，而忽视了人类社会同自然界的本质差别，将自然规律的概念套用于人类历史，重共性而轻个性，重必然而轻偶然，忽视了历史现象的多样性、复杂性和人类在历史发展中的主观能动性。这些弊端到 18 世纪理性主义史学全盛阶段得到充分地暴露。第三是前面提及的欧洲中心主义思想的出现。不过，从西方史学发展的全过程看，十六七世纪历史思想和方法的更新毕竟是向着史学近代化道路迈出的重要一步，不仅促进了欧洲18世纪史学的大发展，而且为后人的史学研究提出了一些基本的理论和方法。

注释：

〔1〕当时流行的汤普逊《历史著作史》（1942年纽约初版）第28章即以“博学时代”作为标题，主要指“博学派”的史学。

〔2〕罗素：《西方哲学史》下册，商务印书馆，1981年，第7页。

〔3〕马基雅弗里是典型的历史循环论者。他的观点请见所著《佛罗伦萨史》，商务印书馆，1982年，第230－231页。

〔4〕克罗齐：《历史学的理论和实际》，商务印书馆，1982年，第181页。

〔5〕伯伦汉：《史学方法论》，《万有文库》第2辑上册，第157页。

〔6〕关于科学革命的意义，参见《新编剑桥史》第6卷，伦敦1979年，第70－71、143、148页；亚·沃尔夫：《十六、十七世纪科学技术和哲学史》，商务印书馆，1985年，第5－10页。

〔7〕《伟大的复兴序》，转引自《西方哲学原著选读》上卷，商务印书馆，1981年。

〔8〕当代西方有的史学家把这一特定阶段的史学冠以“史学革命”的名称。如傅斯勒的《史学革命》（F. S. Fussner, *Historical Revolution*, *English Writing and Thought*, 1580－1640, 1962, New York.）和弗兰克的《博丹与十六世纪法学和史学方法论革命》（J. H. Franklin, *Jean Bodin and the Sixteenth Century Revoluton in the Methodology of Law and History*, 1963, New York.）。

〔9〕参见凯利：《近代史学的基础》（Donald. R. Kelly, *Foundations of Modern*

Historical Scholarship, 1970, New York.), 第129-135页。

〔10〕《史学易解》, 英译本为 *Method for the Easy Comprehension of History*, tr. by B. Reynolds, 1966, New York。《论政体六书》, 英译本为 *The Six Books of a Commonwealth*, 1911, Harvard, 此书主要论述政体变化。

〔11〕博丹的主要史学观点请见《史学易解》导论, 第1-5章、第7章;《论政体六书》导论, 第5卷第1章。

〔12〕《史学易解》第51页。

〔13〕《史学易解》导论, 第1章, 请见前引弗兰克林书, 第142页。

〔14〕参见《史学易解》第2-4章。

〔15〕前引凯利书, 第139-141页; 巴泰菲尔德:《人类论述自己的历史》(H. Butterfield, *Man on His Past*, 1969, Cambridge.), 第205-206页。

〔16〕托波尔斯基:《史学方法论》, 1976年华沙英文本, 第73页。

〔17〕前引凯利书, 第308-509页。

〔18〕前引傅斯勒书, 第255-260、261-263页。

〔19〕莱布尼茨:《人类理智新论》, 商务印书馆, 1982年, 第561-562页。

〔20〕汤普逊:《历史著作史》下册, 第99页。

〔21〕《人类理智新论》第555-563页。

〔22〕参见白伦汉:《史学方法论》上册, 第2章第3节; 托波尔斯基:《史学方法论》, 第81页。

〔23〕科林武德:《历史的观念》, 牛津1946年, 第61-62页。

〔24〕法国学者比代(G. Bedé)提倡史学研究运用语言学的方法。博杜安、博丹等主张史学与法学相结合, 参见前引凯利书, 第54-55、131-133页。德国的康林(H. Conring)主张用历史的方法研究法学, 参见前引汤普逊书下册, 第47页。英国的柯克(E. Coke)研究盎格鲁撒克逊时代的普通法, 为后人从历史

上论证有限王权提供了论据，参见《十六七世纪英国史学》（*English Historieal Scholarshi in the Sixteenth and Seventeeth Centuries*，ed. by L. Fox，Oxford，1956.），第98页。

〔25〕参见《新编剑桥近代史》第4册，伦敦1979年，第140－143页；亚·沃尔夫：《十六、十七世纪科学技术和哲学》，商务印书馆，1985年，第1－10页。

〔26〕《史学易解》第7章，柏立：《进步的观念》（J. B. Bury，*Theld ea of Progress*，1924，London.）第1章。

〔27〕前引柏立书，第44－48页。

〔28〕前引培根书，《伟大的复兴序》。

〔29〕前引柏立书，第2章；波拉德：《进步的观念》（S. Pollard，*The Idea of Progress*，1971，London.）第1章。

〔30〕前引柏立书，第83－88页。

〔31〕丰特奈尔：《古今人漫谈》，转引自《西方主要思潮》（F. Le Van Bauner ed，*Main Currents of Western Thought*，1978，Yale.），第356－359页；前引柏立书，第5章。

〔32〕莱布尼茨：《神正论》，1952年英译本，第330页；《人类理智新论》，第642页。

〔33〕波利比乌斯：《通史》，罗埃布古典丛书本，第1卷第4、5节。

〔34〕《马克思恩格斯选集》第1卷，人民出版社，1972年，第51页。

〔35〕前引凯利书，第132－133页。

〔36〕前引柏立书，第45－46页。

〔37〕前引柏立书，第43－44页。

〔38〕博丹的地理史观主要见于《史学易解》第5章，《论政体六书》第5卷

第1章。

〔39〕参见《史学易解》第5章,《论政体六书》第5卷第1章。

〔40〕《圣经·但以理书》第七章记，但以理梦见四大兽从地中海中上来，谓四大兽的出现，预示四大王国在世上的相继兴起。

〔41〕《论政体六书》第5卷第1章。

〔42〕如他相信星宿对人事的影响，数字（如“六”“七”“九”）的魔力等。见《史学易解》第5章。

〔43〕那种认为孟德斯鸠是西方近代地理史观首倡者之说是不符合史实的。法国年鉴派创始人之一的吕西安·弗费尔自称，他的思想来自博丹，虽有所修正和很大的发展，但“渊源于博丹，而非他人”。见《史学易解》英译本“导言”。

〔44〕现代学者对博丹的评价甚高。见前引托波尔斯书，第80－81页；波拉德书，第119页；柯斯敏斯基：《中世纪史学史》上册，东北师大历史系编，第179－185页。

〔45〕英国“桂冠”诗人德莱登于1669年在其名为《格拉拉达之征服》一诗中，首先用“高尚的野蛮人”这一名称来赞美印第安人。

〔46〕如莱布尼茨认为,“野蛮人”“在若干重要之点超过了我们，尤其在体质方面。而甚至在灵魂方面我们也可以说在某些方面他们的道德实践比我们更好，因为他们没有积聚财富的贪婪和统治人的野心”。见《人类理智新论》第68页。

〔47〕许多耶稣会教士在其报道中，称印第安人“残暴”“野蛮”“以人为牺牲”“以杀戮为美德”，是“食人生番”“退化的种族”。

〔48〕《新编剑桥近代史》第4卷第1章论及17世纪时指出，这个世纪最普遍的特征是“欧洲成为世界中心观念的萌生以及由此而引起的对历史看法的改变”。当代美国学者尼斯贝特（R. Nisbet）认为，进步观念一开始便是欧洲中心主义的。见所著《进步思想史》，纽约1980年版，第145－150页。

试论马考莱的史学

○谭英华

本文对19世纪中叶英国享有盛誉的辉格派史学家马考莱的史学作了细致的分析和评价。全文主要可分为两大部分。第一部分探讨和分析了马考莱的史学观点，指出他的历史观点与政治思想是契合无间的。他以资产阶级政治家的立场研究历史，带着辉格派政党偏见撰述，因而不可能作出接近客观实际的历史解释和判断。第二部分分析了马考莱在历史编纂学上的特点及其成败得失和影响。文章最后提出了马考莱史学著作可资参考与借鉴的地方。

17世纪资产阶级革命后兴起的英国辉格派史学，经18、19世纪的迅速发展，逐渐成为第一次世界大战前在英国史学领域内居于主导地位的学派。托马斯·巴宾顿·马考莱便是这一学派第一个享有盛誉的代表人物。

马考莱出生于苏格兰官宦之家，毕业于剑桥大学，在大学时参加辉格党。1825 年，在该党机关刊《爱丁堡评论》上发表《论密尔顿》一文，一举成名。1826 年起执律师业。1830 年当选为下院议员，在政界崭露头角。1834 年被任命为印度总督署参事院参事。1838 年回国，再度当选议员，后出任陆军大臣。1839 年以后从事撰写本国历史，所著《詹姆士二世即位以来的英国史》（以下简称《英国史》）第 1、2 卷于 1848 年出版，第 3、4 卷于 1855 年出版，第 5 卷即末卷于他死后的 1861 年出版。此书头两卷问世后即不胫而走，风行一时，各种荣誉，纷至沓来，英王授以爵位。此外，他于 1825－1844 年间为《爱丁堡评论》所写的多篇有关历史、政治、文学的评论也深受中上层社会赏识。马考莱一生一帆风顺，生前声名显赫，死后影响历久不衰，蔚为英国自由主义史学的一代宗师。

对于这样一位史学名人的褒贬毁誉，西方史学界历来不一其词。本文试图对他的历史观点和方法的特点及其影响，进行初步的分析和评价。

一、辉格派史学的兴起

辉格派史学和托利派史学都是政治斗争的产物。1640 年革命的性质和起因，查理一世、斯特拉福、劳德、克伦威尔等人以及长期议会的是非功过是两派长期争论的焦点。斯图亚特王朝复辟时期曾任首相的克拉伦顿伯爵所写的《英国叛乱及内战史》是托利派史学最早的代表作。作者站在王党立场把英国革命解释为一个宪法问题，认为查理一世是维护臣民自由的。而长期议会则破坏了这种自由。稍后，威廉三世的亲信，1688 年政变的参与者柏奈特写出《当代史》《詹姆士与威廉回忆录》等书支持辉格党的行动，赞扬“光荣革命”。这两派史学的抗衡，往往随政治形势的变化而张弛。1789 年法国大革命爆发后，英国思想界出现了一股反对资产阶级革命、反对民主自由的逆流，托利派史学也展开了对辉格派史学的进攻。密特福于 1818 年出版《希腊史》，指责雅典奴隶主民主，歌颂波斯、斯巴达的暴君、僭主，认为民主就是专制，乔治三世时代的宪政是举世无双的，借以反对资产阶级的改良和变革，便是一例。

从 18 世纪到 19 世纪初，托利派史学一直处于优势地位。19 世纪 30 至 50 年代，英国社会经济和政治形势有了很大的变化。此时，英国的产业革命业已完成，物质财富和国家实力跃居世界首位，殖民侵略和领土扩张在加速进行，辉格党政治势力不断壮大，通过 1832 年的选举法改革，工商业资产阶级跨进了统治集团的行列。这个史称维多利亚时代（1837－1901）的前期是一个在政治上、思想上、文化上的转变时期。辉格派史学也有了空前的发展。

西方古典史学留下的历史具有实用价值的观念，为托利和辉格两派史学所继承和发扬，不少史学家同时是阅历丰富的政治活动家。他们用历史来为党派的政治纲领和活动服务，根据政治需要在历史中寻找例证，求得解答。他们的政治观点和历史哲学往往融为一体，以政治的观点指导历史研究，以历史事实来论证、阐述现实的政治主张。

辉格派史学家把英国的昌盛发达和世界霸权归功于体现着宪法自由原则的政治制度的巩固和胜利，把宪政的发展看作是了解英国民族特性、历史发展特征和趋势的线索。他们提出了一个关于古老的盎格鲁撒克逊宪法传统以及这一传统的延续性、稳定性的假说来解释本国历史，形成了一种独特的政治历史观点——“宪政史观”[1]。这一观点的原型和轮廓来自哈兰于1818年出版的《中世纪欧洲史概要》第八章和1827年出版的《英国宪政史》。后一著作探讨了自部落时代以来的宪政发展。哈兰认为自古以来英国即有了一部寓有主权在民精神的不成文宪法，走的是有限君权制和君主立宪制的道路[2]。哈兰把议会下院看作是与君主绝对对立的力量，认为爱德华一世于1295年召开的议会是下院的开端。自爱德华三世以后，下院获得了立法权，立宪君主制自此确立[3]。

哈兰属于辉格党的温和派，思想保守，他用自己的是非标堆和价值尺度研究过去，评价历史。他极力推崇“光荣革命”和威廉三世的丰功伟业，认为1688年政变铲除了君权至上和君权永存的理论，代之以世袭君主制与有保障的人民自由相结合的原则，把君主制重新纳入法律的规范，使英国继续走上和平稳定发展的正轨；从此之后，不复须要任何改革。他歌颂威廉三世，称他为“那个时代最伟大的人物”，说“他的统治时期是英国宪政史上最重要的时代”[4]。

哈兰的著作全面而系统地阐述了辉格派史学的基本观点，经马考莱的继承、修正和发展，辉格派史学理论进入了新的、较为成熟的阶段。

二、历史“是与哲学的合成品”

马考莱缺乏哲学素养，没有形成自己的历史哲学体系，对于涉及史学的一些根本性问题，如社会历史的本质和发展特征，人类历史运动有无规律等等从未作过深入的思考和研究。他所重视的是如何编纂历史，写出能吸引读者的历史著作。为此，他经常探究的主要是有关历史知识的来源，史学著作与史实的关系，即有关历史认识论和历史编纂学的问题。

马考莱早岁即有志于史学改革，提出了自己的看法。在其专门阐述历史思想的《论历史》一文中，纵论古代，对于18世纪以来的理性主义史学、本国的苏格兰学派，多有非难。自认对历史及其性质的认识较之伏尔泰、休谟、吉本等人都要正确而且全面[5]。他以为在历史哲学、历史概括方面，17、18世纪学者远胜古人；但史学家“在理性的诱惑下，脱离真实”，“犯了歪曲事实以迁就一般原理的错误”；他们“一看到某些现象就创造出一种理论，对于其余现象则牵强附会或任意剪裁以迁就理论，休谟如此，吉本亦然”。他还指出近代史家忽视叙事艺术，忽视那种“能引起读者爱好和提供想象中的画面的艺术”[6]，因而他们的著作不受欢迎，往往被束之高阁。马考莱在另一篇文章总结性地写道：在英国，没有正规意义的历史佳作，“只有优秀的历史小说和历史散文”[7]，他所指的是司各特的历史小说和哈兰的历史著作。马考莱的评议洞中前人疵病，不无见地。至于他对历史编纂学的认识是否正确，他的历史著作是否纠正了前人的缺失，让我们在下面加以考察。

什么是他理想的历史著作呢？马考莱认为，理想的历史应当是“诗与哲学的合成品”，或两种力量，即“想象力”与“理性”相结合的产物。所谓“诗”或“想象力”，他有时比喻为“艺术”“绘画”“小说”，即是表述历史的文学形式和艺术技巧。所谓“哲学”或“理性”，有时又比拟为“散文”，指的是对历史的理解和判断。他认为这两种力量或因素，经常是分散的、对立的，优秀史学家的任务就在于调和矛盾，使它们圆满地结合起来。

马考莱自幼爱好文艺，熟读古希腊罗马典籍，后来又受了浪漫主义思潮的影响。于当代，则醉心于司各特的诗歌和小说，童年时代曾仿司各特体创作诗篇。作为文豪兼史学家，司各特是英国历史小说体的开创者。他认为历史如要真正成为反映过去的镜子，就必须是“生动的，绚丽多彩的，而且是传奇性的”[8]。马考莱宣扬的正是这种思想。他力图把历史小说的创作方法运用于编纂历史，强调写作的艺术技巧和效果，认为“一个全才的史学家必须具备足以使他的记述栩栩如生，引人入胜的想象力”[9]；甚至认为写历史要求的是“诗意般的想象”，“事实不过是历史的糟粕”[10]。在他看来，著史如同绘画，在模仿艺术领域内，没有任何图画与实物完全一致；最成功的历史作品如同最优秀的图画一样“不能以全部真相显示给我们”；或者说，“一部历史的每个特定事件可以是真实的；从整体看来，可以是不真实的”；甚至说：“我们知道有真实，但不能确切地判断其所在。”[11]

按照这种观点，历史编纂的指导原则不是求真，而是求美；对于史学家，艺术性重于客观性，趣味性重于准确性。写历史所依靠的不是正确的观点和史料，而是作者的文艺修养与丰富的想象力。史学著作不可能反映全部或最本质的历史实际，而只能提供经过艺术加工的历史图景。于是，形于文字的历史就成了史学家主观塑造的成品，形象思维活动的产物。这样的历史研究既不需要检验历史真相的客观标准，也不要求了解历史运动的内在联系，自然不可能作出接近客观实际的历史解释和判断。这是一种主观唯心主义的反映论，较之诚心探索历史发展规律、力图反映历史真相，使史学成为科学的理性主义史学是一个倒退。

马考莱心目中构成历史著作的另一个要素，他称为“哲学”“理性”或“散文”。如上所述，“哲学”一词不完全是通常意义的历史哲学，“散文”不是指的修辞技术，“理性”也不同于18世纪思想家所理解的意义，而是从实用价值的角度提出的（顺便提一下，马考莱好用形象化的比喻，忽视用词的准确性，此即一例。）他写道：历史“知识之所以有价值，仅在于指引我们形成对将来的判断”；写历史，应当“引导出历史哲学以指导我们对人和事的判断，要探索因果联系，从过去事件中吸取道德和政治谋略的一般教训”。又说：“历史中充满有用而宝贵的教训……历史家的‘职责’……就是为政治家提供事例和教训。”[12]这就是马考莱使用的“哲学”“理性”等词的真实含义。毫无疑问，历史对人类生活是可以提供有益的经验教训的，只要是从以往的事件中分析得来的本质的、带有规律性的东西便能指导人们正确地认识现在和预测将来。然而，这样的知识，马考莱是不可能得到的。

长期以来，不少西方评论家好从文学的角度来评价马考莱历史论着的短长得失。但是，从他的全部经历和思想看来，马考莱不仅是文人、史学家，而且是辉格党的重要的政治活动家。在政治历史观点方面，他服膺辉格党的政纲，继承并发扬哈兰的史学传统。进入下院后，他属于以约翰·罗素为首的一个小小的辉格党史学家集团。罗素是1832年选举法改革方案的提出者。他娴熟历史，惯于在演说中援引历史以支持自己的政见[13]。马考莱更是以博古通今的演说而知名。他谈时事，必引证历史；写历史，必联系现实。他在讲演中和历史论著中所涉及的有关历史问题，是思想相通，互为印证的。于此可知，他要求的对历史作出判断，对未来作出估计，实际上是从辉格党人的立场出发，按照辉格派史学观点对历史进行主观选择和评价。他要探索的“因果联系”便不可能是历史现象的本质的联系，而从历史中引导出的“哲学”也只能是适合辉格党政治需要的“哲理”，具体地说，是有助于该党政治活动的事实材料和思想材料。

综上所述，可见马考莱是试图从司各特的文艺技巧和哈兰的政治历史哲学中各取所长，融会贯通，建立自己的历史编纂学的。在司各特与哈兰之间，文艺技巧是形式，是写作的手段，历史“哲学”才是写作的内容和目的。他曾经提出一个所谓编纂历史的通例：“以小说开始，而以散文结束”，其用意似即如是。按字面讲，编撰历史讲究表述方式，重视总结经验，原本无可非议。可是，马考莱以取悦读者和论证政见为其写作宗旨，把历史知识的来源归结为史学家的精神活动，带着资产阶级政党的偏见从事撰述，在他笔下，历史现象成了可以随心所欲，任意取舍以博得艺术效果和达到政治意图的素材。这种主观唯心主义的认识和功利主义的态度，堵塞了通向历史真相的门户，马考莱的史学始终未能超越他指责过的那种让事实迁就观点的境界。

三、马考莱的政治历史观点

马考莱的代表作是《英国史》。他原计划写到乔治四世，因骤然病逝，未能完成，实际只写了1685－1703年18年之事。此书第一章勾画了自诺曼人入侵以来的历史轮廓，全书充分反映了作者的历史观点。马考莱及其所代表的当时辉格派史学以“宪政史观”为核心的政治历史观具有以下一些特点。

第一，认为英国政治演变所反映的历史发展是沿着合法的、尊重历史传统（主要指宪法、法统和合法的权威）的道路进行的——传统主义。

马考莱在《英国史》第一章中指出：“没有任何社会如同英国一样能把革命与传统的权利，进步与安定，青春的活力与远古风尚的尊严成功地结合在一起。”〔14〕所谓“传统的权利”“远古的风尚”，泛指远古以来世代相传的习惯法、不成文的宪法、法统和合法的权威。作者认为19世纪的宪法就是从“五百年以前的宪法”演变而来的；早在金雀花王朝时代，已经“没有完全不受法律约束的人，也没有不受法律保护的人”〔15〕；14世纪以来，不论社会发生了多大变化，宪法始终“保持了它的完整性”〔16〕；宪法“是英国人民的骄傲和慰藉，他们依赖它而生存，愿为它而献出自己的生命”〔17〕，源远流长的世袭君主制不仅是宪法的主要组成部分，也是合法权威的象征。在查理一世离开伦敦出走时，《英国史》写道："全国大多数人是倾向世袭君主制的"，"王位的尊严必须维护，国王这个人则必须摒弃"[18]。马考莱在另一著作中说到1688年政变时写道："英国民族在内心深处对于王室终始是友善的。"[19]对于这种现象，马考莱以为"与其说是出于理性，毋宁说是由于习惯和社会交往的结果。一个业已存在了许多世代，我们自幼至长习惯于对它服从的政府，理所当然地在我们心目中带有一定的神圣性"[20]。这就是他所作的历史的、心理的解释。

关于17世纪英国革命，长期以来托利和辉格两派史学多把它看作一场宪法冲突。所不同者，托利史家认为破坏法统、法治的是议会而不是国王，辉格派则反是。马考莱指出，查理一世的重大罪行是他一贯仇视宪法，敌视自由。革命者"是带着尊重法统的精神举行反叛的"，他们除了"争取合法制度外，别无其他的目的"[21]。他和哈兰一样，认为从内战到克伦威尔专政，习惯法的原则和传统未遭重大破坏。在这段时期，最可指责的是处死国王一事，因为无论从国际法或国内法来看，查理"不是叛国者"；克伦威尔"为了猎取人头，将全部立法和司法体制践踏无遗了"[22]。"光荣革命"是"为了维护法律的最高权威""严格按照法律程序进行的"[23]。

当代某些英国史学家指出：辉格派史学往往把围绕宪法的冲突看成英国历史的主流，把千百年的历史看作是破坏和维护宪法的两种力量、两种政权反复较量的过程；于是制造出一个简单的模式，这就是守法时期与违法时期，合法政权与非法政权的交相嬗递，循环不已[24]。应当指出，这个模式是经不起历史的检验的。中世纪中叶的资产阶级宪法与早期中世纪以及都铎王朝、斯图亚特王朝的习惯法虽有某种继承关系，但又有本质的区别，前者决不是后者简单的延续和衍化，更不能将数者等同起来，混为一体[25]。更重要的是，即令可以把政治历史看作是体现于宪法冲突的历史，那也显然忽视了在政治斗争和宪法斗争后面隐藏着的深刻的社会经济力量之间、不同阶级、阶层之间的对立和斗争，这是一种本末倒置，只见枝节，未见主流的观点。

第二，认为在英国历史运动中，充满和平妥协的精神，英国社会是在不断地、及时地调和、改良中逐渐演进的。

早在1822年，马考莱在剑桥所写的论威廉三世的获奖论文中就形成了这样一种观点，认为在政治生活中，相互冲突的双方，往往一方是失意的、反对现行秩序的力量，他们以自由的名义进行反抗。他们的行动如不受节制，就会发展为无政府状态。另一方面是代表政权的力量，他们以秩序的名义进行统治，他们的行为如果逾越了限度，就会变成专制。这两种状态均不能持久。专制必然引起反抗，导致暴力革命。在无政府状态下，自由受到威胁，人心思治，宁愿接受一个极权的政府。于是，就产生了专制——革命——无政府状态——专制周而复始的局面[26]。

但是，三年以后，他在《论密尔顿》的著名论文中，对于17世纪英国革命这一具体事件还是热情歌颂，对查理一世贱民以逞的罪行是严加声讨的。他写道："从即位到长期议会的召开，查理的所行所为是一个不断压迫和背叛的过程"；如果查理的这些罪行"不足以作为革命的理由，那么，革命就是背叛；如果革命起来了，那么这样的'大叛乱'是值得赞美的"。接着写道："人们如果在奴役下等待变得聪明善良才起来争取自由，那就只有永远等待下去。”“我们为伴随革命而出现的残暴行为感到遗憾，但是革命的行为愈是激烈，便愈使我们相信革命的必要”；革命行动“便是我们自由的代价”[27]。今天读来，仍然感到马考莱的分析是符合历史事实，他的思想感情是站在革命阵营一边的。

三四十年代政治形势的变化，使马考莱产生了对可能发生的无产阶级革命的恐惧，他的历史观点发生了倾向保守的转变。

1830年以后，他积极投身改革选举法的运动。辉格党领导的这次斗争是采取和平方式进行的，但引起了劳动人民争取自身权利的群众性运动。1831年10月改革法案再次被否决激起了全国公愤，许多地区爆发了群众性骚动。在手工业中心布里斯托尔发展为起义。资产阶级领导的“伯明翰同盟”为了对付工人，宣布要武装自卫，出现了革命形势。1841-1842年，宪章运动迅速高涨。到了1848年，欧洲大陆遍地烽烟，革命浪潮风起云涌，而英国的宪章运动已是昙花一现，接近尾声，国内局势从此日趋稳定。近20年的亲身经历，使马考莱日益认为辉格党妥协改良道路是正确的，更感到无产阶级革命威胁的严重和预防革命的迫切需要。从30年代以来，他一再谴责暴力革命，鼓吹调和、改良，并把革命和改良的界限加以混淆。新近发现的，写于1830-1831年的《拿破仑与波旁王朝复辟》[28]一书中就有这样的话：“革命本身……就是一种罪恶”；“在我们思想中，革命的观念是和耻辱与犯罪的观念联系在一起的”[29]。1832年，选举法改革案通过后，马考莱在《论密拉波》一文中大肆歌颂，称它是“防卫性的革命”[30]。可以看出，马考莱萌芽于青年时代的思想，经过长期政治阅历已发展到完全成熟的境地了。

马考莱一贯把妥协与改良精神看作是英国历史运动的基本特征。他在《英国史》中指出，早在1215年诺曼人的后代和土生英国人的后代，“为了共同的福祉，经过一致努力，达到调解的结果”，制订了大宪章，这就是“英国民族历史的起点”〔31〕。他认为，英国的历史就是政治上不新适应新变化，“连续不断地及时改革的历史”〔32〕。

在近代英国，马考莱认为查理一世就是不知通权达变的人，克伦威尔的共和国便是让步与调解的产物，而“光荣革命”更是妥协精神胜利的典范。他的《英国史》实际上是一部以1688－1689年事件为中心的政变过程的详细记录。无论在此书或在其他论着、讲演中，马考莱总是以充满激情的言辞对这次政变及其主角威廉三世进行全面歌颂。他称“光荣革命”为“幸福的革命，有益的革命”，是“最少使用暴力而获益最大的革命”，是“严格防卫性的革命”〔33〕。他也承认这次政变是一次改良，甚至是不彻底的改良，但认定它是“造福人类的改良”；说是从此以后，“实施宪法所要求的每次改良的手段，都可从宪法中找到”〔34〕。他从历史中总结出的经验是：“改良是为了保存，修改宪法的次要部分，是为了挽救宪法的根本原则”；“适当的让步可以纠正一切，调整一切和保存一切”〔35〕。

第三，认为英国历史是一个幸运的、逐渐的进步过程，到19世纪40年代，英国社会的发展已接近了文明进步的顶峰。

17、18世纪西方资产阶级思想家在其成长和争夺政权的斗争中，在近代自然科学发展的启示下形成了与神学目的论和传统的历史循环论相对立的社会历史不断进步的观点。理性主义者坚信人类历史是一个由低级到高级，由野蛮到文明的前进过程，理性是进步的动力，人道主义是进步的目标，作为新兴社会力量，他们对自身充满信心，对未来无限乐观，他们朝气蓬勃的精神面貌反映了这个阶级的理想。这种社会进步观点在反封建、反神学的斗争中发挥了巨大的历史作用。马考莱生活在英国资本主义最盛时代，既继承了前世纪的社会历史观点，又深受维多利亚前期信仰进步、讲求功利、乐观开朗的时代精神的熏染，以当时的眼光纵观世界和回顾往昔，为本国所取得的自由民主和物质文明成就而感到自豪，欣忭之情，溢于言表。他写道："英国的历史虽有偶尔的停顿或短暂的倒退，但潮流的总趋向明显地是进步的。"特别是近160年，即1688年以来的历史"是物质道德和知识空前进步的历史"；可以说，一部"英国史显然是进步的历史"[36]。

根据《英国史》和有关论文分析，马考莱理解的文明进步主要包含这样几个方面：一、政治上是自由原则的胜利。从大宪章、下院的成立、权利请愿书、人身保护法到选举制的改革，即是显证。二、科学知识及其应用。近四个世纪以来，所有的医疗科学、交通和通讯技术、机械工艺以及每种能增加生活便利的技艺都在迅速改进，接近完善。三、经济繁荣。英国有世界上规模最大的商业和制造业，最大的并在不断增长的财富。四、国力强大。认为英国已从屈辱的附属国地位迅速变成跻身欧洲列强之林的帝国，影响及于世界上的每个角落。按照他的看法，这一进步过程发端于亨利三世至伊丽莎白时代，到十九世纪中叶更"发生了一场在世界历史上空前未有的变化"[37]。但马考莱并不认为进步历程从此终结，他寄希望于科学知识，预期科学将有更大的进步。他写道："人们有着一种强烈的信念，认为世界上充满着对人类幸福极端重要的奥秘。造物主已经把这钥匙交给了人类，只要使用得法，便可以知道这些奥秘。”[38]寥寥数语，刻画出资本主义上升阶段统治集团史学家的精神面貌。马考莱讴歌的是英国资产阶级已经取得的自由、民主和物质成就。他只强调科学技术和产业革命创造的伟大业绩，却回避了资本主义制度给予劳动人民的灾难，殖民掠夺对当地人民所造成的悲惨后果；他混淆统治阶级利益和人民大众利益的界限，并把前者当作后者。这种观点在客观上起了掩盖英国社会疮疤，宣扬资本主义的优越性和永恒性的作用。

第四，认为英国的地理位置和历史发展的特点培育了优于其他民族和其他文明的英国民族品质和文明，并由此而推论英国的海外扩张是自然而合理的。

自法国大革命和拿破仑战争以来，浪漫主义和民族主义思潮在英国有了新的高涨，并出现了民族主义史学与党派史学合流的趋势。辉格派史家从本党的政治需要出发，选择题材，歌颂英国民族的过去，赞扬在对外作战和殖民侵略中卓著功勋的英雄人物。被公认为具有强烈爱国主义思想的马考莱的论著也鲜明地流露了这一倾向。他在探索英国的自由、强盛的由来和民族特性的根源时提出了一种看法：英伦三岛的地理位置对英国历史发展和民族性的形成起了重大作用。他认为，中世纪后期欧洲大陆普遍出现了君主专制政权，而英国是唯一的例外，因为英国孤悬海上，不虞外来侵略，也不参与大陆上的战争，毋需常备军，所以专制王权未能创立[39]。这样就保障了英国议会制度、民主权利，并能适应新的形势不断加以调节和改善，从而促进了英国宪政的正常演进，而这种优良的制度又教给了英国人“一种追求改善制度的能力”[40]。他还指出，此后一百多年来“部分由于我国的地理位置，部分由于我们的道德状况……即令在英国人有理由称为不幸的岁月里，我们仍旧享受着世界各国都会认为是最广泛的公民自由和宗教自由”[41]。在此期间，英国人“完成了一场将被永远视为人类智慧最高成就的革命”，成了“世界上最文明的民族”，或者说“上帝选定的民族”[42]。马考莱抛开英国历史的阴暗面，而着力描绘和夸大英国历史的光明面以及英国对世界文明的贡献，并把这一切归功于英国民族的优秀品质和英国历史发展的特殊道路。这种民族优越感在对外关系上就表现为轻视其他民族和文化，为本国对外侵略活动张目的民族沙文主义。在对待英国侵略印度史上，他这种思想暴露得最为充分。

马考莱在印度任高级官员数年。他对有色人种、印度文化以及一切东方文化抱着轻蔑的态度。他主持印度教育改革，规定以英语作为印度各级教育的唯一官方语言，排斥民族语言，强迫当地人民接受英国文化。他以英国法律为蓝本，拟订了印度的刑法典，推行英国司法制度。马考莱回国后，适值鸦片战争前夕，他在下院发表演说，鼓吹对华作战。认为是中国政府挑起衅端，“对此，我们有责任进行报复”。宣称：“应当让全国同胞记住，我国是从来不知战败为何事，素无屈辱投降习惯的国家”；“要让英国人的名字如同罗马公民的名字一样受到尊重”[43]。就在同年一月和次年十一月，马考莱先后发表了《论克莱武勋爵》和《论华伦·海斯汀斯》两篇评论文章。

克莱武和海斯汀斯是早期侵略印度的元凶。克莱武在印期间滥用职权，勒索钱财，盗用公帑，受到英国下院指控，于1774年自杀殒命。对于这样一个声名狼藉的暴发户，马考莱竟称之为英伦三岛上“在军事和政务两方面真正伟大、无与伦比的人”，认为他的名字应当列入“为谋求人类福祉而鞠躬尽瘁者的名单”[44]。

海斯汀斯于1774－1789年任英属印度的第一任总督。在职期间，暴戾恣睢，鱼肉人民，亦曾涉讼议会达七年之久。马考莱为他开脱罪责，歌颂他在巩固英国对印度的殖民统治中建立的“殊勋”，认为他“值得高度赞扬”，并称他为“最伟大的英国人”[45]。

马考莱对克莱武之流的歌颂，是他一贯的殖民主义思想的流露。在赴印前一年，即1833年7月，马考莱回顾了英国侵略印度80年（1753－1833）“造福”土著的“业绩”。他说，80年前开始的“重建一个瓦解了的社会的工作”业已完成，“我们已经给了他们最好的政治制度”，“欧洲的伦理、哲学以及趣味开始在我国臣民的心灵和理解力方面产生了有益的效果”[46]。他到印度后，在规定英语为官方语言时声称，通过英语传播西方观念，可以培养一个在血统和肤色上是印度人，但在趣味、意见、伦理和知识方面是英国人的阶级。在印期间他还提出了“皇家托管制度”的建议，认为用欧洲知识教育印度人民，有朝一日，他们会产生采用欧洲制度的要求的[47]。可以看出，后来盛行于英国的所谓“印度民族低劣”“文明落后”，英国对于印度“受有委托”“负有传播文明的使命”等为殖民侵略辩解的论点，在马考莱的思想中已粗具轮廓了[48]。马考莱政治历史思想的这些基本特征，说明他是以资产阶级政治家的立场研究历史，用历史为现实服务的。马克思称他为“现存制度的辩护士”[49]，一语道破了马考莱史学观点的阶级实质。

四、马考莱历史编纂学的特点

马考莱的《英国史》和他的历史评论虽然都不是单纯的书斋产物，但两者的学术价值是显然有别的。他的不少论文未经充分钻研准备，是随意取材的急就章，《英国史》则不然。为了撰写此书，马考莱作了大量的采访和搜集史料的工作。他访问过本国的档案馆、博物馆，苏格兰、爱尔兰以及法、荷、比等国的档案馆；又实地考察了苏格兰、爱尔兰的一些历史遗址。他搜集的资料范围广泛，自政府公文、私人通信和回忆录以至传单、戏剧、民谣、风土人物画、交通图志等等，包罗万象，内容丰赡。从当时的水平看，《英国史》的某些方面资料充实，记事详备，曾博得时人的好评。

然而，《英国史》在征引史料，记述事实和评价人物方面都有不少错误。早在此书问世之初，即有学者指出。随着史学研究的发展，这些谬误得到进一步证实。究其所以致误，原因之一是由于马考莱疏于历史考订之学，缺乏历史批判精神，对于史料，但知博采周谘，巨细不捐，而不能分析考辨，慎加抉择。例如有关王朝复辟时期的教会历史，蒙茅斯叛乱时“血腥的巡回裁判所”的记事，以及《论腓特烈大王》一文等所据史料多不可信，前人早有定评[50]，此不具引。另一方面，我们知道，从搜集史料到组织成文，史学家总是站在一定的立场，抱着一定的态度和目的进行选择的。马考莱带着强烈的政党偏见和个人成见撰写历史，他关心的不是历史真相而是艺术效果和社会影响，在史料的使用和编纂上就不能不走上偏颇的道路。他研究

17、18世纪的英国，只重政治史和政治制度史。在研究英国革命的发展中，只重园颅党、骑士党和王室之间的关系，对当时在政治上发生过重大影响的平等派、掘土派以及其他民主势力的活动则只字不提。又如有名的《英国史》第三章论述贫民生活颇为详备，可是他采用了一些任意抽选资料，玩弄个别例证乃至歪曲事实的手法，只用可以说明贫民生活改善的事例而抛弃了大量记载当时群众生活疾苦的资料，以美化现实。比如工厂雇佣童工问题，他写道：17世纪那种让儿童过分地从事劳动的做法，“这从当时的工业状况来看，几乎令人难以置信”；“而现在则是明智地、人道地道加以禁止了”[51]。事实是，直到1802年英国才通过了防止雇佣童工的一些严重弊端的第一个法令，1819年才通过了禁止棉业工厂雇佣九岁以下童工的法令，直到1833年才普遍禁止雇佣九岁以下童工，但数量众多的丝业厂仍不在禁限之列，而且雇主还可以采用种种手段，规避禁令。至于九岁以上的童工则根本未予考虑。类此之例，不一而足。恩格斯于1844年写出的《英国工人阶级状况》一书所描绘的便是与本章完全不同的图景，得出的是截然相反的结论。两相对照，是非真伪是不辨自明的。

对于重大历史事件和人物任意作出价值判断或道德评价，是马考莱历史编纂学的另一特点。他不是按照当时当地的环境和条件来考察历史，而是以自己的时代为准绳，以辉格党的政见为尺度，甚至根据一己的好恶进行评议。往往私心自用，高下任意，荣辱在手。对他所推崇的英雄，则大肆吹嘘，无所不至。有人指出，马考莱对威廉三世的歌颂超过了辉格党政治家[52]。海斯汀斯这个殖民地的封疆大吏原不知名，是马考莱为之大力表彰才得以扬名三岛的[53]。对于政治上对立或他所厌恶的人，马考莱则率意贬低，妄肆抨击，他笔下的路易十四、马尔巴罗公爵等便是这类人物。而且无论评议史事，月旦人物，马考莱往往以绝对自信的态度、凌驾一切的气势、不容置疑的语调、信笔所之，不能自已；虚美溢恶，比比皆是，主观武断，不稍掩饰。这种写作态度在西方史学上是罕见的。

滥用历史类比更是马考莱史学的一个重要特征。古往今来，历史现象从不完全重复而又往往有其相似之处。为了说明问题，加强效果，运用历史现象或人物进行类比、对照的做法，古已有之，但任何类比都不可能是完善的。严肃的类比则不仅应当指出历史现象之间内在联系的共同性或相似性，还应注意对比现象之间的本质区别。马考莱与此相反，他所使用的类比常常是表面的，似是而非的。在一些论著中，他将诺曼人进行的改革比于资产阶级的改革，将大宪章比于资产阶级宪法，将十三四世纪贵族与君主的斗争比附为资产阶级与专制王朝的斗争，将封建贵族所争取的自由等同于中等阶级所要求的自由，将“光荣革命”比拟为 1399 年两大诸侯集团之间的权力之争[54]。对于历史人物，马考莱也好作比附，往往信手拈来，但求形似，牵强附会，比拟不伦。他将詹姆士一世比之于恺撒，克伦威尔比之于委内瑞拉的民族英雄西蒙·博利瓦尔[55]；为了赞扬侵略印度的先驱人物，竟说克莱武的赫赫战功可比美罗马皇帝图拉真，其行政才能与法国大思想家、理财家杜古不相上下；说海斯汀斯的雄才大略可与 17 世纪法国有名首辅黎世留相伯仲[56]。以上种种类比，总的说来，无论就时代条件、社会性质、个人事业乃至气质作风来看都是很不贴切，甚至大相径庭的。大多数是强古就今，借古证今，将古史现代化，是用现代的名词术语表述过去的事物，把现代的概念带进历史。其结果只有造成史学方法论所称的“时代错乱”，既混淆了古今异同，也抹煞了阶级界限和历史是非，是既有损于历史真相，也有害于历史知识的。

另一方面，也应当看到马考莱在编纂学上的独特贡献。早在《论历史》一文中，他要求史学家重视“影响人类幸福的各种情况：风俗和道德的改变，社会由贫困到富裕，由愚昧到开明，由残忍到人道的变化”[57]。他有志撰写一部英国社会史，未能如愿。有人认为《英国史》第三章即是体现了这观点的英国社会史的开创之作。写历史，应当写社会，写物质生活和精神生活及其变化，这原是理性主义巨匠伏尔泰首先提出并付诸实践了的观点。在英国，18 世纪的休谟、W. 罗伯逊在各自的著作中也进行了这方面的探讨和尝试，《英国史》第三章虽非这一史体的滥觞，但有它不可抹杀的成就。此章主要记述了 1685 年的英国人口、政府岁入、军备、政府组织、农业、矿产、地租、乡绅、教士和自耕农各阶层情况，伦敦及各大城市的情况，国内交通，新闻事业，科学、美术的概况，最后描述了平民生活等等。与休谟的《英国史》比较，内容更为广泛，记事细致生动，某些子目比较详赡，还有一些子目写得富有民族色彩，不少超越前人之处，在当时仍不失为开拓之作，对后代史学产生了有益的影响。

在马考莱的成功因素中，影响最大的要数他的写作技巧，这是他在历史编纂方面的最大成就。马考莱继承了古典的以及吉本以来重视表述历史的文艺技巧的传统，近师司各特历史小说的风格，融会贯通形成了被称为“马考莱体”的独特的文体文风。他的文笔明快流畅，逻辑紧严，造句遣词，得心应手，状物态，抒情愫，写宫闱，记战役，无不曲尽其妙。他的文体不拘一格，长句、短句、叠句、对偶句，视行文需要而变化，有时还采用了对话的形式。他写人物，留意个性特征，从其衣着、举止、神态来显示主人公的地位和风貌。他善于将一些烦琐枯燥的史实，如金融改革、财政预算、法令规章写来明白易晓。他也善于对一些庄严肃穆或惊心动魄的场面进行传神写照，如《英国史》记孟茅斯的审判与处死，格伦科的屠杀，玛利与威廉之死等写来有声有色，文情并茂。马考莱撰写历史，往往把自己的个性与感情贯注于叙述之中，力图以丰富的想象力复活过去，把读者带入历史的境界，引起他们与书中的人和事共鸣。这种写作方法自然不免掺杂不少主观成分，影响历史的真实性，但在文艺效果上是成功的。在组织和编纂方面，马考莱匠心独运，长于掌握主题，驾驭材料。他的一些历史评论多具有题旨集中、脉络分明、事尽本来、词完意足的特色。就文学修养而言，有人称他为吉本以后第一人，似非过誉。《英国史》出版30年间，在国内即售出14万部，与狄更斯、司各特小说的销售量不相上下，几乎达到了家传户诵的程度。在美国，此书初版的发行量仅次于《圣经》和一、二种教科书。在德国，出现了六种译本。此外还被译成法、俄、意、西、捷、匈、丹、瑞典、波兰、波斯等多种文字。马考莱曾称，要把《英国史》“写得胜过少妇们梳妆台上的时髦小说”[58]，这个目的，他是达到了。

五、马考莱在英国史学上的地位

我们认为，作为史学大家，马考莱的知识渊博，但乏专精；才思敏捷，但欠深刻；长于刻划而短于分析，观察事物，走马观花，多滞于表面现象；描绘人物，浮光掠影，鲜能揭示内心世界；往往以华丽的辞藻掩饰其肤浅的内涵，以政党的偏见代替客观的历史批判。言史料考订，远不如兰克；言历史思想，较之法国王朝复辟时期的史学家和本国的博克尔大有逊色。他的历史论著之得以行远流广，备受欢迎，除了作者的文艺技巧这一重要因素外，还应看到，这是更深刻的社会因素所促成的。马考莱早岁知名，仕途得意，历任要职，跻身统治集团行列，他的一生与辉格党及整个资产阶级是休戚相关，荣枯与共的。在30年代，他是争取议会改革运动的健将。在40年代，他站在反对宪章运动的前列。吸取前代经验教训，解决“自由与秩序的统一”的问题，为执政当局谋长治久安之策，是他的生平抱负。恩格斯指出，在当时的英国，“渐进的、和平的政治发展，由于无尽无休的妥协，造成一个充满矛盾的形势。在一定限度内，这种形势由于有相当多的好处，实际上为人所容忍。可是它的逻辑上的荒谬现象却使有思想有头脑的人受到真正的折磨。所以，一切‘掌握国政的’政党就必须在理论上进行伪装，甚至辩解”〔59〕。就是说，随着英国物质文明的进步和资产阶级民主自由的扩大，人民的生活较之过去的确有所改善，但繁荣的外表下充满着矛盾。通过和平的、渐进的道路不但不能彻底解决矛盾；相反地，由于工业化的加速，贫富悬殊的扩大，阶级斗争的激化，使劳动人民对资本主义制度本质的认识逐渐深化，潜在的危机日益增长。马考莱早已有见及此，认为解决矛盾的关键在于教育下层人民。通过教育，使他们知道尊敬合法权威，尊敬自己的主人，采取和平方式来解除或减轻自身的疾苦〔60〕。马考莱就是在这种形势下，实践早年的“哲学的历史家”的愿望，运用历史这一工具，承担起统治阶级所瞩望的任务。此时，英国的史学尚处于落后状态。史学是文学的分支。历史研究没有专业化，历史教育也未普及。1848年以前出版的有关英国近代史的专著，不过哈兰、麦金图什、林嘉德等人的寥寥数部〔61〕。他们的作品，有的带有托利派观点，有的内容偏狭，而且都短于文采，少说服力，不是通俗读物。唯有马考莱的《英国史》是为一般读者撰写的，从主题思想到表述方式无不后来居上，适应了资产阶级和小资产阶级的需要和趣味。马考莱理所当然地成为辉格党在当时史学界的代言人。他的著作得以广泛流传，影响深远，不是偶然的。

130多年过去了。马考莱的历史著作在学术上早已失去光辉，但它在英国史学史乃至文化史上的意义，对英国史学发展的影响并未随之消逝。马考莱从理论到方法上的缺失，是他所生活的时代，他的出身、经历形成的世界观所决定的，是他的历史的和阶级的局限性的表现。另一方面，也要看到，当时的英国资本主义处于上升时期，封建残余、宗教迷信在政治文化和思想领域还相当活跃，托利党史学的优势地位还未动摇，辉格派史学的代表人物哈兰在对待英国革命、内战、长期议会、查理一世和克伦威尔的评价等问题上观点十分保守。马考莱一反哈兰“不偏不倚”的态度爱憎分明地就上述问题表述了与托利派史学针锋相对的观点。他谴责查理一世及其主谋大臣，分析内战的责任，赞扬长期议会和克伦威尔的贡献，论证了革命的正义性和必要性，明辨了是非，澄清了一些错误观念。和哈兰一样，马考莱深信现在的一切远胜过去，在认识上有所前进。以上这些基本观点，通过马考莱的倡导和传播，为许多辉格派史学家和广大知识界所接受，为辉格派史学的胜利奠定了基础。就其整个政治历史观点而言，马考莱旗帜鲜明地反对君主专制，反对宗教迫害，宣扬政治自由、人身自由和言论自由，信仰科学与知识，歌颂文明进步，对于冲击宗教神学和封建残余思想，发挥了积极作用，应当给予历史的肯定。

马考莱在哈兰、麦金图什等人的思想基础上，把尚未成熟的“宪政史观”发展到了一个新的阶段。传统主义，妥协改良道路，历史的前进性，岛国地形、无常备军对历史发展的影响，盎格鲁撒克逊种族和英国制度的优越性等观点逐渐形成了辉格派史学体系的重要内容。1640 年革命、内战、长期议会、宪法、克伦威尔，“光荣革命”成了尔后许多辉格派史家致力研究的中心问题。辉格派史学观点在此后约半个世纪成为关于英国历史的流行的、正统的观点。马考莱死后，他的外甥 G. O. 屈维廉及其子大史学家 G. M. 屈维廉克承先业，并发扬光大。19 世纪后期辉格派史学名家辈出，其中斯塔布斯、弗里曼、迩地纳等人的学术成就都超过了马考莱，但他们的观点和马考莱史观大同小异，是深受其影响的。

在历史编纂方面，《英国史》特别是其第三章的写作方法，不少后代史学家奉为圭臬加以仿效。格林的名著《英国人民简史》在一定程度上受有马考莱的影响。19 世纪后期的名史家勒基的《十八世纪英国史》中有两章专记当时的生活，从风俗习惯、娱乐到音乐和建筑都有记述。美国亨利·亚当士的《哲斐逊墨迪生时代美国史》的前六章是仿照《英国史》第三章撰写的，G. M. 屈维廉的名著《英国社会史》更是续其外祖未竟之业的力作。从上所举，可概一斑。至于马考莱历史写作艺术的影响，亦殊深远。如大史学家弗鲁德的叙事抒情、描绘人物的技巧，勒基的排列众多例证以论述一个问题的手法，公认是从马考莱的著作中受到启示的。

马考莱不仅是史学家而且是政治、历史文艺评论家和议会演说家。他通过历史著作、评论、讲演，以简明扼要的内容、生动引人的方式传播英国史基本知识，寓宣传教育于艺术享受之中，激发人们对本国史的兴趣和爱好，培养国民的爱国主义精神（当然也包括民族沙文主义），在培养公民、政治家和社会活动家方面的影响更是难以估量的。

总之，不论马考莱史学观点和方法在今天的价值如何，他在英国资产阶级史学发展史上起了承先启后，继往开来的作用是不容置疑的。

百余年来，马考莱的声望几经起伏。在早期，毁之者认为他是词章家而非史学家，誉之者称他“为伟大的爱国者”，说他的历史观点产生了极其有益的后果[62]。19 世纪 90 年代以来，随着国内外形势的变化，历史研究的日益专业化和研究领域的扩大，辉格派史学的主导地位逐渐动摇。纳米尔的著作清除了辉格派史学的一些神话，巴特菲尔德的著作剖析了辉格派史学体系，指出了它的一些根本缺陷[63]，第二次世界大战的严峻考验进一步削弱了辉格派史学和马考莱的声望。

在辉格派史学地位日益式微的岁月里，除 G. M. 屈维廉维护和发展马考莱的史学传统外，继承和支持马考莱观点者颇不乏人。如曾任牛津大学钦定讲座教授的克拉克仍然主张历史研究应以政治、政府制度和结构、政党等为中心内容。在历史与文学的关系问题上，名史学家泰勒仍在宣扬历史是文学的一种形式的观点，英国革命史专家韦奇伍德认为研究历史应着重叙述和辞藻，反对对历史进行分析和概括。曾经受到指责的社会进步观念还是有人坚持。对于马考莱的史学成就也提出了重新评价的意见。近年来，研究马考莱史学的兴趣更有所增长搜集和整理他的未刊日记文稿的工作正在进行。

探讨马考莱史学及其影响在后代的兴衰历程，从正反两方面有不少可以参考借鉴的地方试举其要者：

第一，写历史必须重视文字表达方式；史学工作者必须具备相当的文学修养，要以读者为对象，写出雅俗共赏的著作。“言之无文，行之不远”这句古语对于古今中外的史学都是适用的。其次，历史是为一定阶级服务的，在阶级社会没有超阶级的史学。第三，资产阶级史学的阶级性与科学性是难以统一的。马考莱的让史实来迁就观点、以今人的标准衡量过去等观点和方法，是非历史主义的非科学的。第四，以马考莱为代表的资产阶级自由主义史学固然在西方史学发展史上作过贡献，但他们未能发现社会历史的本质的联系、揭示历史运动的客观规律。辉格派史学的批判者虽指正了马考莱历史著作中的一些谬误，在历史研究的范围、对象，在搜集和考订史料的方法与技巧上大有改进，但他们始终没有建立起能正确解释英国历史、反映历史真相的新体系，有的甚至将马考莱史学中的积极因素也加以抛弃。时至今日，英国就没有出现一个如同当年辉格派史学那样执史坛牛耳的学派。百多年的反复曲折过程说明了一个问题，没有辩证唯物主义与历史唯物主义的指导，历史不可能成为科学。资产阶级史学是没有出路的。

注释：

〔1〕参阅布拉斯：《历史的延续性与时代错乱》（P. B. M. Blass，*Continuety and Anachronism*），1978 年，第 34 - 36 页。

〔2〕哈兰：《英国宪政史》（H. Hallm，*Constitutional History of England from the Accession of Henry VII to the Death of George II*），第 1 卷，第 1 - 8 页。

〔3〕同上，第 1 卷，第 215 - 216 页。

〔4〕同上，第 3 卷，第 81 - 82、97、131 - 132 页。

〔5〕G. O. 屈维廉：《马考莱的生平与书信》（G. O. Trevelyan，Life and Letters of Lord Macaulay），第 174 页。

〔6〕《马考莱全集·评论及历史论文》（以下简称《马考莱全集·散文》）（*The Complete Works of Thomas Babington Macaulay*，*Critical and Historceal Essays*），1960 年，第 1 卷，第 276 页。

〔7〕同上，第 285 页。

〔8〕转引自斯腾：《史学集锦》（F，Stern ed. ，*The Varieties of History*），1963 年，第 241 页，参阅赫尔：《英国史学的演进》（J. R. Hale ed. ，*The Evolution of English Historiography*），1964 年，第 36 - 38 页。

〔9〕《马考莱全集·散文》第 1 卷，第 236 页。

〔10〕同上，第 247 页。

〔11〕同上，第238、244－254、277页。

〔12〕《马考莱全集·散文》第1卷，第277、285－286、201页。

〔13〕参阅安德生：《历史的政治用途》（O. Anderson，*Political Uses of Bistory*），载《过去与现在》（*Post and Present*）1967年第36号。

〔14〕《马考莱全集·英国史》第1卷，1899年，第25页。

〔15〕《马考莱全集·英国史》第1卷，1899年，第24页。

〔16〕同上，第17页。

〔17〕《马考莱全集·散文》第1卷，第375－376页。

〔18〕同上，第332页。

〔19〕马考莱：《拿破仑与波旁王朝复辟》（*Napoleon and the Restoration of the Bourbons*），1978年，第67页。

〔20〕同上，第47页。

〔21〕同上，第43、44页。

〔22〕《马考莱全集·散文》第1卷，第341－342页。

〔23〕《马考莱全集·英国史》第2卷，第647页。

〔24〕参阅巴特菲尔德：《辉格派史观》（H. Butterfield，*The Whig Interpretation of History*），1931年，第13、24、39－41页；又《英国人及其历史》（*Englishman and His History*），1944年，第5－6、9－11页；辛通：《昨日的史学，对辉格派史学的五点看法》（R. W. K. Hinton，*History of Yesterday*：*Five Points about Whig History*），《今日史学》（*History Today*），1959年11月。

〔25〕以上所讲的是以哈兰、马考莱为代表的观点，19世纪后期至20世纪初许多辉格派史学家的看法已有改变。

〔26〕马考莱：《拿破仑与波旁王朝复辟》第11页导言。

〔27〕《马考莱全集·散文》第1卷，第16、18－20页。

〔28〕此书全名为 *Napoleon and the Restoration of the Bourbons; the Completed Portion of Macaulay' s Projected History of France, from the Restoration of the Bourbons to the Aaccession of the Louis Philippe*, 1977。

〔29〕《拿破仑与波旁王朝》第47、71页。

〔30〕《马考莱全集·散文》第2卷，第106、110-111、121-122页。

〔31〕《马考莱全集·英国史》第1卷，第160页。

〔32〕《马考莱政治·文学讲演集》(*Speeches on Political and Literature by Lord Macaulay*) 第19页。

〔33〕《马考莱散文与古罗马体歌谣集》(*Lord Macaulay' s Essays and Lays of Ancient Rome*)，1888年，第323页；《马考莱全集·英国史》第2卷，第648页。

〔34〕《马考莱全集·英国史》第2卷，第156-157，159-161页。

〔35〕《马考莱全集·散文》第1卷，第380页。

〔36〕《马考莱散文与古罗马体歌谣集》，第120页；《马考莱全集·英国史》第1卷，第3页。

〔37〕《马考莱全集·英国史》第1卷，第277页。

〔38〕同上书，第402页。

〔39〕《马考莱全集·英国史》第1卷，第42-43页。

〔40〕《马考莱全集·散文》第2卷，第111-112页。

〔41〕《马考莱全集·英国史》第1卷，第276页。

〔42〕同上书，第388-389、402页；《马考莱全集·散文》第2卷，第123页。

〔43〕《马考莱政治与文学讲演集》，第173、175页。

〔44〕《马考莱散文与古罗马体歌谣集》，第498、540-541页。

〔45〕同上书，第635，638页。

〔46〕《马考莱政治与文学讲演集》，第110－112页。

〔47〕埃尔德里奇：《维多利亚朝帝国主义》（C. C. Eldridge，*Victorian Imperialism*），1978年，第60－61页。

〔48〕参阅费希尔：《辉格派史学家》（H. A. L. Fisher，*The Whig Historians*），1928年，第30页。

〔49〕《马克思恩格斯全集》第47卷，第243页。

〔50〕关于《马考莱全集·英国史》及马考莱一些重要历史评论的谬误，参阅《马考莱全集·英国史》第5卷，第558－580页。古奇：《十九世纪的史学与史学家》（C. P. Gooch，*History and Historians of the Nineteenth Century*），1962年，第278－285页。

〔51〕《马考莱全集·英国史》第1卷，第412、416页。

〔52〕格兰特：《英国史学家》（A. J. Grant，*English Historians*），1906年，马考莱节前言。

〔53〕《十九世纪的史学与史学家》，第279页。

〔54〕关于政治制度的类比，散见《马考莱全集·英国史》第1章，《论哈兰、英国宪政史》《詹姆士、麦金图什爵士》等文。关于“光荣革命”的类比，见《马考莱全集·英国史》第1卷，第109页。

〔55〕《马考莱散文与古罗马体歌谣集》，第196、319页。

〔56〕《马考莱散文与古罗马体歌谣集》，第541，651页。《马考莱全集·散文》第1卷，第347页。

〔57〕《马考莱全集·散文》第1卷，第278页。

〔58〕《马考莱的生平与书信》，第621页。

〔59〕《马克思恩格斯全集》第22卷，第384页。

〔60〕杨：《马考莱》（K. Young，*Macaulay*），1976年，第24页。

〔61〕麦金图什著有《1688 年英国革命史》（*History of the Revolution in England in1688* ），林嘉德著有《自罗马人首次入侵至 1688 年威廉与玛利即位时期的英国史》（*History of England from the First Invasion by the Romana to the Accession of William and Mary in1688* ）后者为天主教徒，书中有不少攻击克伦威尔，为詹姆士二世及天主教徒辩解之处。

〔62〕参阅白芝浩：《文艺研究》（W. Bagehot，*Literary Studies*）第 2 卷，第 198、201 页。费希尔：《辉格派历史学家》，第 29－32 页。

〔63〕考阅纳米尔：《乔治三世即位时的政治结构》（L. Namier，*The Structure of Politics at the Accession of George Ⅲ*），1961 年，第 158、182－183 页。巴特菲尔德：《辉格派历史观》，第 13、21－22、30 页。

再版说明

本书原是为四川大学的学生编选的。选编时特别考虑到对读者的针对面应尽可能广泛。书里这些老先生，每一位在全国学界都有其位置；所选的作品，每一篇都有全国性的影响，已确立其在相关领域学术史上的地位。且这里绝大部分是老先生们青年时期的作品，这样一则可以知道我们有着多么杰出的前辈，二是这些多少带有少年锐气的典范，或许更容易让年轻读者感觉亲近。希望书中各文能引起读者的兴味，适合读者的需要。

川大的学子读到本书或许更觉亲近，任何史学中人也必会开卷有益。由于专门针对初学者的名家典范文集尚不多见，本书面世之后，很多非川大的学生也欲一读。不少年轻朋友直接和我联系，询问何处可以购买。而初版在市面上已难见到，今得中华书局惠允，由巴蜀书社再版。

这是一本由四川大学历史文化学院“组织上”发起和推动的书。学院组成了编委会，经编委会集体讨论确定了篇目。其中蒙文通先生论文的选择，得到蒙默老师的直接指导，更换了一文的篇目（我原拟选蒙先生早年撰写的《儒家哲学思想之发展》，蒙老师指示改为晚出的《孔子和今文经学》)。选编的时候蒙默老师还身体健康，如今却已归道山，宁不让人唏嘘!

具体选编工作由下列老师负责:

徐中舒论文由徐亮工选编;

蒙文通、蒙思明论文由罗志田选编;

李思纯论文由陈廷湘选编;

任乃强、吴天墀论文由刘复生选编;

冯汉骥论文由霍巍选编;

缪钺论文由缪元朗选编;

卢剑波、赵卫邦和谭英华论文由王挺之选编。

新版增添了蒙思明先生《史学方法的任务》一篇和吴天墀先生《试论宋代道学家的思想特点》一篇。另一重要的进展是，初版中吴先生的《中唐以下三百年间之社会演变》用的是抄件，后吴先生手稿在市场出现，旋被爱学之人买下，并无偿提供给我们重录修订，厚意甚感!

川大博物馆的张苹老师从一开始就参与并推动着初版的编辑，编委会秘书姜莉老师做了大量的实际工作，要向她们二位致以衷心的谢意!李思纯、徐中舒、蒙文通、蒙思明、缪钺和吴天墀六位先生的论文皆据最初的发表本和后来的文集定本重新校对。历史文化学院的王朝鑫同学主动请缨，代为校核了书中的引文和李思纯、蒙文通、蒙思明、吴天墀四位先生的文章，程一纬同学校对了徐中舒先生的文章，张楚珏同学校对了缪钺先生的文章，特致谢忱!

罗志田

2019年10月12日

于青城山鹤鸣山庄